### 지은이 옥한흠

제자훈련에 인생을 건 광인(狂人) 옥한흠. 그는 선교 단체의 전유물이던 제자훈련을 개혁주의 교회론에 입각하여 창의적으로 재해석하고 지역 교회에 적용한 교회 중심 제자훈련의 선구자다.

1978년 사랑의교회를 개척한 후, 줄곧 '한 사람' 목회철학으로 예수 그리스도를 닮은 평신도 지도자를 양성하는 데 사력을 다했다. 사랑의교회는 지역 교회에 제자훈련을 접목해 풍성한 열매를 거둔 첫 사례가 되었으며, 국내외 수많은 교회가 본받는 모델 교회로 자리매김했다. 1986년에 시작한 〈평신도를 깨운다 제자훈련 지도자 세미나〉(Called to Awaken the Laity, CAL세미나)는 제자훈련을 목회의 본질로 끌어안고 씨름하는 수많은 목회자에게 이론과 현장을 동시에 제공하는 탁월한 세미나로 인정받고 있다.

철저한 자기 절제가 빚어낸 그의 설교는 듣는 이의 영혼에 강한 울림을 주는 육화된 하나님의 말씀으로 나타났다. 50대 초반에 발병하여 72세의 일기로 생을 마감할 때까지 그를 괴롭힌 육체의 질병은 그로 하여금 더욱더 하나님 말씀에 천착하도록 이끌었다. 삶의 현장을 파고드는 다양한 이슈의 주제 설교와 더불어 성경 말씀을 심도 있게 다룬 강해 설교 시리즈를 통해 성도들에게 하나님 말씀을 이해하는 지평을 넓혀준 그는, 실로 우리 시대의 탁월한 성경 해석자요 강해 설교가였다.

설교 강단에서뿐만 아니라 삶의 자리에서도 신실하고자 애썼던 그는 한목협(한국기독교목회자협의회)과 교갱협(교회갱신을위한목회자협의회)을 통해 한국교회의 일치와 갱신에도 앞장섰다. 그리하여 보수 복음주의 진영은 물론 진보 진영으로부터도 존경받는, 보기 드문 목회자였다.

1938년 경남 거제에서 태어났으며 성균관대학교와 총신대학원을 졸업했다. 미국의 캘빈신학교(Th. M.)와 웨스트민스터신학교에서 공부했으며, 동(同) 신학교에서 평신도 지도자 훈련에 관한 논문으로 학위(D. Min.)를 취득했다. 제자훈련 사역으로 한국교회에 끼친 공로를 인정받아 웨스트민스터신학교에서 수여하는 명예신학박사 학위(D. D.)를 받았다. 2010년 9월 2일, 주님과 동행한 72년간의 은혜의 발걸음을 뒤로하고 하나님의 너른 품에 안겼다.

교회 중심의 제자훈련 교과서인《평신도를 깨운다》를 비롯해《길》,《안아주심》,《고통에는 뜻이 있다》, 성경 강해 시리즈인《로마서 1, 2, 3》,《요한이 전한 복음 1, 2, 3》등 수많은 스테디셀러를 남겼으며, 그의 인생을 다룬 책으로는《열정 40년》,《광인》등이 있다.

옥한흠 전집 강해 06
# 요한복음 3 요한이 전한 복음

Romans   John   Acts   Sermon on the Mount

# 요한복음 3

## 요한이 전한 복음

옥한흠 지음

## 서문

예수님을 처음 믿게 된 형제들 가운데 나를 찾아와 성경 중에서 무엇을 먼저 읽는 게 좋겠냐고 묻는 분들이 종종 있다. 그때마다 나는 주저하지 않고 요한복음을 권한다. 내가 요한복음을 사랑하는 탓도 있지만 더 큰 이유는 요한복음을 펼 때마다 살아 계신 하나님의 아들, 예수 그리스도의 생생한 음성을 들을 수 있기 때문이다. 요한복음에는 예수님의 육성이 어느 복음서보다 풍성하게 기록되어 있다. 그분의 음성을 듣고 영광을 보면 믿지 않을 수 없다. 이것이 '믿는다'는 말을 백여 번이나 반복하고 있는 이유가 아닌가 싶다.

오래전부터 나는 요한복음을 체계적으로 강해하고 싶다는 생각을 가지고 있었다. 그러나 이상하게도 마음대로 되지 않았다. 요한복음처럼 간결하고 단순하게 표현된 진리일수록 설교하기가 훨씬 어렵다는 것을 경험적으로 잘 알고 있었기 때문이다. 그래서 그런지 막상 강해를 시작한 다음에도, 설교자의 미련함과 무지함으로 하나님 아들의 영광을 가리지 않을까 하는 두려움을 떨쳐버리지 못한 것이 사실이다.

요한복음을 펼치면 예수님을 개인적으로 만난 사람들의 이야기가 우리의 심금을 울린다. 니고데모, 수가성의 여인, 베데스다의 병자, 간음하다 잡힌 여인 등. 이들은 오늘을 사는 우리 자신을 투영하는 거울이다. 지금도 우리 주변에는 이들처럼 예수님을 만남으로써 절망과 죽음에서 소망과 생명의 세계로 나아가야 할 자들이 얼마나 많은가?

요한복음은 예수님이 십자가의 죽음을 불과 일주일 남짓 앞두고 제자들과 나누신 은혜로운 말씀을 가득 담고 있다. 세상 죄를 지고 가는 어린양으로서 잔혹하고 수치스러운 십자가의 죽음을 예견하고 계시던 처지라 마지막이 가까워올수록 날마다 무거운 침묵으로 일관하셨을 것 같은데, 도리어 예수님은 더 많은 말씀을 하셨다는 놀라운 사실을 보게 된다. 이는 무엇을 의미하는 것일까? "세상에 있는 자기 사람들을 사랑하시되 끝까지 사랑하시니라"(요 13:1). 이것이 가장 확실한 답이라고 생각한다. 생명이 다할 때까지 말씀하시는 하나님의 아들, 그분의 놀라운 사랑을 요한복음이 아니고서는 어디에서 만날 수 있겠는가?

요한복음을 2년 넘게 강해하면서 성도들이 은혜 받을 때의 반응을 여러 가지 면으로 읽을 수 있었지만, 그중에서도 가장 기억에 남는 것은 부활하신 예수 그리스도의 인간적인 면을 부각시킨 21장 설교였던 것 같다. 디베랴 바다에서 밤새 고기를 잡던 제자들을 새벽녘에 찾으신 예수님은 이미 죽음을 이기고 승리하신 영광의 하나님이셨다. 그러나 그분은 영광의 빛으로 제자들을 혼비백산하게 만들지 않으셨다. 떠오르는 햇살을 받아 빨갛게 물들어가는 갈릴리 바닷가에서 실패와 좌절로 기가 죽어 있던 제자들을 다루시는 주님의 모습은, '너무나 인간적'이라는 말 외에 무슨 말로도 설명이 되지 않을 것 같았다. 우리를 무척 부끄럽게 만드는 모습이다. 우리는 조금만 믿음이 좋아져도, 조금만 더 경건하게 보여도 마치 하나님이나 된 것처럼 행동하는 경우가 자주 있기에 예수님을 보면서 더욱더 부끄러움을 느끼는지도 모른다.

나는 예수님의 제자 가운데 요한을 사랑한다. 그래서 나의 영어 이름도 요한(John)이라고 지었다. 내가 평생 섬기고 있는 교회의 이름도 사랑의교회라고 했다. 요한이 시도 때도 없이 말한 하나님의 아가페 사랑에 매료되었기 때문이다.

누구든지 인생길이 험하고 마음이 지쳐 살아갈 용기를 잃어버릴 때마다 요한복음 안에서 우리를 만나주시는 사랑의 하나님 앞으로 나아가라는 말을 다시 한번 하고 싶다.

그동안 본서를 출판하기까지 많은 수고를 해준 형제들이 여러 명 있다. 그들 가운데 누구보다 나의 설교를 인내하면서 들어준 사랑의교회 성도들에게 감사한다. 그리고 내 곁에서 기쁨으로 주님을 섬기고 있는 오정일 집사와 정호선, 박정은 자매에게 따뜻한 사랑을 보낸다. 이 책을 읽는 모든 분들이 하나님 되신 예수 그리스도의 영광과 사랑에 몰(沒)하고 취(醉)하는 은혜를 누리길 기도한다.

**2000년 12월
옥한흠**

**차례**

|  |  |  |
|---|---|---|
| 서문 |  | 5 |
| 46 | 지금은 서로 사랑할 때 (요 13:31-35) | 11 |
| 47 | 주여 어디로 가시나이까 (요 13:36-38) | 33 |
| 48 | 근심하는 자여, 천국을 생각하라 (요 14:1-11) | 55 |
| 49 | 근심 중에 희망을 가질 수 있는 이유 (요 14:12; 16:20-22) | 75 |
| 50 | 근심을 덜려면 기도하라 (요 14:13-14; 15:7, 16; 16:23-24) | 97 |
| 51 | 성령을 모신 자의 행복 (요 14:16-20) | 117 |
| 52 | 성령님, 진리를 가르쳐주옵소서 (요 14:26; 15:26-27; 16:7-15) | 137 |
| 53 | 하나님은 많은 열매를 원하신다 (요 15:1-8) | 159 |
| 54 | 내 사랑 안에 거하라 (요 14:21-24; 15:9-17) | 181 |
| 55 | 평안하라, 담대하라 (요 15:18-16:4; 16:25-33) | 205 |
| 56 | 최고의 소원, 하나님께 영광 (요 17:1-5) | 227 |
| 57 | 주님은 지금도 기도하신다 (요 17:6-26) | 249 |
| 58 | 아버지께서 주신 잔 (요 18:1-27) | 271 |
| 59 | 놀라운 사랑의 섭리 (요 18:28-19:16) | 291 |
| 60 | 다 이루었다 하시고 (요 19:16-30) | 315 |
| 61 | 예수님의 죽음과 장례 (요 19:31-42) | 335 |
| 62 | 당신도 보고 믿을 수 있는 예수의 부활 (요 20:1-18) | 353 |
| 63 | 부활의 주님을 만나라 (요 20:19-31) | 365 |
| 64 | 갈릴리 바닷가에 서 계신 부활의 주님 (요 21:1-14) | 387 |
| 65 | 네가 나를 더 사랑하느냐? (요 21:15-25) | 405 |
| 성경구절 색인 |  | 427 |

# 46

## 지금은 서로 사랑할 때

요한복음 13장 31-35절

31 그가 나간 후에 예수께서 이르시되 지금 인자가 영광을 받았고 하나님도 인자로 말미암아 영광을 받으셨도다 32 만일 하나님이 그로 말미암아 영광을 받으셨으면 하나님도 자기로 말미암아 그에게 영광을 주시리니 곧 주시리라 33 작은 자들아 내가 아직 잠시 너희와 함께 있겠노라 너희가 나를 찾을 것이나 일찍이 내가 유대인들에게 너희는 내가 가는 곳에 올 수 없다고 말한 것과 같이 지금 너희에게도 이르노라 34 새 계명을 너희에게 주노니 서로 사랑하라 내가 너희를 사랑한 것같이 너희도 서로 사랑하라 35 너희가 서로 사랑하면 이로써 모든 사람이 너희가 내 제자인 줄 알리라

예수님은 우리 모두를 향하여 '지금은 서로 사랑할 때'라고 말씀하십니다. '또 사랑 이야기야?' 하면서 시큰둥한 반응을 보이는 분이 있을지도 모릅니다. 사랑에 대한 말씀을 하도 많이 들어서 이제 웬만한 이야기에는 감동을 받지 못하기 때문입니다. 그러나 감동을 받든, 못 받든 우리는 예수님의 말씀에 귀를 기울여야 합니다. 세상에서 사랑보다 위대하고 아름다운 것은 없기 때문입니다.

에멧트 팍스라는 분이 사랑의 위대함과 아름다움을 시적(詩的)으로 멋지게 표현한 글을 읽은 적이 있습니다.

"충분한 사랑이 정복하지 못할 어려움은 없습니다. 충분한 사랑이 치료하지 못할 병도 없고, 충분한 사랑이 열지 못할 문도 없고, 충분한 사랑이 건너지 못할 해협도 없고, 충분한 사랑이 무너뜨리지 못할 벽도 없고, 충분한 사랑이 뉘우치게 하지 못할 죄도 없습니다. 근심의 뿌리가 얼마나 깊은지는 문제가 되지 않습니다. 앞날이 얼마나 절망적으로 보이는지도, 매듭이 얼마나 단단한지도, 얼마나 엄청난 실수를 저질렀는가도 문제가 되지 않습니다. 충분한 사랑은 이 모든 것을 녹여버립니다. 충분히 사랑할 수만 있다면 당신은 세상에서 가장 행복하고 강한 사람이 될 수 있습니다."

옳은 말입니다. 사랑은 참으로 위대합니다. 어느 신문사 주필의 말처럼, 그동안 우리는 생활의 풍요가 주는 단맛을 경험해보았습니다. 잘사는 재미가 어떤 것인지 이미 맛보았다는 말입니다. 그러므로 그런 단맛을 경험한 우리가 보릿고개로 되돌아간다면, 겨울에 연탄을 때는 시대로 되돌아간다면, 무척 고통스러울 것입니다.

이승은, 허헌선 부부가 "엄마 어렸을 적엔"이라는 타이틀로 전국을 순회하며 인형 작품을 전시하여 수십만 명의 사람들을 감동시킨 일이 있습니다. 저는 가봐야지, 가봐야지 하면서 끝내는 못 가보고 아쉽게도 책으로만 보았습니다. 그 책을 보면서 얼마나 눈시울을 붉혔는지 모릅니다. 불과 4, 50년 전에 직접 겪었던 어린 시절의 추억이 아름답게 표현된 작품을 보자 마음에 울컥하는 감동이 밀려왔습니다. 엄마가 어렸을 적에 겪었던 불편과 고생을 우리가 달콤한 추억으로 되씹는 것은 낭만입니다. 그러나 다시 그 시대로 돌아가는 것은 차원이 다른 문제입니다. 그것은 '낭만'이라기보다 오히려 '낭패'가 되고 말 테니까요.

동요 작가 이종택 씨의 작품 〈새 고무신〉의 가사입니다.

읍내 장 십릿길

솔가지 한 짐 팔아
새 고무신 사고

맨발로 돌아가는
시골 사는 돌이

개울둑 잔디에서
'혹시 크지 않을까'

돌다리 넘어서서
또 한 번 신어 보고

'저 고갯마루부터
정말 신고 가야지'

돌이는 맨발
타박타박 맨발

어르신들은 어렸을 때 신었던 고무신을 떠올려보십시오. 새 고무신이 생긴 날의 흥분을 상상해보십시오. 그 고무신을 얼마나 애지중지했습니까? 딱 한 번 발에 잘 맞나 신어보고는 혹시라도 닳을까, 때라도 묻을까 아끼느라고 손에 들고 맨발로 걷는 돌이가 바로 우리의 모습이었지 않습니까? 당시에는 고무신을 신고 다녀도 그것을 고통이라 여기지 않았고, 새 고무신이 생기는 날이면 천하를 얻은 듯이 행복했습니다.

그러나 지금은 상황이 완전히 달라졌습니다. 그런 것들로는 더 이상 행복을 느끼지 못합니다. 대단히 불행한 일이 아닐 수 없습니다. 그 어렵던 시절처럼 살라고 한다면 물론 살기야 하겠지만 그때의 행복을 회복한다는 것은 쉬운 일이 아니기 때문입니다. 어쩌면 우리는 가슴을 찢는 듯이 무서운 고통을 몇 고비 더 넘겨야 할지도 모릅니다. 삶이 주는 고통이 우리를 옥죄어올 때 우리에게 가장 필요한 것이 무엇이겠습니까? 사랑입니다. 이와 같은 고통의 때에 우리를 사람답게 만들어주는 것은 사랑밖에 없습니다. 그런 까닭에 예수님은 '지금은 서로 사랑할 때'라고 말씀하신 것입니다.

**위기를 극복할 수 있는 힘, 사랑**

이 말씀을 더 실감 나게 이해하려면 본문의 배경을 자세히 살펴보아야 합니다. 예수님은 제자들과 함께 마지막 성만찬을 들고 계셨습니다. 예수님은 한창 식사를 하시다가 가룟 유다에게 "네가 하는 일을 속히 하라"(요 13:27)고 말씀하셨습니다. 그러자 가룟 유다는 벌떡 일어나 문을 열고 나가버립니다. 그의 뒷모습을 보며 예수님은 십자가의 죽음이 이제 목전에 다가왔음을 직감했습니다. 주님은 얼마 있으면 몽둥이와 창을 든 대제사장의 군사들이 자신을 잡으려고 가룟 유다를 앞세워 겟세마네 동산으로 몰려올 것이라는 사실을 이미 알고 계셨습니다.

그러나 예수님은 조금 후에 당할 참혹한 십자가의 죽음을 '영광'이라는 말로 표현하셨습니다.

> 그가 나간 후에 예수께서 이르시되 지금 인자가 영광을 받았고 하나님도 인자로 말미암아 영광을 받으셨도다(31절).

예수님도 영광을 얻으셨고 하나님도 영광을 얻으셨다는 말씀입니다. 왜 예수님은 십자가를 앞에 놓고 영광을 얻으셨다고 말씀하셨을까요? 요한복음 17장 4절에 그 이유가 나옵니다.

> 아버지께서 내게 하라고 주신 일을 내가 이루어 아버지를 이 세상에

서 영화롭게 하였사오니.

예수님은 이 세상에 오셔서 하나님의 뜻을 이루고자 하셨습니다. 하나님의 뜻이 무엇입니까? 세상을 죄와 죽음의 속박에서 구원하여 영생을 주는 것입니다. 우리에게 영원히 사는 생명을 주는 것입니다. 비록 언젠가 우리 몸은 무덤에 갈 수밖에 없지만, 우리 영혼은 하나님과 더불어 영원히 살 수 있도록 복을 안겨주시려는 것이 하나님의 뜻입니다. 이 뜻을 이루시려고 자기 아들을 세상에 보내셨습니다. 예수님이 세상 모든 사람의 죄를 지고 십자가에서 죽지 않고는 이 뜻을 절대 이룰 수 없기 때문입니다.

이제 드디어 십자가를 져야 할 순간이 예수님 앞에 다가왔습니다. 십자가를 지고 나면 온 세상을 구원하시려는 하나님의 뜻이 이루어질 것입니다. 예수님이 십자가를 바라보며 하나님이 영광을 얻으셨다고 말씀하신 이유가 바로 여기에 있습니다. 십자가 죽음은 하나님의 뜻을 이룸으로써 하나님을 기쁘게 하고 영화롭게 하는 일이었기 때문입니다.

하나님은 자기를 영화롭게 한 예수님을 그대로 내버려두지 않으셨습니다. 예수님을 죽음에서 일으켜 부활하게 하셨고, 그분을 이 세상 모든 인류의 영원한 구원자로 높이 세우셨으며, 하나님 오른편에 앉게 하사 온 천하가 그의 이름 앞에 무릎을 꿇고 주 곧 하나님이라 고백하게 만들었습니다(빌 2:9-11). 십자가에 달려 죽기까지 순종하신 예수님을 높이 들어 영화롭게 하셨습니다. 그러므로 이러한 영광을 미리 내다보신 예수님께 십자가의 죽음은, 부들부들 떨면서 억지로 끌려가는 비참한 처형이라기보다는 하나님의 이름을 영화롭게 하고 자기 이름이 영화롭게 되는 계시의 사건이었습니다.

십자가의 죽음을 피부로 느끼던 그 순간 예수님은 우리를 향해 "서로 사랑하라"고 말씀하셨습니다. '사랑하라'는 말은 요한복음에만도 쉰여섯 번이나 나옵니다. 그중에서도 예수님이 제자들에게 마지막 고별 설교를 하시는 13장에서 21장 사이에 마흔네 번 나온다는 사실은 매우 특별한 일이 아닐 수 없습니다. '사랑하라'는, 예수님이 세상을 떠나시기 전에 제자들을 앉혀놓고 그들에게 마지막으로 하신 말씀 가운데 핵심이 되는 주제였던 것입니다. 본문 34-35절을 보십시오.

> 새 계명을 너희에게 주노니 서로 사랑하라 내가 너희를 사랑한 것같이 너희도 서로 사랑하라 너희가 서로 사랑하면 이로써 모든 사람이 너희가 내 제자인 줄 알리라.

이와 같이 마지막 떠나는 장면에서 서로 사랑하라고 제자들에게 당부하실 때에는 그만한 이유가 있었습니다. 제자들은 예수님이 메시아인 줄 믿고 장장 3년을 따라다녔습니다. 그런데 그렇게 믿었던 예수님이 너무나 맥없이 처참하게 십자가에서 처형당한다고 생각해보십시오. 얼마나 충격이 컸겠습니까? 그런 절망적인 상황에 놓이면 믿음도, 인격도, 꿈도 깨져버릴 것입니다.

아닌 게 아니라 수제자라고 자청하던 베드로마저 예수님을 모른다고 세 번씩이나 부인하지 않았습니까? 급하면 스승도 버릴 수 있고, 믿음도 팽개칠 수 있는 초라한 자신들의 모습을 보며 제자들이 얼마나 실의와 절망에 빠졌겠습니까? 예수님이 떠나신 후에 제자들이 겪었을 허탈감이나 좌절감, 공포는 우리의 상상을 훨씬 뛰어넘는 수준이었음이 분명합니다.

이러한 정신적·영적 위기의 때, 그야말로 총체적 위기 상황에서 그들이 그 어려운 순간을 무엇을 가지고 꿋꿋이 버틸 수 있겠습니까? 돈이겠습니까? 명예이겠습니까? 아닙니다. 예수님은 그것을 '사랑'이라고 보셨습니다. 제자들이 살아남을 방법은 사랑밖에 없다고 보셨습니다. 주님께서 제자들에게 서로 사랑하라고 강조하시는 이유가 바로 여기에 있습니다.

오늘 우리의 눈앞에도 사랑만이 우리를 붙들어주고 다시 일으켜 세울 수 있는 상황이 다가오고 있습니다. 이런 때일수록 사랑하기에 힘써야 합니다. 사랑의 진가는 어려울 때에야 비로소 드러나는 법입니다. 만사가 잘되고 형통할 때 부부가 서로 사랑하는 모습을 보면 아름다운 장미를 떠올리게 됩니다. 그러나 그런 모습에서 그윽한 장미 향기를 느끼기란 어렵습니다. 장미는 깊은 밤중에라야 비로소 진한 향기를 뿜어냅니다. 사랑의 향기 역시 마찬가지입니다. 인생에서 위기의 순간을 만나 가족이 험하고 좁은 길을 함께 걸을 때 서로 사랑하면 그제야 그 향기가 짙게 풍겨납니다.

주변을 돌아보십시오. 부족함 없이 살 때는 검은 머리가 파뿌리 되도록 당신만을 영원토록 사랑하겠다던 사람들이, 남편이 직장에서 쫓겨나 생활이 어려워지자 남편을 무능한 남자로 보기 시작합니다. 관계에 조금씩 금이 가다가 나중에는 별것 아닌 문제로 싸우고, 결국 갈라서기까지 합니다. 왜 그렇게 합니까? 그동안의 사랑이 진실하지 않았다는 말밖에 되지 않습니다. 이런 의미에서 지금이야말로 진정한 사랑이 그 어느 때보다 더 필요하며, 우리가 그러한 사랑을 나타내 보일 때라고 생각합니다.

### 사랑의 표준은 예수님의 사랑

예수님은 우리에게 사랑의 표준을 가르쳐 주셨습니다. "내가 너희를 사랑한 것같이"입니다. 예수님이 우리를 사랑하신 '그 사랑'으로 사랑하라는 것입니다. 그 사랑은 어떤 사랑입니까? 무조건적으로, 십자가에서 죽기까지 자신을 송두리째 내어 주시며 희생하신 사랑입니다. 예수님의 사랑은 한순간 끓어오르다가 식어버리는 것이 아닙니다. 한번 마음을 주셨으면 끝까지, 변함없이 사랑하십니다. 예수님은 바로 이와 같은 사랑을 우리에게 표준으로 제시하셨습니다.

이런 이야기를 듣다 보면 자신감을 잃어버립니다. 솔직히 말해서 제게도 사랑하는 것만큼 어려운 일이 없습니다. 미워하지 말라는 말은 그래도 쉽습니다. 얼마든지 실천할 수 있습니다. 아무도 안 미워하면 그만입니다. 그러나 '사랑하라'는 말씀은 정말 부담스럽습니다. 예수님이 우리에게 주신 표준이 너무 높기 때문입니다. 그래서 '사랑하라'는 말만 들으면 기가 질립니다.

그러면 어떻게 하겠습니까? 실천하기 어렵다고 포기해버릴까요? '교회에서 늘 하는 소리 아닌가? 마음은 원이로되 손발도 약하고 입도 약하고 다 약한데 어쩌란 말인가?' 이런 핑계를 대며 실천하지 못하는 자신을 위로하는 것으로 만족할까요? 절대 그렇게 해서는 안 됩니다. 사랑을 실천하지 않으면 매우 심각한 문제가 찾아오기 때문입니다. 바로 우리가 예수님을 알 수 없게 됩니다.

노벨의학상을 받은 알렉시스 카렐은 이런 말을 했습니다. "하나님은 이해할 줄 아는 사람보다는 사랑할 줄 아는 사람에게 참모습을 드러내신다." 하나님은 성경을 열심히 연구하고, 제자훈련도 받고, 성경 대학도 빠짐없이 다녀서 하나님의 말씀을 두루 꿰며 줄줄

외는 사람에게 참모습을 드러내시지 않습니다. 물론 그런 사람도 하나님을 알 수는 있습니다. 그러나 우리가 하나님의 참모습을 발견해 내는 순간은 사랑할 때입니다. 하나님이 우리를 사랑하셨듯이, 예수님이 우리를 사랑하셨듯이, 사랑을 실천하려고 애쓸 때 주님은 자신의 모습을 밝히 보여주십니다.

그러므로 예수님이 우리를 사랑하신 것처럼 하기 어렵다고 해서 사랑하는 것 자체를 포기하면 안 됩니다. 머리로는 알 수도 있지만 마음으로는 예수님을 알 수 없기 때문입니다. 말로는 예수님을 안다고 할지 모르지만 우리의 모습은 예수님을 닮아가지 못하기 때문입니다. 주님은 이렇게 말씀하셨습니다. "너희가 서로 사랑하면 이로써 모든 사람이 너희가 내 제자인 줄 알리라"(요 13:35). 제자는 스승을 닮아야 합니다. 그러려면 반드시 앞서 행해야 할 것이 있습니다. 예수님처럼 사랑을 실천해야 합니다. 사랑하지 않는다면 절대 예수님의 제자가 될 수 없습니다. 그 어떤 변명도 통하지 않습니다. 그러므로 우리는 순종해야 합니다. '예수님이 우리를 사랑하신 것처럼'이라는 표준에 맞추어서 서로 사랑하기에 힘써야 합니다.

### 사랑의 대상

"서로 사랑하라." 이렇게 예수님은 사랑의 대상을 정해주셨습니다. 여기서 '서로'란 일차적으로는 '제자들끼리'를 뜻합니다. 그중에서도 가룟 유다를 제외한 열한 제자를 가리킵니다. 예수님은 거창하게 인류를 사랑하라고 말씀하시지 않았습니다. 다른 누구를 생각하기에 앞서 3년을 동고동락한 제자들에게 서로서로 사랑을 실천하라고 하셨습니다.

주님의 말씀은 오늘날 우리에게도 적용됩니다. 주님은 거창한 사랑을 하라고 말씀하시지 않습니다. 가까이 있는 남편이나 아내, 자녀를 사랑하라고 하십니다. 함께 예배드리고 늘 곁에 있는 믿음의 형제자매를 사랑하라고 하십니다. 구태여 멀리 있는 사람을 이야기할 필요가 없습니다.

C. S. 루이스가 이런 말을 한 적이 있습니다. "남자나 여자로서의 개개인을 사랑하는 것보다 인류를 사랑한다는 거창한 타이틀에 열광하기 쉽다. 그러나 모든 사람을 사랑한다는 것은 아무도 사랑하지 않는 것에 대한 변명일 수 있다."

그렇습니다. 가까운 데 있는 사람을 먼저 사랑해야 합니다. 심리학자 에리히 프롬 역시 비슷한 말을 했습니다. "내가 진실로 한 사람을 사랑한다면 나는 모든 사람을 사랑하고 전 세계를 사랑하고 삶을 사랑하는 것이다. 내가 어떤 사람에게 '나는 너를 사랑한다'고 말할 수 있으려면, '나는 너를 통하여 모든 사람을 사랑하고, 너를 통하여 전 세계를 사랑하고, 너를 통하여 동시에 나를 사랑한다'고 말할 수 있어야 한다." 아내가 옆에 있는 남편을 보고 "여보, 당신을 정말 사랑해요"라고 말한다면 아내는 남편을 통해 전 세계를 사랑하고, 동시에 자기 자신을 사랑하는 것입니다.

하나님께도 이와 같은 사실을 적용할 수 있습니다. 요한일서 4장 20절을 보십시오. "누구든지 하나님을 사랑하노라 하고 그 형제를 미워하면 이는 거짓말하는 자니 보는 바 그 형제를 사랑하지 아니하는 자는 보지 못하는 바 하나님을 사랑할 수 없느니라." 보이는 사람을 사랑하지 않는 자가 어떻게 보이지 않는 하나님을 사랑할 수 있겠느냐는 말씀입니다. 그러므로 우리는 우리와 가장 가까이 있는 사람부터 사랑하기에 힘써야 합니다. 그럴 때 서로 사랑하라는 예수님의 말씀에 순종할 수 있습니다.

삶이 어렵고 고통스러울 때 예수님의 명령을 따라 서로 사랑하고자 한다면 다음 몇 가지를 꼭 실천해야 합니다. 막연히 '사랑해야지' 생각만 한다고 사랑하는 것이 아닙니다. 사랑은 행동입니다. 사랑은 실천에 옮겨야 합니다.

**위로하라**

첫째, 서로 사랑하려면 먼저 위로해야 합니다. 골고다 현장에서 넋을 잃고 돌아온 제자들을 한번 상상해보십시오. 그들은 다 실패자요, 배신자요, 비겁자였습니다. 그들은 자신을 지탱하기 어려울 정도로 심한 상처와 좌절을 겪고 있었습니다. 그 순간 그들에게 정말 필요한 것은 따뜻한 위로의 말 한마디였습니다. 그들이 그대로 주저앉지 않도록 격려의 말 한마디가 절실했습니다. 지치고 낙담한 자에게 위로의 말 한마디보다 더 큰 사랑은 없습니다. 따뜻한 위로의 말 한마디, 격려의 말 한마디가 우리의 사랑을 대변할 때가 많습니다.

요즈음 세상살이가 얼마나 치열합니까? 죽기 살기로 경쟁하고, 싸우고, 죽이고, 온갖 폭력을 행사하는 모습들이 마치 피비린내 나는 전쟁터와 같습니다. 그래서 직장에서 돌아오는 남편이 하루 종일 두들겨 맞고 들어온 사람같이 보이는 때가 종종 있습니다. 한번 생각해보십시오. 상대를 죽이지 않으면 내가 죽는 치열한 생존경쟁 속에서 어떻게든 살아남으려고 몸부림치다 보면 주눅이 들고 신경이 날카로워지지 않겠습니까? 그런 정신적인 폭력이 하루 이틀도 아니고 연일 계속됩니다. 얼마나 고통스럽고 짜증나는 일입니까? 그러다 보니 자기도 모르게 집에 돌아와서도 시퍼런 감정의 날을 세우고 맙니다.

어느 남자 제자반에서 훈련을 받고 있던 한 형제가 지나가는 말로 한마디 했습니다. "참 이상해요, 목사님. 남자들끼리 모인 곳이면 그렇지 않을 것 같은데 여기는 눈물이 참 많아요." 여자들이 옆에 있을 때는 남자로서의 자존심 때문에 체면을 세우느라 눈물이 나도 참고 견디지만, 남자들끼리 모여 있으면 자기도 모르게 우는 사람이 많다는 이야기입니다. 이것은 절대 이상한 일이 아닙니다. 그게 남자입니다.

반면, 아내는 집에서 하루 종일 얼마나 애간장을 태웁니까? '오늘 남편에게 무슨 일이 일어나지는 않았나? 만약에 사고라도 일어나면 어떻게 살아가지?' 하며 하루 종일 일이 손에 잡히지 않을 정도로 안절부절못하지 않습니까? 그러다가 저녁에 남편이 들어오면 조마조마한 가슴으로 남편의 표정부터 먼저 살피는 것이 아내의 심정입니다. 또 아이들은 아이들대로 치열한 경쟁 속에서 얼마나 긴장된 모습으로 살아갑니까? 이럴 때 가족끼리 서로 나누는 한마디의 위로가 사람을 살리기도 하고 죽이기도 합니다.

헨리 나우웬은 '위로'를 이렇게 표현했습니다. "위로는 외로운 사람과 함께함을 의미한다. 그러므로 위로는 마음을 쓰며 돌보는 일 가운데 매우 중요한 항목이다. 위로는 단지 고통을 가져가버리는 것을 의미하지 않는다. 위로는 함께 있으면서 '당신은 혼자가 아닙니다. 내가 당신과 함께 있습니다. 우리는 함께 고통을 감당할 수 있습니다. 두려워하지 마세요'라고 말하는 것과 같다. 참으로 우리 모두는 위로를 주고받아야 할 나약한 존재들이다."

그렇습니다. 우리는 이와 같은 위로가 필요한 때에 살고 있습니다. 그런데 저도 경험해봐서 알지만 가족끼리 서로 위로하기란 그리 쉽지 않은 것 같습니다. 아예 멀리 있는 사람이나 잘 모르는 사람을 만나면 "걱정하지 말게. 곧 지나갈 태풍이야"라며 위로의 말을 건네기가 그래도 쉽습니다. 그러나 가정에서 날마다 마주하는 식구들에게는 위로의 말을 건네기가 그리 쉽지 않습니다. 한두 번 정도야 할 수 있겠지만 때마다 일마다 변함없이 위로하고 격려하기란 정말 어렵습니다.

한 집사님 가정의 이야기가 생각납니다. 집사님의 남편은 꽤 괜찮은 중소기업을 운영했습니다. 그런데 잘되던 회사가 IMF 한파를 맞아 그만 부도가 났습니다. 그동안 쌓았던 모든 것이 한순간에 날아가버렸습니다. 그는 자기의 남은 재산도 직원들에게 다 나누어 주었습니다. 살고 있는 아파트도 얼마 후면 경매에 붙여진다고 합니다. 이제는 더 이상 갈 곳도 없어지는 상황이 되고 말았습니다. 그는 얼빠진 사람처럼 하루 종일 집 안에 멍하니 앉아 있습니다. 그러니 그 집안 분위기가 어떻겠습니까? 생기라고는 찾아보기 어렵고, 숨 쉬는 것조차 힘들 만큼 답답했습니다.

그런데 며칠 전에 눈이 많이 왔을 때 일입니다. 아내가 남편을 보고 이렇게 말했다고 합니다. "여보, 밖을 좀 봐요. 눈이 펑펑 쏟아지고 있어요. 우리 이렇게 앉아 있지 말고 카메라 들고 밖에 나가요. 눈을 배경으로 같이 사진 찍어요." 남편을 격려하고 위로하기 위해서는 그런 이벤트가 필요하다고 느꼈던 모양입니다. 그랬더니 감사하게도 평생 처음으로 남편이 "그러면 나가 볼까?" 하며 일어서더라는 것입니다. 그러자 고등학교 다니는 아이도 따라나섰습니다. 밖으로 나오니 함박눈이 펑펑 쏟아지고 있었습니다. 함박눈을 보자 어느 누구부터라고 할 것 없이 모두 동심으로 돌아가서는 눈이 쌓인 나무를 흔들기도 하고, 눈싸움도 하고, 사진도 찍으면서 신나는 시간을 보냈다고 합니다.

저는 그 집사님이 그렇게 했다는 말을 듣고 '참 훌륭한 아내구나. 위대한 여인이구나' 하고 생각했습니다. 큰일을 해서 위대해지는 것이 아닙니다. 남이 못하는 작은 일을 하는 사람이 위대합니다. 지금은 그 어느 때보다 위로가 필요합니다. 가정에 돌아가서 짧은 한마디라도, 어색한 한마디라도 위로의 말을 건넵시다. 가정에 이런 위로와 격려가 풍성해진다면 집안 분위기가 놀랍게 달라질 것입니다. 어려움 속에서도 웃음꽃이 활짝 피어날 것입니다.

**용서하라**

둘째, 서로 사랑하려면 용서해야 합니다. 제자들의 처지를 한번 상상해보십시오. 예수님이 십자가에서 수치스럽게 처형되는 것을 지켜본 그들은, 누가 자기들도 잡으러 오지 않을까 하여 몹시 불안했을 것입니다. 실제로 열한 제자는 다락방 문을 닫아걸고 두문불출했습니다.

이럴 때 마태가 갑자기 베드로를 보고 "당신은 수제자가 아닌가? 그런데 어떻게 사람들 앞에서 세 번이나 주님을 모른다고 부인하여 우리를 망신시킬 수 있는가?" 하며 대들었다고 생각해봅시다. 다른 제자는 요한에게 "자네는 말이야, 예수님이 십자가에 못 박히실 때 바로 옆에까지 가서 서 있지 않았는가? 거기서 뭐하고 있었는가? 대제사장과 좀 안다면서 왜 그런 일이 일어나지 않도록 미리 손을 쓰지 못했나?"라며 원망을 늘어놓았고, 안드레는 누군가에게 "네가 처음부터 예수님을 따르겠다고 그물을 버리고 쫓아가지 않았으면 나도 안 따라갔을 거야. 그랬더라면 갈릴리에서 고기를 잘 잡고 있었을 텐데 지금 내 꼴이 이게 뭐야? 네가 괜히 흥분해서 나서는 바람에 오늘 내가 이 꼴이 됐잖아" 하며 서로를 탓한다고 생각해보십시오. 그 분위기가 어떻겠습니까?

자칫 잘못하면 우리도 그렇게 되기 쉽습니다. 용서는 뒷전에 두고 서로를 탓하기에 급급하다 보면 가정을 살벌한 분위기로 몰아갈 수 있습니다. 누군가 용서를 '공동체 생활의 접착제'라고 말했습니다. 옳은 말이라고 봅니다. 용서는 가정이라는 공동체가 깨어지지 않도록 하나로 붙여주는 접착제입니다. 용서가 넘치는 공동체는 절대 흩어지는 법이 없습니다. 용서가 넘치는 가정은 부부가 서로 나뉘지 않습니다. 아이들이 집 밖으로 돌지 않습니다. 그러나 용서가 메마른 가정은 결국 흩어지고 맙니다.

사람은 누구나 완전한 사랑을 갈구합니다. 그러나 우리 중에 그런 사랑을 줄 수 있는 사람은 아무도 없습니다. 이런 의미에서 우리 모두는 피차 용서해주어야 할 빚을 진 자들입니다. 가족을 용서하는 일은 다른 누구를 용서하는 것보다 더 중요합니다. 먼 데 있는 사람에게서 마음의 상처를 입는 일은 그리 많지 않습니다. 마음의 상처는 보통 가까운 사람들, 즉 가족에게서 많이 받습니다. 가까이 있다 보니 아물 만하면 또 상처를 받습니다. 자신도 모르게 상대방의 상처를 긁습니다.

그래도 평안하고 형통할 때는 상처를 주고받는 일이 상대적으로 적을 수 있습니다. 그리고 상처를 받는다 해도 쉽게 아물 수 있습니다. 그러나 상황이 어려워지고 세상살이가 빠듯해지면서 긴장이 고조되면 나도 모르게 가까운 사람들에게 치명적인 상처를 주기 쉽습니다. 아내에게 마구 화풀이를 하고, 자녀를 들볶으며 감정이 상하게 만듭니다. 이럴 때 우리는 어떻게 해야 합니까? 용서해야 합니다. 용서란 '자기를 해방시키는 행위'라는 말이 있습니다. 우리가 누군가를 용서하면 그에게 감정이 상했다는 정신적 부담에서 자유로워질 수 있습니다. 그러나 용서하지 않으면 자기감정을 상하게 한 그 사람들을 늘 마음속에 데리고 다녀야 하는 부담을 질 수밖에 없습니다. 서로 용서합시다. 그럴 때 나도 살고, 가까이 있는 가족과 사랑하는 이웃들도 삽니다.

우리가 진정으로 용서하는지, 그렇게 못하는지는 위기의 순간에야 비로소 분명하게 드러납니다. 평소에는 용서했다고 생각했는데, 어려운 경제 사정 때문에 가정에서 웃음이 사라져버리거나 갑자기 문제가 터지면 용서하지 못하고 있었다는 사실이 드러납니다. 갑자기 튀어나온 문제를 빌미 삼아 남편을 괴롭히고, 아내를 괴롭히는 것은 상한 감정이 여전히 남아 있기 때문입니다.

오늘날 경제적인 위기를 만나 파산하는 많은 가정들을 보십시오. 그 가정의 문제가 정말 돈 문제일까요? 저는 아니라고 봅니다. 평소에 용서한 줄 알고 덮어두었는데 사실은 용서하지 못했던 것입니다. 그래서 마음의 응어리 때문에 가정이 상처투성이가 되며, 끝내는 깨어지고 있습니다.

용서하기 바랍니다. 아무리 못나고 무능한 남편이라도 용서하기 바랍니다. 평소에 돈 잘 벌어올 때 흥청망청 쓰기에 바빴던 아내도 용서하기 바랍니다. 서로가 용서하고 끌어안을 때 비로소 우리는 이 어려운 위기를 함께 웃으면서 극복해나갈 수 있습니다. 용서가 곧 사랑입니다.

### 인내하라

셋째, 서로 사랑하려면 인내해야 합니다. 고린도전서 13장을 보면, 진정한 사랑이 무엇인가를 이야기하면서 인내를 여러 번 강조하는 것을 볼 수 있습니다. "사랑은 오래 참고

… 모든 것을 참으며 … 모든 것을 견디느니라." 옛 속담에 "참을 인(忍) 세 번이면 살인도 면한다"는 말이 있습니다. 우리 삶에서 인내가 그만큼 중요하다는 것입니다. 험하고 가파른 길을 오르면서 참는 것만큼 큰 사랑이 없습니다.

코리 텐 붐이라는 위대한 여성은 인내에 대해서 이런 비유를 들었습니다. 스위스에 있는 알프스 터널을 한 번 통과하려면 30분이 넘게 걸린다고 합니다. 그래서 기차가 연기를 뿜으면서 달리던 시절에는 일단 터널 속에 들어가면 모두 손수건으로 코를 막아야 했습니다. 아무리 문을 꽉꽉 닫아도 한 30분 동안 연기로 가득한 터널 속을 달리다 보면 객차 안에 연기가 가득 찰 수밖에 없습니다. 조금만 있어도 콧속이 새까매지고 숨이 턱턱 막힐 정도였으니 터널을 지나는 그 시간이 얼마나 괴로웠겠습니까?

그러나 그렇다고 해서 기차표를 찢어버리는 사람은 없습니다. 문을 열고 뛰어내리는 사람도 없습니다. 모두가 코를 손수건으로 틀어막고 숨을 아끼며 참습니다. '조금 있으면 밝은 햇살이 찬란하게 비치는 입구가 나올 거야. 이제 한 10분만 더 가면 돼.' 이렇게 스스로를 위로하면서 이겨냅니다. 이게 바로 인내라고 말합니다.

오늘 우리 역시 마찬가지입니다. 경제 위기로 어려움을 겪는 동안에는 추위도 참아야 합니다. 먹고 싶은 것도 참고, 쓰고 싶은 것도 절제해야 하고, 여러 가지 불편한 것도 참아야 합니다. "아빠, 우린 참을 수 있어요. 염려하지 마세요." "여보, 나 괜찮아요. 옛날 옷을 다시 손질해서 입으니까 이렇게 예쁘지 않아요? 보세요." "아빠, 실직한 것 때문에 너무 신경 쓰지 마세요. 한두 달 푹 쉬세요. 그다음에 기도하고 나서 하나님이 하라시는 것이면 무엇이든지 한번 해보자고요. 기껏해야 한 2년 이렇게 고생하면 되지 않겠어요?" 이렇게 서로 참는 모습을 보여주는 것이 오늘날 우리 가정을 위기 속에서도 행복하게 만들 수 있는 비결입니다.

## 은혜 받아야 사랑할 수 있다

저는 오늘 우리가 서로 사랑하기 위해서 꼭 실천할 일 세 가지를 말씀드렸습니다. 서로 위로하고, 용서하고, 참는 것입니다. 이 세 가지를 한두 번 행하는 것으로 그치지 말고 평생 동안 실천하기 바랍니다. 가족들끼리 나누는 사랑은 끝까지 한결같아야 합니다. 조건 없는 사랑이어야 합니다.

그렇기 때문에 은혜 없이는 안 되는 사랑입니다. 은혜를 받아야만 그런 사랑을 할 수 있습니다. 예수님이 서로 사랑하라는 명령을 '새 계명'이라고 말씀하신 이유도 바로 여기에 있습니다(34절). 은혜를 받아서 하는 사랑이기 때문입니다. 사실 서로 사랑하라는 계명은 구약에도 있습니다. 그럼에도 주님께서 '새 계명'이라고 이름 붙이신 것은 은혜를 받아야만 할 수 있는 사랑이기 때문입니다. 십자가 앞에서 은혜를 받으면 서로 사랑할 수 있습니다. 예수님이 우리에게 주신 그 사랑을 묵상하며 감격할 줄 아는 사람이라야 서로 사랑할 수 있습니다.

우리가 이왕 서로 사랑해야 된다면 흠뻑 젖을 때까지 사랑합시다. 적당히 사랑하지 맙시다. 잠깐 사랑하다가 중단하지 맙시다. 흠뻑 젖는 정도가 아니라 아예 집 안에 사랑의 홍수가 나서 전부 떠내려갈 정도로 실컷 사랑해봅시다.

작은 정원을 가꾸는 어떤 사람의 이야기를 읽은 적이 있습니다. 그는 매일 아침저녁으로 정원에 나가서 나무에 물을 주고 가꾸는 일을 즐겼습니다. 그런데 어느 날부터인가 나무가 생기를 잃고 점점 시들어가기 시작했습니다. 그는 이것 때문에 며칠을 고민하다가 회사 동료 가운데 나무에 관한 한 도사라고 하는 사람을 찾아가서 자기 집 나무를 봐달라고 부탁했습니다. 그 사람은 나무를 이리저리 살피더니 진단을 내렸습니다. 토질이 척박하거나 나무에 무슨 병이 있어 그런 것이 아니라, 물을 너무 적게 줘서 말라간다는 것입니다. 그가 아침저녁으로 물을 주긴 했지만 너무 적게 줬기 때문에 나무가 더 갈증증이 나서 죽어간다고 했습니다. 물을 자주 준다고 해도 충분히 주지 않으면 나무는 오히려 더 목이 마릅니다. 큰 나무는 물이 뿌리까지 깊이 스며들도록 잔뜩 부어주어야 합니다. 잎사귀에 물을 조금 뿌리는 정도로는 어림도 없습니다. 물을 줘도 흠뻑 줘야 잘 자랄 수 있습니다.

어디 나무만 그렇겠습니까? 사람도 마찬가지입니다. 마음이 공허하게 비어 있는데 날마다 "사랑해요"라며 간지럼만 태운다면 어떻게 되겠습니까? 그 빈자리가 더 커지지 않겠습니까? 사랑이 속에서부터 물씬물씬하게 뿜어나오도록 아낌없이 사랑합시다. 그래서 나중에는 "그만 사랑해요. 감당을 못 하겠어요"라고 행복에 겨운 비명을 지를 정도로 마음껏 사랑해줍시다. 그럴 때 우리는 아무리 어려운 일이 많아도 범사에 감사하며 항상 기뻐할 수 있습니다.

어떤 사람은 사랑받고 있다는 감정보다 마력적인 것은 없다고 말했습니다. 이 감정은 어깨에 하나님의 손길이 닿는 것과 같은 느낌이라고 합니다. 크고 부드럽고 따뜻한 하나님의 손길이 내 어깨에 놓인다고 생각해보십시오. 얼마나 감동적입니까? 하나님은 우리가 하나님의 부드럽고 따뜻한 손이 되기를 원하십니다.

사랑하는 아내는 남편의 축 처진 어깨에 얹는 하나님의 큰 손이 될 수 있습니다. 사랑하는 남편은 불안해하는 아내의 어깨에 조용히 없어주시는 하나님의 부드럽고 큰 손이 될 수 있습니다. 남편은 아내에게, 또 아내는 남편에게, 부모는 자녀에게, 자녀는 부모에게 하나님의 큰 손이 됩시다. 그럴 때 우리는 아무리 큰 고통이 가정을 향하여 물밀듯이 닥쳐온다 해도 주 안에서 승리할 수 있습니다. 주 안에서 행복을 누리는 자들이 될 수 있습니다. 우리 모두 하나님이 주시는 이와 같은 놀라운 사랑의 은혜를 받아 주님이 우리를 사랑하신 것처럼 서로 사랑하기를 간절히 바랍니다.

# 47

## 주여 어디로 가시나이까

요한복음 13장 36-38절

36 시몬 베드로가 이르되 주여 어디로 가시나이까 예수께서 대답하시되 내가 가는 곳에 네가 지금은 따라올 수 없으나 후에는 따라오리라 37 베드로가 이르되 주여 내가 지금은 어찌하여 따라갈 수 없나이까 주를 위하여 내 목숨을 버리겠나이다 38 예수께서 대답하시되 네가 나를 위하여 네 목숨을 버리겠느냐 내가 진실로 진실로 네게 이르노니 닭 울기 전에 네가 세 번 나를 부인하리라

시엔키에비치가 쓴 소설 《쿠오바디스》는 많은 사람에게 알려진 유명한 작품입니다. 로마 황제 네로의 박해가 절정에 달하자 당시 로마에 머물고 있던 교회 지도자 베드로는 엄청난 신변의 위협을 느꼈습니다. 그때 그를 존경하고 사랑하는 성도들이 와서 눈물을 흘리며 간청했습니다. "사도님, 우리는 죽어도 괜찮습니다. 그러나 사도님께서 돌아가시기라도 한다면 로마교회는 완전히 흩어지고 맙니다. 그러니 부디 몸을 피하십시오." 성도들이 눈물겹게 간청하자 베드로는 환난이 지날 때까지 당분간 몸을 피하기로 하고 밤중에 로마를 빠져나왔습니다.

새벽이 가까워올 무렵, 그는 그 유명한 아피아가도로 무거운 발걸음을 옮기고 있었습니다. 이윽고 날이 밝아왔습니다. 동쪽에서 찬란한 황금빛을 뿜으며 떠오르는 태양이 그의 눈에 들어왔습니다. 그 순간 찬란한 빛 속에서 예수 그리스도의 환상이 뚜렷하게 보였습니다. 베드로는 깜짝 놀라 다급히 무릎을 꿇었습니다. 그러고는 이렇게 물었습니다. "주여, 어디로 가시나이까?" 당시 사용하던 라틴어로 말하면 '쿠오바디스 도미네'(quo vadis domine)입니다. 또 신약성경을 기록한 언어인 헬라어로 바꾼다면 '퀴리에 푸 휘파게이스'(kurie pou hupageis)입니다. 그때 예수님은 그에게 대답하셨습니다. "네가 나의 백성을 버리고 나왔으니, 내가 가서 그들을 위해 한 번 더 십자가에 못 박혀 죽으려고 한다." 이 말에 충격을 받은 베드로는 한참 동안 고개를 떨군 채 그 자리에서 일어나지 못했습니다. 오랜 시간을 침묵 속에 있던 베드로는 드디어 결심이 선 듯 몸을 일으켜 자기가 오던 길로 다시 발걸음을 돌렸습니다. '예수님이 그곳으로 가신다는데 나도 따라가야지.'

로마로 돌아간 그는 결국 십자가형을 받았습니다. 그는 자기와 같은 죄인이 감히 스승 예수님처럼 십자가에 똑바로 못 박힐 수 없다며 자기를 거꾸로 매달라고 요청했습니다. 그렇게 그는 십자가에 거꾸로 달림으로써 영광스러운 순교의 제물이 되었다고 합니다.

물론 이 이야기는 성경에 있는 내용이 아닙니다. 하나의 전설일 수 있습니다. 또 작가가 미적, 문학적으로 묘사했기 때문에 상당히 부풀려진 부분도 없지 않을 것입니다. 그러나 베드로가 로마에서 주님을 따라가려다가 십자가에서 순교했다는 것은 모든 기독교 역사학자들이 인정하는 정설입니다.

저는 이 본문을 읽을 때마다 늘 《쿠오바디스》의 내용을 떠올려 봅니다. 요한복음 13장 33절에서 예수님은 제자들에게 아직은 자신이 그들과 함께 있겠지만 장차 그들을 떠나갈 것이라고 말씀하셨습니다. 이 말씀을 듣고 어리둥절해진 제자들이 서로 눈치를 보며 질문할 기회만을 찾고 있었습니다. 그때 드디어 베드로가 침묵을 깨고 주님께 물었습니다.

··· 주여 어디로 가시나이까···(36절).

사실 이 질문은 예수님을 믿는 사람들에게도 그다지 인기가 있지는 않은 것 같습니다. 많은 이들이 예수님을 따라가는 것처럼 보입니다. 그래서 이 질문이 인기가 있을 것 같지만 실상은 그렇지 못합니다. '주님이' 어디로 가시는가보다는 '내가' 어디로 갈 것인가 하는 문제에만 관심을 기울이는 것이 우리의 솔직한 모습입니다. 눈만 뜨면 '내가 오늘 무엇을 사야 하는데 어느 백화점으로 갈까?', '오늘은 친구들과 함께 맛있는 음식을 먹고 싶은데 어느 식당으로 갈까?', '몸을 풀고 싶은데 어느 골프장으로 갈까?' 하는 생각만 합니다. 날마다 '내가 어디로 갈까?' 하는 것만 생각하지 '주여 어디로 가시나이까?'라고 질문하며 주님이 가신 길을 따라가겠다는 사람은 그리 많지 않습니다.

우리 자신에게 신앙생활이란 과연 무엇인지 심각하게 물어보아야 합니다. 물론 예배드리러 나와서 하나님 앞에 거룩하게 찬양하고 경배하는 것도 아주 충실한 신앙생활입니다. 하나님께 예물을 드리는 것도 신앙생활이요, 매일 말씀을 읽고 기도하면서 하나님의 자녀답게 살아보려는 것도 신앙생활이요, 교회를 통해서 이런저런 봉사를 하는 것도 신앙생활입니다.

그러나 좀 더 본질적으로 생각해봅시다. 신앙생활이 무엇입니까? '주여 어디로 가시나이까?' 하는 질문을 매일매일 반복하며 주님이 가시는 길을 나도 따라가려고 노력하는 것입니다. 이것이 바로 본질적인 의미에서의 신앙생활입니다.

주님은 세상을 떠나실 때 우리에게 모든 민족을 '제자'로 삼으라고 하셨지 '성도'로 삼으라고 하시지 않았습니다(마 28:19). 제자가 누구입니까? 선생이 가는 대로 따라가는 사람 아닙니까? 선생이 하는 일을 그대로 따라 하는 사람 아닙니까? 모든 면에서 선생을 따르며,

심지어 선생이 죽는 곳에서 자신도 죽겠다고 나서는 사람이 제자입니다. 예수님은 우리 모두가 바로 그러한 제자가 되어야 한다고 당부하셨습니다. 그러므로 신앙생활이란 예수님을 따라가는 삶입니다. 우리는 날마다 '주여, 어디로 가시나이까?'라고 주님께 물어야 합니다. '주님, 주님 가신 길을 저도 걷게 하옵소서'라고 간절히 기도해야 합니다.

### 구원을 얻기 위해

우리는 왜 예수님을 따라야 할까요? 첫 번째 이유는 구원을 얻기 위해서입니다. 요한복음 14장 6절을 보십시오. "예수께서 이르시되 내가 곧 길이요 진리요 생명이니 나로 말미암지 않고는 아버지께로 올 자가 없느니라." 구원을 받기 원합니까? 예수님만이 나의 생명이심을 믿어야 합니다. 예수님만이 우리가 걸어가야 할 길임을 믿어야 합니다. 예수님만이 구원의 길을 가르쳐줄 수 있는 유일한 진리임을 믿어야 합니다. 그러면 구원받을 수 있습니다. 그것 말고는 없습니다.

감사하게도 우리 모두는 예수님을 유일한 길이요 진리요 생명으로 믿고 있습니다. 유일한 구원자로 믿고 있습니다. 이런 의미에서 우리는 구원을 얻기 위해 예수님을 따르는 자들입니다. 주님을 믿는 것 자체가 주님을 따르는 것이기 때문입니다. 그 길이 구원의 길이기 때문입니다.

최근 우리는 텔레비전에서 민망한 장면을 여러 차례 보았습니다. 가톨릭의 책임자라고 하는 어른이 스님들과 앉아 있는 모습이 비쳤고, 심지어 불당에서 참배하는 모습까지도 보였습니다. 참으로 가슴 아픈 일이 아닐 수 없습니다. 가톨릭이 주후 800~900년까지는 지금처럼 타락하지 않았습니다. 그때까지는 오직 예수님만이 구원의 길이라는 정통적인 진리를 올바로 가르쳤습니다. 그러나 중세의 암흑시대로 접어들면서 서서히 다원주의로 빠졌습니다. 다원주의가 무엇입니까? 기독교 외의 다른 종교에도 구원받을 길이 있다는 생각입니다. 세상 사람들이 듣기에 얼마나 멋진 말입니까? 현대인일수록 그런 소리를 더욱 듣기 좋아합니다.

하지만 저는 가톨릭에 몸담은 성도들 가운데 나중에 구원을 얻은 사람들이 몇 퍼센트나 될까 염려스럽습니다. 물론 가톨릭 신자들 가운데도 믿음 좋은 사람들이 있습니다. 참으로 예수 그리스도만 의지하고 그분만을 섬기는 신실한 자들이 있습니다. 그러나 가톨릭 전체는 어느 종교든지 괜찮다고 하는 다원주의를 적극적으로 받아들이는 분위기입니다. 이것은 요한복음 14장 6절 말씀을 스스로 발로 걷어차는 것과 같습니다. 그래서 걱정입니다.

아마도 앞으로는 지성인들 가운데서 가톨릭 신자가 많이 생길 듯합니다. 왜냐하면 지성인일수록 독선을 싫어하기 때문입니다. 그러나 만일 누군가 아이에게 아버지가 다른 사람 같다고 말하면 입에 거품을 물고 대들 것입니다. 심지어는 멱살을 붙잡고 싸우려 들지도 모릅니다. 제아무리 지성인이라고 해도 비슷한 반응을 보이게 마련입니다. 아무도 그러한 태도를 가리켜 독선이라고 비난하지 않습니다. 그러나 구원의 길은 오직 예수밖에 없다는 말에는 독선이니 개인주의니 하며 기독교를 몰아붙입니다. 이 얼마나 모순입니까?

꼭 기억하십시오! 우리가 왜 예수님을 따라가야 합니까? 그분만이 구원의 길이기 때문입니다. 이 진리를 받아들이지 않아서 실족하는 사람이 한 사람도 없기를 바랍니다.

**하나님의 뜻을 이루기 위해**

예수님을 따라야 하는 또 한 가지 이유는 하나님의 뜻을 이루어드리기 위해서입니다. 하나님의 뜻이 무엇입니까? 세상 구원입니다. 예수님은 겟세마네에서 피땀을 쏟으며 하나님 앞에 기도했습니다. "아버지여, 내 뜻대로 마옵시고 아버지의 뜻대로 하옵소서." 자신이 십자가에서 죽는 것이 세상을 구하는 하나님의 뜻이면 그 길을 가겠다는 기도입니다. 이렇게 피땀 흘리며 기도한 다음, 주님은 묵묵히 십자가의 길을 가셨습니다. 바로 그 길을 통해 세상을 구원하시는 것이 하나님의 명백한 뜻이었기 때문에 그 뜻에 순종하여 자신을 희생하셨습니다.

우리가 신앙생활을 하는 궁극적인 목적이 어디에 있습니까? 왜 예수를 믿습니까? 왜 교회에 다닙니까? 많은 사람이 이렇게 대답합니다. "구원받기 위해서지요. 천국에 들어가고 싶어서요." 물론 옳은 말입니다. 우리는 나 자신이 구원받기 위해 예수님을 믿습니다. 그러나 내가 구원받는 것에만 만족하고 머무른다면 그것은 반쪽짜리 신앙생활밖에 안 됩니다. 다시 말해, 궁극적인 목적을 상실해 방향이 없어진 신앙생활입니다.

일단 내가 구원받았다는 확신을 얻으면 그다음에는 눈을 돌려 세상을 구원하길 원하시는 하나님의 큰 뜻을 바라보아야 합니다. 하나님은 나 한 사람 구원 얻는 것으로 만족하실 분이 절대 아닙니다. 그분의 큰 뜻은 세상을 구원하는 것입니다. 하나님이 나를 먼저 구원하신 데는 이유가 있습니다. 나를 통해 내 이웃과 주변 사람들이 하나님 앞으로 돌아오게 함으로써 세상을 구원하려 하십니다.

그러므로 우리의 눈을 하나님의 큰 뜻에 고정해야 합니다. "하나님, 나 같은 것을 구원해주시니 감사합니다. 이제 내가 할 일이 무엇입니까? 세상을 구원하려 하시는 하나님의 뜻에 순종하고자 합니다. 무엇이든지 명령하옵소서. 내가 순종하겠나이다. 하나님이 내게 희생을 요구하시면 적은 것이라도 주님의 제단에 올려놓기를 원합니다." 이렇게 말하면서 예수님을 따라가는 것이 우리가 영위해야 할 진정한 신앙생활입니다.

그러나 안타깝게도 교회 안에는 자기가 구원받고 천국에서 영광을 누리는 일에 지대한 관심이 있으면서 세상을 구원하시려는 하나님의 뜻에는 무관심한 사람이 너무 많습니다. 어떤 사람은 조금 관심을 보이는 것으로 자기의 미지근한 자세를 감추려고 애쓰기도 합니다. 교회에 이런 성도가 많아질수록 기독교 정신은 점점 변질됩니다. 자기만 아는 신앙생활은 지극히 천박하며 수준 낮은 것입니다. 자기만 위하고, 자기만 구원받으면 된다고 생각하는 사람들은 하나님의 큰 뜻에 대해 질겁합니다. 설교를 조금만 강하게 해도 '요즘이 어떤 세상인데'라며 눈을 부릅뜨고 쳐다봅니다. 영적으로 깊은 이야기나 내세에 대한 이야기를 하면 왠지 불안해하는 믿음의 노쇠 현상이 나타납니다.

교회 안에 이런 분들이 의외로 많습니다. "목사님, 우리는 세상살이에 너무 지쳐 있는데 그런 설교를 하시면 감당할 힘이 없습니다. 우리는 이미 세상의 문제들과 싸우느라 에너지가 바닥났습니다. 이런 때 교회가 소모된 에너지를 재충전해주어야 하지 않습니까? 우리에게 필요한 것은 위로와 격려입니다. 우리를 위로해주십시오."

물론 상처 입은 자에게는 위로가 필요하고 살 의욕을 잃어버린 자에게는 격려가 필요합니다. 이것은 성경적 원리입니다. 제가 위로나 격려를 부인하려는 것이 아닙니다. 다만 신앙생활이 온통 그런 것인 줄 알고 있는 자세가 문제라는 말입니다. 구원받고 하나님의 은혜를 입었으면 그다음에는 아버지 하나님의 뜻이 무엇인지 구하고, 이제 그분을 위해 어떻게 살아야 하는지 물어야 합니다. 이것이 예수님을 따라가는 올바른 신앙생활입니다.

오늘날 한국교회가 왜 이렇게 되었다고 생각하십니까? 하나님의 뜻은 안중에도 두지 않고 날마다 자기중심적인 생각에 사로잡혀 위로나 받으려고 하고, 복이나 받으려고 하는 천박한 신앙생활을 하는 사람들이 많기 때문에 그런 것 아니겠습니까?

### 자아가 죽어야 따를 수 있다

그런데 우리는 본문에서 한 가지 놀라운 사실을 발견합니다. "주여 어디로 가시나이까?"라고 묻는 베드로에게 예수님은 뜻밖의 말씀을 하십니다.

> … 내가 가는 곳에 네가 지금은 따라올 수 없으나 후에는 따라오리라 (36절).

지금은 따라올 수 없다고 하십니다. 지금 당장이라도 예수님을 따라가리라 마음먹고 호기롭게 질문했던 베드로가 얼마나 놀랐을지 상상해보십시오.

왜 주님은 이런 말씀을 하셔서 베드로의 기를 꺾으셨을까요? 세상을 구원하시려는 하나님의 뜻에 순종하고 그 일에 희생하기 위해서는 반드시 갖추어야 할 중요한 요건이 하나 있었기 때문입니다. 예수님이 보시기에 베드로는 아직 그 요건을 갖추지 못했습니다. 그 요건이 무엇입니까? 37절에 암시적으로 나타나 있습니다.

베드로가 이르되 주여 내가 지금은 어찌하여 따라갈 수 없나이까 주를 위하여 내 목숨을 버리겠나이다.

예수님이 보실 때 베드로는 아직 자아가 살아 있었습니다. 그가 얼마나 자신감에 불타 있습니까? '내가 그래도 제자들 중에 수제자인데 의리를 생각해서라도 어떻게 선생님을 버리고 나 혼자 갈 수 있겠는가? 어찌 선생님은 죽으러 가는데 나 혼자 살겠다고 하겠는가? 나도 선생님을 따라가겠다고 하자.' 이런 생각을 했을 것입니다.

마태복음 26장 33절을 보면 한술 더 뜨고 있습니다. "모두 주를 버릴지라도 나는 결코 버리지 않겠나이다." 다른 제자는 다 포기할지라도 자기만은 끝까지 주를 따라가겠다고 호언장담을 했습니다. 인간적으로 볼 때 베드로의 태도는 참 감동적인 자세요, 칭찬할 만한 모습입니다. 그러나 주님이 보시기에는 스스로 실격자임을 입증하는 행동에 불과했습니다. 자아가 살아서 펄펄 뛰는 사람은 절대로 예수님이 가신 그 길을 따라가지 못합니다. 하나님의 뜻을 이루는 데 전혀 도움이 되지 않습니다. 그래서 예수님은 이미 그의 실패를 예견하셨습니다.

… 네가 나를 위하여 네 목숨을 버리겠느냐 내가 진실로 진실로 네게 이르노니 닭 울기 전에 네가 세 번 나를 부인하리라(38절).

조금 뒤, 이 예언은 사실로 입증되었습니다. 베드로는 예수님을 세 번이나 부인하는 비참한 자리로 떨어졌습니다. 링에서 열심히 싸우는 권투 선수들을 상상해보십시오. 둘 중 한 명이 한 방을 크게 맞아 다운을 당했다고 해봅시다. 우리는 한 번 다운된 정도라면 그래도 일어날 수 있으리라 기대합니다. 그러나 두 번째 다운을 당하면 미심쩍은 마음이 들어 고개를 설레설레 흔듭니다. 그러다가 세 번째로 다운되면 '이제 가망이 없겠구나' 생각합니다. 세 번 다운되면 끝나는 것입니다. 예수님을 세 번이나 부인한 베드로 역시 비참한 처지에 빠졌습니다. 따라가기는 고사하고 세 번이나 예수님을 배척하고 말았습니다. 예수님은 이미 그의 실패를 내다보고 계셨습니다. 그가 실패한 이유는 다른 데 있지 않습니다. 자아가 죽지 않고 살아 있었기 때문입니다.

누군가 기독교의 가장 큰 이단은 인본주의라고 했습니다. 기독교적 인본주의 말입니다. 이것은 하나님을 위해 내가 무언가 할 수 있다는 생각, 즉 은근히 자신감을 갖고 있는 것을 말합니다. 자기의 우수한 두뇌를 굳게 믿습니다. 그동안 사회적으로 쌓아둔 화려한 경력을 은근히 의지하고 자랑합니다. 자기가 쌓아놓은 부와 건강에 은근히 기댑니다. '이런 것을 가지고 내가 주님의 일을 한다면 썩 잘할 거야. 나 아니면 할 사람이 누가 있겠어?'라며 은근한 자만심을 가지고 있습니다. 이런 생각은 자기 자신에게 매우 불행한 일이 아닐 수 없습니다.

오늘도 주님은 그런 사람을 향해 말씀하십니다. "내가 가는 곳에 지금은 따라올 수 없어." 자아가 살아서 펄펄 뛰는 사람은 절대 주님이 가신 십자가의 길, 곧 하나님의 뜻을 이루어드리는 희생의 길을 걸어갈 수 없기 때문입니다.

우리는 갈라디아서 2장 20절을 참 좋아합니다. 그래서 이 구절을 애송합니다. "내가 그리스도와 함께 십자가에 못 박혔나니 그런즉 이제는 내가 사는 것이 아니요 오직 내 안에 그리스도께서 사시는 것이라." 한마디로 "나는 죽었다"라는 이야기 아닙니까? 그런데 입으로는 그렇게 청산유수로 말하지만 실제로는 죽은 것이 아니라 오히려 살아서 펄펄 뛰는 경우가 얼마나 많습니까? 우리 모두 이런 모순을 가지고 있지는 않습니까?

우리의 자아가 살아 있으면 절대 주님을 따라가지 못합니다. 잠언 28장 26절을 보십시오. "자기의 마음을 믿는 자는 미련한 자요." 자기가 잘났다고 생각하며, 그런 마음을 은근히 기대고 믿는 자는 미련한 인간이라는 말입니다. 또 고린도전서 10장 12절에서는 "그런즉 선 줄로 생각하는 자는 넘어질까 조심하라"고 말씀하십니다. 넘어질 줄 알고 조심하는 사람은 절대 넘어지는 법이 없는 반면, 자기는 안 넘어진다고 자부하여 방심하는 사람은 쉽게 넘어집니다. 그래서 조심하라는 말입니다.

당신에게는 이런 문제가 없습니까? 자아가 아직도 살아 있어서 문제가 되는 것은 없는지, 거룩하신 하나님의 존전에서 자신을 있는 그대로 드러내놓고 돌아보아야 합니다.

### 깨어진 자아에 깃드는
### 하나님의 은혜

예수님은 베드로에게 또 한 가지 중요한 말씀을 하셨습니다. 지금은 따라올 수 없지만 후에는 따라올 수 있으리라는 말씀입니다. '후에는'이라는 말이 얼마나 긴 시간을 가리키는지 가늠할 수는 없습니다. 그러나 지금은 안 되지만 나중에는 따라오게 해주시겠다고 분명히 말씀하셨습니다. 참 놀랍습니다. 베드로가 '지금' 주님을 따라가지 못하는 까닭은 그의 자아가 아직도 살아 있기 때문입니다. 그런데 '후에는' 따라갈 수 있다고 하십니다. 이 일이 어떻게 가능하겠습니까? 장차 베드로는 자아가 산산이 깨어지는 과정을 거칠 것이기 때문입니다.

이 말씀대로 나중에 베드로는 자아가 깨어지는 처참한 경험을 했습니다. 주님께서 그 과정을 허락하셨던 것입니다. 그는 숱한 실패와 좌절감을 맛보았습니다. 겟세마네 동산에서 예수님을 버리고 도망갔습니다. 대제사장의 법정 뜰에서도 세 번이나 예수님을 부인했습니다. 그것도 아무런 영향력이 없는 계집종 앞에서 말입니다. 결국에는 갈릴리로 돌아가서 입에 풀칠이라도 하기 위해 3년 동안 손보지 않았던 고깃배와 그물을 어설프게 손질하고 밤새도록 고기를 잡느라 비지땀을 흘리는 초라한 존재가 되어버렸습니다. 이런 베드로의 모습을 보십시오. 그에게 자존심이 어디 있습니까? '그래도 내가 수제자인데…' 하는 생각이 남아 있습니까? 베드로의 자아는 이러한 과정을 통해 완전히 부서져버렸습니다.

바로 그때 예수님은 다시 그를 찾아오셔서 이렇게 물으셨습니다. "베드로야, 네가 나를 사랑하느냐?" 아마 옛날 같으면 "주여, 내가 주님을 사랑하는 줄 아직도 모르고 계셨습니까?" 하고 자신만만하게 대꾸했을 것입니다. 그러나 이제 그는 완전히 딴사람이 되어 있었습니다. "주여, 주께서 아시나이다." 살아서 펄펄 뛰던 베드로의 자아가 완전히 깨어져버린 것입니다. 베드로는 주님께서 실패한 자신을 찾아오셔서 주님을 따르라고 말씀하셨을 때, 그 음성을 듣는 순간 진정한 은혜를 발견하게 되었습니다. 그는 산산이 깨어진 자기 안에서 은혜의 샘이 솟는 것을 느낄 수 있었습니다.

오늘날 우리 역시 마찬가지입니다. 내가 살아 있을 때는 은혜를 잘 알지 못합니다. 기독교적 인본주의자의 공통점은 은혜가 무엇인지 잘 모른다는 것입니다. 내가 산산이 깨어지고 나면 그때에야 비로소 은혜가 무엇인지 깨닫습니다. 하나님이 비천한 자를 높이 들어 사용해주시는 것이 얼마나 큰 은혜인지, 힘없는 자를 강하게 해주시는 것이 얼마나 놀라운 은혜인지, 공로 없는 자를 공로 있는 자처럼 대우해주시는 것이 얼마나 엄청난 은혜인지, 또 사람의 눈으로 볼 때 아무것도 할 수 없을 것 같은 힘없는 자를 들어서 강한 자를 부끄럽게 해주시는 것이 얼마나 감격스러운 은혜인지 알게 됩니다. 자아가 깨어지고 나자 비로소 그러한 은혜가 눈에 들어옵니다.

베드로는 갈릴리 바닷가에서 철저하게 깨어진 자기 안에 하나님의 은혜의 샘이 솟는 것을 알게 되었습니다. 그때 그의 귓가에는 부드러우면서도 자석처럼 마음을 송두리째 잡아당기는 주님의 음성이 들려왔습니다. "나를 따르라"(요 21:19). 주님이 그를 십자가의 길로 초청하셨고, 베드로는 겸손하게 일어나서 묵묵히 주님의 뒤를 따라갔습니다. 십자가에 달려 죽는 그날까지 주님의 뒤를 따라갔습니다. 하나님의 뜻을 이루는 데 자신을 온전히 희생하는, 거룩한 하나님의 종이 되었습니다.

이와 같이 놀라운 하나님의 은혜를 알고 있습니까? 그렇다면 당신은 감사해야 합니다. 당신은 이미 자아가 깨어진 사람이기 때문입니다. 은혜가 무엇인지 잘 모르겠습니까? 그렇다면 당신은 가슴을 치며 탄식해야 합니다. 당신은 아직도 자아가 살아 있는 사람일지도 모르기 때문입니다. 언젠가는 당신 자신이 깨어져야 할 과정이 찾아오기 때문입니다.

저는 '은혜'라는 말을 참 사랑합니다. '은혜'라는 말만 들으면 가슴이 따뜻해지고 평안을 느낄 정도로 이 말을 좋아합니다. 그래서 손녀가 태어나자마자 주저 없이 이름을 '은혜'라고 지었습니다. 그런데 그 아이가 텔레비전에서 제가 설교하는 것을 가끔 보고는 저에게 이렇게 불평합니다. "할아버지는 왜 자꾸 내 이름을 불러요?"

제가 그 애에게 뭐라고 설명할 수 있겠습니까? 은혜가 뭔지 아무리 설명을 해봐야 통할 리 없습니다. 그래서 저는 속으로 이렇게 말하곤 합니다. '너도 이담에 크면 하나님의 은혜가 얼마나 값지고 좋고 가슴 뭉클한 말인지 깨달을 때가 올 거야. 그때는 할아버지가 너에게 은혜라는 이름을 지어준 것을 굉장히 감사하게 될 거란다.' 저는 그날이 틀림없이 올 것이라 믿습니다.

우리가 은혜를 배우는 데는 시간이 필요합니다. 물론 은혜를 금방 배우는 사람도 있습니다. 그러나 대부분의 사람들에게 이 일은 꽤 시간이 걸립니다. 수년이 걸릴 수도 있습니다. 분명한 것은, 베드로의 경우처럼 지금은 은혜를 잘 몰라서 주님을 따를 수 없지만 어느 정도의 시간이 지난 후에는 은혜를 아는 사람이 되어 주님을 따르리라는 사실입니다. 그러므로 시간이 걸리더라도 매일매일 하나님의 은혜를 구하십시오. 자아가 하나하나 깨어지는 과정을 통해서 은혜를 맛보는 사람이 될 것입니다.

만일 우리가 스스로 자아를 깨뜨리지 않겠다고 끝까지 고집하면 하나님께서는 강제적으로 하실 것입니다. 왜냐하면 신앙생활은 주님을 따르는 것이요, 하나님의 뜻을 이루는 것이기 때문입니다. 이것을 하지 않고 교회만 왔다 갔다 하다가 나중에 자아가 여전히 살아서 펄펄 뛰는 몸으로 천국에 들어가면 설 땅이 없습니다. 그러므로 주님께서 사랑하는 자에게는 자아가 깨어지고 꺾이는 과정을 허락하십니다. 징계를 통해서든지 아니면 우연한 사건을 통해서든지 간에 하나님은 그의 자아를 꺾으십니다. 그렇게 해서라도 진정한 은혜를 배우게 하십니다.

### 하나님께 감사할 고통

저는 지금 우리가 겪는 경제 위기가 참으로 가슴 아픕니다. 이 일 때문에 고생하는 분들이 너무나 많기 때문입니다. 직장을 잃어버린 사람들, 가정 분란이 일어난 사람들, 할 일이 없어서 그저 산이나 공원을 돌아다니는 사람들, 자살하는 사람들, 정신분열증을 겪는 사람들까지…. 그 여파가 얼마나 큰지 모릅니다. 인심은 흉흉해지고 강력 범죄는 늘어만 갑니다. 이러한 위기에 부딪혀 고통을 당하는 분들이 너무나 안쓰럽습니다. 우리는 이 고비를 잘 넘겨야 합니다.

그러나 한 가지는 잊지 말아야 합니다. 우리는 예수를 믿고 하나님의 자녀가 된 자들이라는 사실입니다. 하나님이 누구십니까? 그분은 모든 것을 가지고 계시며 능치 못한 일이 하나도 없는 분이십니다. 그분이 바로 우리 아버지이십니다. 그러므로 우리는 경제적 어려움 앞에서 슬퍼하거나 한탄하고만 있어서는 안 됩니다. 왜 우리에게 이와 같이 어려운 연단의 시기가 왔을까 하고 영적으로 살펴보아야 합니다.

그동안 한국교회 지도자들은 자아가 죽지 못해 주님을 따라가지 못한 일이 많았습니다. 교회가 성장하여 은과 금이 풍성해지고 자기 명성이 드러나다 보니 교회 지도자들의 자아가 오히려 되살아나, 하나님의 뜻을 위해 자기를 드리기보다는 자기 뜻을 위해 뭔가를 해보려고 이리저리 몸부림쳤습니다. 그래서 저는 하나님께서 우리를 이 어려운 지경에 몰아넣으신 것에는 고통스러운 시간을 통해 우리를 산산이 깨뜨리시고, 무엇보다 한국교회 지도자들을 깨뜨리셔서 그 깨어진 틈바구니로 하나님의 은혜의 샘이 솟아나게 하시려는 선하신 뜻이 있다고 믿습니다.

이것이 어떻게 교역자들에게만 해당하는 진리이겠습니까? 평신도들 역시 마찬가지입니다. 성도들 가운데는 그동안 하나님이 주시는 이런저런 복을 받아 신나게 살아온 사람들이 많습니다. 그때 우리는 '주여, 어디로 가시나이까?'에는 별 관심이 없었습니다. 그저 '내가 어디로 갈 것이냐', '내가 무엇을 할 것이냐'에만 정신이 팔려서 바쁘게 살아왔습니다. 그러다 보니 자아가 살아서 하나님의 일을 방해한 적이 참 많았습니다. 그러므로 IMF 한파를 통해서 우리 모두가 철저히 깨어질 수만 있다면 이 고통은 오히려 하나님께 감사할 거리라고 생각합니다. 불평할 고통만은 아니라는 말입니다.

사랑하는 아내들이여, 남편이 어려움을 당할 때 옆에서 보는 것이 얼마나 안쓰럽습니까? 하지만 이와 같은 현실을 영적으로 꿰뚫어 보는 눈을 갖기 바랍니다. 여러분의 남편이 한창 잘나가고 사람들에게 칭찬받으며 출세가도를 달릴 때 하나님 앞에서 얼마나 교만한 사람이었습니까? 머리끝부터 발끝까지 교만으로 가득 찬 사람이 아니었습니까? 그러나 이런 어려움과 고통을 겪게 하심으로 여러분의 남편을 깨어지게 만드십니다.

그러므로 남편이 하나님 앞에서 철저히 깨어지게 하심을 감사해야 합니다. 실상은 아무것도 아니면서 마치 자기가 하나님인 것처럼 착각하던 남편이, 세상을 구원하시려 자기 몸을 십자가에 던지신 예수 그리스도의 거룩하신 은혜 앞에 자기도 모르게 무릎 꿇고 눈물로 기도하는 사람으로 바뀌는 모습을 보는 것보다 더 감격스러운 일이 어디 있겠습니까? 이것은 남편이 직장에서 승승장구하여 이사가 되고, 전무가 되고, 사장이 되는 것과는 비교도 안 될 만큼 가슴 벅찬 일입니다.

우리가 고통을 당하는 데는 분명히 하나님의 선하신 뜻이 있음을 믿어야 합니다. 성경이 뭐라고 말씀합니까? "고난당하기 전에는 내가 그릇 행하였더니 이제는 주의 말씀을 지키나이다"(시 119:67). "고난당한 것이 내게 유익이라 이로 말미암아 내가 주의 율례들을 배우게 되었나이다"(시 119:71). "무릇 징계가 당시에는 즐거워 보이지 않고 슬퍼 보이나 후에 그로 말미암아 연단받은 자들은 의와 평강의 열매를 맺느니라"(히 12:11). 할렐루야!

**우리 앞에 있는 영원한 나라**

세상에서 성공하는 것도 중요합니다. 하나님께서 물질적으로 복 주시는 자에게는 재산 모으는 일도 중요합니다. 자녀를 잘 키워서 사람들 앞에 자랑스럽게 내놓는 일도 중요합니다. 건강을 잘 돌보는 일도 중요합니다. 어떻게 하면 노년에 고생하지 않고 편안하게 살까 생각하며 대비하는 일도 중요합니다. 노년에 자녀가 다 떠난 뒤에 혼자 고생하며 어려움을 당하는 것만큼 비참한 일도 없습니다. 그러므로 노년의 삶을 생각하는 일을 절대 나쁘다 할 수 없습니다.

그러나 한 가지 꼭 알아두기 바랍니다. 만군의 여호와 하나님을 믿고 세상을 구원하시려는 하나님의 광대한 뜻에 매혹된 사람은, 이 세상에 그다지 큰 매력을 느끼지 못한다는 사실입니다. 세상은 아침에 피었다 저녁에 지는 꽃과 같음을 알기 때문입니다. 조금 있으면 하나님이 지으실 새 하늘과 새 땅에서 예수 그리스도와 함께 영원히 왕 노릇 하며 사는 그날이 오리라는 것을 알기 때문입니다. 그 나라에서 어떻게 영원토록 살 것이냐를 마음에 두고 생각하는 사람은, 이 세상에서 잠시 편하게 사는 것이나 남보다 앞서는 것, 쌓아놓고 사는 것에 매력을 못 느낍니다.

자아가 깨어지기 전에 영적으로 교만했을 때에는 세상에서 얻을 수 있는 것을 가지고 얼마나 흥분했습니까? 그러나 경제 위기를 만나 그동안 모은 것들이 내 손에서 떠나자 모든 게 얼마나 덧없는 것인지 새삼 다가오지 않습니까? 앞으로 이것을 더욱 절실하게 깨닫는 분들이 점점 많아지리라 생각합니다.

당신에게는 놀라운 미래가 기다립니다. 당신 앞에는 영원한 나라가 기다립니다. 장차 그 나라에 가면 고개를 들고 살아야 하지 않겠습니까? 어깨를 펴고 걸어 다녀야 하지 않겠습니까? "아버지여, 하나님이 주신 은혜로 나는 세상에 살 때 하나님의 뜻을 이루기 위해 예수님이 가신 길을 걸어가려고 노력하다가 이 자리에 왔습니다. 그러나 내가 한 것이 아니요, 하나님의 은혜로 한 것입니다. 하나님, 감사합니다." 이렇게 고백하면서 천국 길을 걸어 다니는 사람이 되어야 하지 않겠습니까?

C. S. 루이스가 이런 말을 했습니다. "우리의 모습이 아직은 하나의 모형에 지나지 아니할지 모릅니다. 그러나 하나님의 참아들이 당신 곁에 계십니다. 그분은 당신을 변화시켜서 자신과 같은 모습으로 만들기를 원하십니다. 그래서 자신의 삶을, 사상을 당신에게 주입하고 계십니다. 그렇게 모형이 실물로 점점 바뀌어갑니다."

다시 말하면 겉모양만 갖고 있던 우리가 작은 예수로 점점 변해 간다는 말입니다. 만약 우리가 이런 과정을 통해서 예수 그리스도를 닮지 않는다면 오늘날 우리에게 남아 있는 대부분의 모습은 모형에 지나지 않을 것입니다.

예수님은 하나님의 뜻을 위해서 십자가의 길을 걸어가셨습니다. 그러므로 모형 정도가 아니라 작은 예수가 되기를 원한다면 그분이 가신 길을 따라가야 합니다. 주님이 순종하신 일에 순종해야 합니다. 하나님이 원하시면 무엇이든지 희생할 각오를 해야 합니다. 그것이 바로 영원히 사는 길이요, 영원히 광채를 발하는 길입니다.

### 예수님을 따라가는 자세

20여 명의 목회자들로 구성된 어느 모임이 있었습니다. 그런데 그날은 40대 후반의 장로님 한 분이 그 자리에 참석하셨습니다. 그분은 이름만 들어도 누군지 다 알 만큼 아주 유명한 사람입니다. 대화를 나누는데 어떤 목사님이 그 장로님에게 이렇게 질문했습니다. "장로님, 요즘 어떻게 지내십니까?" 그러자 그분은 이렇게 대답했습니다. "예, 저는 요즘 사역 장로로 신나게 일하고 있습니다."

'사역 장로'라는 말에 목사님들은 일제히 그것이 무엇이냐고 물었습니다. "아, 낯선 단어지요? 우리 교회에는 '사역 장로'라는 것이 있습니다. 처음에 장로로 피택되면 시무 장로가 되든지 사역 장로가 되든지 둘 중에 자기가 원하는 대로 선택할 수 있습니다." 대부분의 사람들은 시무 장로가 좋다고 생각하지 않습니까? 그래서 어느 목사님이 또 물었습니다. "그런데 왜 시무 장로를 안 하시고 사역 장로가 됐습니까?"

그랬더니 그는 이렇게 대답했습니다. "저는 사역 장로가 얼마나 자랑스러운지 모릅니다. 우리 교회에는 시무 장로로 섬기시다가 50대 때에 명퇴를 당하거나 타의로 실직을 당하시고, 이런저런 일 때문에 재산상의 큰 손해를 본 장로님들이 여러 분 계십니다. 그분들이 그런 과정을 겪으면서 세상적인 성공이라는 것이 참으로 덧없음을 깨닫고 난 후에 시무 장로를 내놓고 사역 장로를 택했답니다. 그분들 가운데는 가진 재산을 다 정리해서 중국에 들어가 선교사들을 지원하는 일에 평생을 바치기로 각오하고 지금까지 수년 동안 일해온 분도 있고, 일본에 가서 일하는 분도 있으며, 동남아에 가서 일하는 분도 있습니다. 지금 우리 교회에서는 다섯 분이 그렇게 사역 장로가 되어 일하십니다. 힘든 일을 해야 하는 곳에 교회 직원을 채용하지 않고 자기가 자원하여 그 일을 맡아 아침 8시부터 어떤 때는 밤 10시까지 급여도 받지 않고 자기 돈을 써가면서 수년 동안 묵묵히 기쁨으로 봉사하십니다. 저는 그 사역 장로님들을 볼 때마다 참 자랑스럽고 머리가 숙여집니다. 그래서 '나도 저런 사람이 되자' 결단하고 사역 장로가 되었습니다."

저는 그 이야기를 들으면서 '그래 맞아. 예수님을 따라가려면 바로 이런 자세를 가져야 해! 교회 안에서나 밖에서나 주님이 하나님의 뜻을 이루기 위해 희생하시려고 걸어가신 그 길을 따라가는 데 무슨 자아가 있고, 내세울 자존심이 있겠는가? 주님도 저렇게 산산이 깨어지고 십자가에서 모든 사람의 구경거리가 되셨는데 내가 무엇이라고 얼굴을 쳐들고 남에게 칭찬받으려 하겠는가? 남이 알아주든 말든 묵묵히 하나님의 뜻을 이루기 위해 나 자신을 드려야겠다'라고 생각했습니다. 이것이 바로 영원히 사는 길입니다.

주님을 따라갑시다. 주님께서 "지금은 안 돼"라고 하시는 사람도 분명 있을 것입니다. 그러나 실망하지 마십시오. 하나님께서 후에는 반드시 당신이 주님을 따라갈 수 있도록 만들어주실 것입니다. 주님께 순종합시다. 그래서 우리 남은 생을 멋지게 살아봅시다.

# 48

## 근심하는 자여, 천국을 생각하라

요한복음 14장 1-11절

1 너희는 마음에 근심하지 말라 하나님을 믿으니 또 나를 믿으라 2 내 아버지 집에 거할 곳이 많도다 그렇지 않으면 너희에게 일렀으리라 내가 너희를 위하여 거처를 예비하러 가노니 3 가서 너희를 위하여 거처를 예비하면 내가 다시 와서 너희를 내게로 영접하여 나 있는 곳에 너희도 있게 하리라 4 내가 어디로 가는지 그 길을 너희가 아느니라 5 도마가 이르되 주여 주께서 어디로 가시는지 우리가 알지 못하거늘 그 길을 어찌 알겠사옵나이까 6 예수께서 이르시되 내가 곧 길이요 진리요 생명이니 나로 말미암지 않고는 아버지께로 올 자가 없느니라 7 너희가 나를 알았더라면 내 아버지도 알았으리로다 이제부터는 너희가 그를 알았고 또 보았느니라 8 빌립이 이르되 주여 아버지를 우리에게 보여 주옵소서 그리하면 족하겠나이다 9 예수께서 이르시되 빌립아 내가 이렇게 오래 너희와 함께 있으되 네가 나를 알지 못하느냐 나를 본 자는 아버지를 보았거늘 어찌하여 아버지를 보이라 하느냐 10 내가 아버지 안에 거하고 아버지는 내 안에 계신 것을 네가 믿지 아니하느냐 내가 너희에게 이르는 말은 스스로 하는 것이 아니라 아버지께서 내 안에 계셔서 그의 일을 하시는 것이라 11 내가 아버지 안에 거하고 아버지께서 내 안에 계심을 믿으라 그렇지 못하겠거든 행하는 그 일로 말미암아 나를 믿으라

가룟 유다는 이미 예수님의 원수인 대제사장들과 한패가 되어 주님을 넘길 기회를 호시탐탐 엿보았고, 예수님은 십자가를 지는 이 길을 꼭 가야 된다고 거듭 말씀하셨습니다. 홀로 그 길을 가시겠다는 비장한 말씀에 마음이 아팠던지 베드로는 자기의 충성을 이렇게 맹세했습니다. "주여, 내가 주님을 따르겠습니다. 다른 사람은 몰라도 나는 끝까지 주님을 따르겠습니다. 주를 위해 목숨을 버리겠습니다." 그러나 주님은 냉정하게 그의 고백을 물리치셨습니다. "너는 닭 울기 전에 세 번 나를 부인할 것이다."

이런 분위기를 한번 생각해보십시오. 제자들은 도대체 어떻게 해야 할지 갈피를 못 잡고 있습니다. 마음을 짓누르던 근심은 마침내 주체할 수 없는 공포로 돌변하고 있었습니다. 혼돈에 빠진 제자들을 보시고 예수님은 말씀하셨습니다.

> 너희는 마음에 근심하지 말라 하나님을 믿으니 또 나를 믿으라(1절).

여기서 '근심하다'라는 말은 헬라어로 '타라소'(tarasso)인데, 영어의 'trouble'에 해당하는 굉장히 강한 어감을 가진 단어입니다. 막연히 '조금 걱정스럽다, 염려가 된다'는 정도의 말이 아닙니다. 아예 우리 마음을 확 뒤집어놓을 정도로 고통을 느끼게 하는, 몹시 괴로운 상황을 가리키는 말입니다. 그러므로 근심하지 말라는 주님의 말씀은 이런 의미로 받아들일 수 있습니다. "너희가 마음속으로 고통스러워하고 번민하는 것을 이제는 그만둬라. 왜냐하면 내 아버지 집에 거할 곳이 많기 때문이다."

사실 제자들보다는 오히려 예수님 자신이 더 큰 고통에 시달리셨습니다. 조금 후에 겟세마네 동산에서 예수님은 심경을 털어놓으셨습니다. "내 마음이 매우 고민하여 죽게 되었으니"(마 26:38). 이 말씀을 읽을 때마다 가슴이 저며오는 듯합니다. 그러나 주님은 이를 감추신 채 요한복음 14장에서 16장까지 기록된 말씀으로 근심과 공포, 불안에 떠는 제자들을 위로하고 권면하셨습니다.

### 거처를 예비하고
### 다시 오리라

다음 구절이 첫 번째 권면의 말씀입니다.

> 내 아버지 집에 거할 곳이 많도다 그렇지 않으면 너희에게 일렀으리라 내가 너희를 위하여 거처를 예비하러 가노니 가서 너희를 위하여 거처를 예비하면 내가 다시 와서 너희를 내게로 영접하여 나 있는 곳에 너희도 있게 하리라(2-3절).

여기서 몇 가지 정리해야 할 것이 있습니다. 먼저, '거처를 예비하러 간다'는 말이 무슨 뜻입니까? 구약 성도들이 이미 들어가 살고 있는 천국이 있는데 무엇 때문에 새삼스럽게 천국을 준비하러 가신다고 할까요? 그러나 우리는 이 말씀이 천국을 새로 만드신다는 뜻이 아님을 알아야 합니다. 극히 좁게 열려 있던 천국 문을 모든 사람을 위해 활짝 열어놓으시려고 정해진 길을 가신다는 말씀입니다.

천국 문을 활짝 여는 유일한 방법은 주님께서 십자가에서 죽으시고, 부활하시고 승천하시는 것이었습니다. 예수님이 인류의 죄를 짊어지고 십자가에서 죗값을 대속하지 않으면 아무도 천국에 들어갈 수 없기 때문에, 주님은 먼저 십자가를 지고 죽으셔야 했습니다. 그래서 지금 십자가의 길을 가시는 것입니다. 죽으신 후에는 사흘 만에 다시 살아나실 것입니다. 그렇게 해야 하늘과 땅의 모든 권세를 가지신 영광의 주요, 모든 인류를 하나님 앞으로 인도하는, 권세 있는 구원자가 될 수 있기 때문입니다.

그러므로 주님은 반드시 부활하셔야 합니다. 어떻게 보면 부활하기 위해서 지금 십자가로 가시는 것입니다. 부활하신 후에 주님은 승천하시어 하나님 우편에 앉으실 것입니다. 그렇게 함으로써 한번 열어놓은 천국 문을 아무도 닫을 수 없게 하십니다. 그러므로 누구든지 예수 이름을 믿고 부르기만 하면 그 나라에 들어갈 수 있습니다. 거처를 예비하러 가신다는 말씀은 이와 같이 십자가를 지고, 부활하고, 승천하심으로 천국 문을 열겠다는 의미입니다.

본문 3절을 보면, 주님은 거처를 준비하는 일이 끝나면 다시 오시겠다고 말씀하셨습니다. "다시 와서 너희를 내게로 영접하여 나 있는 곳에 너희도 있게 하리라." 여기서 '다시 온다'는 말씀은 무슨 뜻입니까? 저는 세 가지 의미가 있다고 봅니다. 첫째, 부활하신다는 말씀입니다. 천국으로 들어가는 길을 활짝 열어놓으신, 부활하신 주님을 제자들이 다시 만나리라는 이야기입니다. 둘째, 성령이 오신다는 말씀입니다. 예수님이 승천하시고 하나님 우편에 앉으시면 다시는 육신으로 계시는 그분을 보지 못합니다. 대신 주님은 보혜사 성령을 통해 우리를 만나시고, 우리와 동행해주시고, 우리에게 말씀하십니다. 그러므로 다시 온다는 말씀은 곧 성령이 오신다는 뜻입니다. 셋째, 재림하신다는 말씀입니다. 마지막 날에 다시 오시면 우리를 주님 나라로 인도하시겠다는 이야기입니다. 3절의 '다시 와서'라는 말은 이 세 가지 의미를 모두 포함한다고 볼 수 있습니다.

따라서 본문이 전하고자 하는 바를 이렇게 정리할 수 있습니다. "너희는 마음에 근심하지 말라. 내가 지금 거처를 예비하러 가지 않느냐? 예비하면 다시 올 것이다. 하나님을 믿느냐? 나를 믿어라. 그러면 너희 마음에서 근심이 떠날 것이다." 천국 문을 활짝 열어놓으신 후에는 다시 오셔서 우리를 그 나라로 인도하실 것이므로 근심하지 말라는 말씀입니다.

### 세상에서 가장 좋은 이야기

사실 저는 본문을 읽으면서 처음에는 조금 이해하기가 어려웠습니다. '눈앞이 캄캄해지는 답답한 일을 만나서 깊은 고민에 빠진 제자들에게 저세상 이야기가 무슨 의미가 있겠는가?' 하는 생각이 들었기 때문입니다. 한번 생각해보십시오. 당장 눈앞에 떨어진 불을 꺼야 할 판국인데 하늘나라 이야기에 감동을 받을 수 있겠습니까? 저세상 이야기를 듣고 근심이 사라진다는 것이 도대체 가능했겠느냐는 말입니다. 제자들이 예순이나 일흔 살쯤 된 사람들이라면 그럴 수 있을지도 모릅니다. 살 만큼 살았으니 '이제 천국이 내 앞에 가까웠구나' 하고 생각할 수도 있습니다. 그러나 당시 제자들은 기껏해야 20대 후반이나 30대 초반이었습니다. 그런 사람들에게 천국 이야기가 무슨 감동과 위로가 될 수 있겠습니까? 그럼에도 이해하기 힘든 것은 주님이 근심하지 말라는 첫 권면으로 저세상 이야기를 들려주신다는 사실입니다.

실직을 당한 뒤 한 일 년은 그동안 모아두었던 것을 가지고 그럭저럭 버텨냈지만, '앞으로 어떻게 살까? 뭘 해서 먹고살지?' 생각만 하면 눈앞이 캄캄해지는 가장이 있다고 합시다. 그에게 "아이고, 무얼 그렇게 걱정하십니까? 천국이 있지 않습니까? 하나님 나라가 있지 않습니까? 근심하지 마세요"라고 말한다면, 그 말에 얼마나 설득력이 있을까요? 이런 때에 현실 문제를 내세와 연관시키는 것은 그다지 바람직한 일이 아닌 것 같습니다. 현실 문제는 현실에서 해결해야 된다는 것이 우리의 기본적인 생각입니다. 기독교는 현실의 고통을 잊게 만들고자 천국이라는 환각제를 주사하는 도피주의적인 종교가 아닙니다.

그러면 왜 주님은 근심에 빠진 제자들에게 저세상 이야기를 하셨을까요? 아마 두 가지 이유 때문이었을 것입니다. 첫째, 세상에서 들을 수 있는 말 가운데 천국 이야기만큼 좋은 것은 없기 때문입니다. 천국 이야기만큼 우리를 흥분시키고, 가슴을 뜨겁게 만들고, 근심을 싹 잊게 만들 만한 것은 없습니다. 우리에게 그와 같은 반응이 일어나지 않는 것이 문제지, 사실은 천국 이야기만큼 좋은 것이 없습니다. 왜냐하면 천국은 우리의 구원 그 자체이기 때문입니다. "나는 구원받아야 되겠습니다. 나는 구원받기를 원합니다"라고 말할 때 우리는 천국을 염두에 두고 있습니다. 바꾸어 말하면 "나는 천국에 들어가기를 원합니다"라는 말입니다. 예수님이 말씀하시는 아버지의 집은 우리가 들어갈 고향입니다.

그러므로 천국은 우리가 세상에서 가슴에 안고 씨름하는 모든 문제의 완전한 해답입니다. 천국은 우리가 세상에서 입고 있는 손해라든가, 원통함이라든가, 분노하는 모든 것들에 대한 완전하고 충족한 보상입니다. 그 나라에 가면 우리 마음에 있는 응어리들이 다 풀리게 되어 있습니다. 왜냐하면 하나님께서 엄청난 것으로 보상하시기 때문입니다.

천국은 우리가 바라고 꿈꾸는 모든 행복 가운데 최고입니다. 천국에 가면 세상에서 우리가 당하던 모든 고통의 원인이 완전히 사라지기 때문입니다. 요한계시록 21장 4절을 보면 천국에는 다시는 사망도, 죽음도 없다고 합니다. 이와 같은 천국을 생각하면 기쁠 수밖에 없습니다. 기뻐하지 않는 사람은 정상이 아니라고 봅니다. 다시는 죽음이나 애통하는 것이나 곡하는 것이 없다고 하는데 왜 기뻐하지 않습니까? 사랑하는 사람이 죽어서 가슴을 치고 울어본 일이 있습니까? 밤잠을 설쳐가며 통증으로 씨름해본 일이 있습니까? 70, 80년을 살아도 한 번 아파본 일이 없다면 참 복이 많은 분입니다. 그러나 슬픔이나 아픔을 맛본 분이라면 천국에 죽음이나 고통이 없다는 사실이 얼마나 감격스러운지 잘 알 것입니다. 천국은 우리를 괴롭히는 모든 원인이 완전히 제거된 곳입니다.

천국에서는 우리의 영광이 극치를 이룹니다. 부활하신 예수님의 찬란한 모습은 바로 우리의 모습이 될 것입니다. 예수님과 영원히 살 수 있게 천상의 영광을 덧입은 우리의 모습을 상상해보십시오. 얼마나 아름답겠습니까! 그때는 키가 작다고 고민할 필요도 없고, 얼굴이 못생겼다고 부끄러워할 것도 없습니다. 잘났다고 거드름 피울 것도 없습니다. 우리 모두가 흠과 티가 전혀 없는 하나님의 자녀이기 때문입니다. 그러니 천국 이야기보다 더 좋은 이야기가 세상에 어디 있겠습니까?

더욱이 우리는 천국에서 우리를 사랑하시는 예수님과 영원토록 교제하면서 그분과 함께 살 것입니다. 우리를 너무 사랑하셔서 십자가의 죽음을 받아들이시고 오늘도 하나님 우편에서 기도하시는 그 주님을 이제는 영원토록 눈으로 보고 손으로 만지면서 살 수 있습니다. 이것만큼 좋은 것이 어디 있습니까? 천국이 우리에게 중요한 이유는 주님이 그곳에 계시기 때문입니다. 황금으로 만든 집이나 열두 진주 문, 생명나무 열매와 같은 것들이 우리에게 기쁨이 되는 이유는 그곳에 주님이 계시기 때문입니다. 만일 주님이 계시지 않는다면 우리는 천국을 천국으로 못 느낄 것입니다. 천국은 물건으로 만족하는 곳이 아니라 예수님으로 만족하는 곳이기 때문입니다. 그래서 화니 크로스비는 이렇게 찬송했습니다.

> 주가 맡긴 모든 역사 힘을 다해 마치고
> 밝고 밝은 그 아침을 맞을 때
> 요단강을 건너가서 주의 손을 붙잡고
> 기쁨으로 주의 얼굴 뵈오리
> 나의 주를 나의 주를
> 내가 그의 곁에 서서 뵈오며
> 나의 주를 나의 주를
> 손에 못 자국을 보아 알겠네

예수님이 계시는 곳이 천국이라면, 천국 이야기를 하는 것보다 기쁘고 좋은 것이 어디 있겠습니까?

예수를 믿는 것은 천국에 들어가기 위해서입니다. 천국은 우리 아버지의 집입니다. 아버지 집이면 그분의 자녀인 우리도 들어갈 자격이 있습니다. 예수를 믿는 순간 성령께서 우리를 하나님의 자녀가 되도록 완전히 바꿔놓으셨습니다. 그러므로 천국의 아버지 집은 곧 내 집입니다. 믿는 자에게는 천국 이야기만큼 중요한 것이 없고, 신나는 것이 없습니다. '먹고살기에도 바쁜 세상인데 무슨 천국 이야기인가?' 하고 생각하는 분이 있다면 천국을 아직 잘 몰라서 그러는 것입니다. 우리가 진정 하나님의 아들딸이라면 천국 이야기를 들을 때마다 마음이 그리로 달려갈 것입니다.

길을 잃고 우는 아이에게 누군가 다가가서 "애야, 울지 마. 내가 너희 집에 데려다줄게" 하고 말하면 아이는 금세 울음을 그칩니다. 아직 집에 간 것도 아닌데 아이 마음은 벌써 집에 가 있습니다. 아버지가 안아주고, 엄마가 뽀뽀해주는 장면을 연상합니다. 푹신한 침대가 놓여 있고 아끼는 인형과 장난감이 여기저기 있고 벽에는 그림이 걸려 있는 아늑한 자기 방을 벌써 마음으로 그리워합니다. 이것이 어린아이의 심정입니다.

우리 역시 마찬가지입니다. 세상에서 근심으로 짓눌리고 어떤 때는 두려움이 엄습해서 안절부절못할 때라도 "내 아버지 집에 거할 곳이 많도다"(2절)라고 하시는 주님의 음성을 마음속에 간직하고 영의 눈을 열어 그 나라를 바라보면 벌써 우리 마음이 그리로 달려갑니다. 그러므로 하나님 나라를 마음에 두고 묵상하는 자는 누구든지 울음을 그치고 근심을 털어내며 일어날 수 있습니다. 두려움과 맞서 싸울 수 있는 용기가 생깁니다. 만약 그와 같은 반응이 나타나지 않는다면 당신은 아직 세상에 집착하는 사람입니다. 말로만 하나님 나라를 떠들지 실상은 땅에 마음을 둔 사람입니다.

## 천국의 소망 앞에
## 근심은 힘을 잃고

　　　　　　　　　천국을 소망하는 자의 눈에는 현실 문제가 작아 보입니다. 마음을 천국에 둔 자에게는 근심이 힘을 잃어버립니다. 로마서 8장 18절을 기억하기 바랍니다. "생각하건대 현재의 고난은 장차 우리에게 나타날 영광과 비교할 수 없도다." 현재의 고난이란 지금 안고 씨름하는 근심을 말합니다. 실직이나 배고픔, 육신의 아픔, 이별의 슬픔처럼 세상에서 겪는 수많은 고통을 말합니다.

　우리 가운데 이 악하고 험한 세상에서 현재의 고난을 완전히 피할 수 있는 사람은 아무도 없습니다. 이 세상에 사는 동안은 누구나 역경과 고난을 당할 수밖에 없습니다. 그러나 장차 천국에서 누릴 영광을 내다보는 사람에게는 현재의 고난이나 마음을 짓누르는 근심이 크지 않다는 말입니다. 아무리 짐이 무거워도 내가 돌아갈 집이 있다고 생각하는 자에게는 그 짐이 고통스럽지 않습니다. 영원히 쉴 집으로 가는 동안 잠깐 당하는 고통이라고 생각하면 그 고통을 짊어질 수 있는 힘이 훨씬 더 강해집니다.

　이스라엘 백성은 70년 동안 바벨론에서 포로 생활을 했습니다. 마침내 70년이 차서 본토로 귀환을 앞둔 사람들의 모습을 한번 그려보십시오. 부모 세대는 다 세상을 떠났고 이제는 그 자손들이 본토로 돌아가고 있습니다. 몇 달을 여행해서 가야 하는 머나먼 길이지만 그들의 마음은 벌써 고향 땅에 가 있습니다. 고향에 돌아가면 가족을 다시 만날 수 있을 것이라는 기대감과 흥분에 젖어 있었습니다. 시편 기자는 고향 땅을 향해 감격의 발걸음을 내딛는 이스라엘 백성을 꿈꾸는 자로 묘사했습니다. 시편 126편 1-2절을 보십시오. "여호와께서 시온의 포로를 돌려 보내실 때에 우리는 꿈꾸는 것

같았도다 그때에 우리 입에는 웃음이 가득하고 우리 혀에는 찬양이 찼었도다." 이 세상의 고향으로 돌아가는 사람의 마음도 꿈꾸는 듯 행복했다면, 짧은 한세상을 살고 하나님이 준비하신 영원한 나라를 향해서 걸어가는 사람의 마음은 얼마나 황홀감에 젖어들겠습니까? 꿈꾸는 자에게는 세상 근심이 그다지 힘을 발휘하지 못합니다. 천국을 바라보는 자의 마음에서는 고통이 힘을 잃고 맙니다.

예수님은 우리를 향해 한 가지 소망을 가지고 계십니다. 우리가 건강해서 오래 살기를 소원하시는 것이 아닙니다. 하는 일마다 형통해서 부러움을 사는 사람이 되기를 원하시는 것도 아닙니다. 이 세상에 많이 쌓아놓고 마음껏 누리기를 원하시는 것도 아닙니다. 이 세상은 어차피 남의 나라요, 남의 땅입니다. 우리가 영원히 거할 집이 아닙니다. 남의 집에서 행복하면 얼마나 행복하겠습니까? 오래 산다는 게 얼마나 대단한 복이 되겠습니까? 주님은 자신이 이 세상에 속하지 않으셨듯이 우리도 이 세상에 속한 자들이 아니라고 말씀하셨습니다. 이 세상은 남의 집입니다.

으리으리한 큰 집에 가서 놀다가 "얘야, 집에 돌아가자"라는 부모의 말에 "나는 여기가 좋아요. 안 갈래요" 하고 떼쓰는 철없는 어린아이를 생각해보십시오. 부모의 마음이 얼마나 답답하겠습니까? 그래서 "이 바보 같은 놈아, 남의 집에서 행복하면 얼마나 행복할 줄 알고 안 가겠다고 그러냐?" 하며 야단을 칩니다.

우리 주님 역시 마찬가지입니다. 요한복음 17장 24절을 보십시오. 예수님은 마지막으로 제자들을 위해 이렇게 기도하셨습니다. "아버지여 내게 주신 자도 나 있는 곳에 나와 함께 있어 아버지께서 창세전부터 나를 사랑하시므로 내게 주신 나의 영광을 그들로 보게 하시기를 원하옵나이다." 여기서 '내게 주신 자'는 일차적으로는 제자들을 가리키지만, 좀 더 넓은 의미에서는 우리 역시 거기에 해당합니다. 예수님께서 우리를 향해 품고 계신 간절한 소원은, 우리를 예수님이 계시는 천국으로 데리고 가서 함께 사는 것입니다. 예수님이 하나님 우편에서 누리는 영광을 우리가 보고 찬송하며 즐거워하도록 하는 것입니다. 그것만이 우리에게 최고의 만족을 줄 수 있는 최상의 행복이기 때문입니다.

그러므로 천국 이야기를 들을 때마다 우리의 근심이 가벼워져야 합니다. 천국만 생각하면 세상 그 어떤 것도 부럽지 않은 사람이 되어야 합니다. 천국을 이야기할 때면 연인이 자기 사랑을 이야기하듯이 시간 가는 것을 잊어버리고 푹 빠질 수 있는 은혜가 있어야 합니다. 당신에게 이와 같은 은혜가 있기를 바랍니다. 입으로는 천국 간다 하면서 속은 완전히 세상에 몰입해서 천국 이야기만 하면 자기와 상관없는 딴 세상 이야기처럼 시큰둥하게 받아들이는 믿음으로 세상을 살 바에야 차라리 신앙생활을 그만두는 편이 나을지도 모릅니다.

### 유일한 권위자

예수님이 제자들에게 천국 이야기를 들려주신 두 번째 이유는 예수님 자신만이 할 수 있는 이야기이기 때문입니다. 요한복음 8장 23절을 보십시오. "너희는 아래에서 났고 나는 위에서 났으며 너희는 이 세상에 속하였고 나는 이 세상에 속하지 아니하였느니라." 주님은 땅에서 난 우리와는 근본적으로 다른 분입니다. 천국에 계시다가 이 땅에 오셨기에 천국 이야기를 할 수 있는 유일한 권위자이십니다. 그래서 주님은 자신을 가리켜 이렇게 말씀하셨습니다.

… 내가 곧 길이요 진리요 생명이니 나로 말미암지 않고는 아버지께로 올 자가 없느니라(6절).

그렇습니다. 예수님은 천국으로 인도하는 유일한 길이요, 천국을 가르쳐주는 유일한 진리요, 천국에서 살게 하는 유일한 생명입니다. 예수님 말고는 우리를 천국으로 인도할 구원자가 아무도 없습니다.

예수님은 어떻게 이와 같은 절대 권위를 가지셨을까요? 8절 이하를 보십시오. 빌립이 "주여, 아버지를 우리에게 보여주소서" 하고 청하자 주님이 대답하셨습니다. "네가 왜 나더러 하나님 아버지를 보여달라고 하느냐? 네가 이렇게 오래 나와 같이 있었는데 하나님을 아직도 못 보았다는 게 무슨 말이냐? 나를 본 자는 아버지를 이미 본 것이다. 왜냐하면 하나님이 내 안에 계시면서 말씀하시기 때문이다. 그러므로 네가 나를 보았으면 하나님을 본 것이다. 더 이상 다른 말을 하지 말아라. 만약 그 사실을 믿지 못하겠거든 내가 하는 일을 보고 믿어라. 내가 지금까지 무슨 일을 했느냐? 죽은 자를 살렸노라. 내가 무슨 일을 했느냐? 떡 다섯 덩이로 오천 명을 먹였노라. 내가 무슨 일을 했느냐? 나병환자를 고쳤노라. 바다를 잔잔케 했노라. 이것은 하나님만이 하시는 일이지 않느냐? 나의 초라한 모습을 보고 믿지 못하겠거든 내가 하는 일을 보고라도 믿어라."

그렇습니다. 예수님은 하나님의 아들이십니다. 그러므로 그분만이 천국 이야기를 할 수 있는 유일한 자격자입니다. 그래서 예수님은 "너희는 마음에 근심하지 말라. 내 아버지 집에 거할 곳이 많도다"라고 하시면서 자신 있게 제자들을 위로하실 수 있었습니다.

세상에는 천국에 가본 사람이 아무도 없습니다. 천국을 이야기할 만한 자격자가 아무도 없다는 이야기입니다. 18세기의 사상가 스웨

덴보리는 《천국과 지옥》이라는 책에서 이런 주장을 했습니다. 자신이 천사와 마주 앉아서 천국에 관한 이야기를 들었고, 천국이 어떤 곳인지 볼 수 있도록 허락을 받았다는 것입니다. 그의 주장을 한번 들어보십시오.

"천국은 물질세계에서 우리가 느끼던 감각적 즐거움이 그대로 계속되는 곳이다. 남녀가 세상에서 사랑을 하는 것처럼 천국에서도 사랑할 수 있고, 함께 살던 가족은 여전히 식구가 되어 서로 의지하고 사랑하면서 살 수 있다. 그러므로 천국은 완전히 영적인 곳이라기보다는 물질적인 요소도 굉장히 많은 곳이다."

좋은 이야기처럼 들리지만 우리는 그의 말에 관심이 가지 않습니다. 왜 그렇습니까? 그는 천국 이야기를 할 자격이 없는 사람이기 때문입니다. 천국 이야기를 할 수 있는 분은 오직 예수님밖에 없습니다. 예수님만이 우리를 천국으로 인도하는 유일한 길이요, 진리요, 생명입니다.

토마스 아 켐피스는 요한복음 14장 6절을 은혜로운 말로 풀어서 표현했습니다. "나를 따르라. 나는 길이요 생명이요 진리니라. 길 없이 가는 것이 없고, 진리 없이 아는 것이 없고, 생명 없이 사는 것이 없느니라. 나는 너희가 반드시 따라야 할 길이다. 반드시 믿어야 할 진리다. 반드시 소망해야 할 생명이다. 나는 신성한 길이다. 나는 무오한 진리다. 나는 다함 없는 생명이다. 나는 가장 빠른 길이요, 주권적 진리요, 참생명, 복된 생명, 창조되지 아니한 생명이니라." 이와 같은 말씀을 하실 수 있는 분은 예수님밖에 없습니다.

아직도 예수님을 하나님으로 믿지 못합니까? 예수님을 믿으면 천국 간다는 사실을 아직도 의심합니까? 다시 한번 말씀드립니다. 예수님을 믿으십시오. 예수님을 하나님으로 받아들이십시오. 예수님만이 천국으로 인도하시는 유일한 길이요, 진리요, 생명임을 믿으십시오. 다른 아무것도 필요 없습니다. 이 믿음만 있으면 누구든지 천국에 들어갈 수 있습니다.

세상의 수많은 종교들은 저마다 "이리 가면 천국에 들어간다. 저리 가면 하늘나라로 간다" 하고 별의별 이야기를 다 합니다. 그러나 그 많은 종교 창시자들 가운데 "내가 하나님의 아들이다"라고 주장한 사람은 아무도 없었습니다. "내가 길이요 진리요 생명이다"라고 주장하는 사람도 없었습니다. 오히려 그들은 이렇게 말합니다. "길은 여러 갈래가 있지만 모든 길의 종착지는 같다."

불교를 믿는 사람들은 또 이렇게 말합니다. "불교는 정말 포용력이 있는 종교다. 반면에 기독교는 너무 독선적이다." 왜 독선이라고 합니까? 예수님께서 자기로 말미암지 않고는, 자기를 안 믿으면 천국에 들어갈 수 없다고 하셨기 때문입니다. 왜 예수님께서 이렇게 독선적인 말씀을 하십니까? 자신만이 권위자이시기 때문입니다. 세상 종교들이 저마다 다른 소리를 하는 이유는 그만큼 자신이 없기 때문입니다. 그것을 꿰뚫어 보지 못하고, 어느 종교나 믿어도 된다는 말이 매력적으로 들린다면 문제가 있는 사람입니다. 우리는 예수님 때문에, 값없이, 오직 은혜로 천국에 들어갈 수 있습니다. 이 얼마나 감사한 일입니까? 그러니 천국을 생각하면 절로 힘이 솟아날 수밖에 없습니다.

미국에서 연소득이 25만 달러 이상인 사람은 전체 국민의 1퍼센트 정도밖에 안 된다고 합니다. 연 25만 달러면 한 달에 2만 달러 이상 버는 셈이므로 상당한 고소득자라고 할 수 있습니다. 그들을 대상으로 설문 조사를 했는데 그 내용이 퍽 재미있습니다. "만약 당신이 천국을 돈으로 살 수 있다면 얼마를 투자할 수 있습니까?" 하는 질문에 사람들이 저마다 적절하다고 여기는 가격을 제시했는데 그중 최고액이 64만 달러였다고 합니다. 저는 그 글을 보면서 가소롭다는 생각을 했습니다. '참 웃기고들 있네. 64만 달러로 천국에 들어갈 수 있다면 못 들어갈 사람이 몇이나 되겠나?' 얼마나 멍청한 대답입니까? 천국은 돈으로 들어가는 곳이 아닙니다.

소설가 마크 트웨인이 이런 말을 했습니다. "천국은 은혜로 들어갈 수 있는 곳이다. 만일 천국이 무슨 값을 따지고 들어가는 곳이라면 그곳에 들어갈 자는 당신이 아니라 당신의 강아지일 것이다." 무슨 소리인지 얼른 와닿지 않겠지만, 이렇게 생각해보면 이해하기 쉽습니다. 세상에서 아무리 많은 것을 쌓아놓고 사는 사람이라도 일단 천국에 들어가려면 죽어야 되지 않습니까? 죽고 나면 한 푼도 못 가지고 갑니다. 그런데 이 사실을 믿지 않는 사람이 많습니다. 64만 달러가 아니라 64센트도 못 들고 갑니다. 사체만 놓고 따지면 사람보다는 강아지가 더 값이 나갑니다. 그런 의미에서 "돈으로 따진다면 강아지가 들어가야 마땅하다"는 말은 백 번 옳다고 봅니다.

감사하게도 우리는 천국 가는 길이 여기 있다 저기 있다고 외치는 수많은 종교들에 빠지지 않고, 길이요 진리요 생명이신 하나님의 아들을 만났습니다. 언젠가 방송에서 캐나다에 이민을 가고 싶어 안달하다가 사기꾼에게 걸려 재산을 다 날리고 캐나다에서 추방당한 사람들의 이야기를 본 적이 있습니다. 참으로 기가 막힌 일 아닙니까? 만약 당신이 천국에 가게 해주겠다는 종교들에 속아 그와 같은 꼴이 됐으면 어쩔 뻔했습니까? 오늘날 잘못된 종교와 잘못된 진리에 현혹되어서 살아 계신 하나님의 아들 예수 그리스도를 만나지 못해 천국을 놓치는 사람들이 얼마나 많습니까? 우리는 감사하게도 예수 그리스도를 알고 천국에 갈 수 있는 사람들이 되었습니다. 이러한 사실을 생각하며 감사하는 마음이 있다면, 비록 마음에 근심이 있다 해도 근심을 이길 힘을 얻을 수 있습니다. 주님을 위해 뜨겁게 헌신합니다. 절대 미지근할 수 없습니다.

단테의 《신곡》을 보면, 주인공이 안내자의 인도를 받아서 천국도 구경하고 지옥도 구경합니다. 그런데 안내자를 따라 어느 곳에 갔더니 한 무리의 사람들이 죽을상을 하고서 초조하게 서성거리고 있었습니다. 그들은 천국에서뿐만 아니라 지옥에서도 거절당한 사람들이었습니다. 천국에 들어갈 만큼 선인도 못 되고 지옥에 처넣을 만큼 악인도 못 되는 사람들입니다. 그때 안내인이 단테를 보고 이렇게 말했습니다. "이 사람들은 하나님도 좋아하시지 않고, 사탄도 좋아하지 않는 영원히 버려진 인간들입니다. 만나볼 가치도 없으니 그냥 지나갑시다."

지어낸 이야기지만 여기서 얻을 수 있는 교훈이 있습니다. 세상에서 제대로 살려면, 하나님이 덥석 안고 하나님 나라로 들어갈 수 있을 만큼 뜨겁게 신앙생활을 해야 한다는 것입니다. 이것도 저것도 아닌 미적지근한 태도로 살아서는 결코 천국에 합당한 사람이 될 수 없습니다. 신앙생활을 하는 동안 마음이 하늘에도 가 있고 땅에도 가 있으면, 천국 이야기를 수없이 들어도 아무런 효력이 없습니다. 오만 가지 걱정을 다 끌어안고 불안과 두려움에 떨다가 끝나는 사람이 되고 맙니다. 그런 식으로 흐리멍덩하게 신앙생활을 하면 안 됩니다.

주님께서 근심과 두려움에 떠는 제자들에게 "너희는 마음에 근심하지 말라 하나님을 믿으니 또 나를 믿으라 내 아버지 집에 거할 곳이 많도다"라고 말씀하시는 이유가 있습니다. 이 세상에서 천국 이야기만큼 좋은 이야기가 없기 때문입니다. 그리고 예수님만이 천국

이야기를 하실 수 있는 유일한 권위자이기 때문입니다. 우리가 그분의 입술에서 나오는 천국 이야기를 들으면 우리 마음은 아버지 집으로 달려가게 되어 있습니다. 우리 마음속에 그분의 말씀을 담고 있으면 하늘의 영광이 우리 가슴을 가득 채우기 때문에 근심이 있어도 얼마든지 이겨낼 수 있습니다. 천국의 영광 앞에 근심은 작아 보이고, 세상 모든 문제가 힘을 잃어버리기 때문입니다.

당신은 과연 어느 쪽에 있습니까? 천국을 생각하면 울다가도 웃을 만큼, 잠 못 이루며 근심하다가도 벌떡 일어나 춤을 출 수 있을 만큼 가슴이 뜨거워집니까? 그렇다면 당신은 믿음의 사람입니다. 그러나 아무리 천국 이야기를 해도 현실의 문제 앞에서 맥을 못 추고 있다면 당신의 믿음은 문제가 있습니다.

70년 포로 생활을 끝내고 고향으로 돌아가던 이스라엘 백성이 꿈을 꾸는 듯 느꼈던 것처럼 천국을 바라보고 삽시다. 머리를 하늘을 향해 듭시다. 우리는 이 세상 끝 날까지 근심을 완전히 벗어버리고 살지는 못합니다. 그러나 근심과 고통을 이기며 살 수 있는 비결이 있습니다. 다름 아닌 하나님 나라를 바라보는 것입니다. 하나님 나라와 그 영광을 소망하면서 살 때 이 세상 고통은 비교도 안 될 만큼 작아 보일 것입니다. 하나님께서 우리 모두에게 그 나라를 소망하며 이 세상에서 근심을 이길 수 있는 은혜를 주시길 간절히 축원합니다.

# 49

## 근심 중에 희망을 가질 수 있는 이유

요한복음 14장 12절
12 내가 진실로 진실로 너희에게 이르노니 나를 믿는 자는 내가 하는 일을 그도 할 것이요 또한 그보다 큰 일도 하리니 이는 내가 아버지께로 감이라

요한복음 16장 20-22절
20 내가 진실로 진실로 너희에게 이르노니 너희는 곡하고 애통하겠으나 세상은 기뻐하리라 너희는 근심하겠으나 너희 근심이 도리어 기쁨이 되리라 21 여자가 해산하게 되면 그때가 이르렀으므로 근심하나 아기를 낳으면 세상에 사람 난 기쁨으로 말미암아 그 고통을 다시 기억하지 아니하느니라 22 지금은 너희가 근심하나 내가 다시 너희를 보리니 너희 마음이 기쁠 것이요 너희 기쁨을 빼앗을 자가 없으리라

우리 모두는 앞날을 예측하기가 거의 불가능한 시대에 살고 있습니다. 지금부터 20년 전, 아니 10년 전만 해도 상상치 못한 일이었는데 지금은 당연하게 받아들이는 것들이 많습니다.

지정학적인 변화를 한번 예로 들어볼까요? 소비에트연방이 해체되리라고 상상이나 했습니까? 그러나 해체되었습니다. 동유럽의 공산 정권이 붕괴되리라고 그 누가 예견했습니까? 그러나 동구권은 완전히 몰락했습니다. 남아프리카공화국의 인종 분리주의자들이 정권을 잃고 그 나라에 흑인이 이끄는 정부가 들어서리라고 누가 감히 예측할 수 있었습니까? 아시아권 나라들이 세계가 주목하는 경제 대국이 되리라고 아무도 상상치 못했습니다. 그러나 그렇게 되었고, 비록 지금은 한발 물러서 있지만 앞으로 세계 경제를 주도할 수 있는 제3세력으로 인정받고 있습니다.

이런 지정학적인 변화들을 20년 전이나 10년 전에는 아무도 예상하지 못했습니다. 그러나 지금은 엄연한 현실입니다. 짧은 기간 동안 엄청난 변화가 일어났다는 이야기입니다. 어디 그뿐입니까? 미래를 연구하는 학자나 특수 분야 기술자들이 예측했던 일들이 지금은 상식이 되어버렸습니다. 우리가 휴대폰이라든지 무선통신, 노트북컴퓨터, 지구 위치 측정 장치, 디지털카메라, 멀티미디어 쌍방통신, 인터넷 같은 것을 상상이나 했습니까? 모두 가상 세계에서나 그려보는 것들이었습니다. 그런데 지금은 시골에 가도 인터넷이라는 말을 공공연히 할 만큼 삽시간에 세계를 정복한 기술 문명이 되었습니다. 옛날에는 10년이면 강산이 변한다고 했지만 지금은 온 세계가 무섭게 변해갑니다.

앞으로 이와 같은 변화는 더욱 가속화될 것입니다. 세상이 변해가는 이야기를 듣다 보면 장히 황홀한 세계가 우리를 기다리는 것처럼 느껴집니다. 앞으로 옛사람이 꿈도 못 꾸던 세계가 우리 앞에 열릴 것입니다. 그러나 한편으로는 그늘진 음지가 많이 생길 것으로 예상됩니다. 변화에 적응하지 못하는 개인이나 가정이나 회사나 국가는 사정없이 도태되는 살벌한 세상이 찾아올지도 모릅니다.

1998년 11월 〈뉴스위크〉의 기사 중에 이런 것이 있었습니다. 2000년에 태어날 아이들은 100년 전에 태어난 아이들에 비해서 수명이 배로 길어진다는 내용입니다. 사람들이 오래 산다는 이야기입니다. 그러나 반드시 좋은 현상이라고만은 볼 수 없습니다. 노령 인구의 증가는 사회문제로 이어질 테니까요. 더욱이 앞으로 2000년대에는 빈부 격차가 어느 때보다 벌어져서 소수의 승자가 모든 것을 독차지하는 시대가 될 것입니다. 그래서 돈 벌 기회를 갖지 못한 다수는 사회에서 도태되는 끔찍한 일이 도처에서 일어날 것입니다. 그로 인해 우울증이나, 사회 공포증, 불안 등이 만연할 것입니다. 참 어두운 이야기지만 이것이 장차 우리가 직면할 현실입니다.

또 실직이나 부도 때문에 거리로 내몰린 사람들과 결식아동들의 가슴 아픈 사연을 귀가 아프도록 들으면서 살아야 할 것 같습니다.

그래서 많은 사람이 걱정하며 두려워하고 있습니다. 아무도 내일을 장담하지 못합니다. 이러저러하게 대비하면 살아남는다고 말할 만한 자격을 가진 사람도 없습니다. 잘못하면 우리가 근심과 불안을 안고 세월을 보내버릴 위험성이 참 많습니다.

그러나 이럴수록 희망을 가져야 합니다. 희망을 가진다는 것은 곧 살아 있음을 의미합니다. 내일에 대한 꿈을 꾸고 있습니까? 그는 살아 있는 사람입니다. 꿈을 잃어버렸습니까? 숨을 쉬고 있지만 그는 죽은 사람입니다. 희망은 살고 죽는 것을 결정하는 굉장히 중요한 요소입니다.

제2차 세계대전 당시 빅터 프랭클이라는 유대인 정신과 의사가 있었습니다. 그는 나치의 강제 수용소에서 수년간 고생하다가 전쟁이 끝나면서 다시금 자유를 얻었고, 수감 시절 겪었던 많은 일들을 정신과 의사의 눈으로 분석하여 유익한 책을 써냈습니다.

그가 수용소에 갇혀 있는 동안 함께 수감된 사람 가운데 국제적으로 꽤 알려진 작곡가 한 명이 있었다고 합니다. 어느 날 그 작곡가가 그에게 다가와서 넌지시 이런 말을 했습니다. "여보, 의사 양반. 내가 긴히 할 말이 있어요. 얼마 전에 아주 희한한 꿈을 꿨는데, 꿈속에서 누군가 내게 다가오더니 이렇게 말하는 거예요. '알고 싶은 게 있으면 무엇이든지 물어보라. 그러면 내가 다 대답해줄게.' 그래서 내가 이 전쟁이 언제 끝날지 가르쳐달라고 했어요. 그랬더니 그는 1945년 3월 30일에 끝날 거라고 대답했어요."

"언제 꾼 꿈이에요?"

"한 달 전쯤입니다."

그들이 대화를 나누던 때는 1945년 3월 초였습니다. 그러니까 앞으로 20여 일만 있으면 전쟁이 끝나고 수용소의 철조망 문이 열리면서 그들이 자유를 찾을 수 있으리라는 이야기입니다. 이 말을 하는 작곡가의 얼굴은 희망으로 빛나고 있었습니다.

그러나 웬일인지 시간이 흐르고 흘러 3월 말이 다가오는데도 수용소 문이 열릴 것이라는 기대를 가질 만큼 전세는 호전되지 않았습니다. 물론 1945년에 제2차 세계대전이 끝난 것은 사실이지만, 수용소 안에서 볼 때는 도무지 변화의 징조가 보이지 않았던 것입니다. 그러다 보니 작곡가는 자꾸 마음이 초조해졌습니다. 30일을 하루 앞둔 29일, 결국 사고가 나고 말았습니다. 작곡가가 갑자기 고열이 나더니 쓰러졌습니다. 다음 날 그는 의식을 잃고 횡설수설하다가 그만 세상을 떠나고 말았습니다. 병원에서 검사를 해보았더니 발진티푸스가 사인이었습니다.

빅터 프랭클은 이 사건을 이렇게 분석했습니다. 사람이 희망을 가지고 있을 때는 몸의 면역 기능이 활발하게 작동하기 때문에 발진티푸스 균이 들어와도 그 균을 충분히 억제할 수 있다고 합니다. 그러나 작곡가의 경우 30일이 다 되어가는데도 자기가 꿈에서 들은 예언이 성취될 가망이 전혀 보이지 않아 절망에 빠졌습니다. '앞으로는 무엇을 믿고 기대하며 살 것인가?'라는 생각이 들자 근심과 불안이 그의 마음을 송두리째 사로잡았을 것입니다. 그러자 몸속의 면역체가 완전히 힘을 잃어버려 발진티푸스 균을 억제하지 못하고 사망에 이르렀다는 것입니다.

희망을 갖고 사는 사람은 몸의 면역 기능이 활발하기 때문에 웬만한 일에도 꺾이지 않습니다. 그러나 희망을 잃어버린 사람은 아무리 어제 건강했다 해도 오늘은 자신할 수 없습니다. 그만큼 희망을 갖는 것은 생명이요, 희망을 잃는 것은 죽음을 의미합니다.

### 희망을 잃을 수 없는 이유

하나님은 자녀 된 우리가 희망을 가지고 세상을 살아가기 원하십니다. 어떤 상황에서도 우리가 희망을 잃지 않기를 바라십니다. 본문을 통해서 우리는 하나님의 마음을 정확하게 읽을 수 있습니다.

예수님은 십자가를 향해 발걸음을 옮기고 계셨습니다. 이런 예수님을 지켜보는 제자들의 마음은 그야말로 근심과 공포와 낙담으로 뒤범벅이 되어 있었습니다. 그들은 할 말을 잃었습니다. 한숨과 탄식 소리만 간간이 들리는 무겁고 침울한 분위기에 빠져 있었습니다. 그때 예수님은 제자들에게 소망을 주고 그들을 위로하기 위해 입을 여셨습니다. 그리고 오랜 시간 말씀하셨는데 요한복음 14장부터 16장까지가 바로 그 내용입니다. 그 부분을 읽어보면 주님이 제자들에게 소망을 주기 위해 하시는 말씀이라는 것을 금방 알 수 있습니다. 그 가운데 절망적인 이야기는 하나도 없습니다. 그중에서도 14장 12절은 희망이라는 반지에 박힌 다이아몬드와 같다고 할 만큼 중요한 말씀입니다.

> 내가 진실로 진실로 너희에게 이르노니 나를 믿는 자는 내가 하는 일을 그도 할 것이요 또한 그보다 큰 일도 하리니 이는 내가 아버지께로 감이라.

'진실로 진실로'라는 말은 헬라어로 '아멘 아멘' 하는 말인데, 이는 예수님이 자주 사용하시던 표현입니다. 예수님께서 '아멘 아멘' 하고 말씀하실 때는 반드시 귀담아들어야 할 매우 중요한 내용이 따라 나옵니다. 12절 역시 그렇습니다. 주님의 말씀은 이런 뜻입니다. "내가 떠나고 나면 이제 내가 하는 일을 너희가 해야 한다. 그리고 더 나아가 내가 한 일보다 더 큰 것도 너희가 해야 한다." 얼마나 희망에 가득 찬 말씀입니까? 낙담하는 자에게 참으로 희망을 불어넣는 말씀입니다.

예수님은 세상에 계실 때 세상을 구원하기 위해 가르치시고 전파하시고 치료하셨습니다. 죄와 죽음과 저주 아래 놓인 인생에게 하늘의 복음을 들려주시어 그들이 하나님의 거룩한 새 생명을 얻고, 예수 그리스도와 함께 하나님 나라에서 영원히 살 수 있는 영생을 주신 것입니다. 우리 주님이 바로 이 일을 하셨습니다.

그런데 이제 예수님이 떠나시면 이 영광스러운 일은 제자들의 몫이 된다고 하십니다. "내가 가르친 것처럼 너희들도 가르치고 내가 전파하고 치료한 것처럼 너희들도 전파하고 치료하여 죽음과 죄 가운데 신음하는 뭇 심령들을 구원해서 하나님의 자녀로 만드는 이 영광스러운 일을 너희가 하게 될 것이다"라는 말씀입니다.

더 나아가 예수님은 제자들이 자기가 했던 일보다 더 큰 일도 하게 될 것이라고 말씀하셨습니다. 물론 예수님이 하신 십자가 죽음과 부활과 승천은 인간이 할 수 없습니다. 그러나 여기서 주님이 하신 일이란, 십자가를 지고 부활하고 승천하시는 예수님만의 고유한 사역을 말하는 것이 아닙니다. 복음을 전하는 일을 놓고 말씀하시는 것입니다.

실제로, 주님이 하신 일보다 더 큰 일을 하리라는 주님의 예언은 그대로 이루어졌습니다. 예수님이 성령을 보내주셔서 모든 제자들이 성령 충만과 능력을 받자 얼마나 큰일이 벌어졌습니까? 그들은 예수님이 하신 것처럼 전파하고 가르치고 치료했을 뿐 아니라, 예수님이 하신 일과는 비교도 안 되는 큰일을 했습니다.

세상에 계실 동안 예수님의 행동반경은 매우 좁았습니다. 팔레스타인 밖으로 나가신 일이 거의 없습니다. 팔레스타인은 우리나라로 말하면 경상도에 강원도 일부를 보탠 정도밖에 안 되는 좁은 땅입니다. 예수님은 평생 그 좁은 땅을 오르내리시면서 복음을 전하시고 병자를 고치셨습니다.

그리고 예수님이 한창 인기 절정에 있을 때는 수만 명의 사람들이 믿는다고 따라다녔지만, 나중에 예수님의 신분이 위태로워지고 비판의 대상이 되자 모두 떨어져나갔습니다. "영생의 말씀이 주께 있사오니 우리가 누구에게로 가오리이까"(요 6:68)라고 고백하던 베드로처럼 마지막까지 예수님 곁에 붙어 있었던 사람은 불과 몇백 명밖에 되지 않습니다. 이러한 면에서 예수님이 세상에 계실 때 하신 일은 굉장히 작아 보이는 것이 사실입니다.

그러나 제자들이 한 일을 생각해보십시오. 마태복음 28장 18절 이하를 보면 그들은 모든 민족을 제자로 삼는 일을 했습니다. 그들은 유대 나라에만 매이지 않았습니다. 모든 나라와 모든 민족을 사역 대상으로 삼아 일했습니다. 또 마가복음 16장 15절을 보면 그들은 온 천하에 다니며 만민에게 복음을 전파했습니다. 제자들이 하는 모든 사역은 그야말로 세계를 대상으로 삼고 이루어졌습니다. 이런 면에서 볼 때 제자들이 예수님보다 더 많은 일을 했다고 말해도 과언이 아닐 듯싶습니다.

그뿐만이 아닙니다. 베드로는 예루살렘에서 성령 충만을 받고 복음을 전해서 단번에 3천 명이 회개하고 돌아오게 만들었습니다. 그러나 예수님에게는 그런 사건이 없었습니다. 남자만 3천 명이므로 부인들이나 아이들까지 합치면 만 오천 명이 될지도 모릅니다. 그렇게 엄청난 사람들이 한 번 설교할 때 가슴을 치고 회개하고 돌아왔으니 얼마나 대단한 일입니까? 예수님에게는 그런 사건이 없었습니다. 따라서 자기가 한 일보다 더 큰 일을 하리라는 예수님의 말씀은 정확하게 적중했다고 볼 수 있습니다.

예수님은 제자들에게 희망을 가지라고 하시면서 근심이 기쁨이 되고 통곡이 찬송으로 변화될 것이라고 하셨습니다.

> 내가 진실로 진실로 너희에게 이르노니 너희는 곡하고 애통하겠으나 세상은 기뻐하리라 너희는 근심하겠으나 너희 근심이 도리어 기쁨이 되리라 여자가 해산하게 되면 그때가 이르렀으므로 근심하나 아기를 낳으면 세상에 사람 난 기쁨으로 말미암아 그 고통을 다시 기억하지 아니하느니라(요 16:20-21).

그렇습니다. 예수님이 십자가에 못 박히기 위해 끌려가실 때 제자들은 곡하고 애통할 것입니다. 반면에 예수를 십자가에 못 박은 세상은 오히려 기뻐할 것입니다. 그러나 주님은 기가 막힌 역전을 약속하셨습니다. 지금은 그 일이 근심이 될지 모르지만 나중에는 도리어 기쁨이 되리라고 말씀하셨습니다. 제자들의 근심이 해산하는 여자의 근심과 같으리라고 말씀하셨습니다.

아기를 낳으러 병원에 가는 산모는 '아이고, 어떻게 그 고통을 참나? 내가 애를 잘 낳을 수 있을까?' 불안에 떨며 근심합니다. 그러나 "앙" 하고 아기 우는 소리만 들리면 그때부터 마음속에 있던 근심은 눈 녹듯 다 사라져버리지 않습니까? 제자들의 근심 역시 그와 마찬가지입니다. "내가 십자가에 못 박힌다고 해서 너희들이 지금은 근심하고 고통스러워하지만, 그것은 마치 해산하는 여인의 근심과 같다. 이제 때가 온다. 너희들이 기뻐 뛰면서 내가 하는 일을 하고 내가 한 일보다 더 큰 일을 하는 내일이 온다."

> 지금은 너희가 근심하나 내가 다시 너희를 보리니 너희 마음이 기쁠 것이요 너희 기쁨을 빼앗을 자가 없으리라(요 16:22).

주님을 다시 만날 텐데 무엇 때문에 근심하고 절망하느냐는 이야기입니다.

## '예수를 위하여'라는 명제

이제 우리에게 대단히 중요한 문제가 하나 남아 있습니다. 본문은 근심에 빠진 제자들에게 주님이 주신 위로의 말씀이요, 소망의 말씀이라는 것을 살펴보았습니다. 우리 모두는 그 사실을 긍정합니다. 그러나 이 말씀이 이 어려운 시대를 살면서 남모르는 불안과 걱정으로 잠 못 이루는 나와 무슨 상관이 있습니까? 주님이 제자들에게 하신 말씀을 우리 자신에게도 들려주시는 말씀으로 단정해도 될까요? 제자들에게 희망을 주신 그 말씀이 나와 어떤 상관이 있다고 말할 수 있는 근거가 무엇입니까? 우리는 이 문제를 풀어야 합니다.

요한복음 14장 12절에 그 대답이 나와 있습니다. "내가 진실로 진실로 너희에게 이르노니"라는 말만 들으면 제자들에게만 말씀하시는 것 같습니다. 그러나 "나를 믿는 자는 내가 하는 일을 그도 할 것이요 또한 그보다 큰 일도 하리니"라는 말을 들으면 그렇지 않다는 사실을 금방 알 수 있습니다. 현대의 권위 있는 영어 성경을 보면 '나를 믿는 자는'이라는 말 대신 '나를 믿는 자는 누구든지'로 번역했습니다. '누구든지'는 제자들뿐만 아니라 예수님을 믿고 자신의 구주로 고백하는 우리 모두를 포함합니다. 따라서 우리는 말씀을 이렇게 바꾸어 읽을 수 있습니다. "예수를 믿는 나는 주님이 하는 일을 하게 될 것이요, 또한 그보다 더 큰 것도 할 수 있을 것이다."

근심에 빠진 제자들을 위로하고 희망을 주기 위해서 주신 말씀을, 답답한 세상을 앞에 놓고 은근히 불안해하며 걱정하는 우리를 위해 주신 말씀으로 받아도 전혀 잘못이 없습니다. 우리는 예수님을 믿고 새로운 피조물이 되었습니다. 우리는 더 이상 이 세상에서 생존하기 위해 꿈틀거리며 씨름하는 사람들이 아닙니다. 그것은 이방인들에게나 해당하는 이야기입니다.

마태복음 6장에서 주님은 이런 말씀을 들려주셨습니다. "왜 너희가 염려하느냐? 공중의 새를 보라. 들의 백합화를 보라. 무엇을 입을까 무엇을 마실까 염려하지 말아라. 이것은 다 이방 사람들, 하나님을 모르는 사람들이 걱정하는 것이다. 그런 곳에 마음을 두지 말고 더 큰일을 바라보라. 먼저 그의 나라와 그의 의를 구하라. 그리하면 이방 사람들이 걱정하는 먹고 마시는 것은 내가 다 알아서 해결해주겠다. 그러므로 너희는 큰 꿈을 가져라. 그의 나라와 그의 의를 구하겠다는 꿈을 가져라."

그의 나라와 그의 의란 다른 것이 아닙니다. 예수님이 하신 일과 예수님이 하신 것보다 더 큰 일이 곧 그의 나라와 그의 의입니다. 우리는 그 일을 항상 제일 먼저 앞세우는 하나님의 자녀요, 예수님의 제자입니다. 우리가 이 세상에 사는 것은 예수님의 일을 하기 위해서입니다. 그저 살아남기 위해 하루하루를 힘들게 보내는 사람이 아니라 예수님이 세상을 구원하시고자 가르치고, 전파하고, 치료하셨던 바로 그 일을 하기 위해 존재하는 사람입니다.

> 우리 중에 누구든지 자기를 위하여 사는 자가 없고 자기를 위하여 죽는 자도 없도다 우리가 살아도 주를 위하여 살고 죽어도 주를 위하여 죽나니 그러므로 사나 죽으나 우리가 주의 것이로다(롬 14:7-8).

이것은 바로 우리의 고백입니다. 우리는 '나를 위하여'라는 명제를 이미 십자가와 함께 매장한 사람들입니다. 전에 예수를 안 믿었을 때는 만사가 '나를 위하여'였습니다. 그러나 십자가에서 옛사람이 죽고 예수와 함께 새사람으로 태어난 후로는 '나를 위하여'라는 명제가 십자가에 못 박혔습니다. 예수와 함께 새로 태어난 우리에게는 '주를 위하여'라는 명제만 있을 뿐입니다. 우리는 살아도 주를 위해 살고, 죽어도 주를 위해 죽습니다. 이 말은 오늘 본문에 비추어서 이렇게 표현할 수 있습니다. "나는 살아도 주님이 하신 그 일을 하기 위해 살고, 죽어도 주님이 하신 그 일을 하기 위해 죽는다. 그러므로 나는 주님의 일을 위해 살고 죽는 사람이다." 이것은 예수 믿는 사람만이 할 수 있는 고백입니다.

아직 예수를 안 믿는 분들이나 예수 믿는 것이 무엇인지도 모르는 분들은 듣기가 조금 힘들 수도 있습니다. 그러나 이 한 가지만은 분명히 알아야 합니다. 예수 믿는 순간부터 '나를 위하여'라는 말은 완전히 잊어버려야 합니다. 오로지 '예수님을 위해'라는 말만 삶의 중심이 되어야 합니다. 직장 생활도 예수님의 일을 하기 위한 것이어야 합니다. 예수님을 믿는 사람이라면, 가정생활 또한 이렇게 명제가 뒤바뀌어야 정상입니다.

그러므로 주님께서 제자들에게 희망을 주시고자 "너희들은 조금 있으면 내가 한 일을 할 것이고 내가 한 일보다 더 큰 일을 하리라" 하신 말씀은, 바로 오늘을 사는 우리에게 주시는 주님의 말씀이요 희망임을 믿기 바랍니다.

## 자기 비하 콤플렉스

희망은 아무나 갖는 것이 아닙니다. 막연히 어떤 것을 바란다고 해서 생겨나지도 않습니다. 인생을 사는 목적이 분명한 사람, 내가 누구를 위해 또 무엇을 위해 살기를 원하는가에 대한 대답을 얻은 사람만이 희망을 가질 수 있습니다.

언젠가 프랑스에서 여론조사를 했는데 응답한 사람의 89퍼센트, 곧 열의 아홉은 이렇게 대답했다고 합니다. "희망을 가지고 살아가기 위해서는 무엇인가 필요한데, 아직 그것을 못 찾고 있다." 무언가 자기 생을 불태우고 싶은데 그만한 가치가 있는 것이 무엇인지 찾지 못한 것입니다. 그들 중 67퍼센트에 해당하는 사람들은 그것이 무엇이든 찾기만 하면 자기 생명을 걸겠다고 대답했습니다. 인생이 겉으로 봐서는 모두 무언가를 위해 뛰는 것 같지만 속을 들여다보면 얼마나 공허한지 모릅니다. 수많은 사람이 무엇을 위해 살아야 할지도 모른 채 절망에 빠져 살고 있습니다.

그러나 예수 믿는 사람들은 다릅니다. 우리는 그 무엇을 찾은 사람들입니다. 예수 그리스도가 하신 일이 곧 우리 생의 목표입니다. 우리는 주님의 일, 곧 온 세상을 구원해서 영원한 하나님 나라로 바꾸는 일을 위해 부름받은 사람들입니다. 우리는 이 일이 우리의 생명을 걸 만큼 가치가 있다는 것도 너무 잘 압니다. 그래서 '나를 위하여'라는 명제 대신 '예수를 위하여'라는 명제를 위해, '이 세상을 위하여'라는 명제 대신 '하나님 나라를 위하여'라는 분명한 명제를 위해 생을 불태우는 사람이 되었습니다.

철학자 니체는 이런 말을 했습니다. "왜 사는지를 아는 사람은 어떤 고난도 이겨낼 수 있다." 목숨이라도 기꺼이 걸 만큼 가치 있는 목표를 찾은 사람은 웬만한 근심이나 걱정, 고난이 와도 끄떡하지 않는다는 말입니다. 예수 믿는 사람들은 예수 그리스도와 그의 일을 위해서라면 목숨까지도 아끼지 않습니다. 그러므로 우리는 어떤 어려움이 닥쳐와도 근심을 이겨낼 수 있습니다.

그럼에도 교회 안에 보면 자기 신분이 너무 보잘것없어서, 또 직업이 신통치 않아서 항상 병적인 콤플렉스에 시달리는 환자들이 많습니다. '나 같은 것이 뭐라고 주의 일을 하나? 나 같은 것이 무슨 큰 기대와 꿈을 가질 수 있나? 하루하루 먹고 사는 것도 벅차니 굶어 죽지만 않으면 좋겠다. 남에게 빌어먹지만 않아도 괜찮겠다.' 예수 믿는다고 하면서도 이런 식으로 자기를 비하하면서 콤플렉스를 안고 씨름하는 사람들이 너무 많습니다. 겉보기에는 믿음이 좋은 것 같지만 속은 열병을 앓고 있습니다.

성경을 보십시오. 주님은 "내가 진실로 진실로 너희에게 이르노니 장관이 된 자만이 나의 일을 할 수 있고, 적어도 아파트 60평 이상에 사는 자라야 나보다 큰 일을 할 수 있느니라" 하고 말씀하시지 않았습니다. 성경 어디에 그런 말씀이 있습니까? 조건은 단 하나뿐입니다. "나를 믿으면 할 수 있다!" 예수님을 믿습니까? 그렇다면 콤플렉스를 극복하십시오.

### 주의 일을 하는 사람

제가 아는 한 가정의 이야기입니다. 남편은 유학을 갔다가 박사 학위를 받아온 것도 아니고, 그렇다고 썩 좋은 직장에 다니는 것도 아닌 평범한 남자입니다. 돈이 많은 것도 아닙니다. 그런 남자와 결혼한 여자를 떠올려보십시오. 아마 하루하루를 사는 것만 해도 빠듯할 것입니다. 그럼에도 부부가 예수를 참 잘 믿습니다. 서로 사랑하고 위로하면서 자녀를 잘 키웁니다. 어쩌다 그 집 앞을 지나다 보면 찬송 소리가 나기도 하고, 또 어떤 때는 문을 열고 나오는 남편에게 "안녕히 다녀오세요" 하고 인사하는 부인의 평안한 얼굴이 보이기도 합니다.

아무것도 아닌 것 같아도 주변의 안 믿는 이웃들은 이러한 광경을 지켜보며 감탄합니다. '저 가정, 참 행복한 것 같다.' 그러다가 어떤 때는 문 앞에 붙어 있는 교회 문패도 볼 것입니다. '아, 예수 믿는 집안이니까 저렇구나.' 아무것도 안 하는 것 같아도 그들은 벌써 그 삶 자체로 주님의 일을 하고 있습니다. 그 가정을 통해 감동받은 사람이 언제 예수를 믿고 돌아올지 모릅니다. 우리 모두는 주의 일을 하고 있습니다.

우리가 때로 무릎을 꿇고 엎드려 기도하지 않습니까? 이 기도 때문에 세계 도처에서 어떤 놀라운 사건이 일어날지 아무도 모릅니다. 한번은 어느 집사님에게서 편지 한 통을 받았습니다. 그는 30년 전에 포항제철에 입사해서 박태준 사장을 위시하여 포항제철에 있는 모든 사람이 예수를 믿게 해달라고 기도했습니다. 뜻이 있는 사람들끼리 모이면 사장이 예수 믿게 해달라고, 회사 안에 예수 믿는 고급 인력들이 늘어나게 해달라고 기도했습니다. 그런데 그 기도가 놀랍게 응답되었지 않았습니까? 박태준 씨가 지금 얼마나 믿음이 뜨거운지 모릅니다. 30년 전에 한 그 기도가 이뤄지리라고 누가 생각했습니까? 그 기도가 오늘날 이루어진 것을 보면서 저는 속으로 감탄했습니다. '야, 그 친구 기도 하나 멋지게 했네.' 이게 바로 주의 일에 동참하는 것이 아니고 무엇이겠습니까? 기도 하나를 해도 우리는 주님의 일을 하는 것입니다.

부모가 자녀를 사람 만들어보겠다고 밤잠 자지 않고 키우지 않습니까? 30년 후에 그 자녀를 통해 하나님께서 어떤 큰일을 하실지 누가 감히 말할 수 있습니까? 자녀를 믿음으로 잘 키우는 일도 주의 일입니다.

아침부터 저녁까지 직장에서 열심히 일하지 않습니까? 그러나 그렇게 일해서 받는 월급은 장사하는 사람들이 하루에 몇백만 원씩 버는 것에 비하면 너무나 초라해 보이는 것이 사실입니다. 그럼에도 당신이 월급을 받아 오면 무엇부터 뗍니까? 십일조도 떼고, 주일 헌금도 떼고, 또 지난해 동안 지켜주신 하나님의 은혜가 감사해서 감사 헌금도 떼고, '이번 주에 비전 헌금이라지' 하면서 특별 헌금도 떼고, 어느 선교사님이 오셔서 간증하는데 가슴이 뜨거워져서 '내가 직접 바다 건너 선교하지는 못하지만 조금이라도 도와드려야지'라는 생각에 또 얼마를 떼고, '이웃이 부도가 나서 어렵다는데 어떻게 그냥 지나가나?' 하면서 또 얼마를 뗍니다. 이러다 보면 월급의 30퍼센트 이상이 그냥 날아갑니다.

그러나 당신이 분명히 기억할 것이 있습니다. 상관의 눈치를 봐가면서, 아랫사람들에게 은근히 스트레스를 받아가면서 열심히 뛰어 번 돈 중에 얼마를 주님께 드리는 일만큼 귀한 것은 없습니다. 당신의 사업이나 직장에서 하는 업무 자체가 하나님의 일임을 믿기 바랍니다. 주의 일을 하는 것입니다. 왜 콤플렉스가 있습니까? 무슨 직업이라도 괜찮습니다. 어떤 형편에 놓여 있든지 상관이 없습니다. 당신은 이미 주의 일을 하는 사람입니다. 주님이 허락하시면 주님이 하신 것보다 더 큰 일도 할 수 있음을 믿기 바랍니다. 그러니 얼마나 우리가 희망찬 삶을 살아가고 있습니까?

**희망을 가지고 사는 사람**

예전에 대검찰청의 신우회 연말 예배에서 설교한 일이 있습니다. 검찰총장을 비롯 경인 지역에 있는 검찰청 신우회 간부들이 모여 은혜로운 시간을 보냈습니다. 식사 시간에 총장, 검사장들과 함께 이야기를 나누며 교제하다가 총장이 앞에 나와서 하는 말에 충격을 받았습니다. 그분이 그리스도인인 줄은 익히 알고 있었지만 그의 입에서 그런 말이 나오리라고 생각하지는 못했습니다. "저는 매일 아침마다 검찰청에 출근하면 제일 먼저 하는 일이 있습니다. 책상 위에 성경을 펴놓고 읽은 다음 기도를 하는데, 저는 늘 이렇게 기도합니다. '주님의 눈에 꼭 드는 검찰청이 되게 하옵소서.' 이제 남은 임기 동안 우선순위로 두고 싶은 것이 있다면 검찰 복음화입니다." 사실 검사들이 예수 믿기가 굉장히 어렵다고들 말하지 않습니까? 그런데 그는 검찰 총수로서 검찰청 복음화를 위해 남은 임기 동안 뛰고 싶다고 했습니다.

그런데 그것은 약과였습니다. 식사하는 자리에서 함께 이야기를 나누는 가운데 기독교 교도소 이야기가 나왔습니다. 우리나라도 미국이나 서구 선진국처럼 교회가 경영하는 교도소를 세워야 한다는 것입니다. 현재 이런 운동이 계속 확산되고 있는데, 일부 기독교 단체가 교도소를 운영할 준비를 하고 있다고 합니다. 만약 이 기독교 교도소가 운영되기만 하면 거기에 들어오는 재소자들은 모두 복음을 듣게 될 것입니다. 미국의 경우 그곳에서 감화받고 출소한 사람들의 재범률은 4퍼센트 정도밖에 안 된다고 합니다. 기독교 교도소를 세우면 그만큼 양질의 교화를 할 수 있다는 말입니다.

그런데 인천 지검장으로 있던 전용태 검사장이 대뜸 이런 이야기를 했습니다. "그 기독교 교도소가 설립되면 내가 소장으로 가겠습니다. 거기 가면 얼마든지 전도할 수 있잖아요? 얼마나 좋은 황금 어장이에요?" 한번 생각해보십시오. 지검장 자리가 높습니까, 교도소 소장이 높습니까? 저는 그 이야기를 듣고 참 대단하다는 생각을 했습니다. 그 사람들은 직업이 검사지만 마음은 하나님 나라와 주의 일을 하는 데 있습니다. 그러니 그 직업이 얼마나 거룩한 하나님의 소명이 되겠습니까?

한번은 대한항공 도쿄 지사 부책임자로 가 있는 김광석 장로님에게서 전화가 왔습니다. "목사님, 대단한 일이 생겼어요!" 하도 흥분해서 말하기에 무슨 사고라도 난 줄 알았습니다.

"뭔데 그렇게 흥분합니까?"

"해마다 크리스마스이브 때면 일본의 크리스천 비즈니스맨들이 모여서 축하도 하고 세미나도 여는데 대충 백여 명 정도 모입니다. 이번 크리스마스 때는 모두 안 믿는 친구들을 데리고 오기로 했습니다. 600명을 목표로 하고 있답니다. 그런데 그 모임에 강사가 세 명인데 하나는 대학교수고, 또 하나는 연예인이고, 그다음으로 접니다. 목사님, 이건 정말 보통 일이 아닙니다. 안 믿는 사람 600명 정도가, 그것도 일본에서 내로라하는 비즈니스맨들이 모이는데 제가 거기에 강사로 간다니요! 목사님, 기도해주세요."

"야, 정말 대단하네요! 기도해야지요."

그가 계속 말했습니다. "그런데 목사님, 무슨 강의를 할까 하고 고심하며 기도하다가 한 가지 결심을 했습니다. 전도 폭발을 해야겠다고 말입니다."

일본 문화에서는 그런 공식적인 자리에 가서 전도를 하거나 복음을 전한다는 건 어떤 면에서 자살 행위나 다름없습니다. 그럼에도 그는 열심히 기도하고 그렇게 하기로 결심했다는 것입니다. 그리고 복음을 효과적으로 제시하기 위해 슬라이드를 만들어 화면에 하나하나 보여주면서 강의할 생각이라고 했습니다. 저는 그를 위해 기도해주었습니다.

크리스마스가 지나고 며칠 뒤에 또 전화가 왔습니다. "목사님, 할렐루야!" 저는 '뭔가 좋은 일이 있나 보다' 하고 생각했습니다.

"어떻게 됐어요?"

"다들 굉장히 감동받았나 봅니다. 방송국에서 일하는 한 분은 제 손을 잡으며 자기 방송에서 한번 강의해달라고 요청하더라고요."

신분은 대한항공 도쿄 지사 두 번째 책임자이지만 마음은 주의 일에 가 있습니다. 그러므로 그 직업이 곧 주의 일인 것입니다. 우리는 모두 주의 일을 하고 있습니다. 직업이 무엇이든 상관없습니다. 우리는 다 주의 일을 하는 사람이요, 앞으로 주의 일을 해야 할 사람입니다. 주님이 하신 일보다 더 큰 일을 해야 할 사람입니다. 우리는 희망을 가지고 사는 사람입니다. 세상을 위해 사는 사람이 아닙니다. 다가오는 하나님 나라를 위해 삶 전부를 송두리째 불태울 수 있는, 내일을 내다보고 사는 사람입니다.

그렇다면 오늘 근심이 있다고 해서 주저앉을 이유가 무엇입니까? 일이 잘 풀리지 않는다고 해서 왜 낙심합니까? 하나님의 자녀에게는 낙심이나 절망이 있을 수 없습니다. 고린도후서 4장 8-9절을 보십시오. "우리가 사방으로 욱여쌈을 당하여도 싸이지 아니하며 답답한 일을 당하여도 낙심하지 아니하며 박해를 받아도 버린 바 되지 아니하며 거꾸러뜨림을 당하여도 망하지 아니하고."

하나님의 자녀는 답답한 일을 당해도 낙심하지 않습니다. 거꾸러뜨림을 당해도 망하지 않습니다. 주의 일을 하는 사람들이기 때문입니다. 밝은 내일이 기다리는데 왜 거꾸러뜨림을 당합니까? 왜 낙심에 빠집니까?

　당신이 무슨 직업을 가지든, 당신의 신분이 어떠하든 상관없습니다. 우리 모두는 주의 일을 하는 사람이요, 주님이 하신 일보다 더 큰 일을 할 수도 있는 사람입니다. 그러므로 하나님 앞에 당당하게 나와 기도하십시오. "주여, 나에게 직업을 주옵소서. 나는 주의 일을 하는 사람입니다. 주님이 하신 그 일을 이 세상에 힘껏 펼치고 싶습니다. 주여 나에게 필요한 돈도 주십시오. 자녀를 공부시킬 수 있는 여건도 열어주십시오." 그러면 하나님께서 고개를 끄덕이십니다. 아무 말씀 안 하셔도 '내가 네 마음 다 알았다. 걱정하지 말아라' 하시는 하나님의 마음을 우리는 압니다. 때가 되면 하나님이 응답하실 줄 믿습니다.

# 50

## 근심을 덜려면 기도하라

요한복음 14장 13-14절
13 너희가 내 이름으로 무엇을 구하든지 내가 행하리니 이는 아버지로 하여금 아들로 말미암아 영광을 받으시게 하려 함이라 14 내 이름으로 무엇이든지 내게 구하면 내가 행하리라

요한복음 15장 7, 16절
7 너희가 내 안에 거하고 내 말이 너희 안에 거하면 무엇이든지 원하는 대로 구하라 그리하면 이루리라 16 너희가 나를 택한 것이 아니요 내가 너희를 택하여 세웠나니 이는 너희로 가서 열매를 맺게 하고 또 너희 열매가 항상 있게 하여 내 이름으로 아버지께 무엇을 구하든지 다 받게 하려 함이라

요한복음 16장 23-24절
23 그날에는 너희가 아무것도 내게 묻지 아니하리라 내가 진실로 진실로 너희에게 이르노니 너희가 무엇이든지 아버지께 구하는 것을 내 이름으로 주시리라 24 지금까지는 너희가 내 이름으로 아무것도 구하지 아니하였으나 구하라 그리하면 받으리니 너희 기쁨이 충만하리라

어느 학자의 지적처럼, 지금 우리는 사상 최악의 무신론 시대를 살고 있습니다. 사람들이 점점 하나님을 등지고 멀리 떠나가버리는 세태를 분명히 목도하고 있습니다. 사람들은 점점 마귀처럼 변해갑니다. 이와 같이 악한 시대에 우리 모두가 예루살렘 다락방에 모였던 제자들처럼 기도하는 일에 힘쓰는 것은 너무나 당연합니다. 교회를 이끌고 있는 지도자들이 사도들처럼 기도와 말씀 전하는 일에 전념하는 것은 시대적인 요청이라고 확신합니다.

### 근심이 많은 인생

요한복음 14장부터 17장까지는 예수님이 십자가에 못 박히시기 바로 몇 시간 전 제자들에게 마지막으로 권면하신 말씀과 그들을 위해 기도하신 내용을 담고 있습니다. 머지않아 떠나시는 마당에 주님은 왜 이렇게 긴 말씀을 하셨을까요? 요한복음 14장 1절에 답이 있습니다.

너희는 마음에 근심하지 말라 하나님을 믿으니 또 나를 믿으라.

이것이 바로 이어지는 내용의 목적이요 이유라고 할 수 있습니다. 제자들의 입장을 한번 상상해보십시오. 그들은 3년 동안 미친 사람들처럼 예수님만 따라다녔습니다. 가정도 버리고, 일터도 버리고, 모두 제정신이 아닌 것처럼 살았습니다. '예수님만이 이스라엘을 구원할 해방자요, 인류의 구원자다. 이분이 바로 메시아다.' 이런 생각을 하니 그들 눈에는 예수님 외에 아무도 보이지 않았습니다. 그래서 모든 것을 다 버리고 예수님을 좇았습니다. 제자들은 바로 그런 사람들이었습니다.

그런데 지금 눈앞에 벌어진 상황은 어떻습니까? 그렇게 믿었던 예수님이 머지않아 처형당할 위기에 놓여 있습니다. 예수님의 생명은 풍전등화와 같습니다. 선생이 그렇게 민족 반역자로 몰려서 처형을 당하면 선생을 따르던 제자들 역시 목숨을 보장받을 길이 없어집니다. 그래서 그들의 마음은 가히 살인적이라고 할 만한 근심에 짓눌려 있었습니다. 자기 힘으로는 도무지 떨치고 나갈 수 없는 근심으로 고문을 당하고 있었습니다. 제자들이 처한 상황은 이처럼 다급하고 위태로웠습니다.

제자들의 이와 같은 상황과 마음 상태를 꿰뚫어 보신 주님은 제자들을 그대로 내버려두고 자기의 길을 갈 수 없으셨습니다. 주님은 제자들의 근심과 두려움을 덜어주고 싶으셨습니다. 그들이 어떤 풍랑에도 흔들리지 않는 믿음의 사람이 되기를 원하셨습니다. 그래서 짧은 시간이나마 그들을 불러놓고 요한복음 14장부터 17장까지의 말씀을 주셨던 것입니다.

그 첫마디에 예수님의 심정이 고스란히 드러나 있습니다. "너희는 마음에 근심하지 말라 하나님을 믿으니 또 나를 믿으라." 주님은 어떻게 해서든 제자들의 근심을 덜어주고 싶으셨던 것입니다. 요한복음 14장 27절과 16장 6절, 16장 20-23절을 통해서도 이 사실을 분명히 알 수 있습니다. "너희는 마음에 근심하지도 말고 두려워하지도 말라." "도리어 내가 이 말을 하므로 너희 마음에 근심이 가득하였도다." "너희는 근심하겠으나 너희 근심이 도리어 기쁨이 되리라." 이제 주님의 말씀을 듣고 나서는 더 이상 두려워하지도 말고 근심하지도 말라는 것입니다.

예수님은 제자들의 근심을 덜어주고 그들의 믿음을 단단히 붙들어주기 위해 여덟 가지 실제적인 권면을 주셨는데, 그중 하나가 기도입니다. 우리 역시 근심을 덜고 싶으면 기도해야 합니다. 흔들리지 않는 믿음을 갖기 원한다면 기도하십시오.

근심을 해보지 않은 사람은 아무도 없을 것입니다. '근심'이라는 말의 사전적 의미는 '좋지 않은 일이 생길지도 모른다는 두렵고 불안한 마음'입니다. 그러나 이것은 불완전한 정의입니다. 앞으로 닥칠 문제를 놓고 좋지 않은 일이 생길지도 모른다고 염려하는 것도 근심이지만, 이미 눈앞에 터진 일 때문에 안절부절못하는 것도 근심입니다. 인간은 앞으로 일어날 일만 근심하지 않습니다. 지금 눈앞에 벌어진 일 때문에도 근심합니다. 이런 점에서 볼 때 근심에서 벗어날 수 있는 사람은 아무도 없습니다.

어떤 사람이 이런 명언을 남겼습니다. "이 세상에서 가장 행복한 사람은 낮에는 너무 바빠서 근심할 틈이 없고 저녁에는 너무 피곤해서 근심할 틈이 없는 사람이다." 아주 그럴듯하게 들리지요? 그러나 사실은 허점이 많은 말입니다. 왜냐하면 인간이라는 존재는 아무리 바빠도 근심을 잊어버리는 법이 없고, 아무리 피곤하여 잠이 쏟아진다 해도 꿈속에서마저 근심 때문에 악몽을 꿀 수밖에 없기 때문입니다. 그래서 사람들은 인생이 근심에서 벗어나지 못하는 것을 어찌할 수 없는 팔자 탓으로 돌리는가 봅니다.

며칠 전에 제가 사는 아파트의 엘리베이터를 탔는데 안에 아무도 없었습니다. 저에게는 약간 이상한 기질이 있어서 아무도 없는 엘리베이터에 혼자 타면 왜 그렇게 기분이 좋은지 모릅니다. 짧은 시간이지만 마음 놓고 쉴 수 있기 때문입니다. 그런데 그런 기분도 금방 끝나고 말았습니다. 엘리베이터가 바로 아래층에 멈추어 서더니 어떤 아주머니가 탔습니다. 이사 온 지 오래되지 않아서 저하고 안면이 없는 분이었는데, 인상이 별로 곱지 못했습니다. 그가 예수 안 믿는 사람이라는 것도 익히 들어 알고 있었습니다.

데면데면한 남자와 여자가 같은 엘리베이터를 타고 아파트 10층에서 1층까지 내려오는 것은 현대 문명이 주는 고약한 스트레스입니다. 불과 30초밖에 안 되는 시간임에도 제게는 3분이나 되는 것같이 길게 느껴졌습니다.

그렇지만 저는 낯선 사람을 만나면 좋은 인상을 주어서 다음에 언젠가 전도할 수 있는 기회를 얻어야겠다는 생각에 어떤 식으로든 말을 건넵니다. 엘리베이터가 3층쯤 내려왔을 때 그 부인에게 말을 걸었습니다. "요즘 살기가 괜찮으세요?" 그랬더니 그 부인은 저를 쳐다보지도 않고 이런 말을 내뱉었습니다. "아니요. 새로운 근심이 또 생겼어요." 그러고는 문이 열리자마자 허둥지둥 나가버렸습니다. 그 모습을 보면서 제 마음속에 이런 생각이 들었습니다. '맞다. 넓은 아파트에 살면서 아름답게 화장을 하고 집을 나서지만, 속을 들여다보면 묵은 근심을 가지고 고생하는 것이 인생이다. 그러다가 근심이 걷히고 조금 살 만해지면 또 다른 근심이 들어와 마음이 무거워지는 존재가 바로 인간이다.' 이것은 아마도 우리 모두가 경험하는 느낌이 아닌가 합니다.

**근심이 될 때 기도하라**

예수님은 제자들에게 근심하지 말라고 하시면서, 근심을 덜고 싶으면 기도하라고 네 번 이상 권면하십니다. 14장 13-14절과 15장, 16장에도 잘 나와 있습니다. 이 구절들은 나중에 하나하나 검토해보도록 하겠습니다.

우리는 이런 질문을 해볼 수 있습니다. "예수님 말씀처럼 기도하면 정말 근심이 사라지는가?" 제자들의 형편을 보면 예수님의 말씀이 쉽게 믿기지 않습니다. 제자들이 무릎을 꿇고 기도한다고 해서 당장 근심이 사라질 만한 상황이 아니었습니다. 조금 있으면 예수님은 십자가에서 죽임을 당하십니다. 절대로 피할 수 없는 길입니다. 이제 제자들은 더 이상 예루살렘에서 마음 놓고 걸어 다닐 수 없을지도 모릅니다. 게다가 공포의 밤은 점점 더 깊어만 갑니다. 그 시간에 무릎 꿇고 기도한다고 해서 근심이 사라지겠습니까? 우리의 경험을 놓고 보아도 근심거리를 안고 고민할 때 기도한다고 해서 곧바로 근심이 없어지지는 않습니다.

가끔씩 기도가 아스피린과 같다는 생각을 합니다. 두통이 날 때 우리는 아스피린을 먹습니다. 아스피린 한 알을 먹으면 서너 시간 정도는 머리가 가벼워지는 듯합니다. 그러다가 다시금 머리가 지끈지끈 아프기 시작하면 또 한 알을 먹습니다. 마찬가지로 마음이 불안하고 근심이 쌓이면 우리는 기도를 합니다. 기도하는 그 순간에는 마음이 평안해집니다. 그러나 눈을 뜨면 또다시 근심이 밀려옵니다. 마루 밑에 숨어 있던 개가 손님이 방문을 열고 나오면 갑자기 짖으면서 튀어나오듯, 근심이 확 달려듭니다.

그러나 기도는 일시적인 진통 효과를 가져다주는 아스피린과 분명 다릅니다. 만약 기도가 그런 효과를 주는 데서 끝났다면 기도는 벌써 이 지구상에서 사라졌을 것입니다. 기독교 안에서도 이미 폐기물로 처리되고 말았을 것입니다. 기도가 아스피린 같은 것이라면 처음에는 속아서 몇 번 해볼지 모르겠지만, 계속 해봐야 별 볼 일 없다는 걸 알게 되면 누가 기도하겠습니까?

그러나 기독교 2천 년 역사를 돌이켜보면 성도들이 하나님의 말씀을 더 많이 알면 알수록, 세상이 악하고 더러울수록 기도의 중요성에 대한 인식은 오히려 더욱 새로워졌습니다. 기도에 아스피린과는 비교도 안 되는 엄청난 효력이 있다는 것을 알기 때문입니다. 특별히 근심하는 사람에게 효력이 있기 때문에 기도해본 성도들은 이렇게 말합니다. "근심하지 말고 기도하세요. 기도하면 하나님이 다 들어주십니다. 성경을 봐도 기도하라고 하지 않아요?" 기독교 역사를 살펴보나 우리의 경험으로 보나 신앙생활에서 기도가 이처럼 중요한 요소로 자리 잡은 것은 절대 우연이 아닙니다.

근심이 몰려올 때 기도하라는 예수님의 교훈은 정말 중요합니다. 왜냐하면 그 말씀이 진리이기 때문입니다. 수많은 성도가 이 말씀이 참되다는 것을 자신들의 경험을 통해 입증했습니다. 제 경험상으로도 주님의 말씀이 진리임을 분명히 말할 수 있습니다.

저는 걱정거리가 생기면 얼마 동안은 마음의 안정을 찾지 못합니다. 정신을 차리지 못하게 하는 일을 한번 당해보십시오. 한동안은 아무런 생각이 없습니다. 그럴 때는 기도도 잘 안 되는 것이 솔직한 심정입니다. 눈을 감기는 감아도 기도가 안 나옵니다.

연변과기대 설립자인 김진경 박사는 북한에서 40일 정도 억류되어 있을 때, 처음에 기도가 안 나오더랍니다. 내일 생명이 어떻게 될지 모르는 판에 기도가 나오겠습니까? 그래서 아침부터 저녁까지 주기도문만 수백 번 외웠다고 합니다. 그는 주기도문의 능력이 그렇게 대단한 줄 미처 몰랐다고 간증했습니다.

사실 사람은 누구나 궁지에 몰리면 기도가 잘 안 됩니다. 그러다가도 예수 믿는 사람은 견디다 못해서 마침내 기도해야겠다고 생각하여 골방을 찾습니다. 기도를 하는 동안은 마음이 조금 편안해집니다. 그러나 이내 근심이 밀려와서 불안해지면 또 기도합니다. 아침에 일어나서 불안하면 또 기도하고, 낮에 시간이 나면 교회에 와서 기도합니다. 이렇게 자꾸 기도하다 보면 놀라운 일이 일어납니다. '예수님 말씀이 정말이었구나' 하고 새삼스럽게 깨닫는 신비한 세계가 우리 눈앞에 펼쳐집니다.

빌립보서 4장 6-7절을 보십시오. "아무것도 염려하지 말고 다만 모든 일에 기도와 간구로, 너희 구할 것을 감사함으로 하나님께 아뢰라 그리하면 모든 지각에 뛰어난 하나님의 평강이 그리스도 예수 안에서 너희 마음과 생각을 지키시리라." 바울은 아무것도 염려하지 말고 기도하라고 했습니다. 그러나 이 말씀에는 약간 비약이 있습니다. 우리 인간은 아무것도 염려하지 않고는 기도할 수 없습니다. 그러므로 이 말씀의 진정한 의미는 염려가 되면 모든 간구와 기도로 하나님께 구하라는 말입니다. 염려하지 않고 기도하기란 불가능합니다. 염려하기 때문에 기도하는 것입니다.

이러한 약속의 말씀을 따라 기도하기를 힘쓰면 정말 희한한 세계가 우리 앞에 펼쳐집니다. 하나님이 우리 마음에 천국의 평안을 안겨주심을 체험합니다. 물론 기도한 다음에 눈을 떠도 근심거리가 여전히 남아 있습니다. 염려가 됩니다. 인간적인 감정을 가지고 논한다면, 기도하기는 했지만 여전히 걱정하고 있습니다. 그럼에도 근심하는 내 마음속에 하나님의 평안이라는 햇살이 비칩니다. 근심이 더 이상 나를 흔들지 못하도록 하나님께서 그 강한 손으로 내 마음을 굳게 붙들어주시는 것을 느낍니다. 그 손에 붙들려 기도하다 보면 문제가 하나하나 해결되는 기적을 체험합니다.

기도는 울던 사람을 금방 웃게 만드는 신기한 요술이 아닙니다. 기도는 근심을 무조건 없애주는 신통한 묘약도 아닙니다. 그러나 기도는 근심을 이길 수 있는 신비스러운 저항력을 길러줍니다. 기도를 통해 전해지는 하나님의 평안은 마음속에 끈질기게 남아 있는 근심에 짓눌리지 않도록 저항력을 키워줍니다. 이 저항력 때문에 근심 가운데서도 계속 기도할 수 있습니다. 그러다 보면 태산처럼 우리 앞을 가로막았던 무시무시한 문제가 전혀 예기치 않은 방법으로 하나하나 해결됩니다. 하나님의 응답이 임하는 것입니다. 예수님의 말씀은 거짓말이 아닙니다. "근심을 덜고 싶으면 기도하라." 이것은 분명한 진리입니다.

### 예수의 이름으로 구하라

어떻게 기도가 이와 같은 엄청난 효과를 우리에게 가져다줄까요? 이에 대해 예수님은 세 가지 이유를 말씀하십니다. 첫째, 예수님의 이름으로 기도하기 때문에 기도는 근심을 없앨 수 있습니다.

> 너희가 내 이름으로 무엇을 구하든지 내가 행하리니 이는 아버지로 하여금 아들로 말미암아 영광을 받으시게 하려 함이라 내 이름으로 무엇이든지 내게 구하면 내가 행하리라(요 14:13-14).

> … 내 이름으로 아버지께 무엇을 구하든지 다 받게 하려 함이라(요 15:16).

… 너희가 무엇이든지 아버지께 구하는 것을 내 이름으로 주시리라 지금까지는 너희가 내 이름으로 아무것도 구하지 아니하였으나 구하라 그리하면 받으리니 너희 기쁨이 충만하리라(요 16:23-24).

이 구절들이 무엇을 말합니까? 예수님의 이름으로 구하라고 권면합니다. 그럴 때 근심 대신 기쁨을 누릴 수 있고, 하나님의 응답을 체험할 수 있다고 확언합니다.

이름이라는 말은 한자로 '명'(名)인데, 저녁 '석'(夕)자 밑에 입 '구'(口)자가 붙어 있는 모양입니다. 그래서 어떤 사람은 이 글자를 놓고 이렇게 설명했습니다. "날이 어두워서(夕) 사람들의 얼굴을 잘 분별하지 못할 때 입(口)으로 소리를 내서 사람을 찾기 위해 필요한 것이 이름이다." 그럴듯한 설명입니다.

이름은 더 나아가 그것의 주체가 되는 사람의 인격을 의미합니다. 나사렛 예수의 이름은 곧 하나님의 아들이시요, 세상의 구주이신 그분을 가리킵니다. 그만큼 주님의 이름은 중요합니다.

하나님은 창조자시요, 우리는 피조물입니다. 창조자와 피조물 사이에는 그 무엇으로도 메울 수 없는 간격이 있습니다. 그러므로 피조물의 입장에서 창조자를 만난다거나 창조자를 찾아간다는 것은 상상도 못할 일입니다. 더욱이 죄 많은 인간이 어떻게 거룩하신 하나님 앞에 설 수 있겠습니까? 도대체 어느 길로 가면 하나님을 만날 수 있겠습니까? 우리는 그 답을 알 길이 없습니다.

그런데 하나님께서 이와 같이 멀고 먼 관계의 간극을 메우고 서로 교제할 수 있는 부드러운 관계로 만드시고자 중간에 통로를 하나 마련하셨습니다. 바로 예수 그리스도라는 이름입니다. 디모데전서 2장 5절을 보십시오. "하나님은 한 분이시요 또 하나님과 사람 사이에 중보자도 한 분이시니 곧 사람이신 그리스도 예수라."

예수 그리스도는 하나님과 사람 사이에 다리를 놓는 유일한 중보자이십니다. 예수님만이 우리가 하나님을 찾아갈 수 있는 유일한 통로입니다. 그래서 주님은 우리에게 자기 이름으로 기도하라고 말씀하시는 것입니다.

무조건 소리친다고 하나님이 들으시는 것이 아닙니다. 부처를 믿는 사람들처럼 불상 앞에서 천 번을 절한다고 그 기도가 하나님께 상달되는 것도 아닙니다. 하나님 앞에 드리는 모든 기도는 예수님의 이름이 붙어야 합니다. 예수님의 이름을 부른다는 것은 예수님이 중보자이심을 믿는다는 의미입니다. "나는 예수님이 나의 중보자가 되시어 나를 하나님 앞으로 인도하시는 분인 줄 믿습니다. 내 기도가 하나님 앞에 상달되도록 해주시는 분인 줄 믿습니다. 예수님의 이름으로 기도하기 때문에 하나님께서 내 기도를 들으시는 줄 믿습니다"라고 고백하는 것입니다.

하나님은 예수라는 이름을 제일 기뻐하십니다. 예수 이름이 붙은 기도는 거절하지 못하십니다. 사도행전 4장 12절을 보십시오. "다른 이로써는 구원을 받을 수 없나니 천하 사람 중에 구원을 받을 만한 다른 이름을 우리에게 주신 일이 없음이라." 예수님의 이름을 가지고 세상을 구원하셨을 정도로 하나님은 이 이름을 기뻐하셨습니다. '예수'는 우리에게 구원을 가져다줄 유일한 이름입니다.

예수가 얼마나 놀라운 이름인지, 거짓 선지자들도 이 이름을 가지고 능력을 행했습니다. 하나님을 엉터리로 믿는 거짓 선지자들도 예수 이름으로 희한한 일을 행했습니다. 그들은 나중에 심판대 앞에 서서 이렇게 말할 것입니다. "주여, 우리가 예수님의 이름으로 귀신도 쫓아냈습니다. 예수님의 이름으로 많은 권능을 행했습니다. 그런데 왜 우리를 모른다고 하십니까?"

예수님의 이름이 얼마나 대단한지요! 하나님의 사랑을 받는 우리가 이와 같이 대단한 이름을 들고 나가는데 어떻게 하나님이 우리 기도를 들어주시지 않겠습니까?

미국이 한창 남북전쟁에 휘말려서 많은 사람이 죽어가던 때의 일입니다. 어느 조그마한 농촌에 사는 청년이 군대에 징집되어 전선으로 갔습니다. 그런데 전장의 두려움과 고통을 못 견딘 나머지 탈영을 하고 말았습니다. 그러나 도피 생활도 그리 오래가지 못했습니다. 그는 헌병대에 체포되었고 사형선고를 받았습니다.

이 소식을 들은 그의 아버지는 하늘이 무너지는 듯한 절망감에 빠졌습니다. 삶의 의욕이 모조리 사라져버렸습니다. '어떻게 하면 아들을 살릴 수 있을까?' 고민하던 그에게 한 가지 묘안이 떠올랐습니다. 마지막으로 대통령을 만나서 탄원해보기로 한 것입니다. 그래서 그는 링컨 대통령을 만나러 백악관을 찾아갔습니다. 그러나 경비들이 이 시골 남자를 들여보내줄 리 만무했습니다. 안으로 한 발짝도 들여놓지 못하게 하는 바람에 그는 길가 벤치에 앉아서 하염없이 울고 있었습니다.

그때 비탄에 빠진 그를 측은한 눈길로 지켜보고 있던 소년 하나가 다가와서 물었습니다. "아저씨, 왜 그러세요?" 그는 자초지종을 이야기했습니다. 이야기를 모두 들은 소년은 자기를 따라오라고 말했습니다. 청년의 아버지는 처음에는 무슨 소리인지 못 알아듣다가 자꾸 재촉하는 바람에 소년을 따라나섰습니다. 그런데 소년은 그를 경비실로 데리고 가더니 이렇게 말했습니다. "이 아저씨는 제가 데리고 들어가는 사람이에요." 그랬더니 모든 경비들이 아무 소리 않고 그를 통과시켜주었습니다. 소년은 그를 대통령이 업무를 보는 집

무실로 데리고 가더니 링컨 대통령에게 이렇게 말했습니다. "아빠, 제가 데리고 온 분이에요. 이분의 이야기를 들어보세요. 너무 가슴이 아파요." 그다음에 이야기가 어떻게 전개되었는지는 상상에 맡기겠습니다.

소년이 대통령 앞에 당당히 설 수 있는 이유가 무엇입니까? 아들이기 때문입니다. 아버지가 대통령이든 누구든 간에 아들은 언제든지 그 앞에 나갈 수 있습니다. 우리가 예수님의 이름을 부르면 우리 자신이 예수님이 되어서 하나님 앞에 나가는 셈이 됩니다. 그러므로 우리가 예수님의 이름을 가지고 나가기만 하면 하나님은 절대 가만히 계시지 않으십니다.

## 무엇이든지 기도하라

둘째, 무엇이든지 기도할 수 있기 때문에 기도는 근심을 없앨 수 있습니다. 요한복음 14장 13-14절, 15장 7, 16절, 16장 23절을 보면 주님은 "무엇이든지 구하라"고 말씀하십니다. '무엇이든지'라는 말은 헬라어로 '티 안'(ti an)인데, 이 말 속에는 무슨 기도든 가려서 듣지 않으시겠다는 하나님의 약속이 들어 있습니다. 무엇이든지 기도하라는 말은 무슨 기도를 하든지 하나님께서 다 들어주신다는 말입니다.

기도한다고는 하지만 몰라서 잘못 구하는 기도가 얼마나 많습니까? 하나님의 마음을 다 알고 그 마음에 쏙 드는 완벽한 기도를 하기란 불가능합니다. 누구든지 "나는 하나님의 뜻에 100퍼센트 일치하는 기도만 해"라고 말하는 사람이 있다면 그는 정신병원으로 가야 하는 환자이거나 아니면 하나님과 성경을 잘 모르는 사람입니다. 우리는 아무도 그렇게 완벽한 기도를 드리지 못합니다. 로마서 8장

26절을 보십시오. "우리는 마땅히 기도할 바를 알지 못하나 오직 성령이 말할 수 없는 탄식으로 우리를 위하여 친히 간구하시느니라." 성령께서 기도를 도와주셔야 할 만큼 우리는 연약한 존재들입니다.

그럼에도 하나님은 우리에게 무엇이든지 구하라고 말씀하십니다. 만일 중소기업 사장이 은행에 대출을 받으러 서류를 들고 가면서 연신 도장이 빠진 데는 없나, 이름이 잘못되지는 않았나 확인하듯이 신경을 곤두세워 기도하라고 하셨다면, 우리 중에 기도할 사람이 누가 있겠습니까? 하나님 앞에 기도할 때마다 '이 기도를 과연 들어주실까? 안 들어주실까?' 하는 것이 도리어 염려가 되면, 혹 떼려다가 혹 붙이는 격이 되고 말 것입니다. 그러나 하나님은 감사하게도 무엇이든지 구하라고 하십니다. 그러면 가리지 않고 다 들어주시겠다 하십니다. 이 얼마나 놀라운 약속입니까?

기도 목록을 한번 만들어보십시오. 큰일부터 사소한 일까지, 아무에게도 말하지 못하는 마음속 감정부터 시작해서 하나님 나라와 그의 의를 구하는 큰일까지 우리 기도가 얼마나 다양합니까? 이 모든 기도를 할 수 있게 하신 하나님께 감사할 따름입니다.

제롬 스미스가 신구약성경 안에 들어 있는 기도 목록을 정리했습니다. 창세기부터 시작해서 요한계시록까지 등장하는 위대한 하나님의 백성이 하나님 앞에 드린 기도를 목록으로 만들어놓았는데, 모두 328가지나 됩니다. 그 안에는 자기를 죽여달라는 내용부터 하나님의 얼굴을 한번 보게 해달라는 간청까지 별의별 기도가 다 들어 있습니다.

놀라운 것은 하나님께서 그 모든 기도에 응답하셨다는 사실입니다. 성경 안에 이렇게 다양한 기도 제목을 늘어놓은 이유는, 무엇이든지 구하면 들어주시겠다는 실제적인 증거들을 보여주려 하심입니다. 그러니 기도하는 자가 어떻게 근심 때문에 희생을 당하겠습니까? 심지어는 자기를 죽여달라는 기도도 할 수 있도록 문을 활짝 열어놓으셨는데 무엇 때문에 근심에 짓눌려서 병들고 희망 없는 인생을 살겠습니까? 기도하지 않아서 문제지, 완벽하게 구하지 못하는 것은 문제가 안 됩니다.

## 응답이 약속된 기도

셋째, 기도하면 반드시 받을 것이므로 기도는 근심을 없앨 수 있습니다.

> 지금까지는 너희가 내 이름으로 아무것도 구하지 아니하였으나 구하라 그리하면 받으리니 너희 기쁨이 충만하리라(요 16:24).

앞부분은 약간 설명이 필요할 듯합니다. 제자들은 예수님과 함께 있던 3년 동안 그분께 기도하지 않았습니다. 하나님의 아들을 직접 모시고 날마다 함께 자고, 먹고, 다니는데 무엇 때문에 엎드려서 기도하겠습니까? 그러나 이제 예수님이 십자가에서 죽으시고 부활하셔서 하늘나라로 올라가시면 기도하지 않고는 절대 주님과 만날 수 없습니다. 그래서 기도하라고 말씀하시는 것입니다.

주님은 자기 이름으로 기도하기만 하면 반드시 응답받으리라고 약속하셨습니다. 기도해서 응답을 받고 기쁨이 넘치면 근심은 더 이상 의미가 없어집니다. 응답은 근심을 삽시간에 날려버립니다. 즉시 받는 응답이든 오랜 기다림 후에 받는 응답이든 간에 응답이 임하면 우리 가슴속에는 기쁨의 샘이 솟구칩니다. 기쁨의 샘물은 우리 안에 자리 잡고 있던 근심을 남김없이 쓸어내버립니다. 기도함으로 이러한 기쁨을 체험하기만 하면 우리는 앞으로 기도하지 않을 수 없게 됩니다.

한번은 성도들이 중보기도 카드를 작성하게 한 다음 일주일 동안 그 기도 제목을 놓고 중보기도단에서 기도했는데, 그때 응답받은 내용들을 본 일이 있습니다. 각자의 기도 내용을 보면 정말 '무엇이든지'입니다. 가지각색입니다. 그리고 하나님은 그 모든 기도를 멋지게 응답해주셨습니다.

어떤 집사님은 18년 동안 남편이 교회를 피해 다니며 안 믿는 데다가 최근에는 부부 사이에 심각한 문제가 터져서 더 이상 인간의 힘으로는 해결할 길이 없어 절망에 빠져 있었습니다. 그래서 그 문제를 중보기도단에 내어놓고 기도를 부탁했는데, 다 같이 기도하는 동안 무슨 일이 일어났는지 아십니까? 남편이 자기 발로 우리 교회 상담 목사님을 찾아가서 상담을 했다고 합니다. 그렇게 되면 끝난 것 아닙니까?

또 어떤 집사님은 자기 집에 값비싼 예술품이 있는데 요즘 경기가 안 좋으니 팔고 싶어도 팔리지 않아 고민이었다고 합니다. 그것을 팔아 특별 헌금도 하고 싶다며 팔리게 해달라고 개인적으로 기도하다가 중보기도단에 그 제목을 내놓았나 봅니다. 그런데 중보기도단에서 함께 기도하는 가운데 그 물건이 좋은 조건으로 팔렸다고 합니다. 참 희한한 일 아닙니까?

어떤 분은 치매로 고생하는 친정어머니가 행방불명이 되어 찾지 못하고 있었습니다. 그래서 중보기도단에 기도를 부탁했는데 그 제목을 두고 기도하는 동안 산에서 어머니를 찾았다고 합니다. 어떤 산인지는 모르겠지만 산에서 치매 걸린 할머니를 찾기란 쉬운 일이 아닙니다. 그런데 참 놀랍게도 기도하자 응답이 임했습니다.

그 외에도 집이 회사 담보물로 잡혀서 날아갈 위기에 처해 있었는데 중보기도단에서 열심히 기도했더니 좋은 방향으로 해결됐다고 고백하는 가정도 있었습니다. 전세금을 돌려받지 못해서 여러 날 동안 애를 먹다가 중보기도단에 부탁했는데 하나님께서 선한 길로 인도해주셨다고 고백하는 가정도 있었습니다. 자동차 사고를 냈는데 그만 뺑소니차로 고발이 되어서 난처한 처지가 되어 기도를 부탁했는데, 그것도 하나님께서 기가 막히게 해결해주셨다고 고백하는 사람도 있었습니다.

뺑소니차로 몰린 일부터 시작해서 남편 문제까지 얼마나 가지각색입니까? 그러나 하나님은 그 어떤 기도도 가리지 않으시고 때를 따라 응답해주셨습니다. 이와 같이 하나님의 응답을 체험하면 가슴에 불이 붙게 마련입니다. 기쁨이 넘칩니다. 이런 사람에게는 근심이 더 이상 큰 문제가 되지 않습니다. 이 사실을 믿기 바랍니다.

예수 믿는 사람에게 기도는 더없이 자연스러운 일입니다. 어린아이들이 공놀이를 좋아하는 것을 보고 왜 공을 좋아하느냐고 묻는다면 그것은 어리석은 질문입니다. 어린아이들에게는 공놀이가 너무나 자연스러운 일이기 때문입니다. 열렬한 사랑에 빠진 남녀에게 왜 사랑하느냐고 묻는 것 역시 바보 같은 일입니다. 사랑에 빠진 사람이 사랑하는 것은 너무나 자연스러운 일입니다. 마찬가지로 예수 믿는 사람이 기도하는 것은 너무나 자연스러운 일입니다. "내 이름으로 무엇이든지 구하면 내가 반드시 응답할 것이다. 너희 마음에 기쁨이 충만하여 모든 근심을 싹 쓸어버릴 것이다"라고 주님이 약속하셨는데, 그 약속을 받고도 기도하지 않는다면 그것이 도리어 이상한 일입니다.

그런데 가만히 보면 기도를 부자연스럽게 여기는 분들이 꽤 많습니다. 기도하려고 눈만 감으면 오만 가지가 눈앞에 펼쳐집니다. 친구하고 수다 떠는 것은 1시간도 짧게 여기면서 기도하라고 하면 5분을 못 견딥니다. 기도하는 것을 너무 불편해합니다. 이런 분들은 아직 믿음이 어려서 그렇기도 하겠지만, 어떤 면에서는 영적으로 잘못되어서인지도 모릅니다. 기도가 자연스러워지도록 노력하십시오. 근심이 있을수록 기도는 자연스러워야 합니다. 그럴 때 마침내 당신에게 놀라운 일이 일어납니다.

천지 만물을 창조하신 하나님께서 내 근심을 해결해주신다는데 왜 근심을 끌어안고 걱정합니까? 아버지, 어머니가 다 책임져준다는데도 자녀가 방에 틀어박혀 금식하면서 입학금 걱정을 한다고 상상해보십시오. 얼마나 어리석은 짓입니까? 비록 집안이 어렵고 힘들어도 아버지가 책임지고 학교를 보내준다 하시면 그것으로 '걱정 끝'입니다. 정상적인 아이라면 아버지의 약속을 듣고도 방문을 걸어 잠그고 금식하는 어리석은 짓은 하지 않을 것입니다.

우리 하나님은 만물을 지은 분이십니다. 모든 것을 다 소유한 분이십니다. 능력이 너무 많아서 못할 일이 없는 분이십니다. 그런 하나님이 예수님의 이름만 가지고 나오면 무엇이든지 다 들어주겠다 하시는데 무엇 때문에 근심을 끌어안고 청승맞게 앉아서 얼굴을 찌푸리고 계십니까? 왜 기도하지 않습니까?

기도하십시오. 밥을 먹고 잠을 자는 것처럼 기도가 자연스러워지도록 열심히 노력하십시오. 처음에는 아스피린을 먹는 것처럼 기도를 해도 여전히 염려가 남아 있어서 기도하고, 또 기도하는 악순환이 계속될지 모릅니다. 그러나 예수님의 이름을 붙들고 계속 기도하면 나중에는 희한한 세계가 열립니다. 이 세계를 체험해야 신앙의 진수를 알게 됩니다.

우리는 바로 한 치 앞에 닥쳐올 일도 알지 못합니다. 그러나 기도하면 염려할 것이 전혀 없습니다. 무엇이든지 예수님의 이름으로 구하기만 하면 하나님께서 응답해주시기 때문입니다.

# 51

## 성령을 모신 자의 행복

요한복음 14장 16-20절

16 내가 아버지께 구하겠으니 그가 또 다른 보혜사를 너희에게 주사 영원토록 너희와 함께 있게 하리니 17 그는 진리의 영이라 세상은 능히 그를 받지 못하나니 이는 그를 보지도 못하고 알지도 못함이라 그러나 너희는 그를 아나니 그는 너희와 함께 거하심이요 또 너희 속에 계시겠음이라 18 내가 너희를 고아와 같이 버려두지 아니하고 너희에게로 오리라 19 조금 있으면 세상은 다시 나를 보지 못할 것이로되 너희는 나를 보리니 이는 내가 살아 있고 너희도 살아 있겠음이라 20 그날에는 내가 아버지 안에, 너희가 내 안에, 내가 너희 안에 있는 것을 너희가 알리라

본문에는 사람의 지혜로 이해할 수 없는 내용이 담겨 있습니다. 너무나 신비한 내용이라 처음부터 마지막 순간까지 지혜의 영이신 성령께서 우리 마음의 눈을 열어주시도록 기도하지 않을 수 없습니다. 인간의 지혜로 깨달으려 하지 말고 하나님께서 주시는 신령한 지혜로 깨닫는 시간이 되기를 바랍니다.

예수님이 십자가를 지려고 떠나시면서 슬픔에 젖은 제자들을 위로하기 위해 여러 번 반복하신 말씀이 몇 가지 있습니다. 먼저는 기도에 대한 말씀이고, 그다음은 성령에 관한 것이었습니다. 요한복음 14장부터 16장까지를 읽어보면 성령에 관한 말씀이 네 번이나 반복해서 나옵니다.

반복한다는 것은 그만큼 중요하다는 이야기입니다. 어떤 사람은 한 번 들은 이야기는 안 들으려고 하는데, 그러면 안 됩니다. 교회에서 자주 듣는 말씀일수록, 성경에서 자주 반복하는 말씀일수록, 정신을 바짝 차리고 들어야 합니다. 중요하기 때문에 여러 번 반복하는 것이니까요. 예수님께서 성령에 관해 네 번이나 반복하시는 이유도 성령이 우리에게 그만큼 중요하기 때문입니다.

성령이 누구십니까? 천지를 창조하신 하나님의 영입니다. 예수 그리스도를 처녀의 몸에 잉태케 하신 하나님의 영입니다. 성령은 예수님이 세상에 계실 때 그분에게 능력과 권세를 주신 하나님의 영입니다. 성령은 예수님이 십자가에 못 박히시고 무덤에 장사되셨을 때 그분을 죽음에서 일으켜주신 하나님의 영입니다. 선지자와 사도들의 마음을 감동하셔서 신구약성경을 기록하게 하신 하나님의 영이 바로 성령입니다. 이 세상에 교회를 탄생시키시고 그 교회에 생명을 불어넣으시며 하나님의 권세를 입혀주신 하나님의 영이 바로 성령입니다.

그러므로 그는 하나님이십니다. 성부가 하나님이요, 성자가 하나님인 것처럼 성령도 하나님이십니다. 성령은 물건이 아닙니다. 어떤 능력이나 기운도 아닙니다. 사람이 만들어낸 공상이나 환상도 아닙니다. 그는 하나님으로서의 인격을 가지고 계십니다. 성령이 너무 중요하기에, 예수님은 남겨놓고 가는 제자들을 향해서 여러 번 반복하여 성령 이야기를 하십니다.

예수님은 오늘 우리를 향해서도 똑같이 반복해서 말씀하고 계십니다. 성령을 다 안다고 자부하는 분이 있을지 모르지만 이는 잘못된 생각입니다. 따라서 우리는 성령을 더 많이 배우고, 더 많이 체험해야 합니다.

## 또 다른 보혜사 성령

16절을 보십시오. 주님은 여기서 처음으로 성령에 관한 말씀을 하십니다. 물론 16-20절에는 성령이라는 단어가 한 번도 안 나옵니다. 그런데도 우리는 이 본문이 성령에 관한 말씀이라는 사실을 쉽게 알 수 있습니다.

내가 아버지께 구하겠으니 그가 또 다른 보혜사를 너희에게 주사 영원토록 너희와 함께 있게 하리니(16절).

주님이 십자가를 지시고 부활하시고 승천하신 후 하나님 나라에 들어가시면 또 다른 보혜사를 보내주시도록 하나님께 요청하겠다는 말입니다.

주님은 성령을 '보혜사'라고 칭했습니다. '보혜사'는 '돕는 자'(helper)라는 뜻입니다. 성령을 '돕는 자'라고 말씀하신 데는 이유가 있습니다. 성령이 오셔서 처음부터 마지막까지 우리를 위해 '돕는 일'을 하시기 때문입니다. 우리에게는 우리를 돕는 분이 계십니다. 그분은 아무리 잘 돕는다고 해도 어쩔 수 없는 한계를 가진 인간과 같지 않습니다. 성령은 천지를 창조하셨을 뿐 아니라 예수 그리스도를 잉태케 하셨고, 그를 죽음에서 일으키신 하나님의 영입니다. 바로 이런 분이 우리를 돕는 자로 와 계십니다.

그런데 예수님의 말씀에 한 가지 재미있는 표현이 나옵니다. '또 다른 보혜사'입니다. 왜 주님은 성령을 또 다른 보혜사라고 하셨을까요? 이 말은 성령 외에 다른 보혜사가 또 있다는 이야기입니다. 그렇다면 성령 외에 다른 보혜사는 누구입니까? 예수님 자신입니다. 예수님은 이제 하나님 나라에 가시면 하늘과 땅의 모든 권세를 한 손에 쥐고 하나님의 우편에 앉으실 것입니다. 거기서 주님은 보혜사의 일을 하실 것입니다.

요한일서 2장 1절을 보면 참 놀라운 말씀이 나옵니다. "만일 누가 죄를 범하여도 아버지 앞에서 우리에게 대언자가 있으니 곧 의로우신 예수 그리스도시라." 우리는 살면서 가끔 죄를 범합니다. 겉으로 뚜렷하게 드러나는 1계명이나 7계명, 혹은 8계명 등은 범하지 않지만 엄밀하게 따져보면 죄를 범할 때가 많습니다. 이럴 때마다 하나님의 우편에 계시는 예수님은 자기 손의 못 자국을 하나님 앞에 내어놓으시면서 우리를 위해 기도하십니다. 그렇게 우리의 대언자가 되어주십니다.

여기서 주목해야 할 것은, '대언자'와 '보혜사'가 원문에서는 '파라클레토스'(parakletos)라는 한 단어로 적혀 있다는 사실입니다. 그렇습니다. 예수님은 하나님 우편에 계시면서 범죄자인 우리를 돕는 분이십니다. 로마서 8장 34절 역시 동일한 사실을 기록했습니다. "죽으실 뿐 아니라 다시 살아나신 이는 그리스도 예수시니 그는 하나님 우편에 계신 자요 우리를 위하여 간구하시는 자시니라." 예수님은 하나님 우편에 계시는 보혜사입니다.

그럼에도 주님은 우리에게 성령을 또 다른 보혜사로 보내겠다고 말씀하셨습니다. 예수님이 하늘에서 우리를 도우시는 보혜사라면, 성령은 땅에 오셔서 우리를 도우시는 보혜사입니다. 성령이 어떻게 우리를 도와주시는지 로마서 8장 26절에 잘 나타나 있습니다. "이와 같이 성령도 우리의 연약함을 도우시나니 우리는 마땅히 기도할 바를 알지 못하나 오직 성령이 말할 수 없는 탄식으로 우리를 위하여 친히 간구하시느니라." 성령이 이 땅에 오셔서 우리를 위해 하시는 가장 중요한 일은 바로 우리를 위해 기도하시는 것입니다. 우리에게는 하늘과 땅에 각각 우리를 돕는 보혜사가 계십니다. 그러니 예수 믿는 우리는 얼마나 기가 막힌 은혜를 입은 사람들입니까? 얼마나 행복한 사람들입니까?

예수님은 승천하신 후에 약속대로 성령을 보내셨습니다. 사도행전 2장에 성령이 처음 임하시는 극적인 사건을 잘 기록해놓았습니다. 성령이 처음 임하실 때는 굉장히 요란했습니다. 바람 소리가 들리는가 하면, 불의 혀 같은 것이 사람들 머리 위에 임했습니다. 사람들의 입술에서 방언이 터져 나와 하나님을 찬양했습니다. 그곳에 모인 사람들의 소리가 얼마나 소란했던지 예루살렘에 있던 많은 사람이 그 소리를 듣고 달려올 정도였습니다.

그러나 그런 사건은 한 번으로 끝났습니다. 성령은 처음 오실 때 아주 극적으로 오셨지만 이제는 더 이상 그런 현상이 일어나지 않습니다. 성령은 우리 안에 거하십니다. 우리는 성령이 도우시는 모든 은혜를 처음부터 끝까지 다 받아 누릴 수 있는 하나님의 자녀가 되었습니다. 이 얼마나 영광스럽고 감사한 일입니까?

### 우리 안에 거하시는 성령

그러면 세상에 오시는 성령이 예약해놓은 숙소는 어디입니까? 또 머무는 기간은 얼마나 됩니까?

> 내가 아버지께 구하겠으니 그가 또 다른 보혜사를 너희에게 주사 영원토록 너희와 함께 있게 하리니(16절).

얼마 동안 머문다 하셨습니까? '영원토록'입니다. 예약 장소는 어디입니까? '너희와 함께'입니다. 다시 말해 영원토록 우리와 함께 계신다는 말씀입니다.

> 그는 진리의 영이라 세상은 능히 그를 받지 못하나니 이는 그를 보지도 못하고 알지도 못함이라 그러나 너희는 그를 아나니 그는 너희와 함께 거하심이요 또 너희 속에 계시겠음이라(17절).

성령은 이 세상에 오시지 않았습니다. 세상은 성령을 알지도 못합니다. 그러나 우리는 성령을 압니다. 성령이, 세상이 아닌 우리 안에 와 계시기 때문입니다. 성령이 묵으시겠다고 예약해놓은 숙소는 바로 우리 마음입니다.

만일 당신이 '이것이 정말 사실일까?' 하면서 조금이라도 의심하면 끝이 없습니다. 사실 '어떻게 하나님이신 성령이 내 마음속에 와서 거하실까? 그분이 어떻게 영원토록 나를 떠나지 않고 나와 함께한다 하실까?'를 생각하면, 점점 더 신비롭기만 합니다.

신비로운 이야기는 여기서 끝나지 않습니다. 성령 하나님이 우리 안에 거하시면 하나님 우편에 계신 예수님이 우리 안에 영으로 거하신다고 합니다. 좀 더 쉽게 말하자면 성령이 우리 안에 거하심과 동시에 예수 그리스도가 영으로 우리 안에 거하신다는 뜻입니다. 우리가 성령 하나님뿐 아니라 성자 예수님까지 모시고 사는 놀라운 존재가 되는 것입니다. 하늘에 계신 보혜사와 땅에 있는 보혜사 두 분을 모두 모시고 사는 희한한 일이 벌어집니다. 이와 같이 성령이 내 안에 거하시고 성자 예수님이 내 안에 거하시는 사건을 신학적으로 '내주'(indwelling)라고 말합니다.

그러면 성령이 우리 안에 거하심으로 살아 계신 예수님도 우리 안에 거하신다는 사실을 무엇으로 확인할 수 있을까요? 본문 18절에 답이 있습니다.

> 내가 너희를 고아와 같이 버려두지 아니하고 너희에게로 오리라.

'내가'는 예수님을 가리키며, 예수님이 다시 오신다는 말입니다. 이 말을 예수님이 부활해서 제자들을 만나시겠다는 의미로만 보면 안 됩니다. 더 중요한 것은 성령이 오심으로 예수님이 제자들에게 다시 오신다는 의미입니다.

> 조금 있으면 세상은 다시 나를 보지 못할 것이로되 너희는 나를 보리니 이는 내가 살아 있고 너희도 살아 있겠음이라 그날에는 내가 아버지 안에, 너희가 내 안에, 내가 너희 안에 있는 것을 너희가 알리라 (19-20절).

부활하신 예수님을 세상은 다시 보지 못하지만 우리는 봅니다. 성령이 우리 안에 와서 마음에 거하시면, 성자 되신 예수 그리스도께서도 우리 마음에 영으로 거하시는 기적이 일어납니다. 그래서 로마서 8장 9-11절을 보면, 처음에는 우리 속에 '하나님의 영'이 거한다고 말씀하시다가 그다음 절에서는 '그리스도의 영'이 거하신다고 말하고, 또 바로 다음 절에서는 '그리스도'가 계신다고 말씀합니다. 한마디로 성경은 우리 안에 계신 분이 성자인지 성령인지 구별하려고 하지 않습니다.

더욱 놀라운 것은 인간의 지각으로 도무지 이해할 수 없을 만큼 헷갈리는 말씀을 해놓고도 주님은 그와 관련해 아무런 설명을 하지 않으신다는 사실입니다. 그저 태연히 이렇게만 말씀하십니다. "그날에는 … 내가 너희 안에 있는 것을 너희가 알리라"(20절). 성령이 오시면 우리가 다 알게 되리라는 말씀입니다.

만약 이 말씀을 들으면서, 또는 하나님의 말씀을 보면서 '정말 꿀 맛 같은 말씀이구나. 성령이 내 안에 계시고 살아 계신 예수님이 내 안에 계신다니…. 주님 감사합니다. 고맙습니다. 아멘!' 하고 벅차오르는 감격을 느낀다면 당신은 '아는' 사람입니다. 설명은 정확히 못

해도 믿기 때문에 압니다. 그리고 알기 때문에 나타나는 감정이 있습니다. 사랑에 빠진 남녀가 그들의 사랑을 언어로 다 설명할 수 있을까요? 불가능합니다. 그러나 사랑하는 사람들은 사랑이 무엇인지 너무나 잘 압니다. 마찬가지로 설명할 수는 없지만 하나님의 말씀을 믿음으로 받아들일 때 성령이 우리 안에 계심을 압니다. 그리스도가 우리 안에 계심을 압니다. 그래서 마음이 평안해지고, 기쁨과 자신감이 넘쳐 나서 '아멘'이 절로 나옵니다.

말씀을 읽거나 조용히 묵상하노라면 내 안의 예수님이 들려주시는, 영의 귀로만 들을 수 있는 음성을 들을 때가 있습니다. 말씀을 펴놓고 조용히 묵상하면 이전에 몰랐던 진리를 깨닫고 마음이 뜨거워질 때가 있지 않습니까? 길을 가다가 조용한 숲속을 거닐면서 "주님!" 하고 부르면 예수님이 나와 함께하신다는 느낌이 들지 않습니까? 성령이 나를 꼭 붙들고 함께 걷는다는 느낌이 오지 않습니까? 이것은 공상이 아닙니다. 내가 믿기 때문에 그 사실은 현실이 됩니다. 그러면 나는 아는 사람입니다.

만약 이 말씀을 들으면서 도무지 무슨 소리를 하는지 몰라 불평하는 마음이 생긴다면 그는 아직 모르는 사람입니다. 그러므로 주님 앞에 간절히 기도하십시오. "예수님이 정말 내 마음에 계십니까? 저는 예수님을 믿기 원합니다. 성령님, 내 마음에 계십니까? 내가 믿습니다. 알게 해주세요." 그러면 보혜사 성령께서 당신을 반드시 도와주실 줄 믿습니다.

### 고아처럼 버려두지 않으시는

본문을 읽는 중에 가슴이 뜨거워지면서 정말 행복하다고 느낀 구절이 있습니다. 18절입니다.

내가 너희를 고아와 같이 버려두지 아니하고 너희에게로 오리라.

이 말씀 안에는 하나님의 진한 사랑이 배어 있습니다. 우리 모두가 인정하듯이 인생은 고독합니다. 누구나 마지막까지 자기 인생을 혼자 걸어가야 합니다. 그런데 예수님은 우리를 외톨이로 버려두지 않겠다고 하십니다. 다시금 우리에게 오셔서 우리와 함께하시겠노라 말씀하십니다.

제자들과 함께했던 3년 동안 예수님은 어머니 아버지와 같았습니다. 제자들을 먹이고 입히셨습니다. 가는 곳마다 그들을 데리고 다녔으며, 어려운 일을 만날 때 보호해주셨습니다. 그러나 갑자기 예수님이 십자가를 지려고 떠나시게 되자 뒤에 남은 제자들은 자신들이 고아처럼 여겨져 한없이 슬펐고, 또한 두려웠습니다.

이런 제자들을 보시고 주님은 말씀하셨습니다. "너희들은 고아가 아니다. 내가 가고 나면 성령이 오실 텐데, 그가 오시면 나와 함께 있을 때보다 너희가 훨씬 더 행복해질 수 있다. 이제까지는 내가 육신의 몸을 입고 있었기에 내가 안 보이면 너희가 나를 찾아다녔고, 배를 타고 가다가 거친 풍랑을 만나도 피곤해서 잠들어 있던 나를 흔들어 깨우면 되었으며, 잠시 동안이라도 너희들을 떠나 있으면 내가 돌아올 때까지 안절부절못하며 기다렸다.

그러나 성령이 오시면 그럴 필요가 없다. 왜냐하면 내가 항상 너희 안에 있을 것이기 때문이다. 더 이상 나를 찾아다닐 필요도 없고, 내가 없다고 해서 불안해할 필요도 없다. 그런데 왜 두려워하고 근심하느냐? 내가 너희 안에 있기에 너희가 어느 때든지 내 이름으로 기도하면 우리 아버지께서 다 들어주신다고 말하지 않았느냐? 내가 너희 속에 있기 때문에 내가 하는 일을 너희도 할 것이요, 그것보다 더 큰 일도 할 수 있을 것이라고 내가 말하지 않았느냐? 그렇다면 내가 떠나는 것이 너희에게는 행복이다. 너희는 고아가 아니다."

이것이 몇몇 제자들에게만 해당하는 말씀이겠습니까? 우리 모두에게도 동일하게 주시는 위로의 말씀이라고 확신합니다. 제자들이 마음에 모시고 있는 성령을 우리도 모시고 있습니다. 그 성령을 통해서 살아 계신 예수 그리스도가 제자들의 마음속에 계셨던 것처럼 지금 우리 마음속에도 거하십니다. 그러므로 우리는 고아가 아닙니다. 우리는 혼자가 아닙니다.

성령을 모르는 세상 사람들은 거의 날마다 내적 공허와 고독을 느낍니다. 믿지 않는 사람들을 보십시오. 예수님이 오셔서 채워야 할 것을 다른 것으로 채우지 못하기 때문에 전부 텅텅 비어 있지 않습니까? 그들이 느끼는 공허함과 고독은 말로 다 할 수 없습니다. 모두 숨기고 티를 내지 않기에 잘 드러나지 않을 뿐 실상은 얼마나 심각한지 모릅니다.

현대인들은 젊은이로부터 어른에 이르기까지 한시도 홀로 있지 못합니다. 인기척이 없는 적막이 죽음처럼 느껴져서 혼자 있기를 꺼립니다. 혼자서 자아의 실체를 대면하기에는 자신이 없기 때문입니다. 마치 수만 개의 거울을 주변에 둘러놓고 동서남북 어느 방향으로 보나 거울에 오직 자기 자신만 비치는 것을 보는, 무서운 공허감을 느끼고 있습니다.

그래서 핸드폰을 들었다 놓았다 하고, 켰다 껐다 하는 등 정신이 하나도 없습니다. 무위(無爲)의 상태를 견디지 못합니다. 혼자 있을 때면 오디오를 틀어서 음악을 듣거나 텔레비전이라도 켜놓아야 안정감을 느낍니다. 이 바보상자가 자기 고독감을 덜어주는 좋은 위로자라고 생각합니다. 이처럼 현대인들은 자신이 혼자가 아님을 어떤 방법으로든지 확인해야 마음이 놓입니다. 그런데 안타깝게도 현대인들은 혼자서 그 고독을 견딜 힘을 잃어버렸습니다. 스스로 고아가 되어 있기 때문입니다. 그들은 실존적인 고독에서 자유를 얻지 못하고 있습니다.

예수 그리스도를 마음속에 모시고 사는 우리는 다릅니다. 물론 우리 역시 인간인지라 경우에 따라서는 외로움을 느낄 수 있습니다. 그러나 현대인들이 느끼는 실존의 고독은 느끼지 않습니다. 예수님이 우리 안에 거하시기 때문입니다. 그분은 우리 영혼의 빈 곳을 가득 채우십니다. 그 생명의 풍요로움이 우리 마음을 물 댄 동산처럼 만듭니다. 주님은 절대 우리를 혼자 두지 않으십니다. 세상 끝 날까지 우리와 함께하십니다. 저는 이 사실을 굳게 믿습니다. 그리고 더 나아가 이 사실을 즐깁니다.

당신은 어떻습니까? '내 안에 계시는 성령님과 예수님 때문에 나는 고아가 아니다. 하나님은 절대 나를 고아처럼 세상에 그저 던져 놓지 않으셨다. 주님이 나와 함께하신다.' 이 사실에 힘입어 당신은 얼마나 달라졌습니까? 예수 없는 세상 사람과 비교해 얼마나 다른 인생을 살고 있습니까?

안타까운 것은, 이런 어려운 말을 하면 잘 알아듣지 못하는 성도들이 교회 안에 많다는 사실입니다. 물론 그분들도 성령이 누구인지 질문을 받으면 대답을 막힘없이 잘합니다. 예수님이 우리 안에 계신다는 성경적 지식도 충분히 가지고 있습니다. 그런데도 그들은 길 잃은 미아처럼 두려워하며 울고 있습니다. 머리로 아는 예수는 있어도 마음으로 아는 예수가 없어서입니다.

역사적 예수에 관한 지식만 가지고는 믿지 않는 사람과 별 차이가 없는 공허한 생활을 할 수밖에 없습니다. 고아처럼 행동합니다.

역사적 예수가 무엇입니까? 성경에 기록한 예수 그리스도를 그저 지식으로만 아는 것입니다. 그러한 지식은 우리에게 생명을 주지 못합니다. 안타깝게도 많은 분들이 이 사실을 모르는 것 같습니다. 단순히 성경만 알면 된다고 생각합니다. 내 안에 살아 계시는 예수 그리스도께는 별로 관심을 갖지 않습니다.

머리에는 주님이 계신데 가슴에는 안 계시다 보니 실제로는 주님이 세상살이에 도움이 되지 않습니다. 고아처럼 버림받았다는 고독감 속에서 몸부림을 칠 때나 어려운 문제를 안고 씨름할 때, 도무지 어찌할 바를 몰라 절망할 때, 내가 아는 성경의 예수는 저 멀리 계시는 것 같고 나에게 어떤 도움도 주지 못하는 막연한 존재같이 느껴집니다. 왜 이런 현상이 일어납니까? 내 속에 거하시는 예수님을 잘 모르기 때문입니다. 그분을 입술로는 고백하지만 전적으로 그분에게 의존하는 믿음이 약하기 때문입니다.

당신의 근심과 고독, 무기력함이 어디에서 온다고 생각합니까? 성경에 기록된 예수를 참 많이 아는데도 왜 이토록 무기력합니까? 왜 마음이 텅텅 비어 있습니까? 우리는 성령 앞에 무릎 꿇고 이렇게 기도해야 합니다. "주여, 나를 도와주옵소서. 내 안에 계시는 예수님을 알게 하시고 체험하게 하옵소서." 성경이 말씀하는 예수 그리스도가 바로 내 안에 살아 계시는 예수님이라는 사실을 분명히 알아야 합니다.

어떤 유대인 청년이 에클레이 목사에게 질문했습니다. "왜 내게 자꾸만 예수를 믿으라고 하는 겁니까? 왜 내가 예수를 믿어야 하지요? 십자가에서 처형당한 젊은이를 내가 왜 믿는단 말입니까?" 그러자 에클레이가 이렇게 대답했다고 합니다. "예, 맞습니다. 예수님은 십자가에서 처형당하셨습니다. 그러나 그분은 지금도 살아 계십니다. 바로 내 마음속에 계십니다. 나는 날마다 그분과 동행하면서 이야기하며 그분과 함께 인생의 모든 문제를 극복해가고 있습니다. 지금 내 안에 계신데 보이지 않으십니까?" 유대인 청년에게 그분이 보일 리 만무합니다. 믿음이 없는 사람인데 어떻게 그 말을 알아듣겠습니까?

집으로 돌아온 에클레이는 성령의 감동을 받아 은혜로운 찬송을 썼습니다. 찬송가 162장입니다.

> 부활하신 구세주 나 항상 섬기네
> 온 세상 조롱해도 주 정녕 사셨네
> 그 은혜로운 손길 부드러운 음성
> 주 예수 나와 함께 늘 계시네
> 예수 예수 늘 살아 계셔서
> 주 동행하여주시며 늘 말씀하시네
> 예수 예수 내 구세주 예수
> 내 맘에 살아 계시네 늘 살아 계시네

이 고백이 어떻게 에클레이 한 사람만의 고백이요 찬양이겠습니까? 이는 또한 당신의 찬양인 줄 믿습니다.

### 성령을 모신 자의 능력

초대교회 성도들은 지금처럼 멋있게 제본이 된 성경책은 구경도 못하고 살았습니다. 심지어 제대로 된 신약성경조차 갖고 있지 못했습니다. 당시 기록을 끝낸 마태복음을 초대교회 100년 동안 이 교회 저 교회로 회람하며 읽기는 했지만, 누구

손에 가 있는지 알기조차 어려운 시대였습니다. 그래서 그들은 예수님을 우리만큼 알지 못했습니다. 아마 우리가 성경을 통해 아는 것의 10분의 1도 몰랐을 것입니다.

그럼에도 그들이 그렇게 능력 있고 풍성한 삶을 살 수 있었던 이유가 무엇일까요? 이유는 하나입니다. 그들은 성경에 기록된 예수님은 잘 몰라도 내 안에 살아 계시는 예수님은 너무나 잘 알았습니다. 나와 함께 동행하시는 예수님과 성령님을 너무나 잘 알았기에 그들은 속에서 분출되는 힘을 마음껏 발산하면서 세상을 누비고 다닐 수 있었습니다.

세상 그 누가 그들의 기쁨을 억누를 수 있었습니까? 그들의 입에서 찬송을 빼앗아갈 수 있었습니까? 그들의 용기를 꺾을 수 있었습니까? 가난 속에서도 찬송하고 기뻐하는 그들을 누가 감히 거꾸러뜨릴 수 있었습니까? 아무도 할 수 없었습니다. 그들 안에 계시는 예수님이 그들을 강하게 붙들고 계셨기에 아무도 그들을 상대할 수 없었습니다. 결국 대제국 로마도 300년이 채 안 되어 그 가난한 그리스도인들 앞에 굴복하지 않았습니까?

로마서 8장 35, 37절에서 바울은 이렇게 고백했습니다. "누가 우리를 그리스도의 사랑에서 끊으리요 환난이나 곤고나 박해나 기근이나 적신이나 위험이나 칼이랴 … 그러나 이 모든 일에 우리를 사랑하시는 이로 말미암아 우리가 넉넉히 이기느니라." 내 안에 계시는 예수님과 나 사이를 갈라놓을 자가 없다는 말입니다. 그 어떤 어려움이 닥쳐와도 나를 사랑하시는 그 예수님으로 말미암아 넉넉히 이길 수 있습니다.

또 빌립보서 4장 12-13절에서 바울은 이렇게 고백했습니다. "나는 비천에 처할 줄도 알고 풍부에 처할 줄도 알아 모든 일 곧 배부

름과 배고픔과 풍부와 궁핍에도 처할 줄 아는 일체의 비결을 배웠노라 내게 능력 주시는 자 안에서 내가 모든 것을 할 수 있느니라." 부요하든지 가난하든지 어떤 형편에서도 자족하기를 배운 사람을 세상 그 누가 감당할 수 있겠습니까? 예수 믿는 사람은 세상에서 바로 이러한 존재입니다. 하늘과 땅의 권세를 가지신 예수님을 마음속에 모시고 있기 때문입니다. 할렐루야!

아직도 예수님을 믿지 않는다면 이렇게 기도하십시오. "주님, 제가 믿겠습니다. 살아 계신 주님이 내 마음에 와 계신다고 약속하셨으니 제가 그 예수님을 모시고 살겠습니다. 성령의 손에 붙들려 세상을 살고 싶습니다. 세상에서 저는 고아처럼 너무나 외롭습니다. 자신이 없습니다. 어떻게 이 문제를 해결하고 다시 일어서야 할지 모르겠습니다. 도와주십시오. 제 안에 들어오십시오. 제가 믿기를 원합니다." 그러면 성령이 당신에게 임하실 줄 믿습니다. 살아 계신 주님이 당신과 함께하실 줄 믿습니다.

얇은 종이 한 장은 누구나 쉽게 찢을 수 있습니다. 그러나 이 종이를 두터운 콘크리트 벽에 붙여보십시오. 함부로 그 종이를 찢거나 뚫지 못합니다. 강하고 두터운 콘크리트가 그 종이와 붙어 있기 때문입니다. 마찬가지로 개개인을 놓고 보면 정말 미약하기 그지없는 존재입니다. 한때 나는 새도 떨어뜨릴 만큼 세도가 대단했던 사람도 가까이 가서 만나 보면, 바들바들 떠는 참새의 심장을 가지고 있는 것을 봅니다. 이렇게 연약하기 그지없는 인생이지만 죄와 사망을 이기시고 하늘과 땅의 권세를 가지신 만유의 주 예수 그리스도가 오심으로 그는 예수님과 하나가 되었습니다. 그러므로 이제는 아무도 꺾거나 찢을 수 없습니다.

실직을 당했습니까? 생활이 궁핍합니까? 질병으로 몸이 아픕니까? 눈앞이 캄캄해지는 사고가 닥쳤습니까? 그게 바로 우리 인생입니다. 나만 당하는 것처럼 이상하게 여기지 마십시오. 누가 먼저 당하는가 하는 시간의 차이가 있을 뿐이지 세상을 살다 보면 누구나 한 번씩 겪는 일입니다. 그럼에도 우리는 그런 것들로 인해 꺾이지 않습니다. 내 안에 성령님이 계시기 때문입니다. 살아 계신 예수 그리스도가 내 안에 거하시기 때문입니다. 그분은 강하십니다. 그분이 주시는 능력만 입으면 아무도 나를 꺾지 못합니다.

이름만 대면 누군지 알 만한 분의 이야기를 하려고 합니다. 그는 어머니와 사랑하는 세 형님들이 차례로 급사하는 것을 보았습니다. 6·25 때는 아버지와 가족들이 눈앞에서 공산당에게 학살당하는 것을 목격했습니다. 그는 일제강점기와 6·25의 사선을 수없이 헤매다 소설 《25시》의 주인공처럼 기적적으로 살아났습니다.

어린 시절, 사랑하던 동생이 불놀이를 하다가 불에 타 죽던 날 밤, 그는 죽어가는 동생이 당하는 고통과 숨 막히는 슬픔을 그 자리에서 체험했습니다. 또한 다른 동생이 집 근처 벌목 현장에서 놀다가 나무에 치여 죽는 것도 직접 보았습니다. 몇 해 전에는 고등학교 교감으로 봉직하던 착하디착한 동생이 열 살에서부터 열여섯 살까지 줄줄이 있는 딸 넷을 남겨놓고 간암으로 죽는 아픔을 겪었습니다. 그 후 일 년이 지난 후에는 딸이 위암으로 157일 동안 고통을 겪다가 어린 두 딸을 부탁한다는 말을 남기고 죽는 참혹한 비극을 당했습니다. 그다음 해에는 동생과 제수가 죽고, 막냇동생은 간경화로 시한부 인생을 살고 있습니다. 고아원을 차려야 할 정도로, 모두가 자녀를 맡기고 떠났습니다. 그가 이 이야기를 글로 썼을 때는 환갑을 맞는 나이였습니다. 얼마나 기막힌 상황입니까?

만약 우리가 그분이 겪은 사건을 하나라도 겪었다면 아마 주눅이 들어 일어나지도 못했을 것입니다. 그러나 줄줄이 이어진 비극들을 겪으면서도 그분은 이렇게 고백했습니다.

"정직하게 고백하면, 나는 하나의 얼굴로는 웃고 다른 얼굴로는 운다. 내 영은 주님을 찬양하고 기뻐하고 감사하며 깊은 곳에서 샘물같이 환희가 솟는다. 그러나 다른 마음의 하늘에서는 비가 끊임없이 내린다. 옆을 보면 정신착란증에 걸릴 것 같고, 위를 보면 현기증이 난다. 내 안을 들여다보면 죄와 추한 것들이 있고, 과거는 회한과 슬픔뿐이고, 미래는 안개처럼 불확실하고 불안하다. 나는 주님만 바라보아야 한다. 과거는 아무리 더럽고 아프고 서러워도 내일과 새해와 미래는 때 묻지 않은 순수한 페이지, 무한한 잠재적 가능성, 공주 같은 처녀성이 백지같이 열려 있다. 시집가는 처녀처럼 새날을 맞이하여 새 집에서 새살림 꾸려 새 사랑을 살자. 한 해 한 해를 사는 것이 아니다. 하루하루를 사는 것도 아니다. 한 발짝, 한 호흡, 주님을 사랑하며 창세기 첫날처럼 날마다 영원한 첫사랑으로 살자. 주님을 호흡하며 살자. 내게 깊은 위로와 감사와 찬송과 평안이 있다. 그것은 내게서 나온 것이 아니라 성령이 은혜로 내게 주시는 것들이다."

얼마나 대단합니까? 이게 바로 주님을 모시는 사람의 모습입니다. 이분은 한국대학생선교회(C.C.C.) 김준곤 박사님입니다. 그 많은 눈물 골짜기를 거쳐오면서도 희한한 기쁨을 체험하고, 하늘을 향하여 마치 새댁이 새살림을 꾸미듯이 새로운 인생을 바라보면서 한 걸음 한 걸음 옮길 수 있었던 그 초인적인 능력이 어디서 나왔습니까? 대답은 간단합니다. 내 안에 계시는 예수 그리스도, 내 안에 계시는 성령님이 주시는 은혜입니다.

이런 능력을 가지고 삽시다. 당신이 처한 형편이 어떠한가는 문제가 되지 않습니다. 예수 그리스도 안에서 당신은 무엇이든 할 수 있습니다. 모든 것을 이길 수 있습니다. 우리 하나님께서 이와 같은 은혜를 당신에게 다시 한번 분명히 확인시켜주시고 체험하게 해주시기를 간절히 바랍니다.

# 52

## 성령님, 진리를 가르쳐주옵소서

요한복음 14장 26절
26 보혜사 곧 아버지께서 내 이름으로 보내실 성령 그가 너희에게 모든 것을 가르치고 내가 너희에게 말한 모든 것을 생각나게 하리라

요한복음 15장 26-27절
26 내가 아버지께로부터 너희에게 보낼 보혜사 곧 아버지께로부터 나오시는 진리의 성령이 오실 때에 그가 나를 증언하실 것이요 27 너희도 처음부터 나와 함께 있었으므로 증언하느니라

요한복음 16장 7-15절
7 그러나 내가 너희에게 실상을 말하노니 내가 떠나가는 것이 너희에게 유익이라 내가 떠나가지 아니하면 보혜사가 너희에게로 오시지 아니할 것이요 가면 내가 그를 너희에게로 보내리니 8 그가 와서 죄에 대하여, 의에 대하여, 심판에 대하여 세상을 책망하시리라 9 죄에 대하여라 함은 그들이 나를 믿지 아니함이요 10 의에 대하여라 함은 내가 아버지께로 가니 너희가 다시 나를 보지 못함이요 11 심판에 대하여라 함은 이 세상 임금이 심판을 받았음이라 12 내가 아직도 너희에게 이를 것이 많으나 지금은 너희가 감당하지 못하리라 13 그러나 진리의 성령이 오시면 그가 너희를 모든 진리 가운데로 인도하시리니 그가 스스로 말하지 않고 오직 들은 것을 말하며 장래 일을 너희에게 알리시리라 14 그가 내 영광을 나타내리니 내 것을 가지고 너희에게 알리시겠음이라 15 무릇 아버지께 있는 것은 다 내 것이라 그러므로 내가 말하기를 그가 내 것을 가지고 너희에게 알리시리라 하였노라

이어령 교수가 쓴 《아들이여 이 산하를》(범서)을 보면 재미있는 이야기가 나옵니다. 옛날 어느 시골에 수염을 길게 기르고 다니는 할아버지가 한 분 계셨습니다. 그런데 그 동네에 사는 어떤 꼬마가 할아버지를 볼 때마다 궁금한 점이 있었습니다. 그래서 어느 날 할아버지를 만났을 때 꼬마는 드디어 물었습니다. "할아버지는 밤에 주무실 때 그 수염을 이불 속에 넣고 주무세요? 아니면 밖에 내놓고 주무세요?" 할아버지는 아이의 질문을 받고 금방 대답을 할 수 없었습니다. 이제껏 그런 생각을 해본 일이 한 번도 없었으니까요. 그래서 "애야, 미안하다. 나도 미처 생각을 못한 일인데 오늘밤에 한번 자보고 대답해주마" 하고는 아이를 돌려보냈습니다.

드디어 밤이 되어 잠자리에 누웠는데, 이불 속에 넣고 자자니 답답하고 내놓고 자자니 이상하고 해서 밤새도록 수염을 가지고 씨름을 했다고 합니다. 30년 동안 달고 다닌 수염이지만, 잘 때 그것이 이불 속에 있었는지 밖에 있었는지 미처 생각을 않고 있다가 그것을 의식하자 그렇게 불편하더라는 이야기입니다.

교회 다니는 성도들 중에도 가끔 이 할아버지와 비슷한 분들이 계십니다. 모두가 그렇지는 않지만 내가 성령을 받았는지 안 받았는지, 성령이 내 안에 계시는지 밖에 계시는지 선뜻 자신 있게 대답하지 못하는 분들도 꽤 있습니다. 본문을 통해 자신이 성령을 받은 사람이라는 것을 분명히 확신할 수 있기를 바랍니다. 본문은 내가 성령을 받았는지 안 받았는지를 두고 마치 답안지 채점을 하듯이 분명하게 알 수 있도록 가르쳐줍니다.

말씀에 비추어 '나는 성령과는 거리가 먼 사람이구나'라고 생각된다면, 마음의 무릎을 꿇고 하나님 앞에서 "주여, 나를 도와주소서. 성령이여, 내 마음에 오시옵소서"라고 기도할 수 있기를 바랍니다.

### 진리의 영이신 성령

성령은 진리의 영이십니다. 여기서 진리란 다름 아닌 예수 그리스도를 말합니다.

> 그러나 진리의 성령이 오시면 그가 너희를 모든 진리 가운데로 인도하시리니 그가 스스로 말하지 않고 오직 들은 것을 말하며 장래 일을 너희에게 알리시리라(요 16:13).

성령은 우리에게 오셔서 우리를 진리 가운데로 인도하십니다. 그런데 그 진리의 내용은 성령 자신이 말씀하시려는 이야기가 아닙니다. 성령은 오직 듣는 것만 가지고 말씀하십니다. 즉, 하나님이 들려주시는 진리, 예수 그리스도가 들려주시는 진리만을 말씀하신다는 것입니다. 또 성령은 장래 일도 알게 하십니다. 장래 일이란 바로 예수님을 통해서 이 땅에 하나님이 세우고자 하시는, 하나님 나라에 대한 일입니다.

> 그가 내 영광을 나타내리니 내 것을 가지고 너희에게 알리시겠음이라
> (요 16:14).

성령이 예수 그리스도의 영광을 나타내며, 예수님의 것을 가지고 제자들에게 알려주신다는 말씀입니다. 정리하자면, 성령은 진리를 말씀하시는 진리의 영입니다. 그리고 그 진리란 바로 예수 그리스도입니다. 성령은 자기 자신의 이야기는 거의 하지 않으십니다. 아무리 성경을 뒤져봐도 그런 내용은 나오지 않습니다. 성령은 예수 그리스도를 나타내고 그분의 영광을 드러내십니다. 성령은 사람들이 오직 예수 그리스도만을 알게 하고 그분을 찬송하게 합니다. 이것이 성령이 하시는 특별한 일입니다.

그런 의미에서 성령 충만은 곧 예수 충만입니다. 많은 사람이 성령 충만은 곧 예수 충만이라는 진리를 이해하지 못하는 것 같습니다. 마치 교회 안에 예수편이 있고 성령편이 있기라도 한 것처럼, 어떤 사람은 "예수님, 예수님" 하며 기도하고, 어떤 사람은 "성령님, 성령님" 하고 부릅니다.

사실 하나님이나 예수님이나 성령님은 다 한 하나님이시기 때문에 누구 이름을 불러도 괜찮습니다. 그러나 성경이 가르치는 기도의 원칙이 있습니다. 누구에게 기도합니까? 하나님 아버지께 기도해야 합니다. 그러니까 기도할 때 "하나님 아버지!"라고 부르는 것이 정상입니다. 또 누구의 이름으로 기도합니까? 예수 그리스도의 이름으로 기도합니다. 그래서 "예수님, 도와주세요"라고 말할 수도 있습니다. 또 누가 우리의 연약함을 돕느라 기도합니까? 성령입니다. 성령은 말할 수 없는 탄식으로 우리의 기도를 도우십니다. 따라서 하나님께, 예수의 이름으로, 성령의 도움을 받아 기도해야 합니다.

그러므로 가끔 "성령님, 도와주세요"라고 말할 수는 있지만 처음부터 끝까지 "성령님, 성령님" 하며 드리는 기도는 잘못된 기도입니다. 성령은 오직 예수 그리스도에 대해 말씀하시고, 우리가 진리 되신 예수님을 알게 하십니다. 그런 의미에서 성령 충만은 곧 예수 충만입니다. 이것이 바로 본문이 우리에게 가르쳐주는 교훈입니다.

### 성령이 하시는 일

다음으로는 성령이 우리에게 오셔서 어떤 일을 하시는지 살펴보고자 합니다.

> 보혜사 곧 아버지께서 내 이름으로 보내실 성령 그가 너희에게 모든 것을 가르치고 내가 너희에게 말한 모든 것을 생각나게 하리라(요 14:26).

성령이 임하면 예수님이 말씀하시고 보여주신 모든 것들을 가르치시고 기억나게 하십니다. 성령이 오셔서 하시는 일이 또 한 가지 있습니다.

> 내가 아버지께로부터 너희에게 보낼 보혜사 곧 아버지께로부터 나오시는 진리의 성령이 오실 때에 그가 나를 증언하실 것이요(요 15:26).

성령은 예수님을 증언하게 합니다. 예수님을 전파하게 합니다. 예수님을 간증하게 합니다. 이것은 성령이 하시는 독특한 사역입니다. 성령 받은 사람이 예수 그리스도를 증언하면 이 세상에 참으로 놀라운 일이 일어납니다.

> 그가 와서 죄에 대하여, 의에 대하여, 심판에 대하여 세상을 책망하시리라(요 16:8).

먼저 성령이 임하셔서 예수 그리스도를 증언하시면, 그 말씀을 듣는 세상 사람들이 책망을 받습니다. 그들이 스스로 가책을 받게 만드는 것입니다. 무엇에 가책을 받게 만듭니까? 첫째, 죄에 대하여 가책을 받게 합니다.

> 죄에 대하여라 함은 그들이 나를 믿지 아니함이요(요 16:9).

무엇이 죄입니까? 하나님이 보내신 예수 그리스도를 믿지 않는 것이 죄입니다. 세상 사람은 그것을 죄라고 인정하지 않습니다. 그러나 성령이 오셔서 마음을 열어주시고 하나님의 말씀, 곧 복음을 듣게 하시면 당장 가책이 와서 '하나님이 나를 구원하시려고 세상에 보내시고, 나를 위해 십자가에서 죽게 하시고, 사흘 만에 부활하게 하신 예수 그리스도가 나의 구원자임에도 내가 그분을 박대했구나. 30년이 지나도록 그분을 내 마음에 영접하지 않았구나. 내가 큰 죄를 범했다. 나는 하나님 앞에 큰 죄인이구나' 하는 깨달음이 옵니다. 이것이 성령께서 하시는 일입니다.

둘째, 의에 대해서 가책을 받게 합니다.

> 의에 대하여라 함은 내가 아버지께로 가니 너희가 다시 나를 보지 못함이요(요 16:10).

의가 무엇입니까? 이 세상에 오셨다가 하나님 아버지께로 돌아가신 예수님이 바로 우리의 의입니다. 세상 사람들은 이 사실을 알지 못합니다. 그래서 자신이 행한 선한 일을 들고 나와 하나님이 인정해주시기를 바라며 자랑합니다. 그러나 그것은 전부 쓰레기통에 들어갈 휴지 조각에 지나지 않는다고 하나님이 말씀하십니다. 아무리 선한 일을 많이 해도 하나님은 그것을 인정하지 않으십니다. 거룩하신 하나님 앞에서 인간의 선한 것들은 그것이 무엇이든지 구원에는 아무런 쓸모가 없는 의이기 때문입니다.

그래서 하나님은 우리에게 새로운 의를 주셨습니다. "네가 구원받기를 원하느냐? 이 의를 소유해야 한다." 그 의가 무엇입니까? 예수 그리스도입니다. 예수님을 믿기만 하면 하나님은 우리를 의롭다고 인정하십니다. 우리가 예수님이 주신 의의 옷을 입고 하나님 앞에 나아갈 때 하나님은 우리를 의로운 자로 받아주십니다. 그런데 세상 사람들은 예수님이 의가 되신다는 사실을 모릅니다. 오직 성령이 오셔서 예수 그리스도를 증언하면 '내가 지금까지 믿고 있던 의는 아무 쓸모없는 것이었다. 예수님만이 나의 의다. 이 예수님을 붙들고, 믿어야겠다'라는 마음이 생깁니다.

셋째, 심판에 대하여 가책을 받습니다. 심판이 무엇입니까?

> 심판에 대하여라 함은 이 세상 임금이 심판을 받았음이라(요 16:11).

예수님이 이 세상에 오심으로써 세상은 이미 심판을 받았습니다. 지금 우리 눈에는 세상에 아무런 변화가 일어나지 않은 것 같지만, 영적으로 볼 때 예수님이 오셔서 "회개하라!" 하고 외치셨기 때문에 그 음성을 듣지 않는 모든 사람은 이미 하나님의 진노 아래 놓인 것입니다. 이 세상 임금 사탄은 이미 심판을 받아 하늘에서 쫓겨나 세상으로 추락했습니다. 잠시 집행유예를 받고 있을 뿐 하나님의 심판은 이미 시작되었습니다.

그러므로 성령이 오셔서 예수님을 증언하면, 사람들은 예수님을 안 믿은 것이 죄라는 사실과 예수님만이 의가 되심을 알게 됩니다. 세상은 이미 심판을 받기 시작했고, 구원을 받으려면 예수님을 믿어야겠다는 가책을 받습니다. 사도행전 2장 37절을 보십시오. 제자들이 예수를 믿으라고 외치자마자 사람들이 어떻게 반응했습니까? "형제들아 우리가 어찌할꼬?" 하며 가슴을 치고 회개합니다. 바로 이것이 성령께서 하시는 일입니다.

이와 같이 성령은 오셔서 진리를 가르치시고, 기억나게 하시고, 진리를 증언하십니다. 이 세 가지가 바로 성령이 하시는 일입니다.

### 제자들에게 임한 성령의 역사

이제 드디어 주님이 예언하신 성령이 오셨습니다. 제자들도 모두 성령을 받았습니다. 그러자 무슨 일이 일어났습니까? 그들의 영적인 눈이 밝아졌습니다. 성령을 받기 전에는 제자들이 영적으로 얼마나 어두웠습니까? 그들은 예수님의 말씀을 도무지 알아듣지 못했습니다. 요한복음 13, 14장만 봐도 그런 장면이 몇 번씩 나오지 않습니까? 예수님이 십자가를 지겠다고 말씀하시자 베드로가 무엇이라고 말했습니까? "주여 어디로 가시나이까"(요 13:36).

또 예수님이 이 땅에 하나님의 뜻을 성취하기 위해서 십자가의 길에 들어선다고 말씀하실 때 빌립은 무엇이라고 말했습니까? "주여 아버지를 우리에게 보여주옵소서"(요 14:8). 완전히 동문서답입니다. 예수님께서 말씀하시는 진리를 전혀 이해하지 못하고 있었습니다. 이것이 바로 제자들의 형편이었습니다. 영적으로 캄캄하기 때문에 예수님의 말씀을 제대로 이해하지 못할 뿐 아니라 예수님이 하시는 행동 하나하나의 의미도 전혀 깨우치지 못하고 있었습니다. 전도하다 보면, 박사 학위를 받았다는 사람들도 우리가 전하는 예수 그리스도의 복음을 도무지 알아듣지 못할 때가 가끔 있습니다. 그들의 심령이 캄캄하기 때문입니다.

그런데 성령이 제자들에게 임하셔서 그들을 감동하시자 어떤 일이 일어났습니까? 지금까지 그들의 마음에 의문사로 남아 있던 것이 감탄사로 바뀌었습니다. 그들은 이전까지 물음표만 달고 있었습니다. 그런데 모든 의문의 해답을 얻자 물음표가 느낌표로 바뀌는 놀라운 일이 일어났습니다. 그들은 그동안 예수님께 들었던 교훈을 비롯해 눈으로 보았던 표적과 이적 기사가 무엇을 의미하는지 훤히 꿰뚫어 보게 되었습니다. 예수님이 왜 십자가에서 죽으시고 부활하셨는지 설명하지 않아도 그들은 다 이해할 수 있었습니다.

베드로를 보십시오. 주님이 부활 승천하신 후 성령이 강림하시기까지 매우 짧은 기간이었는데도 설교할 때 구약에 있는 시편과 요엘서를 꿰뚫고 있지 않습니까? 언제 베드로가 구약성경을 그렇게 공부해서 해박해졌겠습니까? 공부할 틈도 없었을뿐더러 공부할 수조차 없었습니다. 당시에 구약성경이라고 하면 큰 두루마리였는데, 이런 것은 성전이나 회당에 있었지 개인은 소유할 엄두도 낼 수 없었기 때문입니다. 그러므로 베드로가 구약성경을 펴놓고 일일이 공부하는 일은 불가능했습니다.

그런 상황인데도 베드로는 시편과 요엘서에 있는 말씀으로 예수 그리스도가 우리의 구원자이심을 얼마나 힘 있게 증거했습니까? 사도행전 2장 14절에서 그는 이렇게 외쳤습니다. "유대인들과 예루살렘에 사는 모든 사람이여, 예수님의 십자가와 부활을 여러분은 너무도 모릅니다. 이 모든 것을 알게 할 것이니 내 말에 귀를 기울이십시오. 내가 다 설명해주겠습니다." 대단하지 않습니까? 어떻게 그가 갑자기 그렇게 변했습니까? 성령이 임하셨기 때문입니다.

성령이 제자들에게 임하자 초자연적인 기억력이 살아납니다. 요한복음만 해도 그렇습니다. 요한복음은 예수님이 세상을 떠나신 지 60년에서 70년 뒤에 기록된 성경입니다. 이 책을 쓴 요한은 8, 90세의 고령입니다. 그럼에도 요한복음을 읽을 때마다 마치 예수님의 발 앞에 앉아 주님의 말씀을 한마디 한마디씩 생생하게 받아쓴 것처럼 느껴지지 않습니까? 상상도 못할 이야기입니다.

예수님이 떠나시고 6, 70년 후에 요한복음을 기록했다는 사실은 아무도 부인하지 못합니다. 모든 학자들이 검증한 사실이므로 의심의 여지가 없습니다. 6, 70년이 지난 후에, 그것도 90세에 가까운 고령자가 과거의 일을 펜으로 기록한다고 할 때, 어떻게 이처럼 세밀하고 정확하게 기록할 수 있겠습니까? 하나님의 초자연적인 역사가 아니고는 불가능합니다. 성령이 제자들에게 임하자마자 이처럼 예수님의 말씀을 기억나게 하는 역사가 있었습니다.

또 성령이 임하자마자 제자들은 예수 그리스도를 증거 했습니다. 모든 사람을 향해 "생명의 주를 죽였도다 그러나 하나님이 죽은 자 가운데서 그를 살리셨으니 우리가 이 일에 증인이라"(행 3:15)고 외치면서 예수를 믿으라고 선포했습니다. 예수님이 약속하신 성령에 관한 말씀이 진리였음이 그분의 제자들을 통해 입증되었습니다. "진리의 성령이 너희에게 임하시면, 그가 나를 증거 하실 것이요 나를 가르칠 것이요 나를 기억하게 하실 것이다" 하신 말씀이 제자들에게 그대로 실현되었습니다.

## 성령의 계시와 조명

그렇다면 우리 마음속에 자연히 이런 질문이 생깁니다. '제자들에게 일어난 이 사건이 우리에게도 일어날 수 있는가? 제자들이 받은 성령을 우리도 받았는데, 제자들에게 초자연적인 기억력이 생기고 예수님이 하신 일과 눈으로 본 모든 것에 대해 깨달음이 왔던 것처럼 우리에게도 이와 같은 신비한 일들이 일어날 수 있는가?' 결론부터 말씀드린다면, 정도의 차이는 있겠지만 그런 일이 일어날 수 있습니다.

제자들에게 성령이 임하셔서 하신 일을 일컬어 신학적으로 '계시'(revelation)라고 합니다. 베일에 가려져 있던 것을 하나님이 열어서 보게 하심으로 제자들은 오묘한 구원의 도리를 깨달았습니다. 그들은 예수님의 십자가를 직접 목격했습니다. 부활하신 예수님을 직접 목격하고 만났습니다. 예수님의 모든 이적 기사들을 다 보았습니다. 예수님의 음성을 직접 들었습니다. 성령이 임하시자마자 그들은 모든 것의 의미를 꿰뚫기 시작했습니다. 그리고 나중에는 그 사실들을 하나하나 기록으로 남겼습니다. 그렇게 기록된 것이 우리가 들고 있는 신약성경입니다.

그러나 이와 같은 계시는 제자들에게만 해당하는 성령의 영감입니다. 제자들이 세상을 떠난 다음 계시를 받는 영감은 지속되지 않습니다. 왜냐하면 이미 성경이 완성되었기 때문입니다. 오늘에 이르기까지 우리가 들고 있는 이 66권 외에 추가된 성경은 없습니다. 만약 누군가 추가한다면 그는 이단입니다. 제자들에게 성령이 임하셔서 하신 일은 계시였습니다. 그들은 그 계시로 인해 보고 들은 모든 것을 깨달았고, 성령의 영감을 받아 기록으로 남겼습니다(딤후 3:16). 제자들에게 나타난 초자연적인 기억력은 오늘 우리에게 주어지지 않습니다.

그러면 우리에게는 성령이 어떤 방식으로 역사하실까요? 성령께서 제자들에게 하신 것처럼 우리를 가르치시고, 진리의 말씀을 기억나게 하시며, 복음을 증거 하게 하실까요? 그렇다고 대답할 수 있습니다. 제자들과 다른 점이 있다면, 그들은 자기들이 직접 보고 경험한 것을 토대로 진리를 깨달았지만 우리는 제자들이 기록해서 남겨놓은 계시의 말씀을 근거해서 진리를 깨닫고, 기억하고, 증거 하게 되었다는 사실입니다.

그래서 우리에게 임하시는 성령의 이와 같은 역사를 놓고 신학적으로 '조명'(illumination)이라고 말합니다. 무대에 조명 장치가 있지 않습니까? 조명은 적당한 빛을 밝혀서 무대를 효과적으로 연출하는 역할을 합니다. 마찬가지로 성령께서도 우리가 말씀을 손에 들고 펼 때마다 우리 마음의 눈을 열어서 그 말씀을 깨닫게 하십니다. 이것을 조명이라고 말합니다.

고린도전서 2장 12절을 보십시오. "우리가 세상의 영을 받지 아니하고 오직 하나님으로부터 온 영을 받았으니 이는 우리로 하여금 하나님께서 우리에게 은혜로 주신 것들을 알게 하려 하심이라." 하나님이 우리에게 은혜로 주셔서 말씀에 기록한 모든 복을 알게 하시려고 우리에게 성령을 주셨다는 말입니다.

어거스틴은 성령의 조명을 설명하기 위해 알아듣기 쉬운 비유를 들었습니다. "육신의 눈으로 만물을 보려면 빛이 필요합니다. 빛이 비치기만 하면 눈을 뜨고 모든 것을 다 볼 수 있습니다. 그러나 우리 마음의 눈은 우리 스스로 떴다 감았다 하지 못합니다. 마음의 눈은 성령이 오셔서 열어주셔야만 합니다. 이것을 '조명'이라고 합니다." 하나님이 열어주시지 아니하면, 성령이 감동하셔서 열어주시지 아니하면 우리는 성경을 천 번 읽어도 그 속에 담긴 진리를 깨달을 수 없습니다.

칼빈이 말한 것처럼 우리가 한번 성령의 손에 이끌려서 하나님 말씀 앞으로 나아가면, 우리의 지성과 마음이 전에는 전혀 깨닫지 못했던 하나님의 비밀한 일을 깨닫고 말씀을 기뻐할 수 있는 높은 경지로 끌어올려집니다. 그래서 날카로운 시력을 가지고 이전에는 보려고 해도 눈이 부셔서 보지 못하던 것을 훤히 들여다볼 수 있습니다. 이것을 조명이라고 합니다.

당신은 성령을 받았습니까? 당신에게 성령의 조명하심이 있음을 확신합니까? 성경을 펴놓고 읽을 때나 설교를 들을 때 하나님의 말씀이 마음에 빛을 비친 듯 밝히 깨달아지고, 기억나고, 그 말씀에 힘입어 마음에 어떤 반응이 일어납니까? 그렇다면 당신은 성령을 받은 사람입니다. 만일 성령이 마음을 열어서 말씀을 깨닫게 하시지 않으면 깊이 있는 설교는 듣기 힘듭니다. 처음부터 마지막까지 구수한 이야기로 울렸다 웃겼다 하는 설교라면 성령 받은 사람이나 안 받은 사람이나 구별 없이 웃고 즐거워하겠지만, 재미와는 거리가 멀고 딱딱하기만 한 설교를 40분, 50분씩 듣는다는 것은 성령의 조명하심이 아니고서는 거의 불가능합니다.

주일날 집에 돌아가면 어머니는 가끔 제게 설교는 짧게 20분 정도만 하라고 핀잔을 하십니다. 제 건강을 걱정해서 하시는 말씀이라는 것을 알지만 설교라는 것이 그저 한 순서를 채우는 형식이 아닌 이상, 설교를 통해 성도들이 은혜를 입으면 살고, 그렇지 못하면 그 영혼이 힘을 잃고 죽을 만큼 중요하기 때문에 마치 어떤 일을 해치우듯 가볍게 해서는 안 된다고 생각합니다. 설교에서 은혜를 받도록 하기까지는 시간이 필요한데 저의 재주로는 20분이 턱없이 부족한 시간입니다. 따라서 하나님의 말씀이 성도들의 마음속에 깊이 박혀 핵폭탄처럼 터지는 역사가 나타나기를 사모하면서 자꾸 시간을 끌며 설교를 합니다.

사실 성도들의 입장에서 볼 때는 가만히 앉아 40분 동안 설교를 듣고 있기란 결코 쉬운 일이 아닐 겁니다. 그러나 고개를 숙이고 잘 법도 한데 다들 눈을 똑바로 뜨고 설교자를 쳐다봅니다. 말씀이 귀에 들어온다는 뜻입니다. 고개를 끄덕입니다. 성령이 그 마음을 조명하시는 것입니다. 저는 이런 성도들의 모습을 보면서 가슴이 떨리고 흥분됩니다. '우리 안에 성령이 계신다. 우리에게 세상의 영이 아닌 성령을 받게 하셔서 하나님께서 우리에게 은혜로 주신 것들을 다 알게 하신다'라는 생각이 들기 때문입니다. 성령을 주신 하나님께 감사와 찬양을 드립니다.

## 성령이 우리를 환히 밝힐 수 있도록

어떻게 하면 성령의 조명을 보다 밝게 받을 수 있을까요? 이것은 참으로 중요한 문제입니다. 성령이 비록 우리 안에 계시기는 하지만 우리가 어떻게 대우하느냐에 따라서, 우리 마음의 눈을 활짝 열어주시기도 하고, 침침하게 내버려두시기도 합니다. 그러므로 우리는 할 수만 있으면 성령이 우리 마음을 환하게 밝힐 수 있도록 태도를 바르게 가져야 합니다. 하나님 말씀을 펴기만 하면 성령의 영감으로 예수 그리스도를 만나고, 그분의 입에서 나오는 영광스러운 음성을 들으면서 우리 영혼이 기뻐 뛰는 역사가 일어나면 얼마나 좋겠습니까? 어떤 분의 표현대로 세포가 춤을 추는 역사가 일어나면 얼마나 좋겠습니까?

저는 사진 찍는 취미를 가지고 있습니다. 그래서 외국에 나갈 때면 틈나는 대로 좋은 사진을 찍고자 수고를 아끼지 않는 편입니다. 원하는 장소에 가서 오전 5시나 5시 30분까지 준비하고 앉아 있으려면 적어도 새벽 4시 이전에는 일어나야 합니다. 태양이 어둠의 장막을 열어젖히고 찬란하게 솟구치는 장면과 떠오르는 태양에서 황금 햇살이 퍼져 온 천지를 장식하는 장엄한 장면은 그 시간이 아니면 못 보기 때문입니다. 그리고 그 시간에 찍은 사진들 가운데 참 감동적인 것들이 많이 나옵니다. 그렇기 때문에 모두가 잠든 시간이지만 피곤한 몸으로 차를 몰고 달려갑니다. 그러고는 산 위나 들판에 앉아 태양을 기다리면서 기도합니다. 그러다가 태양이 떠오르면 그 장면을 감상하며 사진을 찍습니다.

그때 저는 가끔 이런 생각을 하곤 합니다. '늦잠 자는 사람은 절대로 이처럼 영광스러운 장면은 못 본다. 이것은 일찍 일어나는 사람만이 즐길 수 있도록 하나님이 주신 특별한 은혜다.' 마찬가지로 우리가 성령을 모시고 살기는 하지만 성령이 떠오르는 태양처럼 우리 마음을 환히 밝혀주는 황홀한 은혜는 태도를 바르게 가질 때만 누릴 수 있습니다.

**부지런히 배우라**

성령의 조명을 받으려면 첫째로, 지도자들에게서 부지런히 배워야 합니다. 하나님께서 교회 지도자들을 세우신 이유는 가르치게 하기 위해서입니다. 지도자는 매일 남을 가르쳐야 되기 때문에 끊임없이 연구하고 노력합니다. 그러므로 지도자들의 교육을 받아야 합니다. 성경에는 지도를 받지 않아도 읽자마자 금방 깨달아지는 기본적인 말씀도 있지만, 이해하기 어려운 말씀도 꽤 많습니다. 그런 말씀은 안 배우면 모를 수밖에 없습니다.

제자훈련지도자컨벤션에서 한 강사가 희한한 말을 했습니다. 어떤 부흥사가 그 교회에 와서 집회를 인도하신 일이 있는데, 그분이 이런 말씀을 하셨답니다. "신명기 22장 5절에 보면, '여자는 남자의 의복을 입지 말 것이요 남자는 여자의 의복을 입지 말 것이라 이같이 하는 자는 네 하나님 여호와께 가증한 자니라' 하는 말씀이 있지 않습니까? 제가 목사 생활을 오래했지만 이 말씀의 의미를 제대로 깨닫지 못하고 있었는데 얼마 전에 이 말씀의 의미를 깨닫고 보니 이제껏 잘못 가르쳐왔다는 생각이 들어 성도들에게 다시 지시를 했습니다. '여자가 남자 옷을 입으면 안 된다. 남자가 여자 옷을 입으면 안 된다. 그러므로 우리 교회는 여자가 바지 입고 오는 일은 절대 허용할 수 없다. 여자는 반드시 치마를 입어야 하고 남자는 바지를 입어야 한다.' 그래서 우리 교회는 하나님의 말씀을 어기지 않으려고 여자가 바지를 입고 교회에 오는 법이 없습니다. 이 교회도 말씀대로 순종하시기를 바랍니다."

참으로 어처구니없는 이야기가 아닐 수 없습니다. 말씀을 가르쳐야 할 지도자도 이렇게 헷갈릴 때가 있습니다. 예수님은 율법의 완성이십니다(롬 10:4). 예수 안에서 구약에 있는 모든 율법이 완성되었는데, 이 마당에 구약의 율법을 따라 남자와 여자가 옷을 구별되게 입어야 한다는 것은 터무니없는 일이 아닐 수 없습니다. 이처럼 성경을 연구하는 교역자도 구약과 신약의 계시의 흐름을 정확하게 이해하지 못하면 엉뚱한 소리를 하고 잘못 가르칠 수 있습니다. 말씀을 전문적으로 배우지 못한 평신도는 더 말할 나위가 없습니다. 그런데 예수 믿은 지 오래된 성도일수록 배우려고 하지 않는 경향이 있습니다. 다 안다고 생각하기 때문입니다.

### 말씀을 사모하라

둘째로, 말씀을 사모하고 기다리십시오. 성경을 편다고 해서 곧바로 깨닫습니까? '주여, 가르쳐주옵소서'라고 한두 마디 기도한다고 금세 하나님의 말씀이 귀에 쏙쏙 들어옵니까? 그렇지 않습니다. 말씀을 깨달으려면 우리가 마음을 열고 사모하며 기다려야 합니다. 연속극에 빠진 사람들을 보면 매일 그 시간을 기다리지 않습니까? 방영 시간이 아직 많이 남았는데도 연신 시계를 보고, 오늘 주인공이 어떻게 될까 궁금해합니다. 마음이 벌써 거기에 가 있기 때문입니다. 그러나 우리가 하나님의 말씀을 놓고 그렇게 마음을 주는 일이 과연 몇 번이나 있었습니까?

베드로전서 2장 2절에 이런 명령이 있습니다. "순전하고 신령한 젖을 사모하라." '순전하고 신령한 젖'이란 하나님의 말씀을 가리킵니다. 하나님의 말씀은 우리 영혼의 양식이요, 젖입니다. 그리고 '사모하라'는 헬라어로 '에피포테오'(epipotheo)인데, 얻고 싶어서 가슴이 터질 듯이 원한다는 뜻입니다. 시편 42편 1절을 보면 물을 찾는 사슴 이야기가 나옵니다. "하나님이여 사슴이 시냇물을 찾기에 갈급함같이 내 영혼이 주를 찾기에 갈급하니이다." '갈급하다'가 바로 '신령한 젖을 사모하라'고 할 때 '사모하라'와 같은 의미입니다. 목이 타서 물을 사모하듯이 하나님의 말씀을 사모하라는 말입니다.

이렇게 사모하면 심령에 성령의 태양이 떠오릅니다. 하나님의 말씀을 깨닫는 큰 기쁨을 맛봅니다. 살아 계신 예수 그리스도와 영적으로 만나는 행복과 감격을 체험합니다. 그러나 말씀에 마음을 주지 않으면서 형식적으로 한두 줄 읽고 넘어간다면 내 안에 계신 성령의 은혜를 절대 체험하지 못합니다.

주일학교 소년부 학생들이 수양관에서 성경 읽기 캠프를 했을 때, 마침 제가 수양관에 있었기 때문에 한번 찾아가보았습니다. 300명이 넘는 소년부 학생들이 누가복음부터 요한계시록까지, 즉 신약성경 거의 전부를 읽고 있었습니다. 목요일부터 토요일까지 3일 동안 성경을 읽어내는데, 놀라지 않을 수 없었습니다. 처음에는 '어린애들에게 너무 지나치지 않나?' 생각했는데, 직접 보고는 제 생각이 잘못되었음을 깨달았습니다. 아이들은 읽기 쉬운 《현대어성경》을 펴놓고, 앞쪽 강단에 앉아 있는 교사 두 사람이 차례대로 읽으면 같이 읽기도 하고 어떤 때는 들으면서 읽기도 했습니다.

저는 한 학생 뒤에 서서 그 아이가 얼마만큼 잘 읽는지 한동안 지켜보았습니다. 아이는 빨간 연필을 들고 읽다가 자기 마음에 드는 구절에 밑줄을 그으면서 읽어내려갔습니다. 얼마나 몰입했는지 제가 서 있는 것도 몰랐습니다. 그 모습을 보면서 '하나님, 우리 한국에 소망이 있습니다. 이 어린아이들이 자라면 이 나라에 소망이 있습니다' 하고 감사했습니다. 성령이 그 순진한 마음을 환하게 비춰주시자 말씀이 마음속에 들어왔던 것입니다. 무엇인가 마음에 들어오고 깨달아지기에 밑줄을 긋는 것입니다. 아무나 말씀에 밑줄을 그을 수 있는 것은 아닙니다. 하나님의 말씀에 마음을 열면 하나님께서 이와 같은 은혜를 주십니다.

오늘 우리가 현실적으로 겪는 고통의 뿌리는 경제 문제가 아닙니다. 직업 문제나 실업 문제도 아닙니다. 근본적인 문제는 영혼의 문제입니다. 영혼이 기아를 당하고 있습니다. 영혼이 배고파하고 있습니다. 그럼에도 영적으로 속사람이 강건할 수 있는 양식을 먹지 못합니다. 그래서 사람들은 쓸데없는 신문을 읽으며 씨름하고, 쓸데없는 책으로 마음속 허전함을 채워보려 애씁니다. 그것으로도 안 되면 마약에 손을 대고, 술집으로 가고, 도박장으로 가고, 성적인 쾌락을 얻으러 갑니다. 모두가 내면세계에 병이 들었습니다. 하나님의 말씀을 먹지 못하기 때문입니다.

예수님을 보십시오. 40일 동안 금식하시고 기절 직전일 정도로 배가 고프셨습니다. 마귀는 그것을 꼬투리로 잡아 계속 도전했습니다. "돌로 떡을 만들어 먹어라." 요즈음 경제 문제로 어려움을 당하자 마귀가 와서 이것을 가지고 계속 흔들어대지 않습니까? "이래서 어떻게 살래? 월급이 반으로 줄었는데 괜찮겠어? 직장을 잃으면 어떻게 살 거야?" 그러니 얼마나 힘이 듭니까?

예수님은 40일을 금식하셨지만 마귀가 배고픈 문제를 가지고 시험할 때 "배고파 죽겠다. 나 좀 살려줘. 떡 좀 가지고 와"라고 반응하지 않으셨습니다. 오히려 이렇게 말씀하셨습니다. "사람이 떡으로만 살 것이 아니다. 내가 아무리 배가 고파 죽을 지경이라도 사람은 떡으로 살지 않는다. 오직 하나님의 입에서 나오는 모든 말씀으로 산다." 예수님은 하나님의 말씀을 절대 양보하시지 않았습니다.

하나님의 말씀이 영혼의 건강을 회복시키고 속사람을 강건하게 하면, 우리의 영도 살고 육도 삽니다. 하나님의 말씀을 마음에 담고 묵상하십시오. 말씀이 영혼을 소생시킬 때까지 사모하면서 성령에 의존하십시오. 말씀을 통해 은혜를 받는 순간, 그렇게 걱정스러웠던 일도 별로 걱정이 안 됩니다. 그렇게 무거웠던 십자가가 가벼워지는 희한한 일이 일어납니다. 어떻게 살까 생각하기만 하면 돌아버릴 것 같던 마음도 잠잠해집니다. 하나님이 마음을 꼭 붙들고 계신 것을 느낍니다.

마태복음 6장 34절을 보십시오. "그러므로 내일 일을 위하여 염려하지 말라 내일 일은 내일이 염려할 것이요 한날의 괴로움은 그 날로 족하니라." 이 말씀 속에 진리가 있음을 깨달으면 그 사람은 담대해집니다.

우리를 고통스럽게 하는 문제는 돈 문제가 아니라 속사람의 문제입니다. 하나님의 말씀을 먹지 못해서 내면세계가 기갈에 시달린다는 데 원인이 있습니다. 그러므로 하나님의 말씀을 사모하십시오. 은혜의 말씀이 든든히 세우리라 하신 사도행전 20장 32절의 약속대로 하나님의 말씀을 사모하십시오. 그러면 모든 문제를 담대하게 극복할 수 있습니다.

### 순종하라

셋째로, 순종하십시오. 말씀을 깨달았으면 이제는 순종해야 합니다. 말씀이 마음 밭에 뿌려지면 뿌리가 내리고 자라야 합니다. 자란다는 것이 무엇입니까? 순종하는 것입니다. 순종하면 그 결과가 삼십 배, 육십 배, 백 배로 확장되는 엄청난 복이 찾아옵니다.

> 나의 계명을 지키는 자라야 나를 사랑하는 자니 나를 사랑하는 자는 내 아버지께 사랑을 받을 것이요 나도 그를 사랑하여 그에게 나를 나타내리라(요 14:21).

하나님의 말씀을 지키는 자에게 어떤 복을 주신다고 했습니까? 먼저는, 하나님 아버지께 사랑받을 것이라고 했습니다. 하나님의 특별한 사랑을 체험한다는 말입니다. 세상에서 제일 행복한 사람이 누구입니까? 자기가 원하는 사랑을 마음에 담은 사람 아닙니까? 하나님의 사랑을 마음에 담으면 세상에 겁날 것이 하나도 없습니다.

둘째, 예수님이 그에게 자기를 나타내주신다고 했습니다. '나타낸다'는 말을 깊이 묵상해보기 바랍니다. 예수님이 자신을 우리에게 보여주신다는 말입니다. 어떤 식으로 보여주실까요? 보는 사람만이 알 것입니다. 예수님을 한번 만나보십시오. 온 세상이 다르게 보일 것입니다.

성령은 이와 같이 우리에게 임하셔서 기록된 계시의 말씀을 근거로 우리에게 진리를 가르쳐주시고, 진리를 기억나게 하시고, 진리를 순종하게 하시고, 진리를 증언하게 하십니다. 성령을 모시고 하나님의 말씀을 영혼의 양식으로 삼아 어떤 상황에서도 승리하는 아름다운 생을 살 수 있기를 바랍니다.

# 53

## 하나님은 많은 열매를 원하신다

요한복음 15장 1-8절

1 나는 참포도나무요 내 아버지는 농부라 2 무릇 내게 붙어 있어 열매를 맺지 아니하는 가지는 아버지께서 그것을 제거해버리시고 무릇 열매를 맺는 가지는 더 열매를 맺게 하려 하여 그것을 깨끗하게 하시느니라 3 너희는 내가 일러준 말로 이미 깨끗하여졌으니 4 내 안에 거하라 나도 너희 안에 거하리라 가지가 포도나무에 붙어 있지 아니하면 스스로 열매를 맺을 수 없음 같이 너희도 내 안에 있지 아니하면 그러하리라 5 나는 포도나무요 너희는 가지라 그가 내 안에, 내가 그 안에 거하면 사람이 열매를 많이 맺나니 나를 떠나서는 너희가 아무것도 할 수 없음이라 6 사람이 내 안에 거하지 아니하면 가지처럼 밖에 버려져 마르나니 사람들이 그것을 모아다가 불에 던져 사르느니라 7 너희가 내 안에 거하고 내 말이 너희 안에 거하면 무엇이든지 원하는 대로 구하라 그리하면 이루리라 8 너희가 열매를 많이 맺으면 내 아버지께서 영광을 받으실 것이요 너희는 내 제자가 되리라

저의 아버지는 농부였습니다. 제가 어렸을 적만 해도 2년이 멀다 하고 가뭄이 들어서 농사를 망치곤 했습니다. 그럴 때마다 아버지의 얼굴에 수심이 가득해지는 것을 어린 저의 눈으로도 자주 볼 수 있었습니다. 수고는 참 많이 했는데 거두는 것이 별로 없을 때의 심정을 누가 이해하겠습니까? 물론 풍년이 들기도 했습니다. 벌레도 별로 없고, 비도 적절하게 내려주고, 햇살도 좋아서 온 들판이 황금빛으로 물드는 해도 있었습니다. 그럴 때면 아버지는 논둑에 앉아서 알알이 속이 차가는 이삭을 어루만지며 아주 흡족한 표정을 지으시곤 했습니다.

예수님께서는 하나님을 농부로 비유하십니다. 그리고 예수님 자신은 포도나무라고 하십니다. 당시 유대에서 가장 많이 재배하던 작물이 포도였습니다. 그래서 예수님 자신은 포도나무로, 하나님은 포도나무를 가꾸고 재배하는 농부로, 제자들과 예수 믿는 우리는 포도나무에 붙어 있는 가지로 비유하셨습니다. 그런데 우리야 가지로 비유하든, 가지 끝에 붙어 있는 잎으로 비유하든 별문제가 안 되지만 왜 하나님을 농부에 비유하고 예수님을 포도나무에 비유하셨는지 인간적인 생각으로는 도무지 이해하기 어렵습니다. 예수님은 무슨 이유로 하나님 아버지와 자신과 인간의 관계를 포도나무에 비유해 설명하셨을까요?

하나님이 농부라면 하나님의 가장 큰 소원은 소출을 넉넉하게 거두어들이는 것입니다. 포도나무 가지마다 포도송이가 주렁주렁 달리기를 바라는 것이 바로 농부의 심정입니다. 우리는 흔히 이렇게 생각합니다. '하나님은 우리가 구원받는 일에 관심이 많으시다.' 틀린 말은 아니지만 거기에 머물면 안 됩니다. 우리가 '나는 예수님을 믿습니다' 하고 고백하여 구원을 얻는 것으로 하나님이 만족하신다고 생각한다면 오산입니다. 부모가 자식을 낳는 것도 소원 중의 하나지만, 낳고 나면 또 다른 소원이 생깁니다. 아이를 낳기 전에는 자식이 하나 있었으면 좋겠다며 기대하고 바라지만, 일단 낳고 나면 보다 중요한 소원을 품게 마련입니다. 자식이 자라서 훌륭한 사람이 되는 것입니다.

마찬가지로 하나님은 우리를 구원하신 다음 더 큰 소원을 가지고 계십니다. 우리가 열매를 많이 맺는 것입니다. 하나님은 우리가 예수님께 붙어 있으면서 잎만 무성한 가지가 되기를 원치 않습니다. 무성한 잎을 사방으로 뻗어 시원한 그늘을 만들어주고 주인이 쉴 수 있게 하는 가지를 원하시는 것이 아닙니다. 하나님이 원하시는 것은 풍성한 수확입니다. 하나님은 우리가 한두 송이 열매 맺는 것으로 만족하지 않으시고, 더 많은 열매를 거두길 원하십니다.

… 무릇 열매를 맺는 가지는 더 열매를 맺게 하려 하여…(2절).

하나님은 우리가 열매를 더 많이 맺는 일에 관심이 있습니다. 여기서 '더'라는 말은 헬라어로 '플레이오나'(pleiona)인데, 이는 영어의 'more'에 해당하는 말입니다. 하나님의 소원은 단순한 열매에 있지 않고 더 많은 열매에 있습니다.

…사람이 열매를 많이 맺나니…(5절).

여기서 '많이'라는 말은 헬라어로 '폴룬'(polun)인데, 이는 영어의 'much'에 해당하는 말입니다. 하나님은 우리가 열매를 많이 맺기를 원하십니다.

8절 역시 동일한 사실을 말합니다.

너희가 열매를 많이 맺으면….

많은 열매를 맺기 원하는 것이 바로 농부의 심정입니다. 땀 흘려 농사를 지어놓고 반타작하고 싶어 하는 사람이 누가 있겠습니까? 농부 되신 하나님도 우리가 많은 열매를 맺길 원하십니다. 하나님은 우리가 '나는 예수님을 믿습니다' 하고 기초적인 신앙고백을 하는 것으로 절대 만족하시지 않습니다. 하나님 편에서 볼 때 우리 각 사람은 풍성한 열매를 기대할 수 있을 만한 포도나무의 가지입니다. 그래서 하나님은 우리가 열매를 많이 맺기 바라십니다.

### 예수 열매

그러면 하나님께서 자녀 된 우리에게 원하시는 열매는 무엇일까요? 이 '열매'라는 말에는 매우 포괄적인 의미가 있다고 생각합니다. 저는 열매를 이렇게 정의하고 싶습니다. "예수 믿는 사람이 신앙생활을 하면서 그리스도를 닮아가는 인격과 그를 따르는 삶을 통해 하나님을 기쁘시게 할 수 있는 그 모든 것." 성경에 보면 전도의 결과를 열매라고 말하는가 하면, 우리가 거룩한 삶을 사는 것도 열매라고 하고 가난한 자를 위해 하는 헌금도 열매라고 합니다.

우리에게 아주 친근한 갈라디아서 5장 22-23절에서는 특별히 성숙한 인격을 가리켜 열매라고 말합니다. "오직 성령의 열매는 사랑과 희락과 화평과 오래 참음과 자비와 양선과 충성과 온유와 절제니 이같은 것을 금지할 법이 없느니라." 이 모든 것은 그리스도 안에서 우리 인격이 성숙하도록 돕는 요소들입니다. 이와 같이 예수님을 닮아 우리 인격이 성숙해가는 것을 일컬어 열매라고 말합니다. 또 히브리서 13장 15절 같은 경우에는 경배와 찬양을 드리는 예배의 삶을 일컬어 열매라고 말씀합니다.

우리가 맺어야 할 열매가 무엇인지 알기 위해서는 우리가 붙어 있는 포도나무가 예수님이라는 사실을 기억해야 합니다. 포도나무에서 자라난 가지에는 포도가 열립니다. 그분이 우리의 나무라면 우리의 열매는 예수님이어야 합니다. 예수 나무는 예수 열매를 맺게 마련이니까요. 이런 의미에서 우리가 맺어야 할 열매는 한마디로 예수님을 닮는 것이라고 할 수 있습니다. 인격과 삶이 예수님을 닮아가는 것, 그것이 곧 열매라는 말입니다.

포도나무가 포도를 맺음 같이 예수 나무는 예수를 맺어야 합니다. 본문 8절 말씀이 이 사실을 확증해줍니다.

> 너희가 열매를 많이 맺으면 내 아버지께서 영광을 받으실 것이요 너희는 내 제자가 되리라.

예수님의 제자가 된다는 말은 예수 닮은 사람이 된다는 의미입니다. 우리가 열매를 많이 맺으면 주님을 닮은 사람이 된다는 말씀입니다. 그러므로 우리는 이 말씀을 깊이 생각하면서 들어야 합니다. '과연 내 인격이 주님을 얼마만큼 닮았다고 말할 수 있을까? 과연 나는 얼마나 주님을 따르며 살고 있을까? 주님을 많이 닮았다면, 그런 내 모습을 보고 포도송이가 많이 맺힌 포도나무를 보며 즐거워하는 농부처럼 하나님께서도 즐거워하실 텐데.'

사람들의 눈에 띄지 않는 비밀스러운 것까지도 꿰뚫어 보시는 하나님께서 당신의 인격과 삶을 보시고 만족하실 수 있다면 감사한 일이지만, 만일 그렇지 못하다면 얼마나 안타까워하실까요? 신앙생활 10년을 해도 자식들 눈에 전혀 달라진 것이 보이지 않는 부모, 장로나 권사나 집사가 되어도 배우자에게 존경할 만한 모습이 보이지 않는 부부, 이웃들 눈에 예수 믿는 사람으로서 특별한 것이 전혀 드러나지 않는 가정 등, 만약 우리가 이와 같은 삶을 산다면 많은 열매를 기대하시는 하나님께서 얼마나 슬퍼하실까요?

오늘의 현실에 우리 모두가 가슴이 저리는 아픔을 느껴야 합니다. 오늘날 한국교회가 사회적으로 빛과 소금의 역할을 제대로 하지 못하는 이유는 무엇입니까? 잎만 무성한 포도나무 같은 사람들이 너무 많기 때문입니다. 겉은 화려해 보이지만, 가까이 가서 보면 열매 하나 찾기 어려운 허울 좋은 교회들이 너무 많기 때문입니다. 그래서 오늘날 한국교회가 이처럼 세상 사람들에게 짓밟히는 것입니다. 우리는 이 말씀을 가슴 아프게 받아야 합니다. 그리고 진지하게 자신을 살피며 질문해야 합니다. '주님, 저를 보실 때 과연 만족하실 만한 열매가 있습니까?'

### 열매를 위한 가지치기

해마다 포도 농사를 짓는 농부는 포도나무가 열매를 많이 맺도록 정성을 쏟아 하는 일이 있습니다. 바로 가지치기입니다. 농부는 포도나무 하나하나를 일일이 찾아다니면서 손으로 들어보고 살펴본 다음 죽은 가지는 사정없이 잘라냅니다. 또한 앞으로 열매를 맺을 가능성이 없어 보이는 가지도 다 추려냅니다. 심지어 조금 나와 있는 순을 보고도 어떤 것은 떼어내버립니다.

왜 죽은 가지를 잘라주어야 합니까? 그대로 놓아두면 병균이 득실득실 꼬여 나중에는 건강한 나무까지 못쓰게 만들기 때문입니다. 왜 열매를 맺을 가능성이 없다고 생각되는 가지의 순을 다 떼어버립니까? 그대로 놓아두면 나중에 다른 가지들이 열매를 맺는 데 필요한 자양분까지도 전부 도둑질해가기 때문입니다.

우리 하나님도 우리가 열매를 많이 맺도록 다듬으십니다.

> 무릇 내게 붙어 있어 열매를 맺지 아니하는 가지는 아버지께서 그것을 제거해버리시고 무릇 열매를 맺는 가지는 더 열매를 맺게 하려 하여 그것을 깨끗하게 하시느니라(2절).

이 말씀에서 주목할 것은 제거해버리시는 것과 깨끗하게 하시는 것입니다. 먼저 하나님은 죽은 가지나 전혀 소망이 없는 가지를 완전히 잘라버리십니다. 그러면 우리 가운데 누구를 두고 죽은 나뭇가지라고 합니까? 어떤 사람은 한때 예수님을 열심히 따라다니다가 배신한 가룟 유다 같은 사람이 죽은 가지라고 해석합니다. 하나님이 가룟 유다를 잘라버리셨듯이 그런 사람도 교회에서 잘라버리신다고 해석합니다. 일리가 있다고 봅니다.

그러면 열매를 맺을 수 없어 보이는 나뭇가지는 또 누구입니까? 교회를 다니기는 하지만 건성으로 다니는 사람이 바로 그런 가지라고 해석합니다. 이런 사람들은 입으로는 예수를 믿는다고 고백합니다. 그래서 그것만 보면 구원받은 성도가 틀림없는 것 같은데, 그의 인격과 삶을 보면 예수 믿는 사람다움을 찾아볼 수가 없습니다. 예수를 믿어도 돈에 대한 애착은 변함이 없습니다. 욕심이 머리끝까지 차 있어서 주님 나라를 위해서 쓰지 않고 움켜쥐고만 있습니다. 바로 이런 사람이 열매를 맺을 가능성이 없는 가지라는 말입니다. 그래서 하나님은 이런 사람을 일찌감치 천국으로 데려가심으로써 자르고 다듬는다고 합니다. 몸은 죽여도 영혼은 구원하기 위해서 그렇게 하시는 것입니다.

그러나 저는 이 해석에 동의하지 않습니다. 만약 하나님이 이런 식으로 자르신다면 우리 교회만 해도 아마 하루에 장례식을 백 건 정도는 치러야 할 것입니다. 어쩌면 저도 여기에 걸려들지 모르겠습니다. 그러므로 그런 식의 해석은 잘못입니다. 하나님께서 포도나무 비유를 통해 강조하시는 점은 죽은 가지가 누구며, 열매 맺지 못할 가지가 누구냐가 아닙니다. 하나님의 관심은 오직 우리가 열매를 많이 맺는 일에 있습니다.

### 말씀과 징계로 깨끗하게 하심

우리가 열매를 많이 맺도록 하나님께서 하시는 일이 또 한 가지 있습니다. 나뭇가지를 깨끗하게 하는 일입니다. 어떤 나뭇가지를 깨끗하게 하실까요? 열매가 없는 가지를 열매가 맺히도록 깨끗하게 하실까요? 아니면 열매를 잘 맺는 가지를 더 깨끗하게 하실까요? 열매를 맺는 가지입니다. 그리고 주님은 제자들을 가리켜 열매를 맺는 가지라고 말씀하셨습니다.

> 무릇 내게 붙어 있어 열매를 맺지 아니하는 가지는 아버지께서 그것을 제거해버리시고 무릇 열매를 맺는 가지는 더 열매를 맺게 하려 하여 그것을 깨끗하게 하시느니라 너희는 내가 일러준 말로 이미 깨끗하여졌으니(2-3절).

하나님은 제자들을 열매를 맺는 가지로 보시고 그들을 이미 말씀으로 깨끗하게 해주셨습니다. 더 나아가 예수를 믿는 우리도 산 가지로 보십니다. 예수님이 십자가에서 피 흘리심으로써 구원해주신, 너무나 소중한 하나님의 자녀이기 때문에 우리 각 사람을 죽은 가지로 보시지 않습니다. 하나님은 우리를 열매 맺는 가지로 보십니다. 하나님이 조금만 손질해주시면 풍성한 열매가 열릴 수 있는 가지로 보십니다. 그렇기 때문에 오늘도 하나님은 우리를 향한 기대를 거두지 않으십니다.

그러면 우리가 더 많은 열매를 맺도록 하나님은 어떤 방식으로 깨끗하게 하실까요? 두 가지가 있습니다. 하나는 하나님의 말씀을 가지고 우리를 깨끗하게 해주십니다. 우리 모두는 복음을 듣고 의롭다 함을 받았습니다. 이것도 깨끗해지는 과정입니다. 또 매일매일 하나님의 말씀을 영의 양식으로 허락하셔서 우리를 교훈하십니다. 말씀으로 책망도 하시고 위로도 하시며 잘못된 것을 수정해주기도 하십니다. 어떤 때는 내가 깨닫지 못한 비밀한 은혜를 깨닫고 기뻐하게 하십니다. 우리 영혼이 소생하게 만드십니다. 어떤 때는 세상을 이길 수 있는 지혜와 용기를 주십니다. 말씀을 가지고 성령을 통해서 이와 같은 은혜를 주심으로 우리를 깨끗하게 하십니다.

당신이 하나님의 말씀을 귀담아듣는 이유는 무엇입니까? 하나님이 당신을 깨끗하게 하시려고 말씀으로 교훈하시기 때문입니다. 하나님의 말씀을 잘 들으면 많은 열매를 맺을 수 있습니다. 그 말씀을 마음속에 잘 담으면 우리 인격과 삶을 통해서 하나님이 기뻐하시는 많은 열매들이 나타납니다. 이와 같이 하나님은 말씀으로 우리를 깨끗하게 하시고, 또한 열매 맺게 하십니다.

또 하나는 징계입니다. 요한계시록 3장 19절은 "무릇 내가 사랑하는 자를 책망하여 징계하노니 그러므로 네가 열심을 내라 회개하라"고 했습니다. 안타깝게도 신앙생활을 하다 보면 가끔씩 매가 필요합니다. 매를 맞지 않고도 잘하면 좋겠는데 그게 생각처럼 안 될 때가 많습니다.

자식을 키울 때도 그렇지 않습니까? 성격이 고약하고 고집스러워서 혼이 많이 나거나 매를 자주 맞은 아이들이 나중에 큰일을 하는 경우가 많음을 경험으로 잘 알고 있습니다. "저 아이 키울 때 큰소리 한 번 안 쳤다"라고 자부하는 사람들이 있지만, 키울 때는 부모 마음이 편했을지 몰라도 자녀는 온실 속의 화초처럼 자라기 십상입니다. 매도 맞고 듣기 싫은 소리도 들으면서 자란 자녀는 어디에 내놓아도 쉽게 넘어지지 않는데, 꾸지람 한 번 듣지 않고 온실에서 곱게만 자란 자녀는 너무 약해져서 나중에는 그리 심하지 않은 말에도 쩔쩔매고 정신을 못 차리게 됩니다.

믿음이 좋고 강한 분들 중에는 하나님께 두들겨 맞은 경험이 많은 사람이 있습니다. 이런 분들은 주님께 아주 헌신적입니다. 징계를 좋아하는 사람은 아무도 없지만 열매를 많이 맺기 위해서는 징계가 꼭 필요합니다.

저도 징계를 많이 받은 사람 가운데 하나입니다. 하나님께서 한

번 때리시면 참 무섭습니다. 작은 잘못에도 금세 버럭 성을 내며 매를 들어 때리는 부모는 무섭지 않습니다. 한 대 맞으면 끝나기 때문입니다. 매일 한 대씩만 맞으면 됩니다. 그러나 일 년이 가도 매 한 번 안 들던 아버지가 한번 화가 나서 매를 들었다 하면 그때는 종아리가 터집니다. 하나님도 그런 아버지와 비슷한 것 같습니다.

만일 하나님께서 아침에 잘못한 것을 가지고 점심때 때리고, 점심때 잘못한 것을 가지고 저녁때 징계하시는 분이라면 우리가 어떻게 살겠습니까? 그런데 하나님은 그런 분이 아닙니다. 가만히 기다리시면서 교훈하시고 책망하심으로 계속 우리를 깨끗하게 하십니다. 그래도 말을 안 듣고 빗나가거나 고집스럽게 저항하면 그제야 비로소 우리를 때리십니다. 하나님이 사랑하는 자이기 때문에 때리고 징계하는 것입니다.

하나님의 징계는 다양한 형태로 나타납니다. 어떤 사람은 재산을 날리기도 하고, 어떤 사람은 사업에 실패하기도 합니다. 어떤 사람은 남에게 속기도 하고, 또 어떤 사람은 건강에 이상이 생기기도 합니다. 심지어 어떤 사람은 자식을 잃기도 합니다. 그러나 우리가 그 징계를 잘 받고 나면 하나님도 좋고 우리도 좋습니다. 우리가 열매를 풍성히 맺는 하나님의 자녀가 되기 때문입니다.

혹시 예수 믿은 지 10년이 넘도록 징계를 받아본 일이 없습니까? 속으로 '얼마나 잘못했으면 징계를 받을까?' 하고 생각합니까? 당신이 정말 완벽하게 잘해서 하나님이 그런 식으로 대우해주셨다면 감사한 일이지만, 저는 그렇게 보지 않습니다. 만일 하나님께 잘못한 것이 참 많은데도 징계를 받지 않았다면 심각하게 질문해보아야 합니다. '나는 하나님이 내놓은 자식 아닌가?'

하나님은 말씀으로 우리를 깨끗하게 하십니다. 경우에 따라서는 징계로써 우리에게 달려 있는 죽은 가지와 열매 맺지 않는 가지들을 추려내버리시고 탐스러운 포도송이를 맺도록 인도하십니다. 하나님은 우리를 너무나 아끼고 사랑하시기 때문에, 우리가 좋은 열매를 맺는 가지가 되기를 원하십니다.

'하나님이 왜 나에게 징계를 내리셔서 이 고생을 하는지 모르겠다'라고 생각하는 분이 있다면 징계에 관한 하나님의 말씀을 읽으면서 조용히 묵상해보십시오. 하나님의 자녀에게는 징계가 절대 손해가 되지 않습니다.

### 예수 안에 거하라

한 가지 놀라운 것은, 하나님께서 그렇게 많은 열매를 원하시면서도 우리에게 "열매를 맺으라"고 명령하시지 않는다는 사실입니다. 요한복음 15장을 전부 읽어보십시오. "열매를 많이 맺으라"는 명령을 기록한 곳이 한 군데라도 있습니까? 없습니다. 오히려 열매는 자연스럽게 맺힌다고 말씀하십니다.

> 내 안에 거하라 나도 너희 안에 거하리라 가지가 포도나무에 붙어 있지 아니하면 스스로 열매를 맺을 수 없음 같이 너희도 내 안에 있지 아니하면 그러하리라(4절).

가지가 자기 스스로 열매를 맺는 것이 아닙니다. 가지가 할 수 있는 유일한 일은 나무에 붙어 있는 것뿐입니다. 가지는 그저 나무에 붙어 있기만 하면 됩니다. 일은 나무가 다 해줍니다. 나무는 흙에서 영양분과 수분을 끌어올려 가지에게 충분히 공급해줍니다. 가지는 그것을 받아먹으면서 가만히 있으면 됩니다. 그러면 잎이 나고 꽃이 피고 열매가 맺힙니다.

우리도 마찬가지입니다. 우리가 스스로 열매를 맺으려고 몸부림칠 필요가 없습니다. 우리가 몸부림친다고 열매를 맺을 수 있는 것도 아닙니다. 아무리 선해지려고 해도 안 됩니다. 우리가 할 일은 하나뿐입니다. 포도나무 되신 예수님께 딱 붙어 있는 일입니다. 성경이 "열매를 많이 맺으라"고 하시지 않고, "내 안에 거하라"는 명령만 거듭 반복해서 말씀하시는 이유가 바로 여기에 있습니다.

요한복음 15장 1-10절을 보면 '안에 거한다'는 말씀이 열 번 정도 반복해서 나옵니다. 그만큼 중요하기 때문입니다. 4절이 가장 대표적인데 이 말씀을 다른 각도에서 읽으면 다음과 같습니다. "내 안에 거하라. 나도 너희 안에 거할 것이다. 가지가 포도나무에 붙어 있으면 절로 열매를 맺는 것같이 너희가 내 안에 있으면 절로 열매를 맺을 것이다." 그러므로 우리는 반드시 예수님 안에 거해야 합니다.

예수님이 내 안에 거하심은 하나님의 특별한 은총이지만, 내가 예수님 안에 거하려면 특별한 노력이 필요합니다. 어떤 분은 제게 이렇게 반문할지도 모릅니다. "목사님, 무슨 말씀을 하시는 거예요? 예수 믿는 사람은 다 자동적으로 예수님 안에 있지 않습니까?" 옳은 말입니다. 예수님과 나 사이가 구원자와 구원받은 사람의 관계로 존재하는 한 우리 모두는 이미 예수님 안에 있다고 할 수 있습니다. 그러나 내가 예수님과 어떤 관계를 형성한 것으로 끝나면 안 됩니다. 우리가 어떤 집에 태어나서 호적상 그 집의 아들이 되었다 할지라도 그 집의 식구처럼 살려면 호적만 가지고는 안 됩니다. 가족 관계를 위해 특별히 노력해야 합니다.

예수님과 우리의 관계도 마찬가지입니다. 우리는 이미 예수 안에 있습니다. 그러나 그것으로 끝이 아닙니다. 그 관계를 토대로 예수 안에 거하기 위해 우리도 끊임없이 수고해야 합니다.

그렇다면 '예수 안에 거한다'는 말이 무슨 뜻입니까? 하나님의 자녀가 생명 되신 그리스도와 지속적인 관계를 유지하는 것입니다. 요한계시록 3장 20절에 그 의미가 잘 나와 있습니다. "볼지어다 내가 문 밖에 서서 두드리노니 누구든지 내 음성을 듣고 문을 열면 내가 그에게로 들어가 그와 더불어 먹고 그는 나와 더불어 먹으리라." 이 말씀을 따라 우리는 다음과 같은 정의를 내릴 수 있습니다. "예수 안에 거하지 않는 삶이란 예수님을 마음 문밖에 세워놓고 사는 삶이다." 이는 주님과 불편한 관계에 있는 삶입니다. 예수님이 간섭하시는 것이 싫어서 예수님을 그저 문밖에 세워둡니다. 쉽게 말하면 마음속에 주님이 계시지 않는 것처럼 해놓고 산다는 말입니다. 한참 동안 잊고 지내다가 가끔 생각이 나면 "예수님, 아직 살아 계십니까?" 하고 물어보는 행태가 바로 예수 안에 거하지 않는 삶입니다.

예수 안에 있는 삶은 그 반대입니다. 마음 문을 열어 예수님을 모셔들이고, 그분과 더불어 먹고 마시면서 아름다운 교제를 나누는 삶입니다. 나무로 말하면 가지가 나무에 붙어 있는 삶입니다. 유대에서는 손님을 함부로 식탁에 초대하지 않는다고 합니다. 그래서 누구든지 식탁에 초대를 받으면 굉장한 영광으로 생각합니다. 식탁은 단지 배를 채우는 장소라기보다 존경하거나 사랑하는 사람을 가까이 모시고 함께 먹고 마시면서 사랑과 존경을 나누며, 서로가 즐거워하는 장소이기 때문입니다. 마찬가지로 예수 안에 거하는 삶은 예수님이 우리 안에 들어오셔서 함께 먹고 마시는 삶이요, 마음을 터놓고 예수님께 사랑과 존경을 드리면서 즐거워하는 삶입니다.

### 말씀을 마음에 담으라

예수님을 마음에 모시고 그분 안에서 생명력 있게 살아가려면 우리는 어떤 노력을 해야 할까요? 본문 7절에 두 가지 비결이 있습니다.

> 너희가 내 안에 거하고 내 말이 너희 안에 거하면 무엇이든지 원하는 대로 구하라 그리하면 이루리라.

'내 말'과 '구하라'는 말은 간단히 말해 말씀과 기도를 의미합니다. 5절과 비교해보면 7절의 의미를 분명히 알 수 있습니다. 똑같은 사실을 두고 5절은 이렇게 말합니다.

> 나는 포도나무요 너희는 가지라 그가 내 안에, 내가 그 안에 거하면 사람이 열매를 많이 맺나니 나를 떠나서는 너희가 아무것도 할 수 없음이라.

그렇다면 7절도 마땅히 이렇게 말했어야 합니다. "너희가 내 안에 거하고 '내가' 너희 안에 거하면." 그래야 말이 되는데, 이상하게도 7절에 가서는 '내가'가 '내 말'로 바뀝니다. 바로 여기에 중요한 의미가 있습니다. 우리가 예수님을 마음에 모시고 내가 예수님 안에 있는 삶을 구체적으로 실현하기 위해서는, 손에 잡히고 눈으로 보고 확인할 수 있는 무엇인가가 있어야 합니다. 그것은 바로 하나님의 말씀입니다.

예수님은 영이십니다. 따라서 아무리 "내가 그분을 모시고 있다, 내가 그분 안에 있다"라고 말해도 형이상학적인 관념에 머물기 쉽습니다. 그러나 내 손에 들고 있는 말씀은 눈에 보이는 현실적인 증거입니다. 예수님의 말씀을 마음속으로 묵상하면 그것이 곧 예수님을 모시는 일이라는 말입니다. 그렇게 주님 안에 거하면서 주님과 깊은 영교(靈交)를 할 수 있습니다. 그래서 말씀이 중요합니다.

하나님은 말씀을 머리에 담으라고 하시지 않았습니다. 입술에 담고 지내라고 하시지도 않았습니다. 큐티 노트에 기록해놓으라고 하시지도 않았습니다. 하나님의 말씀을 마음에 담으라고 하셨습니다. 하나님의 말씀을 마음에 담고 묵상하면 시냇가에 심긴 나무처럼 시절을 좇아 열매 맺는 풍성한 사람이 될 수 있기 때문입니다. 그런 의미에서 말씀을 마음에 담고 묵상하는 삶은 예수 안에 있는 삶이요, 가지가 나무에 붙어 있는 삶이라고 말할 수 있습니다.

독일의 유명한 신학자이자 순교자였던 디트리히 본회퍼가 이런 말을 했습니다. "성경에 기록된 말씀들은 언제나 당신의 가슴에 울려야 하고, 당신의 생활 속에서 날마다 살아 움직여야 합니다. 당신이 무척이나 사랑하는 자가 있으면 그의 말을 잊을 수 있겠습니까? 사랑하는 자의 말은 따지고 분석해서 받아들이는 것이 아닙니다. 마찬가지로 당신이 주님을 사랑한다면 그분의 말씀을 마음에 담고 살아야 합니다."

하나님의 말씀을 분석하거나 따지려 들지 말고, 오직 그 말씀을 즐거워하십시오. 그러면 말씀은 살아 계신 하나님의 능력이 되어 영혼을 살찌우는 양식으로 우리를 튼튼하게 세워줍니다. 가만히 있어도 인격과 삶의 열매가 맺힐 것입니다. 하나님도 기뻐하시며 우리를 보는 자마다 정말 다르다고 말하도록 만들어주실 것입니다.

### '무엇이든지'의 기도

예수 안에 거하는 삶을 살기 위해서는 말씀을 묵상함과 동시에 해야 할 일이 또 하나 있습니다. 기도입니다. 7절을 보면 참 재미있는 사실을 발견할 수 있습니다. 주님의 말씀을 묵상함으로 주님 안에 거하면 "무엇이든지 원하는 대로 구하라"고 했습니다. 무엇이든지 원하는 대로 구하는 기도가 왜 말씀을 묵상하는 것에 뒤이어 나올까요? 여기에 참 중요한 의미가 있습니다. 기도는 우리가 억지로 해야 될 때도 많지만, 자연스럽게 되는 때가 많습니다. 하나님의 말씀을 펴놓고 말씀을 마음으로 묵상하면서 예수님과 깊은 사랑의 교제를 하기 시작하면 말문이 열립니다. 기도가 터진다는 말입니다. 그 기도는 제한적이지 않습니다. 무엇이든지 원하는 대로 구하십시오.

남녀가 처음으로 만나면 서로를 잘 모르기 때문에 서먹서먹하고 어려워서 말을 할 때도 신경을 많이 쓰지 않습니까? '이 말을 해도 될까? 이 말을 하면 나를 어떻게 생각할까?' 머릿속으로 한참 동안 생각하고 나서 한마디 합니다. 서로를 충분히 알기 전까지는 이처럼 불편한 대화를 나눌 수밖에 없습니다. 그러다가 어느 정도 시간이 지나면서 만남이 깊어지고 사랑에 빠지면 더 이상 상대방의 말을 가지고 이리저리 재어보는 일은 하지 않습니다. 무엇이든지 이야기하는 관계이기 때문입니다. 이제는 두 사람이 만나면 걸리는 게 하나도 없습니다. 무슨 말을 해도 즐겁고 좋습니다. 그래서 듣고만 있지 않고 서로가 거리낌없이 대화를 나눕니다.

흔히 '무엇이든지 구하는 기도'라고 하면 우리 마음의 소원대로, 욕심대로 다 털어놓는 기도를 생각하기 쉽습니다. 물론 기도를 하다 보면 그런 경우도 있습니다. 그러나 수준 높은 '무엇이든지'의 기도는 그런 것이 아닙니다. 말씀을 묵상하면서 살아 계신 주님과 깊은 교제를 나누며 주님의 마음을 읽고 그 사랑에 흠뻑 젖으면, 자신도 모르게 무엇이든지 주님 앞에 부담 없이 아뢸 수 있는 기도로 발전합니다. '무엇이든지'의 기도는 바로 이와 같은 것을 말합니다.

예수님 안에 거하려면 이런 기도를 해야 합니다. 예수님 안에 거하려면 이런 기도의 세계를 알아야 합니다. 신앙생활은 삭막한 사막이 아닙니다. 신앙생활이란 뒤에서 매를 들고 때리고 훈련시키기 때문에 할 수 없이 기도하고 성경 읽는, 피곤하기만 한 과정이 아닙니다. 그렇게 피곤한 것이 신앙생활이라면 오래가기 힘듭니다.

신앙생활은 행복하고 재미있습니다. 나를 사랑하사 나를 위해 죽으신 주님의 말씀을 마음에 담고 묵상하다 보면 자신도 모르게 무엇이든지 주님 앞에 거리낌없이 내놓고 기도할 수 있는 관계로 발전합니다. 예수님과 우리 사이에 깊은 생명의 교류가 이루어집니다. 그래서 예수님께 많은 은혜를 받고 자양분을 공급받습니다. 필요한 지혜를 얻습니다. 생명을 지속하고 열매 맺는 데 꼭 있어야 하는 것들을 주님께 전부 공급받습니다.

그러므로 실직을 당해도 휘청거리지 않습니다. 설혹 자식이 먼저 세상을 떠나도 자포자기하지 않습니다. 말씀과 기도로 주님과 깊이 교제하면서 주님의 능력을 공급받기 때문에 비록 생활이 조금 쪼들린다 해도 오만상을 찌푸린다거나 불평하고만 있지는 않습니다.

### 결단과 노력

유명한 과학자 아이작 뉴턴이 이런 말을 했습니다. "나는 망원경으로 수백만 마일 떨어진 우주 공간 속을 들여다볼 수 있다. 그러나 망원경을 옆에 내려놓고 방에 들어가 문을 닫은 채 무릎을 꿇고 기도하면 이 땅에 있는 모든 망원경을 다 동원해서 볼 수 있는 것보다 더 많은 것을 볼 수 있다. 천상의 것들을 더 많이 볼 수 있으며 하나님께 더 가까이 나아갈 수 있다."

쉴 새 없이 연구만 하던 과학자도 이처럼 하나님 앞에 나아가 기도하는 일이 얼마나 중요한가를 분명히 알았습니다. 그러나 오늘날 우리는 어떻습니까? 우리는 과연 말씀과 기도에 얼마나 심혈을 기울이고 있습니까? 불행하게도 우리는 많은 방해를 받고 있습니다. 한번 솔직히 대답해보십시오. 매일 하나님의 말씀을 묵상하는 생활이 그렇게 쉽습니까? 주님 앞에 무엇이든지 털어놓고 기도하는 일이 쉽게 됩니까? 그렇지 않습니다.

그렇다면 왜 그토록 말씀과 기도에 몰입하기가 어려울까요? 우리 자신이 게으르기 때문이기도 하지만, 마귀가 여러 가지 수단을 동원해서 우리가 기도하지 못하게 하고, 말씀을 마음에 담지 못하게 하기 때문이기도 합니다. 마귀는 우리가 열매를 많이 맺는 것을 무척 싫어합니다. 우리가 능력 있는 신앙생활을 하면 마귀가 몹시 싫어합니다. 그래서 우리가 말씀을 묵상하거나 기도하지 못하도록 기를 쓰고 방해합니다.

그러므로 우리는 예수님 안에 거하기 위해 노력해야 합니다. 주님은 "내 안에 거하라!" 하고 명령하셨습니다. 저절로 되는 것이라면 무엇 때문에 명령하셨겠습니까? 우리가 그만큼 결단하고 노력해야 된다는 말입니다. 대가를 치러야 한다는 말입니다. 주 안에 거하기 위해 말씀이 필요하다면, 하나님의 말씀을 읽고 묵상하기 위해 어떤 대가라도 치를 각오를 하고 행동에 옮겨야 합니다. 주 안에 거하기 위해 하나님 앞에 내 마음에 있는 전부를 털어놓고 기도하는 것이 중요하다면, 어떤 대가를 치르더라도 그 일을 방해하는 장애물을 극복해내야 합니다. 주님 안에 거하는 일은 가만히 앉아 있어서는 절대 불가능합니다.

어린아이를 엄마 품에서 떼어내 보십시오. 아이는 마치 생명이 끊어지는 것처럼 아우성치면서 엄마 옷자락을 잡고 놓치지 않으려고 애를 쓸 것입니다. 왜냐하면 엄마가 자신의 생명줄이기 때문입니다. 아이는 엄마를 놓치면 죽는 것처럼 느낍니다. 그러므로 어떤 희생을 치르더라도 엄마를 안 놓으려고 합니다. 우리가 적어도 이와 같은 자세를 가지고 하나님의 말씀을 묵상하며 기도하기를 사모한다면, 왜 우리가 예수님을 문밖에 세워놓는 것처럼 살겠습니까? 왜 우리가 열매 없는, 하나님 보시기에 처량한 포도나무가 되겠습니까? 결단해야 합니다. 엄마 품에서 떨어지지 않으려는 아이처럼 나무 되신 예수님에게서 떨어지지 않으려고 최선을 다해야 합니다. 그럴 때 마침내 풍성한 열매를 맺을 수 있습니다.

예수님은 모든 것을 다 가지신 분입니다. 그분은 생명의 원천이십니다. 그분에게는 지혜의 보화가 있습니다. 그분에게는 우리의 모든 문제를 풀고도 남을 만한 능력이 있습니다. "내게 능력 주시는 자 안에서 내가 모든 것을 할 수 있느니라"(빌 4:13). 우리 예수님께 이와 같은 은혜와 능력이 있습니다. 그런데도 당신은 왜 그분에게 가지 않습니까? 왜 그분과 깊은 관계를 맺지 않습니까?

런던에 있는 어느 왕궁에 포도나무 한 그루가 있는데, 얼마 전에 2천 송이가 넘는 열매를 맺어 장안에 화제가 되었습니다. 전문가들이 와서 조사를 해본 결과 그 이유가 밝혀졌습니다. 수백 미터 떨어진 곳에 템즈강이 흐르는데 포도나무 뿌리가 계속 뻗어나가다가 그 해에는 급기야 템즈강 바닥까지 이르렀다는 것입니다. 뿌리가 강바닥에 있는 좋은 영양분을 싹싹 긁어모아서 포도나무에 공급하자 가지마다 탐스러운 포도송이가 주렁주렁 열렸던 것입니다.

우리 역시 예수님께 뿌리를 깊이 박고 있으면 놀라운 능력을 체험하며 살 수 있습니다. 우리의 모든 고통에 주님께서 해답을 주십니다. 우리 앞에 놓인 난제들을 주님이 때를 따라 해결해주십니다. 우리의 인격과 삶 가운데 하나님이 기뻐하시는 열매가 주렁주렁 열리도록 은혜를 주실 것입니다. 이것을 분명히 믿기 바랍니다.

마지막으로 8절을 한 번 더 읽어봅시다. "너희가 열매를 많이 맺으면 내 아버지께서 영광을 받으실 것이요 너희는 내 제자가 되리라." 이 말씀을 외워서 마음에 담고 묵상하기 바랍니다. 내가 열매를 많이 맺을 때 하나님이 영광을 받으신다고 했습니다. 열매를 많이 맺어야 하나님이 나를 보고 기뻐하신다고 했습니다. 우리 모두 이 소원을 가지고 삽시다. 하나님을 영화롭게 하기 위해서 열매를 많이 맺어야겠다는 소원과, 하나님의 말씀을 묵상하고 기도하는 삶을 좀 더 적극적으로 살아야겠다는 각오로 하루하루 순종하고 실천하기를 바랍니다.

# 54

## 내 사랑 안에 거하라

요한복음 14장 21-24절
21 나의 계명을 지키는 자라야 나를 사랑하는 자니 나를 사랑하는 자는 내 아버지께 사랑을 받을 것이요 나도 그를 사랑하여 그에게 나를 나타내리라 22 가룟인 아닌 유다가 이르되 주여 어찌하여 자기를 우리에게는 나타내시고 세상에는 아니하려 하시나이까 23 예수께서 대답하여 이르시되 사람이 나를 사랑하면 내 말을 지키리니 내 아버지께서 그를 사랑하실 것이요 우리가 그에게 가서 거처를 그와 함께하리라 24 나를 사랑하지 아니하는 자는 내 말을 지키지 아니하나니 너희가 듣는 말은 내 말이 아니요 나를 보내신 아버지의 말씀이니라

요한복음 15장 9-17절
9 아버지께서 나를 사랑하신 것같이 나도 너희를 사랑하였으니 나의 사랑 안에 거하라 10 내가 아버지의 계명을 지켜 그의 사랑 안에 거하는 것같이 너희도 내 계명을 지키면 내 사랑 안에 거하리라 11 내가 이것을 너희에게 이름은 내 기쁨이 너희 안에 있어 너희 기쁨을 충만하게 하려 함이라 12 내 계명은 곧 내가 너희를 사랑한 것같이 너희도 서로 사랑하라 하는 이것이니라 13 사람이 친구를 위하여 자기 목숨을 버리면 이보다 더 큰 사랑이 없나니 14 너희는 내가 명하는 대로 행하면 곧 나의 친구라 15 이제부터는 너희를 종이라 하지 아니하리니 종은 주인이 하는 것을 알지 못함이라 너희를 친구라 하였노니 내가 내 아버지께 들은 것을 다 너희에게 알게 하였음이라 16 너희가 나를 택한 것이 아니요 내가 너희를 택하여 세웠나니 이는 너희로 가서 열매를 맺게 하고 또 너희 열매가 항상 있게 하여 내 이름으로 아버지께 무엇을 구하든지 다 받게 하려 함이라 17 내가 이것을 너희에게 명함은 너희로 서로 사랑하게 하려 함이라

우리가 서로 사랑하는 일이 얼마나 중요한지, 예수님은 제자들에게 마지막 설교를 하시면서 사랑에 관한 말씀을 무려 열여섯 절이나 할애하여 반복하셨습니다. 요한복음 13장부터 16장까지 내용을 대충 훑어보기만 해도 주님께서 우리가 서로 사랑하는 것을 얼마나 중요하게 생각하시는지 어렵지 않게 발견할 수 있습니다.

13장 35절에서 예수님은 제자들에게 말씀하셨습니다. "너희가 서로 사랑하면 이로써 모든 사람이 너희가 내 제자인 줄 알리라." 이 말씀은 이렇게 이해할 수 있습니다. "만일 너희가 서로 사랑하지 아니하면 이 세상에 있는 사람들이 너희를 보고 내 제자로 인정하지 않을 것이다." 오늘날 우리에게 적용시켜 말한다면, 우리가 서로 사랑하지 않으면 아무도 우리를 예수님 닮은 제자라고 인정해주지 않을 것이라는 말씀입니다. 우리의 정체성이 흐려진다는 말입니다. 아무리 우리가 "나는 예수 믿는다. 교회 다닌다"라고 떠들고 다녀도 세상 사람들이 그것만으로는 우리를 예수님의 제자로 인정하지 않습니다. 사람들은 우리가 서로 사랑할 때 우리를 예수님의 제자로 인정합니다. 서로 사랑한다는 것은 우리의 정체성을 증명해줄 만큼 중요합니다. 아무도 사랑하지 않는 분이 있습니까? 그렇다면 그는 이미 자신이 누구인가를 잊어버리고 사는 사람이라 할 것입니다.

서로 사랑하는 것은 우리가 세상을 이길 수 있는 방편입니다. 세상을 이기기 위해서는 서로 사랑해야 합니다. 15장 17절과 18절을 비교해보십시오. 17절에서 주님은 서로 사랑하라고 말씀하십니다.

내가 이것을 너희에게 명함은 너희로 서로 사랑하게 하려 함이라.

하지만 세상은 예수님을 미워합니다. 그렇기 때문에 그분의 제자인 우리도 증오합니다. 18절을 보겠습니다.

세상이 너희를 미워하면 너희보다 먼저 나를 미워한 줄을 알라.

근본적으로 세상은 하나님 나라를 대적하게 되어 있습니다. 이와 같이 적대 세력들로 둘러싸인 마당에 제자들이 서로 물어뜯고 싸우면 어떻게 세상을 이길 수 있겠습니까? 세상에서 우리가 복음으로 승리를 거두기 위해서는 서로 사랑해야 합니다.

예수님께서 다른 때 다른 곳에서 이와 비슷한 말씀을 하신 일이 있습니다. 마태복음 12장 24절 이하를 보면, 예수님께서 귀신을 쫓아내시는 것을 바리새인들이 보고 "자기가 힘이 있어 쫓아내는 것인가? 귀신의 왕 바알세불의 도움을 받아서 쫓아내는 거지"라며 빈정대자 주님은 다음과 같은 비유로 그들의 모순을 지적하셨습니다. "스스로 분쟁하는 나라마다 황폐해지고 스스로 분쟁하는 동네나 집마다 서지 못한다. 사탄도 마찬가지다. 사탄도 자기끼리 싸우면 그 나라가 어떻게 바로 서겠느냐? 내가 바알세불의 힘을 입어서 귀신을 쫓아낸다고 하는데 그러면 사탄이 사탄을 대적하는 일이 되지 않느냐? 그래 가지고 그의 나라가 어떻게 서겠느냐? 그런 일은 있을 수가 없다. 사탄도 자기 나라를 바로 세우기 위해서는 절대 자기들끼리 다투지 않는다."

우리 역시 마찬가지입니다. 예수 믿는 사람들끼리 서로 사랑하지 않고서야 어떻게 이 땅에 하나님 나라를 세울 수 있겠습니까? 어떻게 우리를 증오하는 세상을 이길 수 있겠습니까? 그러므로 우리가 서로 사랑해야 한다는 것은 우리의 정체성을 위해서나 승리를 위해서 열 번 아니 스무 번을 반복해도 지나치지 않습니다.

'사랑하라'는 말은 교회에서 그저 심심하면 나오는 단골 메뉴가 아닙니다. 오늘날 세상 모든 고통의 절반은 사랑하지 않기 때문에 빚어지는 비극입니다. 심지어 가정의 상처나 우리 마음속 깊은 곳에 자리 잡은 내면의 상처 그리고 더 나아가 우리 육신에 찾아든 질병까지도 사랑하지 않기 때문에 스스로 자초한 화(禍)인 경우가 태반입니다. 많은 연구 결과들이 이러한 분석을 뒷받침합니다. 그러므로 서로 사랑하는 것을 종교적인 문제로 떠넘겨서는 안 됩니다. 단순히 도덕적인 문제라고만 봐서도 안 됩니다. 그것은 사회적 문제요, 건강 문제요, 행복의 문제요, 가정의 문제입니다. 사랑이 그만큼 중요하다는 말입니다.

### 형제 사랑은 하나님 사랑

그러나 예수님은 이렇게 중요한 형제 사랑을 말씀하시면서도 서로 사랑하지 않으면 가만히 안 두겠다는 식으로 강요하시지 않습니다. 얼마나 부드럽게 우리를 인도하시는지요! 자신이 먼저 사랑의 모범을 보여주심으로 우리가 순종할 수 있도록 동기를 유발시켜주십니다. 그뿐 아니라 우리가 사랑하면 하나님이 어떤 복을 주시는지 일일이 열거하시면서 우리의 가슴이 뜨거워지도록 만들어주십니다.

예수님의 명령대로 형제를 사랑하면 하나님이 어떤 은혜를 주시는지 몇 가지로 정리해보고자 합니다. 이 말씀을 들으면서 성령께서 우리 각자의 마음에 찾아오셔서 굳어 있는 마음, 열리지 않는 마음, 계속 웅크리고 미워하며 증오하는 마음, 용서하지 못하는 마음을 말씀의 날선 검으로 도려내주시고 고쳐주심으로 우리가 예수님의 명령대로 사랑하는 사람이 되기를 간절히 바랍니다.

첫째로, 형제를 사랑하면 하나님을 사랑할 수 있습니다. 우리 모두는 하나님을 사랑하기 원합니다. 인간은 하나님을 사랑할 때 제자리를 찾게 되고, 비로소 마음의 빈 공간이 채워집니다. 본능적으로 하나님을 미워하는 사람은 아무도 없습니다. 가능한 한 하나님을 사랑하고 싶어 하는 것이 예수 믿는 사람이나 안 믿는 사람이나 공통된 바람입니다.

우리 가슴이 뜨거워지며 부르는 찬양이 있습니다. "주님 사랑해요 사랑해요 사랑해요 주님 사랑해요." 이 찬양을 부르다 자신도 모르게 감격에 겨워 가슴이 울컥해지고 눈시울을 붉히는 경험을 한 번쯤은 해보았을 것입니다. 목이 메어 끝까지 부르지도 못하고 결국 끝내야 했던 때도 많았습니다. 주님을 사랑한다는 것이 얼마나 행복합니까? 하나님을 사랑하는 것이 우리에게 얼마나 간절하고 기쁜 소원입니까?

그러나 만질 수도 없고, 들을 수도 없고, 볼 수도 없는 영이신 하나님을 무슨 재주로 사랑한다고 장담할 수 있습니까? 어떻게 하는 것이 정말 하나님을 사랑하는 것입니까? 예수님은 본문에서 이에 대한 명쾌한 대답을 들려주십니다.

> 너희가 나를 사랑하면 나의 계명을 지키리라(요 14:15).

우리가 진정 주님을 사랑한다면 형제를 사랑하라는 주님의 계명을 지킨다는 말씀입니다.

> 나의 계명을 지키는 자라야 나를 사랑하는 자니 나를 사랑하는 자는 내 아버지께 사랑을 받을 것이요 나도 그를 사랑하여 그에게 나를 나타내리라(요 14:21).

주님을 사랑한다고 말하고 싶으면 형제를 사랑하라는 주님의 말씀에 순종하라는 이야기입니다. 요한복음 14장 23절에서도 역시 동일하게 말씀하십니다.

> 예수께서 대답하여 이르시되 사람이 나를 사랑하면 내 말을 지키리니 내 아버지께서 그를 사랑하실 것이요 우리가 그에게 가서 거처를 그와 함께하리라.

예수님의 대답을 한마디로 정리한다면, 하나님을 사랑하는 방법은 다름 아니라 우리가 형제를 사랑하는 것입니다.

요한일서 4장 20절은 더욱 기가 막힌 메시지를 전해줍니다. "누구든지 하나님을 사랑하노라 하고 그 형제를 미워하면 이는 거짓말하는 자니 보는 바 그 형제를 사랑하지 아니하는 자는 보지 못하는 바 하나님을 사랑할 수 없느니라." 형제를 사랑하지 못하면 하나님을 사랑하는 자가 아니라는 말씀입니다. 가까운 형제를 사랑하지 않으면서 "하나님, 사랑해요"라고 말하는 것은 하나님을 모독하는 것과 같다는 뜻입니다.

우리 모두는 하나님을 사랑하기 원합니다. "예수께서 이르시되 네 마음을 다하고 목숨을 다하고 뜻을 다하여 주 너의 하나님을 사랑하라 하셨으니"(마 22:37). 이 말씀대로 우리의 모든 것을 바쳐 영광스러운 하나님을 사랑하기 원합니다. 하나님을 사랑하는 방법은 간단합니다. 내 옆에 있는 형제와 나를 미워하는 형제, 심지어는 나의 원수까지도 사랑하면 그것이 곧 하나님을 사랑하는 것입니다. 막연히 허공을 향해 손을 흔들 필요가 없습니다. 우리 곁에 있는 형제를 사랑하면 됩니다. 그럴 때 우리는 하나님을 사랑하는 행복자가 될 수 있습니다.

### '카도스'의 은혜

둘째로, 형제를 사랑하면 우리는 '같이'의 은혜를 체험할 수 있습니다.

> 내 계명은 곧 내가 너희를 사랑한 것같이 너희도 서로 사랑하라 하는 이것이니라(요 15:12).

여기서 '같이'라는 말에 특별히 주목했으면 합니다. 이 말이 헬라어로는 '카도스'(kathos)입니다. 그래서 저는 '같이'의 은혜를 '카도스'의 은혜라고 말하기도 합니다. 사실 저는 '같이'라는 말은 발음하기가 어렵기 때문에 '카도스'의 은혜라고 말하기를 더 좋아합니다.

그러면 '카도스'의 은혜가 무엇입니까? 하나님이 나를 얼마나 사랑하셨는가를 아는 은혜입니다. "내가 너희를 사랑한 것같이"라는 말은 하나님이 우리에게 원하시는 형제 사랑의 표준을 잘 보여줍니다. 그런데 이 표준은 너무 높아서 현실성이 없습니다. 하나님은 우리를 사랑하셔서 자기 아들을 희생하셨습니다. 하나님은 죄인 중의 왕초와 같은 나를 구원하여 하나님의 영광스러운 나라에 들여보내시려고 하나님 자신이 가진 모든 것을 다 쏟아부으셨습니다. 하나님은 이처럼 예수님을 십자가에서 희생시킴으로 우리를 얼마나 사랑하시는지 보여주셨습니다.

하나님은 이제 우리에게 그와 같은 사랑으로 서로 사랑하라고 말씀하십니다. "내가 너희를 사랑한 것같이 너희도 서로 사랑하라." 우리 중에 누가 이런 사랑을 할 수 있습니까? 아무도 못합니다. "내가 너희를 사랑한 것같이"라는 말은 현실성이 없어 보입니다. 우리는 '같이'라는 말씀 앞에서 항상 절망할 수밖에 없습니다. '형제를 사랑해보았으면' 하는 아주 작은 불꽃마저 꺼져버리고 맙니다. 그 기준이 너무 높기 때문에 할 수 없다는 생각밖에 안 듭니다.

그런데 여기서 한 가지 신비스러운 원리가 작용합니다. 신앙생활을 하면서 우리는 이런 말을 자주 합니다. "내가 절망하는 자리에서 하나님이 대답하신다. 내가 벽에 부딪칠 때 하나님이 문을 열어주신다." 이것이 신앙생활의 중요한 원리 아닙니까? 사랑 역시 마찬가지인 것 같습니다. "내가 너희를 사랑한 것같이" 하는 이 '카도스' 앞에서 우리가 절망하지 않습니까? 우리는 그저 이렇게 구할 뿐입니다. "하나님, 어떻게 하면 좋습니까? 저는 못합니다." 그러나 그때 하나님은 이렇게 대답해주십니다. "너희에게 서로 사랑할 것을 명령하면서 '내가 너희를 사랑한 것같이'라는 전제를 단 것은 다 이유가 있다. 그 말에는 내가 너희를 사랑한 것을 배우는 은혜를 너희에게 주겠다는 약속도 포함되어 있다. 내가 너희를 얼마나 사랑했는지 알아야 너희가 형제를 그만큼 사랑할 것이 아니겠느냐?" 그러므로 사랑이 먼저가 아니라 은혜가 먼저입니다.

하나님의 사랑은 현재적이고 계속적입니다. 하나님은 더 이상 십자가에서 죽으시지 않습니다. 그러나 하나님은 여전히 무궁한 사랑으로 우리를 사랑하십니다. 자기 아들을 희생시키면서까지 쏟았던 그 사랑을 아직도 거두지 않고 우리를 향해 베푸십니다. 이것을 알고 체험하고 느끼는 것이 바로 '카도스'의 은혜입니다.

이 은혜가 주는 힘을 공급받지 못하면 우리는 형제를 사랑한다는 말을 입 밖에 낼 수가 없습니다. 사랑은 내가 하는 것이 아니라 은혜가 하는 것입니다. 은혜는 형제를 위해 우리 목숨을 내놓게 만듭니다. 하나님이 나를 얼마나 사랑하셨는가를 알고 체험하는 그 은혜 때문에 우리는 형제를 사랑할 수 있고, 더 나아가 원수라도 사랑할 수 있습니다.

여기서 말하는 사랑은 '아가페'의 사랑입니다. 우리는 '사랑' 하면 항상 감정을 앞세우는 버릇이 있습니다. '에로스'의 사랑을 생각합니다. 남녀 간의 사랑을 한번 예로 들어봅시다. 이런 사랑은 대부분 감정에 충실합니다. 어떻게 된 일인지, 모든 사람이 욕하는 그 남자를 몹시 그리워하고 생각만 해도 가슴이 뛰니 참으로 이성으로는 이해할 수 없는 일입니다. 이것이 에로스의 사랑입니다. 이런 감정을 빼놓으면 에로스의 사랑을 논할 수가 없습니다.

하나님이 우리에게 명령하시는 아가페의 사랑은 그런 것이 아닙니다. 물론 감정이 동해서, 혹은 가슴이 뜨거워져서 사랑할 수 있습니다. 그러나 가슴이 차가워도 할 수 있는 것이 바로 아가페의 사랑입니다. 아가페는 의지적인 사랑입니다. 결단하고 행동하는 사랑입니다. 사람의 마음을 가지고 저울질하는 사랑이 아니라, 하나님이 명령하시기 때문에 싫든 좋든, 감정이 있든 없든 행동으로 옮기는 사랑입니다.

고린도전서 13장 4절 이하에 아가페의 사랑이 어떤 것인지 잘 나와 있습니다.

> 사랑은 오래 참고 사랑은 온유하며 시기하지 아니하며 사랑은 자랑하지 아니하며 교만하지 아니하며(고전 13:4).

사랑은 어떤 사람에 대해서도 오래 참습니다. 오래 참는 데 무슨 특별한 감정이 필요합니까? 사랑은 투기하지 않습니다. 내가 질투하지 않으면 그만이지 여기에 무슨 감정이 필요합니까? 사랑은 자랑하지도 않습니다. 아무리 세상이 자기를 드러내기에 정신이 없다 해도 내가 자랑하지 않으면 그만이지 여기에 무슨 감정이 필요합니까? 내가 자랑하지 않으면 됩니다.

> 무례히 행하지 아니하며 자기의 유익을 구하지 아니하며 성내지 아니하며 악한 것을 생각하지 아니하며 불의를 기뻐하지 아니하며 진리와 함께 기뻐하고 모든 것을 참으며 모든 것을 믿으며 모든 것을 바라며 모든 것을 견디느니라(고전 13:5-7).

여기에서 감정을 요란하게 거론할 이유가 어디 있습니까? 다만 이와 같은 사랑은 가만히 앉아만 있는다고 해서 자동으로 되는 것이 아닙니다. 그야말로 생명을 걸다시피 결단하고 행동에 옮기는 사람만이 감히 이 사랑을 흉내라도 낼 수 있습니다. 그렇게 하려면 우리에게 하나님이 주시는 '카도스'의 은혜가 있어야 합니다. 하나님이 나를 얼마나 사랑해주셨는가를 아는 그 은혜가 있어야만 이 사랑을 실천할 수 있습니다.

방금 살펴본 고린도전서 13장 본문에 사랑 대신 은혜라는 단어를 넣어 읽어보십시오. "은혜는 오래 참고 은혜는 온유하며 시기하지 아니하며 은혜는 자랑하지 아니하며 교만하지 아니하며 무례히 행하지 아니하며 자기의 유익을 구하지 아니하며 성내지 아니하며 악한 것을 생각하지 아니하며 불의를 기뻐하지 아니하며 진리와 함께 기뻐하고 모든 것을 참으며 모든 것을 믿으며 모든 것을 바라며 모든 것을 견디느니라."

은혜만이 우리가 아가페의 사랑을 실천할 수 있게 한다는 사실을 다시 한번 명심하기 바랍니다. 그러므로 형제를 사랑하기 위해서 먼저 하나님이 나를 어떻게 사랑하시는지 알아야 합니다. 하나님의 사랑은 지각에 뛰어납니다. 우리는 날마다 이 놀라운 사랑의 대양에 몸을 던지기 원하는 간절한 기도를 해야 합니다. 그럴 때 그 엄청난 은혜의 에너지에 떠밀려 하나님이 나를 사랑하신 것처럼 우리도 형제를 사랑할 수 있습니다.

우리가 진정 고민해야 할 일은 사랑하지 못하는 것이 아니라 은혜가 부족한 것입니다. 우리 자신에게 하나님의 사랑을 아는 '카도스'의 은혜가 부족한 것을 놓고 고민해야 합니다. 은혜를 받은 만큼 사랑할 수 있습니다. 하나님의 사랑을 아는 만큼 형제를 사랑할 수 있습니다. 사랑은 사랑을 촉발시킵니다. 하나님의 사랑이 우리 사랑에 불을 지를 때 형제를 진정으로 사랑할 수 있는 자리까지 나아갈 수 있습니다. 하나님께서 우리 모두에게 이와 같은 은혜를 주시기 바랍니다. 하나님의 사랑으로 우리 가슴에 불을 질러주시기를 바랍니다. 우리 속에 있는 모든 증오와 원망, 앙갚음의 감정들을 다 태워 버리셔서 우리를 하나님처럼 사랑할 수 있는 사람으로 만들어주시기를 바랍니다.

### 예수 사랑 안에 거하라

셋째로, 형제를 사랑하면 우리가 예수님의 사랑 안에 거할 수 있습니다. 요한복음 15장 4절을 보면 주님은 우리에게 "내 안에 거하라"고 말씀하십니다. 그러나 9절을 보십시오.

> 아버지께서 나를 사랑하신 것같이 나도 너희를 사랑하였으니 나의 사랑 안에 거하라.

9절에서는 "나의 사랑 안에 거하라"고 말씀하십니다. 이 두 말씀이 같다고 생각됩니까? 저는 아무리 읽어보아도 같은 말이 아니라고 생각됩니다. '내 안에 거하라'는 믿음으로 되는 과정입니다. 우리가 예수님을 믿고 하나님의 자녀로 거듭나면 가지가 나무에 붙듯이 자연스럽게 예수님께 붙게 됩니다. 그러나 '나의 사랑 안에 거하라'는 믿음만으로는 안 됩니다. 형제를 사랑한다는 것은 오직 주님의 명령에 순종할 때 가능한 경지입니다. 다시 말해서 우리가 예수님 안에 거하는 일은 믿음의 출생으로 되지만, 예수님의 사랑 안에 거하는 일은 사랑의 순종을 통해 다다를 수 있는 경지요, 체험할 수 있는 세계라는 뜻입니다.

이것은 우리 자녀를 봐도 충분히 깨달을 수 있는 진리입니다. 자녀는 출생을 통해 부모 안에 있게 됩니다. 그러나 자녀가 부모의 사랑 안에 거하는 일은 출생만으로 잘 안 될 때가 많습니다. 자라나면서 부모의 기대 이상으로 성품도 좋고, 공부도 잘하고, 신앙생활도 열심히 하며 부모의 마음에 기쁨을 줄 때 부모의 사랑이 더더욱 그 자녀에게 가지 않습니까? 그러면 그 아이는 부모의 사랑 안에 거하는 행복한 자녀가 될 수 있습니다. 반면 출생을 통해 부모 자식 간의 관계는 형성되었지만 부모의 사랑 안에 거하지 못하면 그 자녀는 불행하게 자랄 수밖에 없습니다.

하나님과 우리의 관계도 이와 비슷하다고 생각합니다. 우리가 믿음으로 예수님 안에 거하는 것도 중요하지만, 이에 못지않게 중요한 일은 형제를 사랑함으로 예수님의 사랑 안에 거하는 것입니다. 그러면 어느 쪽이 더 단수가 높습니까? 주님 안에 거하는 것입니까? 아니면 주님의 사랑 안에 거하는 것입니까? 당연히 그 사랑 안에 거하는 것입니다.

'믿음과 순종'이라는 말은 어떤 의미에서 보면 '믿음과 사랑'이라는 말과 같다고 할 수 있습니다. 믿음으로 예수 안에 진정으로 거하는 사람은, 사랑으로 순종하게 되어 있습니다. 믿음, 소망, 사랑을 싹둑싹둑 잘라서 그것들이 서로 아무 관계도 없는 독립적인 것이라고 말할 수 있습니까? 그럴 수 없습니다. 성경을 보면 진짜 믿음을 가진 사람은 사랑합니다. 진짜 사랑 안에 사는 사람은 항상 모든 것을 바라며 모든 것을 믿으며 소망을 가지고 삽니다. 믿음, 소망, 사랑은 모두 하나입니다.

그럼에도 우리는 가끔 "나는 예수 믿습니다. 믿은 것으로 다 된 것 아닙니까?" 하고는 더 이상의 단계가 없는 것처럼 착각합니다. 그러나 이것은 잘못된 생각입니다. 예수님을 믿습니까? 그렇다면 예수님 안에 거해야 합니다. 그리고 더 나아가 주님의 명령에 순종하여 형제를 사랑하는 자리까지 나아가야 합니다. 그럴 때 드디어 우리는 예수님의 사랑을 혼자 독차지하는 것 같은, 사랑 안에 거하는 경지로 들어갈 수 있습니다.

### 진정한 우정과 기쁨

이와 같이 사랑 안에 거하는 자에게 예수님은 두 가지 특별한 복을 약속해주셨습니다. 먼저는, 예수님의 사랑 안에 거하면 예수님과 비밀이 없는 깊은 우정을 나눌 수 있습니다.

> 사람이 친구를 위하여 자기 목숨을 버리면 이보다 더 큰 사랑이 없나니 너희는 내가 명하는 대로 행하면 곧 나의 친구라 이제부터는 너희를 종이라 하지 아니하리니 종은 주인이 하는 것을 알지 못함이라 너희를 친구라 하였노니 내가 내 아버지께 들은 것을 다 너희에게 알게 하였음이라(요 15:13-15).

형제를 위해서 목숨을 버리듯이 예수님을 사랑하면 그분의 친구가 됩니다. 성경에서 예수님이 우리의 친구라고 말씀하신 곳이 또 있는데 누가복음 12장 4절입니다. 참으로 놀라운 말씀입니다. 어떻게 하나님이신 예수님이 우리의 친구가 되실 수 있다는 말입니까? 그럼에도 예수님은 우리를 친구라고 하십니다.

여기서 '친구'란 서로 비밀이 없는 관계를 말합니다. 두 사람이 손잡고 오솔길을 걸어가면서 속에 있는 이야기를 다 털어놓는 사이가 친구 아닙니까? 우리가 예수님과 이렇게 모든 것을 다 터놓을 수 있는 관계가 된다는 것입니다. 주님의 마음에 있는 모든 것을 내가 알 수 있고, 내 마음에 있는 모든 것을 주님이 다 알아주십니다. 서로가 말없이 가만히 앉아 있어도 다 통합니다. 우리가 형제를 사랑함으로 예수님의 사랑 안에 거하면 주님은 우리와 이와 같은 우정을 나누겠다고 하십니다.

이 말씀이 무슨 뜻인지 이해가 잘 안 된다면 아마도 그것은 예수님이 나를 사랑하시듯 내가 형제를 사랑하지 않기 때문일 것입니다. 예수님이 명령하신 그 사랑을 잘 실천하지 않기 때문에 주님과의 관계가 활짝 열리지 않는 것입니다. 친구처럼, 비밀이 없는 사이처럼 주님과 깊은 교제를 체험하지 못하는 것입니다. 그러므로 '무슨 소리인지 잘 모르겠다'고 생각되면 '나는 사랑하지 않고 있구나! 내가 주님의 명령대로 사랑을 실천하지 못하고 있구나!' 하고 가책하는 마음이 생겨야 합니다.

주님의 사랑 안에 거하는 사람에게 약속하신 또 한 가지 복이 있습니다. 그것은 기쁨입니다.

> 내가 이것을 너희에게 이름은 내 기쁨이 너희 안에 있어 너희 기쁨을 충만하게 하려 함이라(요 15:11).

예수님은 불과 몇 시간 후면 십자가에서 끔찍한 사형을 당해야 합니다. 십자가의 공포가 예수님을 온통 사로잡고 있습니다. 그러나 우리를 사랑하사 우리를 위해 자기 몸을 던지는 사랑을 실천하는 주님의 마음속에는 이와 같은 공포가 빼앗아가지 못하는 기쁨이 있었습니다. 바로 하나님의 기쁨입니다. 그런데 그 기쁨을 제자들에게 주신다고 하십니다. "너희들이 사랑하면 내가 이 기쁨을 너희에게 충만히 채워주겠다!" 세상 어느 누구도 빼앗지 못하는 기쁨을 주시겠다고 말씀하십니다(요 16:22).

만일 당신이 이 기쁨이 무엇인지 조금이라도 안다면, 당신은 사랑을 실천하는 사람입니다. 예수를 오랜 세월 동안 믿었어도 이 기쁨이 무엇인지 잘 모른다면, 당신은 사랑을 실천한 경험이 드문 사람입니다. 기쁨은 우리가 형제를 사랑하는지 사랑하지 않는지를 증명하는 시금석과 같다고 해도 과언이 아닙니다. 예수님은 거짓말하시는 분이 아닙니다. 예수님이 분명히 그와 같은 기쁨을 주신다고 했는데 나에게 기쁨이 없다면 잘못은 자신에게 있습니다. 우리가 사랑할 때 이와 같이 주님과 깊은 우정을 누리고, 주님이 주시는 놀라운 기쁨을 소유할 수 있다니 얼마나 대단합니까?

우리는 사랑하기를 싫어하는 것과 사랑하지 못하는 것이 얼마나 불행한 일인가를 새삼 깨닫습니다. 사랑하지 않아서 우리가 과연 무엇을 얻었습니까? 또 사랑해서 우리가 무엇을 잃었습니까? 아무것도 없습니다. 오히려 사랑하지 않아서 잃어버린 것이 얼마나 많습니까? 예수님께서 주시는 이와 같은 복을 우리가 제대로 받아 누리지 못한다면 그보다 더 큰 손해는 없을 것입니다. 이 세상에 진정한 기쁨이 어디 있습니까? 이 세상에 진정한 우정이 어디 있습니까? 오직 예수님의 사랑 안에만 진정한 우정과 사랑이 있습니다. 아직도 그것이 무엇인지 모른다면 지금 너무나 엄청난 손해를 보는 것입니다. 더 이상 이와 같이 손해 막심한 신앙생활을 하지 않도록 주님께서 당신에게 사랑의 은혜를 주시기 바랍니다.

### 예수 사랑 안에 거하는 삶

저는 성경을 가지고 주님이 우리를 사랑하시듯 형제를 사랑하는 자에게 하나님께서 어떤 은혜를 주시는가를 당신에게 가르칠 수 있습니다. 그러나 자신을 내세우며 "저를 보십시오. 주님의 말씀은 거짓말이 아닙니다. 제가 이렇게 형제를 사랑하기 때문에 하나님이 제게 놀라운 은혜를 주셨습니다. 저를 보면 하나님의 말씀이 거짓이 아님을 알 수 있습니다" 하며 증명해 보일 자신은 없습니다. 제게는 주님이 명령하신 대로 사랑하지 못하는 구석이 있기 때문입니다.

그래서 저는 '이 말씀처럼 사랑하는 자에게 약속된 복을 실제로 받아 누리는 사람이 없을까? 정말 예수님이 우리를 사랑하듯이 형제를 사랑하고 그로 인해서 그 사람에게 하나님이 엄청난 은혜를 주신다는 것을 증명할 수 있는 경우가 없을까?' 하고 찾아보았습니다. 그런데 얼마 전에 제가 찾던 바로 그런 분의 놀라운 간증을 들었습니다. 아마 그분의 간증을 들은 분들이 꽤 있을 것입니다. 김요석 목사라는 분입니다.

김 목사는 1970년대 초에 독일로 유학을 갔습니다. 독일에서 공부를 하던 어느 날 국제적으로 유명한 강사의 특강을 들을 기회가 생겼습니다. 천여 명의 학생들이 강의를 들으려고 큰 강당에 모였다고 합니다. 그런데 강사가 한참 강의를 하다가 갑자기 이런 질문을 했답니다. "여러분 가운데서 성경이 하나님의 말씀이라고 믿는 분은 손 한번 들어보시지요." 그 많은 학생들 가운데 한 사람도 손을 드는 사람이 없었습니다. 그런데 잠시 후 저 구석에 앉아 있는 동양인 하나가 손을 번쩍 들었습니다. 김 목사였습니다. 그러자 강사가 물었습니다. "어디서 왔소?" 그는 한국에서 왔다고 답했습니다. 그러자 강사는 이렇게 말했습니다. "한국은 아직도 후진국에 속하기 때문에 샤머니즘이 번성해 있지요. 학생은 아마 샤머니즘의 영향으로 성경도 하나님이 직접 하신 말씀이라고 믿는 모양인데, 여기서 공부를 하면 그런 미신적인 생각은 완전히 고쳐질 것이오."

김 목사는 이런 삭막한 신학 풍토 속에서 10년 동안 공부를 하고 학위를 받아 한국으로 돌아왔습니다. 귀국한 후에 어느 신학교에서 교수들과 학생들, 목회자들을 앉혀놓고 특강을 했는데, 강의가 끝난 다음에 한 노 목사님이 그를 찾아와서 이렇게 말했다고 합니다. "김 목사, 내가 당신 강의를 들어보니 머리로는 하나님을 조금 아는 것 같은데 아직 하나님을 만난 경험이 없는 것 같습니다. 하나님을 한 번 만나보세요. 하나님을 만나려면 목회를 해봐야 합니다. 주소를 드릴 테니 찾아가서 목회를 해보시오."

목사님이 준 주소는 전라도 어느 지역으로 되어 있었습니다. 그는 그 주소지로 찾아갔습니다. 도착해서 보니 그곳은 나환자들이 수용된 시설에 있는 조그마한 교회였습니다. 아무도 그를 반기지 않았고, 이틀 사흘이 지나도록 밥을 해주는 사람도 없을 만큼 정말 어려운 목회지였습니다.

그는 강단에 서서 설교하는 첫 시간에 제일 앞에 앉아 있는 사람을 보고 충격을 받았습니다. 그의 얼굴에는 구멍만 다섯 개가 뚫려 있었습니다. 코도 없고 눈도 없고 입술도 없고 손도 떨어져 나가고 남아 있는 게 없었습니다. 그런 사람이 앉아서 은혜를 받겠다고 쳐다보고 있으니 얼마나 충격이었겠습니까? 한참 말을 잇지 못하고 있다가 무슨 설교를 했는지도 모르게 황망히 설교를 끝냈습니다. 그리고 광고 시간에 이렇게 말했습니다. "여러분, 제가 여기에 부임했으니 여러분들과 인사할 수 있도록 기다리십시오." 축도를 하고 눈을 떠보니 예배당 안에 한 사람도 남아 있지 않았습니다. '잘됐어. 자칫하면 손도 잡았어야 하는데 다 가고 없으니 너무 잘됐어' 하면서 안도의 숨을 쉬며 교회당 문을 열고 밖으로 나왔는데 이게 웬일입니까? 전부 일렬종대로 서서 자기를 기다리고 있었다지 뭡니까?

맨 처음에 악수한 사람은 얼굴에 구멍만 다섯 개 나 있는 바로 그 남자였습니다. 그와 손을 잡고 인사했습니다. 두 번째로 악수한 사람은 어떤 할머니였습니다. 그 할머니 역시 손이 없어서 손목을 잡고 악수를 하는데, 거기에는 만지면 터질 것 같은 고름 주머니 같은 것이 달려 있었습니다. 무척 망설여졌지만 '그렇다고 내가 이 할머니의 손을 안 잡아주면 얼마나 섭섭해하실까?'라는 생각이 들어 그 손을 잡았다고 합니다. 그랬더니 그 할머니는 너무나 좋으셨던지, "열여섯 살 때 나병에 걸려서 수용소에 들어와 60년을 사는 동안 한 번도 성한 사람 손을 잡고 악수를 해본 일이 없었는데 목사님이 오셔서 이렇게 손을 잡아주니 얼마나 좋은지 몰라요" 하면서 감격에 겨워 손을 마구 비벼대기 시작하더랍니다.

그때 김 목사의 가슴이 뜨거워지기 시작했습니다. 마치 하늘에서 불이 내린 것처럼 가슴이 달아올랐습니다. 그때 그에게 불현듯 이런 생각이 들었습니다. "아, 이 손이 바로 예수님의 손이구나! 독일에서 공부할 때 어떤 교수가 날 보고 '하나님을 본 적이 있나? 하나님이 황인종이던가? 백인종이던가? 하나님의 손을 잡아보았나? 차던가? 덥던가?'라고 질문할 때 한마디도 대답하지 못했는데 하나님의 손이 바로 여기에 있구나. 바로 이 할머니가 예수님이시구나." 이렇게 그는 불을 받은 것입니다.

그는 일 년 동안 일하기로 하고 그곳에 갔지만 하루에 한 끼 먹는 일이 다반사인데도 수년 동안 계속해서 사역을 해왔다고 합니다. 어느 날 독일에서 그의 주임 교수로부터 편지가 왔습니다. "내가 은퇴할 날이 가까웠는데 아무리 생각해도 내 후임으로 자네밖에 없다. 빨리 들어오라." 독일에서 교수의 위상이 얼마나 높은지 잘 알 것입니다. 그런데 그 영광스러운 자리에 그것도 동양인 목사를 후임으로 세우겠다니 얼마나 대단한 일입니까? 그러나 김 목사는 그 편지를 받고 아무리 기도해봐도 자기 한 몸 호강하겠다고 양 떼들을 버리고 갈 수 없었습니다. 그래서 "저는 못 갑니다. 교수님"이라고 편지를 써 보냈는데, 또 편지가 왔습니다. 아무 말 하지 말고 되도록 빨리 오라는 것입니다. 그러나 양 떼를 버려두고 갈 수 없노라고 또 다시 편지를 보냈습니다. 그러자 얼마 후에 주임 교수가 직접 그를 찾아왔습니다. 교수는 그가 목회하는 것을 보고 충격과 감동을 받았습니다. 돌아가서는 "김 목사는 한국에서 예수님과 손잡고 목회하고 있더라" 하고 소문을 냈습니다.

김 목사의 간증을 들으면서 저는 이런 생각을 해보았습니다. '그렇지, 예수님이 우리를 사랑하시듯이 참으로 목숨 걸고 형제를 사랑하는 자는 그 목사처럼 자유가 있다. 남이 모르는 기쁨이 있다. 무엇에도 매이지 아니하는, 또 무엇인가 주님과 깊은 우정을 나누는 경지가 있다. 하나님 말씀이 거짓말이 아니구나.'

하나님께서 그를 얼마나 아끼시는지, 한순간도 혼자 두지 않으십니다. 한번은 중국에 나환자들이 많다는 말을 듣고 중국에 가기로 마음먹었다고 합니다. 1980년대 초반이라 아직 우리나라와 중국 사이에 국교가 맺어지기 전이었지만 기적적으로 중국에 들어갈 수 있었습니다. 중국 사람들에게 나환자촌이 어디 있냐고 묻자 관리들은 그저 입에 발린 대답만 했습니다. "우리나라는 지상천국인데 무슨 나환자가 있소?"라며 시치미를 뗐습니다. 그래서 할 수 없이 기도하면서 수소문하다가 마침내 나환자촌 업무를 담당하는 고위층을 만났습니다. 그는 자기를 그곳으로 안내해달라고 통사정을 했습니다. 그곳에 가서 그들을 위로하며 복음을 전하고 싶었기 때문입니다.

그런데 이 중국 공무원은 조금 이상한 데가 있었습니다. 그가 김 목사에게 엉뚱한 제안을 한 것입니다.

"그게 그렇게 소원이라면 나하고 내기를 하나 합시다."

"무슨 내기를 할까요?"

"누가 주량이 센지 겨루는 겁니다. 당신이 지면 못 가는 거고, 내가 지면 안내하지요."

이리하여 둘은 누가 술을 잘 마시는지 내기를 시작했습니다. 배갈이라는 술이 어찌나 독한지, 큼직한 잔에 가득 부어놓고 성냥불을 대자 불꽃이 확 붙었습니다. 목사가 언제 이런 술을 입에 대보기라도 했겠습니까? 그는 술잔을 놓고 기도했다고 합니다. "하나님, 제가 왜 이 잔을 마셔야 하는지 아시지요? 도와주세요." 그러고는 잔에다 입을 댔는데 잔 속에 든 것이 술이 아니고 물이었습니다. 그냥 쭉 들이켰습니다. 그랬더니 상대방의 눈이 휘둥그레졌습니다. "와, 대단하시네요. 한 잔 더 합시다." 또 한 잔을 마셨습니다. 역시 그가 마시는 것은 물이었습니다. 지기 싫었는지 상대방은 한 잔을 더 하자고 했습니다. 세 잔째도 동일하게 물이었습니다. 상대방은 세 잔도 채 마시지 못해서 쓰러져버렸습니다. 이처럼 기적적으로 내기에 이겨 드디어 나환자촌을 찾아갔습니다.

저는 이 이야기를 들으면서 '하나님이 우리를 사랑하시듯, 생명을 걸고 진정으로 형제를 사랑하기를 원하는 자는 주님이 꽉 붙들고 한순간도 놓지 않으시며 어떤 상황에서도 도와주시는구나. 필요하면 이적 기사도 주시고 은혜를 주시는구나' 하는 가슴 뭉클한 감동을 받았습니다.

우리는 이와 같은 이상적인 사랑을 하지 못할 수도 있습니다. 그러나 옆에 있는 한 형제라도 주님이 명령한 대로 사랑하면 주님이 약속하신 것처럼 주님과 우정을 나누고, 주님이 주시는 기쁨을 받아 누리는 체험을 할 수 있습니다. 제자들처럼 우리가 아무리 큰 근심에 젖어 있다 해도, 아무리 무서운 공포가 엄습해온다 해도 서로 사랑하면 모든 근심을 떨쳐버릴 수 있습니다. 모든 공포를 잠재울 수 있습니다.

오늘도 주님은 당신을 향해 말씀하십니다. "너희 가정에 문제가 있지 않니? 경제적인 문제도 있을 것이고 인간관계의 문제도 있을 것이고 질병의 문제도 있을 것이다. 그러나 서로 사랑하라. 어려울수록 더 사랑하라. 고통이 있을수록 더 사랑하라. 생활이 궁핍해질수록 더 생명을 바치듯이 사랑하라. 사랑하면 그 사랑이 공포를 걷어낼 것이다. 그 사랑이 아픔을 덮어줄 것이다. 그 사랑이 마음속 근심을 덜어줄 것이다. 서로 사랑하라."

주님께서 당신을 향해 하시는 명령을 들을 수 있길 바랍니다. 이 음성을 듣고 성령께서 당신 가슴을 뜨겁게 하심으로, 지금까지 사랑하지 못하던 자들을 사랑하는 복을 부어주시길 간절히 바랍니다.

# 55

## 평안하라, 담대하라

요한복음 15장 18절-16장 4절

18 세상이 너희를 미워하면 너희보다 먼저 나를 미워한 줄을 알라 19 너희가 세상에 속하였으면 세상이 자기의 것을 사랑할 것이나 너희는 세상에 속한 자가 아니요 도리어 내가 너희를 세상에서 택하였기 때문에 세상이 너희를 미워하느니라 20 내가 너희에게 종이 주인보다 더 크지 못하다 한 말을 기억하라 사람들이 나를 박해하였은즉 너희도 박해할 것이요 내 말을 지켰은즉 너희 말도 지킬 것이라 21 그러나 사람들이 내 이름으로 말미암아 이 모든 일을 너희에게 하리니 이는 나를 보내신 이를 알지 못함이라 22 내가 와서 그들에게 말하지 아니하였더라면 죄가 없었으려니와 지금은 그 죄를 핑계할 수 없느니라 23 나를 미워하는 자는 또 내 아버지를 미워하느니라 24 내가 아무도 못한 일을 그들 중에서 하지 아니하였더라면 그들에게 죄가 없었으려니와 지금은 그들이 나와 내 아버지를 보았고 또 미워하였도다 25 그러나 이는 그들의 율법에 기록된 바 그들이 이유 없이 나를 미워하였다 한 말을 응하게 하려 함이라 26 내가 아버지께로부터 너희에게 보낼 보혜사 곧 아버지께로부터 나오시는 진리의 성령이 오실 때에 그가 나를 증언하실 것이요 27 너희도 처음부터 나와 함께 있었으므로 증언하느니라 1 내가 이것을 너희에게 이름은 너희로 실족하지 않게 하려 함이니 2 사람들이 너희를 출교할 뿐 아니라 때가 이르면 무릇 너희를 죽이는 자가 생각하기를 이것이 하나님을 섬기는 일이라 하리라 3 그들이 이런 일을 할 것은 아버지와 나를 알지 못함이라 4 오직 너희에게 이 말을 한 것은 너희로 그때를 당하면 내가 너희에게 말한 이것을 기억나게 하려 함이요 처음부터 이 말을 하지 아니한 것은 내가 너희와 함께 있었음이라

요한복음 16장 25-33절

25 이것을 비유로 너희에게 일렀거니와 때가 이르면 다시는 비유로 너희에게 이르지 않고 아버지에 대한 것을 밝히 이르리라 26 그날에 너희가 내 이름으로 구할 것이요 내가 너희를 위하여 아버지께 구하겠다 하는 말이 아니니 27 이는 너희가 나를 사랑

하고 또 내가 하나님께로부터 온 줄 믿었으므로 아버지께서 친히 너희를 사랑하심이라 28 내가 아버지에게서 나와 세상에 왔고 다시 세상을 떠나 아버지께로 가노라 하시니 29 제자들이 말하되 지금은 밝히 말씀하시고 아무 비유로도 하지 아니하시니 30 우리가 지금에야 주께서 모든 것을 아시고 또 사람의 물음을 기다리시지 않는 줄 아나이다 이로써 하나님께로부터 나오심을 우리가 믿사옵나이다 31 예수께서 대답하시되 이제는 너희가 믿느냐 32 보라 너희가 다 각각 제 곳으로 흩어지고 나를 혼자 둘 때가 오나니 벌써 왔도다 그러나 내가 혼자 있는 것이 아니라 아버지께서 나와 함께 계시느니라 33 이것을 너희에게 이르는 것은 너희로 내 안에서 평안을 누리게 하려 함이라 세상에서는 너희가 환난을 당하나 담대하라 내가 세상을 이기었노라

그리스도인이라면 누구나 마음속으로 은근히 이런 기대를 품는 것 같습니다. '예수 잘 믿으면 복 많이 받고 또 세상 사람들에게서 부러움을 받으며 어디를 가나 존경과 사랑을 받는 사람이 될 수 있다.' 물론 이런 기대가 전적으로 잘못이라고 말할 수는 없습니다. 성경에는 이런 기대를 가지게 할 만한 말씀도 분명 있습니다. 신명기 28장 2-6절이 대표적인 예입니다. "네가 네 하나님 여호와의 말씀을 청종하면 이 모든 복이 네게 임하며 네게 이르리니 성읍에서도 복을 받고 들에서도 복을 받을 것이며 네 몸의 자녀와 네 토지의 소산과 네 짐승의 새끼와 소와 양의 새끼가 복을 받을 것이며 네 광주리와 떡반죽 그릇이 복을 받을 것이며 네가 들어와도 복을 받고 나가도 복을 받을 것이니라."

읽기만 해도 황홀해지는 말씀이 아닐 수 없습니다.

또 사도행전 2장 47절을 보면, 예루살렘에 처음으로 교회가 탄생할 때 많은 사람이 예수를 믿고 성령을 받아 은혜가 충만해지자 온 백성에게 칭송을 들었다고 했습니다. 성도들이 세상 사람들에게 칭찬을 받았다는 이야기입니다. 이런 의미에서 예수를 잘 믿고 성공하여 세상 사람들에게 존경도 받고 어디를 가든지 대우를 받으려는 기대는 그 자체로 나쁜 것이라 할 수 없습니다.

그러나 주님은 우리의 이러한 기대에 찬물을 끼얹는 듯한 말씀을 본문에서 하고 계십니다. 주님이 성만찬 자리에서 마지막으로 제자들에게 들려주시는 고별 설교는, 한편으로 매우 두려운 내용을 담고 있습니다. 무엇보다 예수님은 세상이 우리를 미워할 것이라고 말씀하십니다. 본문 15장부터 17장으로 넘어가기까지 '미워한다'는 말이 일곱 번이나 반복해서 나오는 것을 보면, 예수님이 이 말씀을 단지 한 번 정도 짚고 넘어가려는 의도로 하시지는 않았다는 사실을 금세 눈치챌 수 있습니다.

그리고 예수님이 사용하시는 표현을 살펴보면, '미워한다'부터 시작해서 '출교한다', '환난을 당한다', '죽인다'까지 점점 더 그 강도가 높아집니다. 예수를 잘 믿으면 세상에서 칭찬받고 대접받을 줄 알았는데 세상은 도리어 우리를 미워할 거라고 말씀하십니다.

그러면 예수님이 말씀하시는 세상의 실체가 무엇입니까? 이것은 영적인 의미를 갖습니다. 세상이란 다른 것이 아닙니다. 하나님 없이 돌아가는 사회가 곧 세상입니다. 이 사회를 구성하는 여러 가지 요소, 곧 사람과 조직, 계획, 활동, 철학, 문화, 가치관 등을 총망라한 영적 실체가 바로 세상이라는 말입니다.

요한일서 2장 16절은 하나님 없이 돌아가는 이 세상을 지배하는 원리를 간단하게 세 가지로 요약합니다. '육신의 정욕', '안목의 정욕', '이생의 자랑'입니다. 자랑이란 세상 것을 가지고 떠벌리며 내세우는 것을 말합니다. 하나님 없는 이 사회의 모든 구성 요소는 바로 이 세 가지 지배 원리로 움직입니다.

이 세상은 하나님을 완전히 배제하며 하나님을 대적하는 세력이라고 할 수 있습니다. 최근에 어느 대학교수가 인터넷을 통하여 지난 2천 년 서구 문명에서 인류 발전에 가장 크게 공헌한 발명품이 무엇인지 공모한 적이 있었습니다. 그 가운데는 컴퓨터를 비롯해서 여러 가지가 있었는데, 특히 저의 눈길을 끈 것은 '세속주의의 등장'이었습니다. 지난 2천 년 동안 인류 역사에 공헌한 가장 큰 발명품으로 세속주의를 든 사람이 있었던 것입니다. 그에 따르면 세속주의야말로 인간을 하나님으로부터 자유롭게 해준 사상이니 이것만큼 큰 공헌을 한 것이 없다고 했습니다. 이와 같이 어떻게 해서든지 하나님을 밀어내고 하나님 없는 사회를 추구하는 것, 이것이 바로 주님께서 말씀하시는 세상입니다.

### 예수님을 미워하기 때문에
### 우리도 미워한다

이 세상의 배후에는 사탄이 몸을 도사리고 있습니다. 그래서 세상은 사탄의 지배를 받으며, 사탄의 계획대로 움직입니다. 더 나아가 세상은 예수 믿는 우리를 미워합니다. 그렇다면 왜 세상이 우리를 미워할까요? 주님께서는 그 이유를 세 가지로 말씀하셨습니다.

첫째, 예수님을 미워하기 때문에 세상이 결국 우리도 미워한다는 것입니다.

> 세상이 너희를 미워하면 너희보다 먼저 나를 미워한 줄을 알라(요 15:18).

놀랍게도 예수님께서 세상을 구원하고자 이 땅에 와 계실 때, 세상은 예수님을 지독하게 미워했습니다. 요한복음 1장부터 17장까지 내용을 가만히 살펴보면 분위기가 살벌하기 그지없습니다. 요한복음 2-3장에서부터 벌써 예수님을 죽이려 한다는 말이 등장합니다. 그리고 모이는 사람들이 자주 예수님을 죽이고자 궁리하는 것을 발견할 수 있습니다. 열 번 이상 그런 내용이 나옵니다. 세상은 예수님이 사역을 시작하신 초기부터 그분을 미워했습니다.

그러면 왜 세상이 예수님을 그토록 미워했을까요? 요한복음 7장 7절은 그 이유를 이렇게 설명합니다. "세상이 너희를 미워하지 아니하되 나를 미워하나니 이는 내가 세상의 일들을 악하다고 증언함이라." 예수님이 세상 모든 행사를 보며 악하다고 책망하셨기 때문에 세상은 이와 같은 책망을 듣기 싫어 예수님을 그토록 미워한다는 것입니다. 예수님과 공동 운명을 나누는 제자들 역시 세상의 미움을 피할 길이 없습니다.

> 내가 너희에게 종이 주인보다 더 크지 못하다 한 말을 기억하라 사람들이 나를 박해하였은즉 너희도 박해할 것이요 내 말을 지켰은즉 너희 말도 지킬 것이라(요 15:20).

예수님은 우리의 스승이십니다. 스승이 핍박을 당하는데 제자들이 무사할 리가 없습니다. 예수님을 미워하는 세상인데 그의 제자들도 미워하지 않겠습니까? 이 같은 사실은 예수님의 제자들이나 지난 2천 년 기독교 역사를 통해서 여실히 드러납니다. 사람들이 끌려갔을 때 그들의 이름이 무엇이며, 신분이 어떠하고, 무슨 일을 하는지는 아무런 의미가 없었습니다. 그들이 순교당하는 죄목은 단 하나입니다. 예수를 믿는다는 사실입니다. 그 한 가지 이유만으로 그들은 형장의 이슬로 사라져갔습니다. 제자들도 마찬가지였습니다. 열한 명 모두 예수님 때문에 세상에서 미움을 받다가, 예수님 때문에 끌려가서, 예수님 때문에 순교를 당했습니다.

그러나 지난 세월 동안 제자들과 많은 그리스도인들이 핍박을 받고, 미움을 받고, 순교를 한 덕분에 오늘 이 작은 한반도에까지 복음의 씨앗이 뿌려져서 우리 모두 예수님을 알게 되고, 예수님을 믿는 영광을 누리는 것은 기가 막힌 은혜가 아닐 수 없습니다. 한국교회의 선조들 역시 세상에게서 미움과 핍박을 받았습니다. 구한말에 예수를 믿다가 희생당한 사람이 얼마나 많았습니까? 일제강점기에 예수를 믿다가 끌려가서 소리 없이 사라진 사람도 많았습니다. 한국전쟁 때 예수 믿는다는 한 가지 죄목 때문에 공산당에게 끌려가서 십자가에 못 박히고 그 시신이 들판에서 썩어간 사람들도 많았습니다. 많은 사람이 미움을 받았고, 많은 사람이 희생당했습니다. 우리가 세상의 미움과 핍박을 받으리라는 예수님의 말씀은 사실이었습니다. 예수님이 미움을 받으시기 때문에 그분의 제자 된 우리도 미움을 받는 것입니다.

〈리더스 다이제스트〉 1997년 10월호에 충격적인 글이 실렸습니다. 20세기 들어 2억에서 2억 5천만 명에 이르는 그리스도인들이 곳곳에서 끔찍한 핍박과 환난을 당하고 있다는 내용이었습니다. 어떤 사람은 고문을 당하고, 어떤 사람은 노예 취급을 당하고, 어떤 사람은 감옥에 갇혀 가족과 떨어진 채로 비인간적인 삶을 살아갑니다. 또 어떤 여성들은 강간을 당합니다. 민주주의가 꽃피었다는 20세기에도 그 많은 사람들이 예수 이름 때문에 고통을 당하고 있습니다. 특히 북한과 구소련 지역, 동구권, 사우디아라비아나 이란 등과 같은 이슬람권에서 얼마나 많은 그리스도인들이 미움을 받고 끌려가서 고초를 겪고 있는지 모릅니다.

인도에서 선교하던 호주 선교사 한 분은 자기 아들과 함께 차 안에 갇힌 채로 폭도들에 의해 타 죽었습니다. 예수 믿는다는 이유 하나 때문에 선교사 부자가 그렇게 순교를 당했습니다. 누가 예수님의 제자들입니까? 예수를 믿는 우리 모두가 그분의 제자들입니다. 그러므로 우리는 세상으로부터 미움을 받게 되어 있습니다. 이것을 분명히 알아야 합니다.

### 소속이 다르기 때문에 미워한다

둘째, 소속이 다르기 때문에 세상이 우리를 미워합니다. 주님의 말씀을 들어봅시다.

> 너희가 세상에 속하였으면 세상이 자기의 것을 사랑할 것이나 너희는 세상에 속한 자가 아니요 도리어 내가 너희를 세상에서 택하였기 때문에 세상이 너희를 미워하느니라(요 15:19).

동물들은 본능적으로 제 새끼는 사랑하고 남의 새끼는 미워합니다. 인간 사회에서도 동일하게 나타나는 경향입니다. 전에 우리는 세상에 속해 있었습니다. 세상의 것, 곧 사탄의 소유였습니다. 그러나 예수 믿고 죄와 사망에서 자유롭게 된 다음에는 하나님의 자녀, 곧 하나님의 것이 되었습니다. 바로 이와 같은 이유 때문에 세상은 우리를 미워합니다.

요한은 요한복음을 기록하면서 '생명과 죽음', '빛과 어둠', '교회와 세상', '빛의 자녀와 어둠의 자녀'와 같이 흑백논리를 잘 전개했는데, 본문 역시 마찬가지입니다. 교회가 하나님께 속해 있다면 세상은 사탄에게 속해 있습니다. 하나님의 자녀가 천국에 속한 자들이라면 하나님의 자녀가 아닌 사람들은 세상에 속한 자들입니다. 요한은 하나님의 자녀와 세상을 흑백에 비유하고 있습니다. 이 둘은 실질적으로 타협이나 동화가 불가능합니다. 양자택일만 있을 뿐 중간 지점은 존재하지 않습니다.

이런 의미에서 우리는 세상에게 사랑을 받을 수 없는 자들입니다. 세상은 자기와 같이 노는 사람들을 좋아합니다. 그러나 자기하고 다르게, 별나게 놀면 미워합니다.

한때 '왕따'라는 단어가 많은 사람에게 주목을 받았습니다. '왕따'가 무엇입니까? 자기편에 들지 않으면 미워하고 외톨이로 만드는 것입니다. 일본에서는 '이지메'라고 합니다. 안타깝지만 세상은 원래부터 그런 기질이 있습니다.

우산은 비가 올 때뿐만 아니라 뙤약볕이 내리쬐어도 즐겨 사용하는 필수품입니다. 그러다가 혹시 보기 싫은 사람이라도 나타나면 슬그머니 얼굴을 가릴 수도 있으니 참 유용합니다. 그런데 처음 우산을 만들었을 때만 해도 상황이 지금과 무척 달랐습니다. 우산을 발명한 존스 핸웨이는 우산 보급 방법을 고민하다가 비가 오는 날 동네에서 자기가 만든 우산을 쓰고 일종의 쇼를 해야겠다고 마음먹었습니다. 그래서 어느 비 오는 날 드디어 우산을 쓰고 돌아다녔다고 합니다. 그러나 사람들은 그 모습을 보고 그에게 돌멩이질을 하는가 하면 쓰레기를 던지며 놀려댔습니다. 이처럼 자기와 조금 다르면 다들 미워하나 봅니다.

성도들 가운데는 명절 때만 되면 제사 문제 때문에 홍역을 치르는 분들이 꽤 있습니다. 우리는 제사를 드리지 않습니다. 부모님이 살아 계실 때 효도해야지 세상을 떠난 후에는 아무 소용이 없다고 생각하기 때문입니다. 아닌 게 아니라 살았을 때 불효하던 사람이, 제사에 대해서는 더 극성맞은 것을 자주 봅니다. 그렇게 모순된 짓들을 하면서도 세상 사람들은 그것을 대단하게 생각합니다. 우리는 죽은 혼이 와서 제삿밥을 먹는다고 믿지도 않습니다. 제사 배후에 있는 조상신에 대한 종교적인 신앙을 부정하기 때문입니다. 그래서 예수 믿는 우리는 제사를 지내지 않습니다. 그러나 제사를 안 지낸다는 이유로 그리스도인들을 얼마나 핍박합니까? 아내를 핍박하고, 아들을 핍박하고, 형제를 핍박합니다. 그 이유가 무엇일까요? 자기들과 한통속이 되지 않는 것에 대한 증오감입니다.

우리가 세상의 미움을 받아도 그것은 어쩔 수 없는 일입니다. 하나님께 속한 우리의 신분을 내팽개칠 수도 없고, 다시 세상으로 돌아갈 수도 없습니다. 요한일서 2장 15절을 보십시오. "이 세상이나 세상에 있는 것들을 사랑하지 말라!" 또 로마서 12장 2절을 보십시오. "너희는 이 세대를 본받지 말라!" 왜 하나님께서 이런 말씀들을 우리에게 주십니까? 우리는 세상에 속한 자가 절대 아니기 때문입니다. 그러므로 세상과 소속이 달라서, 혹은 세상과 동일하지 않아서 미움을 받는 것은 감수해야 합니다.

**무지하기 때문에 미워한다**

셋째, 무지하기 때문에 세상은 우리를 미워합니다. 이는 예수님의 말씀에 잘 드러납니다.

> 그러나 사람들이 내 이름으로 말미암아 이 모든 일을 너희에게 하리니 이는 나를 보내신 이를 알지 못함이라(요 15:21).

세상은 하나님이 누구시며, 예수님이 누구신지 잘 모릅니다. 하물며 그들이 구원받은 우리의 존재를 어떻게 알겠습니까? 알 턱이 없습니다. 이렇게 모르기 때문에 우리를 미워합니다.

### 세상과의 근본적인 이질감

우리는 이 말씀을 들으면서도 별다른 느낌을 받지 않습니다. 우리 조상들처럼 핍박당하는 시대에 살았다면 실감이 나겠지만 지난 50년 동안 우리는 자유와 평화를 누리는 환경에서 살아왔습니다. 교회를 다닌다고 멱살 잡고 뺨을 때리는 사람도 없었습니다. 예수 믿는 사람이라는 신분 때문에 회사에서 불이익을 당하는 일도 거의 없었습니다. 교회를 세워도 국가의 제재를 받지 않았습니다. 그야말로 신앙의 자유를 마음껏 누리며 살았습니다. 이런 우리에게는 세상이 우리를 미워한다는 말씀이 깊이 와닿지 않는 것이 사실입니다.

세상 사람들에게 지독히 미움을 받아본 적이 없어서 예수님의 말씀을 잘 이해하지 못할 수도 있습니다. 그만큼 우리 현실과는 거리가 있기 때문입니다. 그러므로 미워한다는 말이 무슨 의미인지, 예수 안 믿는 사람들이 실제로는 우리를 미워하는 것 같지도 않고, 우리가 미움을 받고 있지도 않은데 예수님이 왜 이런 말씀을 하시는지 좀 더 분명히 이해할 필요가 있습니다.

예수님이 말씀하시는 미움은 영적이고도 본질적입니다. '영적'이라고 말하는 것은 눈에 보이지 않는 영적인 현상이기 때문이고, '본질적'이라고 말하는 것은 옛사람과 거듭난 새사람 사이에서 빚어지는 하나의 현상이기 때문입니다. 쉽게 말해 여기서의 미움이란 바로 존재론적인 문제라는 말입니다.

이것을 좀 더 잘 이해하기 위해서 비슷한 예를 하나 들 수밖에 없습니다. 미국에서 빚어지는 흑백 간의 갈등을 한번 생각해보십시오. 비록 영적인 문제는 아니지만 혈통과 역사에 뿌리를 둔 본질적인 문제라는 점에서 참고할 만합니다. 미국에서는 백인과 흑인이 함께 섞여 삽니다. 제가 유학할 때 숙소는 흑인 동네에 있었는데, 공부는 백인 학교에서 했습니다. 학교에 가면 흑인을 찾아보기 힘든 백인 세계에서 살지만, 수업을 마치고 집으로 돌아오면 흑인들 세계에서 같이 삽니다. 짧은 기간이었지만, 흑인과 백인의 밑바닥 사정이 어떤지 여러 면에서 체험할 수 있었습니다.

백인과 흑인은 겉으로는 서로 사랑하고 교제합니다. 회사에서도 같이 일합니다. 또 나라를 위해 필요하면 함께 전투에 나가서 싸웁니다. 흑인들은 특히 스포츠 영역에서 백인들이 따라갈 수 없는 독보적인 위치를 차지하며 국가를 위해 공헌합니다. 그만큼 서로가 함께 협력하여 나라를 위해 봉사합니다.

그러나 조금만 자연스러운 환경으로 돌아가면 흑인은 흑인끼리, 백인은 백인끼리 뭉칩니다. 서로 잘 섞이지 않습니다. 억지로 섞지 않는 이상 흑은 흑이고, 백은 백입니다. 흑인은 백인을 좋아하지 않습니다. 백인 역시 흑인을 좋아하지 않습니다. 어떤 때는 노골적으로 감정을 표현하기도 합니다. 사소한 일이건, 큰일이건 간에 조금이라도 충동을 느끼면 이와 같은 징후가 그대로 드러납니다.

1999년 2월에 뉴욕시 백인 경찰관 네 명이 무장도 하지 않은 스물두 살 청년 흑인 디알로에게 마흔한 발의 총을 난사한 사건이 발생했습니다. 맨해튼 거리에서 양말이나 장갑을 파는 그 젊은이에게 무슨 죄가 있습니까? 그럼에도 백인 경찰들은 총을 마구 쏘아댔습니다. 한번씩 감정이 폭발하는 것입니다. 이 일은 그들의 정서 밑바닥에 도무지 합할 수 없을 만큼 골 깊은 이질감이 상존함을 웅변적으로 말해주는 사건이었습니다.

하나님을 거역하는 세상과 예수를 믿는 하나님의 교회, 곧 예수 믿는 사람들 사이에도 이와 비슷한 감정이 도사리고 있습니다. 영적으로 조화를 이루려고 해도 둘 사이에 조화를 이루기 어려운 이질감이 존재하기 때문입니다. 특별히 하나님의 소유인 우리와 사탄의 소유인 세상 사이에 흐르는 이와 같은 정서는 영적인 성격이라서 독특한 데가 있습니다. 이것은 우리의 사고와 감정에 깊은 영향을 미치지만 평소에는 잘 드러나지 않습니다. 그래서 우리는 얼마든지 안 믿는 사람들과 손을 잡고 함께 우정을 나눌 수 있으며 사랑을 나눌 수도 있습니다. 그러나 그 밑바닥에는 메울 수 없는 골이 있습니다. 영적으로 통하지 않는 이질감이 있습니다. 이것은 어쩔 도리가 없습니다.

그러므로 겉으로 보기에는 표시가 나지 않아도 하나님을 안 믿는 사람과 믿는 우리는 이처럼 그 바탕이 통할 수 없는 별개의 운명임을 알아야 합니다. 그럴 때 우리는 세상이 우리를 미워한다는 예수님의 말씀을 좀 더 분명하게 이해할 수 있습니다.

예수님을 믿는다는 단 하나의 이유로 가정에서 미움을 받거나 소외당하고 있습니까? 바로 당신이 하나님께 속한 자요, 예수님의 제자임을 믿기 바랍니다.

어느 여집사님 이야기입니다. 그분은 학문의 세계에서 자기 영역을 탁월하게 개척하고 있는 교수입니다. 그리고 그 남편도 물리학계에서 두각을 드러내는 교수입니다. 남편과 아내 둘 다 교수이니 얼마나 똑똑한 사람들입니까? 이 부인은 10여 년 전에 예수님을 믿고 인격적으로 주님을 만났습니다. 세상에 속해 있던 자기가 하나님의 소유가 되는 놀랍고도 황홀한 기쁨을 맛보았습니다. 이후 그녀의 삶은 완전히 달라졌습니다. 그래서 바쁜 교수 생활 중에도 제자훈련과 사역훈련을 받았고, 지금은 순장 사역까지 하고 있습니다. 그런데 그의 남편과 그가 모시고 사는 시어머니는 아침마다 일어나서 불경을 읽고, 참배를 하는 사람들입니다. 어떤 때는 새벽 일찍 일어나서 물을 떠놓고 절을 합니다.

이런 부부가 한 지붕 밑에서 산다고 상상해보십시오. 겉으로는 부부입니다. 서로 사랑합니다. 서로 존경합니다. 서로 위해줍니다. 그러나 보이지 않는 영역, 곧 영적인 세계에서는 도무지 하나로 합쳐질 수 없는 평행선을 달립니다. 그러니 얼마나 긴장감이 심하겠습니까? 그래서 한번은 그 집사님이 제게 이런 말을 했습니다. "목사님, 학교에서 강의를 하고 오후에 집으로 돌아와서 대문을 열고 들어가려고 할 때면 저도 모르게 심호흡을 한 번 크게 하곤 해요. 영적인 전투가 벌어지는 거죠." 이것이야말로 그 집사님이 하나님의 소유가 되고, 하나님의 자녀가 되었다는 것을 입증해주는 증거가 아니고 무엇이겠습니까?

직장에서 거짓말하라는 데도 안 하고, 서류를 위조하라는 데도 동의하지 않고, 회사를 위해 뒷거래를 하라는 데도 말을 듣지 않아서 미움을 받고 있습니까? 당신이 미움을 받는 것은 당신이 의의 자녀요, 예수님의 제자라는 증거임을 믿기 바랍니다.

## 평안하라, 담대하라

세상이 이렇게 예수님을 미워하듯이 우리를 미워한다면 우리는 이 세상에서 어떻게 처신해야 할까요? 요한복음 16장 33절에 그 답이 있습니다.

이것을 너희에게 이르는 것은 너희로 내 안에서 평안을 누리게 하려 함이라 세상에서는 너희가 환난을 당하나 담대하라 내가 세상을 이기었노라.

우리가 세상에서 살려고 하면 기정사실로 받아들여야 할 것이 한 가지 있습니다. 세상에서는 우리가 환난을 당한다는 주님의 말씀입니다. 우리는 어두운 세상에서 살고 있는 빛의 자녀인데 어떻게 세상 사람들에게 환영받으며 평생을 살 수 있겠습니까? 우리가 바로 살려고 하면 미움을 받게 되어 있습니다. 환난을 당하게 되어 있습니다. 이 사실을 인정해야 합니다.

그런 다음에는 평안해야 합니다. 본문은 이 평안이 어디서 오는 것인지 말씀합니다. "이것을 너희에게 이름은 너희로 내 안에서 평안을 누리게 하려 함이라." 예수님이 그토록 긴 말씀을 하신 이유가 무엇입니까? 제자들의 마음에 평안을 주기 위해서 미리 말씀하셨다고 했습니다. 우리가 어떤 것을 미리 알고 있으면 마음이 평안합니다. 사전 지식이 없는 상태에서 예기치 못한 일을 당하면 마음이 불안해집니다. 병원에 가서 진찰을 받아 죽을병이 아니라는 진단을 받고 나면 몸이 아파도 마음은 평안하지 않습니까? 무슨 병인지 모를 때는 불안하지만 알고 나면 평안해집니다.

마찬가지로 주님께서 우리에게 모든 것을 가르쳐주십니다. 주님은 성경 안에 우리가 알아야 할 것을 다 말씀하셨습니다. 세상이 우리를 미워하리라는 말씀도 수차례 하셨습니다. 그뿐 아니라 세계의 종말에 대해서도 모든 것을 상세히 말씀하셨습니다. 자연이 파괴되어서 장차 어떤 일이 벌어질지도 세세하게 알려주셨습니다. 마지막이 가까워올수록 세상이 얼마나 악해질 수 있는가도 누누이 강조하며 설명해주셨습니다. 세상이 악해질수록 하나님의 자녀와 교회를 미워하고 핍박한다는 것도 미리 다 말씀하셨습니다. 우리는 성경을 통해서 그 모든 것을 다 알고 있습니다. 알고 당하므로 우리 마음은 평안할 수 있습니다.

하나님의 말씀을 더욱 깊이 주목하십시오. 그리고 이 말씀을 부지런히 배우고 조용히 묵상하십시오. 아침에 신문 기사를 읽어보는 그 시간에 차라리 성경을 보십시오. 신문은 우리가 신뢰할 만한 진리를 하나도 전해주지 못합니다. 문제를 해결할 수 있는 방법도 알려주지 못합니다. 그러나 하나님의 말씀은 우리 앞에 다가올 모든 문제에 대한 해답을 줍니다. 이것을 알면 우리는 담담하게, 평안하게 대처할 수 있습니다. 자연이 파괴되어서 엄청난 재난이 우리 앞에 올 수 있다는 것을 성경은 벌써부터 암시하고 있습니다. 그러므로 해일이 일어나서 한반도의 반을 집어삼키는 최악의 상황이 온다 할지라도, 인간적으로는 두려워하겠지만 영적으로는 주님이 말씀하신 대로 세상이 돌아간다는 것을 알고, 평안한 마음을 가지고 대범하게 그런 상황을 맞이할 수 있는 것입니다.

이 평안을 가지고 세상을 사십시오. 어떤 일이 일어나도 마음의 평안을 잃지 마십시오. 왜냐하면 우리는 이미 악한 세상이 무슨 짓을 할지 다 알기 때문입니다. 악한 사람이 어떻게 달라질 수 있을지 이미 내다보기 때문입니다. 그러므로 우리가 아는 이상, 이 평안을 잃으면 안 됩니다.

다음으로, 우리는 담대해야 합니다. 쉽게 말하면 "기분을 풀고 얼굴을 펴라"와 같은 뜻입니다. 우리가 담대해야 할 이유가 무엇입니까? "내가 세상을 이기었노라!" 이 말씀대로 우리 예수님께서 승리하셨기 때문입니다. 사탄이 보기에 십자가에 못 박히신 주님은 패배자였습니다. 그러나 주님께서 사흘 만에 죽음을 이기고 부활하시자마자 상황은 역전되었습니다. 예수 그리스도는 죄와 사망을 짓누르고 승리하셨습니다.

그 시간부터 사탄은 하나님의 심판을 받은 패배자가 되었습니다. 사탄은 지금 얼마 남지 않은 자기의 때를 최대한 활용해서 하나님을 대적하여 자기 신분을 바꿔보려고 갖은 애를 쓰고 있습니다. 그러나 어림도 없는 이야기입니다. 왜냐하면 예수님의 승리는 영원하기 때문입니다. '이기었노라'는 헬라어로 '네니케카'(nenikeka)인데, 이것은 한 번 이기고 끝나는 승리가 아니라 영속적으로 이기는 완료형의 승리를 뜻합니다.

그러므로 우리는 승리하여 우리 주가 되신 예수님을 바라보고 의지할 때마다 담대한 마음을 가질 수 있습니다. 핍박을 당하고 있습니까? 담대하십시오. 직장에서 어려움을 당했습니까? 담대하십시오. 이 세상의 악과 대결하다가 많은 손해를 봤습니까? 담대하십시오. 예수님이 우리에게 승리를 주십니다.

승리하신 예수님은 교회에 능력을 주셨습니다. 복음으로 이 세상을 정복할 수 있는 권세를 주셨습니다(계 12:11). 우리가 성령의 능력에 힘입어 복음을 들고 나가면 결국 이 세상이 하나님의 나라로 바뀔 줄을 믿습니다. 지금은 세상에 속해서 사탄의 지배 아래 끌려다니며 자기 정욕을 위해 사는 사람이라 할지라도 우리가 복음을 들고 나가서 전하면 그들도 우리처럼 하나님의 소유가 되는 영광스러운 날이 올 줄을 믿습니다. 그러므로 담대하십시오.

요한일서 5장 4절은 이렇게 말씀합니다. "무릇 하나님께로부터 난 자마다 세상을 이기느니라 세상을 이기는 승리는 이것이니 우리의 믿음이니라." 승리하신 예수 그리스도를 바라보는 우리의 믿음이 우리가 이 세상을 대적해 이기게 만듭니다. 우리가 이 믿음을 가지고 복음을 전하면 결국은 승자가 된다는 사실을 믿기 바랍니다.

모든 것을 영적으로 꿰뚫어 보는 눈을 가지고 평안한 마음을 얻으십시오. 초조하게 생각하지 말고 담대하기 바랍니다. 우리는 승리하신 주님의 제자입니다. 조그마한 일에서부터 큰일까지 우리는 이와 같은 평안과 담대함을 가지고 살아야 합니다.

특별하지는 않아도 퍽 감동을 주는 이야기를 들려드리겠습니다. 제가 잘 아는 집안에 대학원을 졸업한 아들이 있었습니다. 그는 IMF 사태로 직장을 구하기가 어렵다 못해 살벌하기까지 한 시기에 모 기업 입사 시험을 치르기로 했습니다. 얼마나 많은 젊은이들이 몰려들었겠습니까? 면접시험을 치르는데, 5~6명이 한 그룹이 되어 들어가보니 시험관이 여러 명 앉아 있었습니다. 시험관들이 돌아가며 질문을 하면 대답을 해야 했습니다. 그가 입사 지원서의 종교란에 '기독교'라고 썼을 것은 뻔합니다. 그는 믿음이 참 좋은 젊은이였기 때문입니다.

어느 시험관이 물었습니다. "교회를 다니는 모양인데, 만약 회사에 일이 많아 주일날 교회에 가지 말고 회사에 출근하라고 한다면 어떻게 할 작정인가?" 이 질문을 받자마자 그는 당돌하게 이런 대답을 했다고 합니다. "당연히 교회로 가야지요." 그러니까 그 말을 들은 시험관들이 전부 고개를 들고 자기를 쳐다보더랍니다. 아무래도 말을 너무 심하게 했나 싶어 그는 이렇게 말을 덧붙였습니다. "오전에는 교회에 가고, 오후에는 회사에 나오겠습니다."

그때 그는 속으로 '야, 이거 떨어진 게 틀림없구나' 하고 생각했습니다. 그래서 집에 돌아와서 부모님께 이렇게 말했다고 합니다. "내가 대답을 그렇게 했으니 이제 틀렸어요. 할 수 없잖아요. 교회와야지 어떻게 회사를 갑니까?" 그랬는데 놀랍게도 그가 몇 명 안 뽑는 그 시험에 합격했다고 합니다.

이 젊은이의 행동을 가만히 떠올려보십시오. 얼마나 담대합니까? 얼마나 태연합니까? 웬만한 사람 같으면 '회사는 일단 붙고 봐야 되지 않겠나?' 하는 생각에 아마 이렇게 대답했을 것입니다. "예, 아무리 교회가 중요해도 회사가 나오라면 회사에 와서 일해야지요." 그러나 그는 하나님의 자녀답게 담대하게 대답했습니다.

우리가 담대하고 태연한 자세를 가지고 세상을 상대하면 세상은 우리를 오히려 존경합니다. 그러나 비굴하게 굴면 세상은 우리를 멸시합니다. 맛 잃은 소금처럼 발밑에 놓고 밟아버립니다. 그러므로 담대합시다. 평안한 마음을 가지고 하루하루를 삽시다. 예수님이 세상을 이기셨기 때문입니다. 그분이 결국은 승리하여 세상을 하나님 나라로 바꿀 것입니다.

# 56

## 최고의 소원, 하나님께 영광

요한복음 17장 1-5절

1 예수께서 이 말씀을 하시고 눈을 들어 하늘을 우러러 이르시되 아버지여 때가 이르렀사오니 아들을 영화롭게 하사 아들로 아버지를 영화롭게 하게 하옵소서 2 아버지께서 아들에게 주신 모든 사람에게 영생을 주게 하시려고 만민을 다스리는 권세를 아들에게 주셨음이로소이다 3 영생은 곧 유일하신 참 하나님과 그가 보내신 자 예수 그리스도를 아는 것이니이다 4 아버지께서 내게 하라고 주신 일을 내가 이루어 아버지를 이 세상에서 영화롭게 하였사오니 5 아버지여 창세전에 내가 아버지와 함께 가졌던 영화로써 지금도 아버지와 함께 나를 영화롭게 하옵소서

제가 시무하는 교회의 여집사님 한 분은 당뇨와 뇌졸중으로 거동이 어려운 시어머니를 모시고 삽니다. 게다가 자폐증에 걸린 아들도 보살펴야 합니다. 이러한 상황만을 생각한다면 웃을 날이 하루도 없어 보입니다. 그런데 그는 자기처럼 자폐아를 둔 어머니들을 중심으로 모이는 사랑부 다락방 순장을 하고 있습니다. 생활이 넉넉하지 못하기에 틈틈이 시간을 내서 아르바이트를 합니다. 눈코 뜰 새 없이 하루하루를 살아가는 분입니다.

어떤 때는 짜증이 나서 아무도 모르게 도망가버리고 싶은 충동이 들기도 합니다. 모든 짐을 혼자 지기에 너무나 힘들어 살맛을 잃어버리기도 합니다. 그럴 때마다 하나님 앞에 엎드려 눈물 콧물 흘리며 원망하기도 하고 하소연하기도 했습니다.

그런데 어느 날 기도하는 중에 성령께서 마음속으로 이런 음성을 들려주셨다고 합니다. "네 십자가는 너의 믿음을 강하게 만들고 인격을 성숙시키기 위해 내가 마련한 프로그램이다." 이어서 이런 질문을 주셨습니다. "네가 천국에 갈 때까지 이 땅에서 해야 할 최고 가치 있는 일이 무엇이라고 생각하는가?"

그때 성령께서 그의 마음을 열어 이렇게 대답하게 하셨습니다. "영생의 복음을 전하는 일이지요. 가장 가치 있는 일은 저와 제 삶이 주님께 기쁨이 되는 것입니다. 그러기 위해서는 주님의 복음을 전하는 일에 쓰임받아야지요." 그러자 그의 내면에 환한 전깃불이 켜지면서 어지럽게 널려 있던 잡된 생각들이 정리되고 기쁨과 고통이 제자리를 찾아갔다고 했습니다.

그는 전도 폭발 훈련을 받았는데, 훈련을 마친 후 자기처럼 자폐아 자녀를 둔 믿지 않는 부모들을 전도해서 지금은 그 다락방이 배가에 배가를 거듭하고 있습니다. 그는 자기에게 주신 하나님의 은혜를 고백하며 간증문 끝부분에 이런 말을 썼습니다. "이제 새해 전반기 사역을 시작하면서 다시 성령 충만해진 베드로가 되어 현장으로 달려가려고 합니다. 한 영혼을 묶고 있던 결박이 끊어지고 어두움의 세력이 물러가는 자유의 감격을 상상하며 내 주 예수 그리스도와 함께하는 기쁨이 있기를 소원합니다. 아멘!"

얼마나 멋있습니까? 이런 주부를 보고 누가 평범한 여자라고 생각하겠습니까? 그야말로 사도요, 제자요, 복음의 선지자요, 하나님의 자녀요, 주님의 영광을 위해 자신의 전부를 바쳐 뛰는, 살아 있는 순교자입니다. 제가 이런 극찬을 하는 이유가 있습니다. 목회를 하는 보람이 어디 있습니까? 바로 이분처럼 예수 때문에 삶이 완전히 변화되고, 나아가 다른 사람의 삶도 변화시키는 사람들이 교회 여기저기에 우후죽순처럼 생겨나는 일입니다. 물론 이 집사님 같은 분들이 한둘이 아닐 줄 압니다. 그러나 제 욕심 같아서는 이 말씀을 읽고 듣는 모든 분이 한 명도 빠짐없이 하나님의 영광을 자기 생의 최고 목표로 고백하면서 주님의 기쁨이 되기 위해 자기 전부를 드려 쓰임받는 사람이 되었으면 좋겠습니다.

## 예수님의 최고의 소원
### '하나님을 영화롭게'

본문은 예수님 자신도 그런 삶을 사셨음을 보여줍니다. 예수님은 자기 생애 최고의 목표를 하나님을 영화롭게 하는 데 두셨고, 그 일을 이루기 위해 돌아가셨습니다.

예수님은 혼자 죽음의 길을 떠나시면서 염려와 불안에 떠는 제자들을 위로하고 격려하기 위해 요한복음 13장부터 16장까지 매우 긴 설교를 하셨습니다. 예수님은 제자들의 발을 씻겨주시면서 자기 사랑을 표현하셨고, 천국의 영광을 이야기하면서 위로하셨으며, "성령이 너희에게 임하시면 놀라운 일이 일어난다. 내가 한 것보다 더 큰 일을 너희가 할 수 있을 것이다"라고 말씀하시면서 격려와 소망을 주셨습니다. 또 "무엇이든지 구하라. 그러면 내 이름으로 하나님이 반드시 주실 것이다"라고 말씀하시면서 기도의 영광을 알려주셨습니다. 뿐만 아니라 포도나무와 가지처럼 예수님과 제자들의 관계는 아무도 끊을 수가 없다고 다짐하신 후에 "너희가 세상에서는 환난을 당한다. 그러나 담대하라. 내가 세상을 이기었노라" 하고 위로하시면서 말씀을 끝마치셨습니다.

그런 다음 예수님은 눈을 들어 하늘을 우러러보시며 기도를 시작하셨습니다. 17장 전체에 예수님의 기도가 담겨 있는데, 처음에는 자기 자신을 위한 기도를 하셨고(1-5절), 그다음으로는 제자들을 위해 기도하셨으며(6-19절), 마지막으로는 장차 지상에 나타날 교회와 성도를 위해 기도하셨습니다(20-26절). 그러나 본문에 나오는 예수님의 기도를 두고 '이거는 이거고 저거는 저거다'라는 식으로 따로 떼어놓기는 어렵습니다. 세 가지 기도 내용 모두 우리와 밀접한 연관이 있기 때문입니다. 그러므로 예수님 자신을 위한 기도인 동시에 제자들과 교회를 위한 기도라고 보는 것이 가장 좋습니다.

특별히 십자가의 죽음을 목전에 두고 드린 기도라고 해서 이 기도에는 '요한복음의 지성소'나 '대제사장의 기도' 같은 별명과 찬사가 따라다닙니다. 벵겔 같은 위대한 신학자는 "모든 성경 가운데서 가장 쉬운 말로 된 기도이지만 가장 심오한 의미를 가진 기도다"라고 주석을 달기도 했습니다.

> 예수께서 이 말씀을 하시고 눈을 들어 하늘을 우러러 이르시되 아버지여 때가 이르렀사오니 아들을 영화롭게 하사 아들로 아버지를 영화롭게 하옵소서(1절).

주님이 드린 긴 기도의 첫마디입니다. '때가 이르렀사오니'라는 말은 이제 십자가의 죽음을 맞을 시간이 임박했다는 뜻입니다. 그러므로 이 기도는 예수님의 마지막 소원이라고도 할 수 있습니다. 모든 소원 가운데 예수님께서 제일 먼저 말씀하시는 것은 아무래도 가장 중요하다고 생각하신 소원일 것입니다.

형 집행일을 맞아 형장으로 끌려가서 죽음을 목전에 둔 사형수에게 이런 말을 하지 않습니까? "마지막으로 하실 말씀이 있으면 하십시오." 그 짧은 몇 분 동안 몇 마디 말로 담아야 하는 마지막 소원이라고 한다면 무슨 말을 해야 합니까? 평소에 자신이 마음에 늘 품고 있었던 생각이나 목숨이 끊어져도 포기할 수 없는 소원을 내놓지 않겠습니까? 예수님도 마찬가지였습니다. 십자가의 죽음을 앞두고 하나님 앞에 기도하면서 가장 먼저 말씀하신 내용은 곧 예수님이 늘 마음속에 품고 있던 가장 큰 소원이었을 것입니다. "아버지를 영화롭게 하옵소서!" 조금 쉬운 말로 바꾸면 "하나님께 영광을 돌리게 하옵소서"입니다.

여기서 '영화롭게 하다'라는 말은 헬라어로 '독사조'(doxazo)인데, 성경에 자주 등장하기는 하지만 의미를 파악하기가 그리 쉽지 않은 단어입니다. 간단하게 의미를 말한다면 이렇게 표현해볼 수 있습니다. "하나님이 어떤 분이신가를 드러내고 그분에게 합당한 경배와 찬양을 돌리는 모든 행동이 바로 하나님께 영광을 돌리는 것이다." 이를테면 하나님은 사랑이라고 하지 않습니까? 그렇다면 우리가 어떻게 하나님의 사랑을 드러낼 수 있을까요? 그의 사랑을 높이 드러내고 찬양하고 경배하는 것, 바로 이것이 영광을 돌리는 것입니다. 또 하나님께서 선하신 뜻을 가지고 계시다고 하지 않습니까? 하나님께 영광을 돌리는 일은 다른 것이 아닙니다. 우리가 하나님의 뜻을 밝히 드러내면서 그분이 찬양을 받으시도록 하면 그것이 곧 하나님께 영광을 돌리는 일이 됩니다.

베드로가 배와 고기와 가정을 버리고 예수님을 쫓아갔던 영웅적인 행동에서 시작해 보리떡 다섯 개와 물고기 두 마리를 예수님의 손에 내어놓았던 어린 소년의 소박한 행동에 이르기까지 하나님이 누구신가를 온 세상에 선포하고 그분께 찬양과 경배가 돌아가도록 하는 것이 바로 '독사조'의 의미입니다. 예수님은 바로 이것을 소원하셨습니다. 살아 있을 때도 그랬고, 이제 죽음을 목전에 둔 때에도 하나님 아버지를 영화롭게 하는 것, 이것만이 예수님의 가장 큰 소원이었습니다.

### 우리에게 영생을 주시려고

본문 4절에는 하나님 아버지를 영화롭게 하기 위해 예수님께서 무엇을 하셨는지 잘 나와 있습니다.

> 아버지께서 내게 하라고 주신 일을 내가 이루어 아버지를 이 세상에서 영화롭게 하였사오니.

예수님은 하나님 아버지께서 하라고 하신 일을 다 이루셨고, 그렇게 함으로써 하나님 아버지를 영화롭게 하셨습니다. 그러면 예수님이 세상에 오셔서 해야 했던 일은 구체적으로 무엇이었습니까? 2절에 그 답이 나옵니다.

> 아버지께서 아들에게 주신 모든 사람에게 영생을 주게 하시려고….

아버지께서 아들에게 주신 모든 자에게 영생을 주는 일이었습니다. 하나님께서 예수님에게 명령하신 일은 하나님의 백성으로 선택받은 모든 사람에게 영생을 주는 것이었습니다. "하나님이 세상을 이처럼 사랑하사 독생자를 주셨으니 이는 그를 믿는 자마다 멸망하지 않고 영생을 얻게 하려 하심이라 하나님이 그 아들을 세상에 보내신 것은 세상을 심판하려 하심이 아니요 그로 말미암아 세상이 구원을 받게 하려 하심이라"(요 3:16-17)에서 보는 바와 같이 세상에 영생을 주는 것이 바로 예수님이 하나님께 명령받은 일이었습니다. 주님은 바로 이 일을 하셨습니다.

영생이 무엇입니까? '영생'이라는 말은 '구원'이라는 말과 똑같은 의미입니다. '영생'(永生)을 글자 그대로 해석하면 '영원히 죽지 아니하는 생명'입니다. 그러나 여기서는 '안 죽는 생명'만을 의미하지 않습니다. 영원히 사는 생명, 즉 안 죽는 생명은 지옥에도 있습니다. 지옥 가는 사람도 영생합니다. 그러나 지옥의 영생은 복이 아니라 저주입니다. 그야말로 살 만한 가치가 전혀 없는 비참한 생명입니다. 하나님이 예수 그리스도를 통해서 우리에게 허락하신 영생은 오래 살고, 영원히 산다는 뜻도 있습니다. 그러나 더 중요한 것은 그 생명이 가진 질(質)입니다. 어떤 질을 가진 생명인가, 얼마나 살 만한 가치가 있는 생명인가, 그것이 중요합니다.

그러면 무엇이 최상의 질을 가진 생명입니까? 하나님 자신의 생명입니다. 하나님이 누리시는 생명이야말로 최상의 질을 가진 생명입니다. 거기에 참된 영원이 있습니다. 거기에 기쁨이 있습니다. 거기에 만족이 있습니다. 거기에 영원한 찬양이 있습니다. 거기에 영원한 사랑이 있습니다. 살 만한 가치가 있는 생명을 영원토록 누리는 것, 이것이 바로 하나님께서 우리에게 선물로 주시는 영생입니다. 예수님은 이 영생을 세상에 주시기 위해 이 땅에 오셔서 3년 동안 있는 힘과 정성을 다 쏟아 열심히 일하셨습니다.

그런데 영생을 주기 위해서는 영생을 얻는 방법이 있어야 합니다. 3절에 그 방법이 잘 나와 있습니다.

> 영생은 곧 유일하신 참 하나님과 그가 보내신 자 예수 그리스도를 아는 것이니이다.

혹시 아직 자신이 영생을 얻었다고 말하기 어렵습니까? 이 말씀을 들으며 영생을 받게 되길 바랍니다. 예수를 믿어보고 싶다는 생각이 있습니까? 하나님께 영생을 주시는 복을 받게 되길 바랍니다. 영생을 얻는 방법은 다른 데 있지 않습니다. 유일하신 하나님을 아는 것이 바로 영생입니다. 하나님만이 참된 신입니다. 그 외에는 인간이 만들어낸 거짓 신입니다. 하나님만이 참 하나님이요, 참된 신입니다. 그러므로 유일하시고 참되신 하나님을 아는 것, 그것이 바로 영생입니다.

그러나 우리가 하나님이 계심을 막연히 안다고 할지라도 진정으로 그분을 아는 길은 우리 스스로 찾을 수가 없습니다. 그래서 참되시고 유일하신 하나님이 자기를 아는 길을 우리에게 보여주셨습니다. 하나님이 보내신 자 예수 그리스도를 아는 것입니다. 사람의 몸을 입고 세상에 오신 예수님을 아는 것이 곧 참되시고 유일하신 하나님을 아는 길입니다.

여기서 '안다'는 말은 '믿는다'와 똑같은 의미입니다. 머리로 약간 인지하는 정도의 지식을 의미하는 것이 아니라는 말입니다. 우리가 "나는 그 사람을 잘 알아"라고 할 때, '안다'라는 말에 어떤 뜻이 담겨 있습니까? "나는 그 사람을 믿어"라고 해석할 수 있습니다. 반대로 "나는 그 사람을 잘 몰라"라고 말한다면, 그 말에는 "나는 그 사람을 못 믿겠어"라는 의미가 담겨 있습니다. '안다'는 말과 '믿는다'는 말은 이렇게 뜻이 통합니다.

참되시고 유일하신 하나님을 압니까? 그러면 하나님을 믿게 됩니다. 그분을 믿습니까? 믿으면 믿을수록 그분을 더 많이 알게 됩니다. 그러나 우리가 무슨 재주로 하나님을 알겠습니까? 우리에게는 오직 한 가지 길밖에 없습니다. 예수 그리스도를 아는 것입니다. 우리는 주님을 알고, 또 믿어야 합니다. 하나님은 영생, 곧 자신의 생명을 예수 그리스도에게 맡기셨습니다. "네가 나누어 주라."

> 또 증거는 이것이니 하나님이 우리에게 영생을 주신 것과 이 생명이 그의 아들 안에 있는 그것이니라 아들이 있는 자에게는 생명이 있고 하나님의 아들이 없는 자에게는 생명이 없느니라(요일 5:11-12).

하나님의 아들이 있는 자, 곧 아들을 알고 믿는 자에게는 영생이 있습니다. 그러나 하나님의 아들이 없는 자에게는 영생이 없습니다. 그래서 예수님을 믿으라고 하는 것입니다.

예수님이 3년 동안 각 성과 마을에 두루 다니시며 쉬지 않고 복음을 전하신 이유가 무엇입니까? 하나님의 진리를 가르치신 이유가 무엇입니까? 병든 자에게 손을 얹고 기도하신 이유가 무엇입니까? 예수님을 통해서만이 영생을 얻을 수 있기 때문입니다. 자기 자신을 세상에 알려주셔야 모든 사람이 참되시고 유일하신 하나님을 아는 복을 누릴 수 있기 때문에, 주님은 열심히 다니면서 가르치시고 전파하시고 치료하셨습니다.

심지어 주님은 이렇게 선언하시기도 했습니다. "진실로 진실로 너희에게 이르노니 죽은 자들이 하나님의 아들의 음성을 들을 때가 오나니 곧 이때라 듣는 자는 살아나리라"(요 5:25). 영적으로 죽어 있습니까? 예수님의 말씀을 들으십시오. 예수님의 이름을 들으십시오. 듣는 순간 살아날 것입니다. 그분의 음성을 들은 사람은 니고데모와 같은 지체 높은 사람들을 비롯하여 수가성의 창녀에 이르기까지 모두 영생을 얻었습니다. 이와 같이 세상을 구원하고 세상에 영생을 주기 위해서는 반드시 자신이 하나님을 보여주어야 했기 때문에 주님은 세상을 향해 "나를 보라. 나를 보면 하나님이 이런 분인 것을 알 것이다"라고 하시며 열심히 알리는 일을 하셨습니다.

### 하나님께 영광, 기쁨의 십자가

이제 주님께서는 마지막으로 하실 일이 한 가지 남아 있었습니다. 바로 십자가의 죽음입니다. 십자가를 지시는 것입니다. 십자가가 무엇입니까? 대속의 죽음입니다. 그렇다면 대속의 죽음이 무엇입니까? 그리스도인이라면 '대속'(代贖)이라는 말의 의미를 반드시 알아야 합니다. 죗값을 대신 지불하는 것이 '대속'입니다. 십자가는 우리 죗값을 지불하는 죽음입니다.

당신을 살리기 위해 하나님의 아들이 자기 생명으로 죗값을 지불하셨다는 것을 믿습니까? 그렇습니다. 반드시 믿어야 합니다. 하나님의 아들을 희생하고 내가 살았습니다. 그러므로 내 생명을 함부로 다루어서는 안 됩니다. 우리의 생명은 되는 대로 살다가 죽어버리면 끝나는 하찮은 것이 아닙니다. 돈이 몇 푼 없다고 해서 가치가 급격히 떨어지는 생명이 아닙니다. 실직했다고 해서 갑자기 살 가치나 의미를 잃어버리는 생명이 아니라는 말입니다. 하나님의 아들이 십자가에서 자기 생명을 대신 지불하고 사신 생명입니다. 지극히 고귀하신 하나님의 아들, 그분의 생명보다 더 고귀한 생명이 바로 우리의 생명이라는 말입니다. 그러므로 우리의 한생을 절대 함부로 보거나 허비하면 안 됩니다.

십자가의 죽음은 화목 제사입니다. 하나님과 우리 사이의 원수 관계를 다 처리하고 우리가 하나님의 아들이 되게 한 것이 바로 십자가의 죽음입니다. 십자가는 또한 하나님이 우리를 얼마나 사랑하시는가를 보여주는 아가페의 극치입니다. 우리 죄가 하나님 앞에서 얼마나 저주스러운 것인지 보여주는 심판의 클라이맥스입니다. 이것이 십자가입니다. 주님께서는 바로 이 십자가의 죽음을 눈앞에 두고 계셨습니다. 십자가의 죽음으로 비로소 하나님이 자기에게 명령하신 모든 일을 완수하는 것입니다. 따라서 진정 마음속에 있는 소원대로 하나님 아버지를 영화롭게 해드리길 원하는 한, 주님은 십자가의 죽음을 절대 피할 수 없었습니다.

십자가 죽음은 하나님 아버지를 영화롭게 하는 것이기 때문에 예수님은 자기 십자가를 영광이라고 해석하셨습니다. "십자가가 너무나 고통스럽고 무서운 것이기는 하지만 하나님 아버지를 영화롭게 하는 것이므로 그것은 나에게 오히려 영광이다." 본문 1절을 다시 보십시오. "하늘을 우러러 이르시되 아버지여 때가 이르렀사오니 아들을 영화롭게 하사 아들로 아버지를 영화롭게 하게 하옵소서." 하나님 아버지를 영화롭게 하려면 아들이 먼저 영화롭게 되어야 합니다. 그리고 아들이 영화롭게 된다는 것은 바로 십자가의 죽음을 가리킵니다. "하나님이여, 십자가의 죽음을 감당하게 하옵소서. 그렇게 함으로써 하나님 아버지를 영화롭게 하기를 원합니다." 이것이 바로 본문의 뜻입니다.

요한복음 12장 23절 이하에서 예수님은 자신의 죽음을 영광이라고 해석하셨습니다. "인자가 영광을 얻을 때가 왔도다." 비록 두렵고 고통스러운 죽음이지만 하나님을 영화롭게 하는 일이었기에 십자가를 자기 영광으로 보셨습니다. 그래서 주님의 마음 밑바닥에는 기쁨이 있었습니다.

> 지금 내가 아버지께로 가오니 내가 세상에서 이 말을 하옵는 것은 그들로 내 기쁨을 그들 안에 충만히 가지게 하려 함이니이다(요 17:13).

십자가의 죽음을 앞둔 주님의 마음속에는 기쁨이 있었습니다. 요한복음 15장 11절에도 '내 기쁨'이라는 말이 나옵니다. 참 이상하고 신비스럽지 않습니까? 십자가의 죽음을 앞에 놓고 공포에 떠시는 예수님의 마음에 기쁨이 있다니 말입니다. 정말 믿기지 않는 일입니다. 그러나 이 기쁨은 자기 십자가를 영광으로 보는 데서 나오는 것이었습니다. '내가 십자가에서 죽어도 우리 아버지가 영광을 받으실 수 있다면 이것은 나에게 영광이야' 하는 마음으로 십자가를 보기 때문에 그 마음에 기쁨이 있었습니다.

**하나님의 영광을
생의 구심점으로!**

우리 역시 마찬가지입니다. 예수님처럼 아버지를 영화롭게 하는 것을 최고의 소원으로 알아야 합니다. 하나님 아버지께서 우리에게 맡기신 일에 예수님처럼 최선을 다해서 순종해야 합니다. 하나님께서 우리에게 맡기신 일이 무엇입니까?

> 아버지께서 나를 세상에 보내신 것같이 나도 그들을 세상에 보내었고 (요 17:18).

이 말씀을 바꾸면, "아버지께서 예수님을 세상에 보내신 것같이 예수님도 우리 각자를 세상에 보냈다"는 말씀입니다. 예수님이 세상에 오시면서 하나님께 받은 명령을 우리도 동일하게 받았다는 말입니다. 그것이 무엇입니까? 세상에 복음을 전하여 사람들이 영생을 얻도록 하는 것입니다. 우리 모두는 바로 이 일을 위해서 세상에 보냄받은 사람들입니다.

그러므로 우리는 직업을 가지고 예수님을 증거 합니다. 내 가정을 통해서 하나님의 이름을 높입니다. 자녀가 자라서 장차 하나님의 거룩한 뜻을 이 땅 위에 펴도록 양육합니다. 열심히 벌어 쌓아놓은 재물을 하나님께서 기뻐하시는 일에 쓰시도록 합니다. 이와 같이 우리는 모든 것이 세상을 구원하실 여호와 하나님의 뜻을 이루는 일에 쓰임받게 함으로써, 생의 구심점을 우리 아버지 하나님을 영화롭게 하는 데 두어야 합니다. 우리를 세상에 보내신 주님께서 그렇게 사셨기 때문입니다.

고린도전서 10장 31절을 보십시오. "그런즉 너희가 먹든지 마시든지 무엇을 하든지 다 하나님의 영광을 위하여 하라." 하나님의 영광을 위하려면 어떻게 먹어야 합니까? 어떻게 마셔야 합니까? '주님, 세상에는 헐벗고 굶주려 지친 사람이 많습니다. 내가 조금 덜 먹고 그들을 도울 수 있다면, 그래서 그들이 예수님의 이름을 부를 수만 있다면, 주여 내 것을 나누어 먹길 원합니다' 하는 심정을 가지고 먹는 것이 하나님의 영광을 위하는 자세입니다. 마실 때도 마찬가지입니다. 나만 먹고 즐기고 배를 두들기면서 사는 삶은 절대 하나님의 영광을 위하는 것이 아닙니다.

우리는 스스로에게 질문해보아야 합니다. '나는 아버지 하나님을 영화롭게 하는 사람인가?' 만일 '하나님의 뜻을 이 땅에 이루고, 아직도 영생이 무엇인지 모르는 사람에게 주의 복음이 전해지도록 내게 있는 것을 좀 더 나누어 줄 수 없을까?' 하면서 엎드려 기도한다면 그는 하나님의 영광을 위하는 사람입니다.

그러나 많은 사람이 하나님의 영광을 위해 살지 못하고 있습니다. 당신이 그렇게 가정의 행복을 위해 헌신하는 이유가 무엇입니까? 그렇게 자녀를 잘 키우려고 애쓰는 이유가 무엇입니까? 그렇게 악착같이 돈을 버는 이유가 무엇입니까? 회사에서 승진하고 인정받으려는 이유가 무엇입니까? 건강에 좋다면 사족을 못 쓰고 달려드는 이유가 무엇입니까? 만일 그 가운데 아버지를 영화롭게 하려는 예수님의 소원이 담겨 있지 않다면 모든 것이 다 헛됩니다. 헛되고 헛된 것에 매달려서 아우성치다가 헛되게 죽는 일밖에 남는 것이 없습니다. 당신의 수입이 얼마나 됩니까? 그 수입을 가지고 과연 당신이 하나님 아버지를 영화롭게 하는 삶을 산다고 말할 수 있습니까? 하나님 나라를 위해 얼마나 헌금합니까? 어느 정도로 선한 일에 자신의 소유를 나누고 있습니까?

## 내 십자가는 나의 영광

하나님을 영화롭게 하는 삶을 살려고 할 때 우리 각자가 가진 십자가를 보는 눈도 달라집니다. 저에게도 십자가가 있습니다. 하나님의 영광을 위한다는 구심점이 없으면 이 십자가는 불평 덩어리요, 하루빨리 눈앞에서 사라졌으면 하는 애물단지에 지나지 않을 것입니다. 그러나 아무리 기도해도 없어지지 않고 아무리 소원해도 내 어깨 위에 그대로 남아 있는 십자가라면 어떤 의미가 있는 것이 아니겠습니까?

고통에는 뜻이 있습니다. 어느 집사님처럼 십자가는 하나님께서 자신을 다듬어 하나님의 영광을 위해 살도록 하시려고 하나님이 준비하신 프로그램이라는 진리만 깨달으면 십자가를 바라보는 눈이 달라질 것입니다. '하나님, 제가 자식 때문에 이렇게 고통당하지 않았다면 아마도 신앙생활을 올바로 하지 않겠지요? 하나님을 위해서 살겠다는 마음은 안중에도 없이 한참 신나게 인생을 즐기며 살아가고 있겠지요? 그런데 아이 문제로 여러 가지 어려움을 당하기 때문에 제가 오히려 하나님 앞에서 다듬어져 주님의 영광을 생각하는 엉뚱한 사람이 되었으니 얼마나 감사한지요!' 이와 같이 될 때 나에게 있는 십자가가 나의 영광이 되는 것입니다. 내 마음에 기쁨이 솟아나는 것입니다.

사도 바울의 몸에는 병이 있었습니다. 아무리 기도해도 병은 떠나지 않았습니다. 금식을 하며 매달려도 하나님은 병을 고쳐주시지 않았습니다. 그러나 나중에 그의 마음속에 이런 응답이 왔습니다. "네 병은 내 능력이 네 안에 머물게 하는 영광이니라." 응답을 받고 나서 그는 얼마나 좋았던지 "나는 기뻐하고 기뻐하노라. 이 몸에 병이 있으므로 내가 하나님을 더 영화롭게 할 수 있게 되었다면 이 병이야말로 얼마나 자랑스러운 일인가?"라고 찬송했습니다(고후 12:9). 이와 같이 십자가를 영광으로 보는 눈이 열리면 병 때문에 불평하던 사람이 오히려 그 병 때문에 기뻐하는 사람으로 바뀝니다.

하나님의 영광을 위하는 삶을 살고 싶습니까? 그렇다면 당신의 십자가가 무엇이며, 그 십자가 속에 들어 있는 하나님의 계획이 무엇인지 곰곰이 생각해보십시오. 그것이 있었기에 오늘의 내가 있는 것이 아닌가요? 그것 때문에 그래도 주일날 꼬박꼬박 하나님 앞에 나와 예배드리는 겸손한 사람이 된 것 아닙니까? 그 십자가가 있기에 그래도 진지하게 인생을 어떻게 살아야 할 것인가 묻는 사람이 된 것 아닌가요? 그렇다면 그 십자가는 나에게 영광입니다.

할 핑크는 이런 시를 썼습니다.

> 예수여
> 십자가 위에서 나무와 못으로
> 인간의 온전한 구원을 이루신 나사렛 목수여
> 당신의 이 작업장에서 대패와 끌로 깎고 다듬으사
> 거칠고 비틀린 생목 같은 저희를 당신의 솜씨로 빚으사
> 진정으로 더 아름답고 더 쓸모 있게 하소서
> 그리하여 당신의 이름을 영광되게 하소서

예수님이 대패와 끌로 우리를 깎고 다듬으시는 십자가가 없다면

우리는 모두 거칠고 비틀린 생목 같아서 자기 마음대로 살 것입니다. 내 영광을 위해서 살아갈 뿐 사치스럽게 하나님 아버지의 영광을 생각하지 않습니다. 저나 당신이나 다 십자가가 있기에 이만큼 다듬어진 것입니다.

**십자가를 감사하면
기쁨이 온다**

하나님께 감사하면 오히려 그 속에 기쁨이 있습니다. 그러나 우리 인생의 중심이 하나님 아버지를 영화롭게 하겠다는 소원에 초점이 맞추어져 있지 않으면, 모든 십자가는 원망과 고통의 원인이 될 수밖에 없습니다. 다시 질문합니다. 하나님 아버지를 영화롭게 하는 것이 당신 인생의 목적입니까? 최고의 소원입니까? 죽을 때도 당신은 "아버지를 영화롭게 하옵소서"라고 기도하면서 죽을 사람입니까?

조형미술을 하는 어떤 분이 미국으로 이민을 갔습니다. 그는 거기서 열심히 공부하고 작품 활동을 하면서 인정을 받아 세계 100대 조형 건축가로 선정될 만큼 탁월한 사람이 되었습니다. 그런데 한창 인생을 즐기던 젊은 나이에 그만 식도암에 걸리고 말았습니다. 갑자기 식도에 암이 생겼으니 얼마나 기가 막히겠습니까? 음식을 먹을 수가 없어 몸은 계속 말라갔습니다. 나중에는 최악의 상태까지 갔습니다. 그는 자리에서 일어나지도 못했습니다. 코에 튜브를 끼워 겨우겨우 음식물을 공급할 정도였습니다. 의사들도 이제는 살 소망이 없다고 손을 들었습니다. 그래서 그의 가족은 장례식 준비를 하고 있었다고 합니다.

죽음의 손아귀가 계속 목을 바짝바짝 조여오는 것을 느끼면서 그는 갑자기 이런 생각을 했습니다. '내가 한생을 살면서 했던 일 중에 하나님을 위한 일이라고 자부할 만한 것이 있는가? 내가 과연 하나님의 영광을 위해서 살았다고 말할 수 있을까?' 그런데 자기 인생을 아무리 살펴보아도 양심상 자기가 하나님의 영광을 위해서 살았노라고 대답할 수 없었습니다. 자신의 예술을 위해서 또 자기 명예를 위해서 뛰어온 한생이었지 하나님을 영화롭게 하기 위해 애써온 인생이라고 말하기는 어려웠습니다.

이렇게 병상에 누워서 '이제 어떻게 하나? 하나님 앞에 섰을 때 어떻게 대답할까?' 하고 고민하며 답답해하던 어느 날 가족 중 한 사람이 연변과학기술대학 김진경 총장의 설교 테이프를 구해와서는 한번 들어보지 않겠느냐고 했습니다. 그래서 병상에 누워 그 테이프를 듣기 시작했습니다.

"여러분, 하나님이 가장 기뻐하는 삶이 무엇인지 압니까? 복음을 모르는 사람에게 복음을 음으로 양으로, 직간접으로 전하는 삶을 구심점에 두고 인생을 설계하는 것입니다. 당신은 정말 그렇게 살고 있습니까? 만약 여러분도 하나님의 영광을 위해서, 복음을 위해서 살고 싶으면 연변과학기술대학으로 오십시오. 중국의 젊은이들이 기다리고 있습니다. 그들에게 복음을 전할 수 있습니다. 그들의 장래를 통해서 하나님이 영광을 받으시도록 여러분은 썩는 밀알이 될 수 있습니다." 이런 내용이 담긴 도전과 초청의 설교였습니다.

그는 이 설교를 들으며 가슴을 후벼내는 아픔을 느꼈습니다. '하나님, 제가 진작 이것을 알았으면 얼마나 좋았을까요? 그러나 지금은 하고 싶어도 할 수 없는 몸이 되고 말았습니다. 주님, 불쌍히 여겨주옵소서.' 눈물을 흘리면서 기도하는데 이상한 일이 일어났습니다. 차갑고 메말라 있던 손이 갑자기 따뜻해졌습니다. '참 이상하다!' 설교를 다 듣고 그날 저녁을 넘겼는데, 갑자기 음식이 먹고 싶다는 생각이 들더랍니다. 그래서 자기를 앉혀달라고 하고는 튜브도 빼고 죽을 먹었다고 합니다. 며칠 후에는 의사들이 깜짝 놀랄 정도로 몸이 많이 회복되었습니다. 사례 연구를 해야 할 만큼 너무나 기가 막힌 기적이었습니다.

이렇게 한 달이 지나자 드디어 걸어 다닐 수 있을 정도로 몸이 회복되었습니다. 완전히 딴사람이 된 것입니다. 아직 완전히 원기를 회복한 것은 아니지만 어느 정도 거동이 가능해지자 그분은 가방을 싸서 부인과 같이 연변으로 떠났습니다. '나도 이제 하나님의 영광을 위해서 내 몸을 던져보자. 내 전공 분야를 살려서 우리 하나님의 이름을 영화롭게 하는 데 내 남은 인생을 살아보자. 하나님이 그것을 위해 나를 살려두셨으니까 그렇게 살아보자' 하고는 연변과학기술대학 건축과 교수로 일하기 시작한 것입니다. 권길중 박사가 바로 그분입니다. 그분은 거기서 비로소 보람된 삶이 무엇인지 깨달았으며 비록 삶의 십자가가 무겁지만 마음속에 늘 새로운 기쁨이 솟는다고 간증하고 있습니다.

당신은 무엇을 전공했습니까? 당신은 어떤 일을 하고 있습니까? 남자입니까, 여자입니까? 가난합니까, 부요합니까? 어떠하든지 아무런 상관이 없습니다. 오직 내 마음의 소원이 어디에 있느냐가 중요할 뿐입니다. 예수님처럼 아버지를 영화롭게 하는 것이, 하나님 아버지의 기쁨이 되는 것이 가장 큰 소원이라고 한다면 당신의 모든 생은 그 소원을 중심으로 전개될 것입니다.

당신의 가슴에도 이러한 기도가 있기를 바랍니다. '아버지여, 아버지의 이름을 영화롭게 하기를 원합니다.' 밤에 자다가 갑자기 눈을 뜨면 자기도 모르게 마음속에 이 기도가 있기를 바랍니다. '아버지를 영화롭게 하게 하옵소서.' 세상을 살다가 목숨이 끊어지는 마지막 순간이 온다 할지라도 저와 당신의 가슴에 '아버지여, 아버지의 이름을 영화롭게 하게 하옵소서. 아버지의 기쁨이 되기를 원합니다' 하는 기도가 있기를 바랍니다.

  이 소원을 품고 자녀를 키우십시오. 이 소원을 품고 직장에서 열심히 일하십시오. 이 소원을 품고 당신의 물질을 쓰십시오. 당신의 시간을 쓰십시오. 당신의 젊음을 쓰십시오. 인생은 짧습니다. 되는 대로 살다가 끝날 인생이 아닙니다. 예수님은 내 생명을 구원하기 위해 자기 생명을 바치셨습니다. 예수님의 생명보다 더 고귀한 가치를 가진 나의 생명을 함부로 쓰고 낭비하다가 하나님 앞에서 얼굴도 들지 못하는 부끄러운 사람이 되지 마십시오. '아버지를 영화롭게 하는' 이것만을 소원으로 삼고 남은 생을 살면 당신 안에 세상 사람이 모르는 기쁨이 솟을 것입니다.

# 57

## 주님은 지금도 기도하신다

요한복음 17장 6-26절

6 세상 중에서 내게 주신 사람들에게 내가 아버지의 이름을 나타내었나이다 그들은 아버지의 것이었는데 내게 주셨으며 그들은 아버지의 말씀을 지키었나이다 7 지금 그들은 아버지께서 내게 주신 것이 다 아버지로부터 온 것인 줄 알았나이다 8 나는 아버지께서 내게 주신 말씀들을 그들에게 주었사오며 그들은 이것을 받고 내가 아버지께로부터 나온 줄을 참으로 아오며 아버지께서 나를 보내신 줄도 믿었사옵나이다 9 내가 그들을 위하여 비옵나니 내가 비옵는 것은 세상을 위함이 아니요 내게 주신 자들을 위함이니이다 그들은 아버지의 것이로소이다 10 내 것은 다 아버지의 것이요 아버지의 것은 내 것이온데 내가 그들로 말미암아 영광을 받았나이다 11 나는 세상에 더 있지 아니하오나 그들은 세상에 있사옵고 나는 아버지께로 가옵나니 거룩하신 아버지여 내게 주신 아버지의 이름으로 그들을 보전하사 우리와 같이 그들도 하나가 되게 하옵소서 12 내가 그들과 함께 있을 때에 내게 주신 아버지의 이름으로 그들을 보전하고 지키었나이다 그중의 하나도 멸망하지 않고 다만 멸망의 자식뿐이오니 이는 성경을 응하게 함이니이다 13 지금 내가 아버지께로 가오니 내가 세상에서 이 말을 하옵는 것은 그들로 내 기쁨을 그들 안에 충만히 가지게 하려 함이니이다 14 내가 아버지의 말씀을 그들에게 주었사오매 세상이 그들을 미워하였사오니 이는 내가 세상에 속하지 아니함 같이 그들도 세상에 속하지 아니함으로 인함이니이다 15 내가 비옵는 것은 그들을 세상에서 데려가시기를 위함이 아니요 다만 악에 빠지지 않게 보전하시기를 위함이니이다 16 내가 세상에 속하지 아니함 같이 그들도 세상에 속하지 아니하였사옵나이다 17 그들을 진리로 거룩하게 하옵소서 아버지의 말씀은 진리니이다 18 아버지께서 나를 세상에 보내신 것같이 나도 그들을 세상에 보내었고 19 또 그들을 위하여 내가 나를 거룩하게 하오니 이는 그들도 진리로 거룩함을 얻게 하려 함이니이다 20 내가 비옵는 것은 이 사람들만 위함이 아니요 또 그들의 말로 말미암아 나를 믿는 사람들도 위함이니 21 아버지여, 아버지께서 내 안에, 내가 아버지 안에 있는 것같이 그들도 다

하나가 되어 우리 안에 있게 하사 세상으로 아버지께서 나를 보내신 것을 믿게 하옵소서 22 내게 주신 영광을 내가 그들에게 주었사오니 이는 우리가 하나가 된 것같이 그들도 하나가 되게 하려 함이니이다 23 곧 내가 그들 안에 있고 아버지께서 내 안에 계시어 그들로 온전함을 이루어 하나가 되게 하려 함은 아버지께서 나를 보내신 것과 또 나를 사랑하심 같이 그들도 사랑하신 것을 세상으로 알게 하려 함이로소이다 24 아버지여 내게 주신 자도 나 있는 곳에 나와 함께 있어 아버지께서 창세전부터 나를 사랑하시므로 내게 주신 나의 영광을 그들로 보게 하시기를 원하옵나이다 25 의로우신 아버지여 세상이 아버지를 알지 못하여도 나는 아버지를 알았사옵고 그들도 아버지께서 나를 보내신 줄 알았사옵나이다 26 내가 아버지의 이름을 그들에게 알게 하였고 또 알게 하리니 이는 나를 사랑하신 사랑이 그들 안에 있고 나도 그들 안에 있게 하려 함이니이다

요한복음 17장은 예수님께서 세상을 떠나시기 직전에 마지막으로 하신 아주 유명한 기도입니다. 이 마지막 기도는 두 가지를 깨닫게 해줍니다. 먼저, 제자들을 세상에 남겨두고 떠나면서 기도하신 예수님이라면 지금도 하나님 우편에서 기도하시리라는 사실입니다. 히브리서 4장 14절에 보면 이런 말씀이 나옵니다. "그러므로 우리에게 큰 대제사장이 계시니 승천하신 이 곧 하나님의 아들 예수시라." 예수님은 우리의 대제사장이십니다. 대제사장이 하는 일이 무엇입니까? 하나님과 우리 사이를 중보합니다. 그러므로 우리는 대제사장 되신 예수 그리스도께서 지금도 하나님 우편에서 우리를 위해 기도하고 계심을 확신합니다. 로마서 8장 34절 말씀대로 예수님은 "하나님 우편에 계신 자요 우리를 위하여 간구하시는 자"이십니다.

그렇다면 예수님은 우리를 위해 어떤 기도를 하실까요? 본문 내용으로 조금이나마 짐작할 수 있습니다. 본문에는 제자들과 교회를 위해서 마지막으로 기도하신 내용이 나옵니다. 예수님은 먼저 열한 명의 제자들을 위해 기도하신 다음에(6-19절) 계속해서 장차 지상에 나타날 교회를 위해 기도하셨습니다(20-26절). 그러나 이 두 가지 기도를 굳이 구별할 필요는 없습니다. 왜냐하면 둘 다 오늘날 우리에게도 절실하게 필요한 기도이기 때문입니다. 저는 지금도 예수님께서 이와 같은 기도 내용을 가지고 하나님 앞에서 우리를 위해 간구하시리라 굳게 믿습니다. 이것이 본문에서 깨달을 수 있는 또 하나의 사실입니다.

이제 본문의 기도 내용을 좀 더 자세하게 살펴봅시다. 주님의 기도에서 감동으로 다가오는 부분이 하나 있습니다. '내 것'이라는 독특한 표현입니다. 예수님은 우리를 가리켜 '내 것'이라고 하시면서 17장 전체를 통틀어 '내 것'이 된 자의 특징을 열 가지 정도 말씀하셨습니다. 먼저, 예수님은 우리가 원래 하나님의 것이었다고 하십니다. 그런데 하나님께서 자기 것인 자들을 예수님께 주셨습니다(6절). 예수님은 하나님의 것인 자들에게 하나님의 이름과 영광을 나타내 보이셨습니다. 그러자 그들은 예수님의 입술에서 떨어지는 하나님의 말씀을 받아 지켰고, 예수님이 하나님께로부터 오신 분임을 믿었습니다.

예수님처럼 세상에 속하지 아니하였기 때문에 그들은 세상의 미움을 받을 것입니다. 예수님은 그들을 통해 영광을 받으셨고, 그들에게 영생을 주셨습니다. 이 세상 마지막까지 그들 가운데 한 사람도 잃어버리지 않겠다고 주님은 단언하셨습니다. 이처럼 대충 훑기만 해도 '내 것'이라고 불리는 자들의 특징을 열 가지 정도는 족히 꼽을 수 있습니다.

예수님의 열한 제자를 비롯하여 오늘날 그분을 믿는 우리 모두는 바로 이처럼 열 가지 놀라운 은혜로 특징지어진 사람들입니다. 예수님은 우리를 두고 주저 없이 '내 것'이라고 말씀하십니다. '내 것'이라는 이 한마디만으로도 예수님께 우리가 얼마나 소중한 존재인지 쉽게 알 수 있습니다. 만유의 주가 되신 하나님의 아들이 스스로 생각하기에도 별 볼 일 없는 존재에 불과한 우리를 보고 '내 것'이라고 부르시며 놀라운 은혜와 영광을 안겨주신다니 이 얼마나 감동적인 일입니까?

우리를 '내 것'이라 부르실 정도로 소중한 존재로 보시기에 예수님은 남다른 애착을 가지고 우리를 위해 기도하십니다. 9절에서 그러한 예수님의 마음을 읽을 수 있습니다.

> 내가 그들을 위하여 비옵나니 내가 비옵는 것은 세상을 위함이 아니요 내게 주신 자들을 위함이니이다 그들은 아버지의 것이로소이다.

여기서 '내게 주신 자' 안에는 열한 명의 제자들은 물론이고 우리도 포함되어 있습니다. 내게 주신 자들을 위해서 내가 기도한다고 생각해보십시오. 그 애착이 얼마나 강하겠습니까? 더욱이 예수님은 다른 사람을 위해 기도하시지 않고 우리만을 위해서 기도하신다고 합니다. 더 범위를 좁혀서 말한다면, 예수님께서 나만을 위해 기도하셨고 지금도 기도하신다는 말입니다.

또 12절에서는 우리 가운데서 한 사람도 잃어버리지 않기 위해 우리를 보전하여 지키신다고 했습니다. 예수님은 아무도 우리에게 손대지 못하도록 한순간도 눈을 떼지 않고 우리를 지켜보고 계십니다. 지금도 하나님 우편에 앉아서 그와 같은 애착심을 가지고 자기 것인 우리를 위해 기도하시는 예수님의 모습을 한번 생각해보십시오. 말만 들어도 가슴이 뭉클해지지 않습니까? 오늘도 예수님은 나를 위해 기도하십니다.

## 감동을 주는 기도

세상을 살면서 많은 사람을 만나지만 나를 위해 매일 기도한다는 사람만큼 마음에 감동을 주는 사람은 없습니다. 며칠 전에도 저는 그런 감동을 주는 분을 만났습니다. 그분의 남편은 목사님인데, 한국전쟁에 참전했다가 그만 실명을 했습니다. 게다가 건강도 그다지 좋지 않았습니다. 거의 폐인이나 다름없는 사람이었는데, 그가 소명을 받고 목사가 되었습니다. 그러니 이 맹인 목사한테 시집간 여자라면 얼마나 대단한 분입니까? 시집을 가보니 설상가상으로 남편은 몸에 어떤 결함이 있었는지 자녀를 가질 수 없었습니다. 평생 둘이서 살 수밖에 없는 기구한 운명이었습니다. 그럼에도 그분은 이렇게 말했습니다. "우리 목사님은 내가 어떻게 생겼는지 몰라요. 지금까지 수십 년 살았지만 한 번도 본 일이 없으니까요. 그래서 날마다 자기 마음에 드는 여인상을 그리면서 나를 대하지요. 그렇기 때문에 나는 참 행복해요." 이렇게 말하는 모습이 마치 소녀 같았습니다.

그분은 남편과 함께 미국에 가서 13년 동안 사역을 하다가 미국 장로교의 파송을 받아 일본에 선교사로 들어갔습니다. 맹인 목사님과 사모님이 선교를 한다고 한번 생각해보십시오. 사역에 얼마나 어려움이 많았겠습니까? 심지어 선교를 시작하자마자 사모님은 유방암에 걸려서 한쪽을 절제하고, 또 전이가 되어 다른 쪽도 잘라내면서 치열한 영적 전쟁을 치러야 했습니다. 그러나 그분들은 사탄의 방해 공작에 절대 넘어지지 않았습니다. 이제는 나이가 칠십이 가까워져 사역을 그만두셨지만 지난 10년 동안 사역을 너무나 훌륭하게 감당하셨습니다.

사모님이 사역을 마무리하고 미국으로 다시 돌아가는 길에 저를 찾아왔습니다. 그분은 저를 보시더니 대뜸 이런 말을 했습니다. "저는 지금까지 옥 목사님을 한 번도 본 일이 없어요. 사진은 어디서 한 번 본 일이 있지만요. 7, 8년 전에 목사님의 설교 테이프를 우연히 들었는데 그때 '이 목사님을 위해서 기도해드려야겠다'는 생각이 갑자기 들어 지금까지 하루도 빼먹지 않고 목사님을 위해 기도해왔습니다. 오늘 이렇게 직접 만나니 참 좋네요."

저는 이런 말을 들으면 너무나 감격스러워 숨이 막힐 정도입니다. 당신도 가끔 이와 비슷한 사람을 만날 것입니다. 나를 위해 기도해준다는 말만큼 감격스러운 것이 어디 있습니까? 누군가 나를 위해 기도해준다는 말만 들어도 코끝이 찡해질 정도로 감동을 받는데, 하물며 하나님의 아들 예수 그리스도께서 '내 것이다. 아무도 손대지 마. 내가 기도한다' 하시며 애착을 가지고 나를 위해 기도해주신다는데 어찌 감동받지 않을 수 있겠습니까?

성령께서 우리 마음을 감동하시면, 비록 예수님이 기도하시는 모습을 한 번도 본 일이 없지만 '나 같은 것을 위해 기도하신다'는 것을 깨달을 수 있습니다. 그러한 사실 하나만으로도 우리 가슴은 감동으로 가득 차게 되어 있습니다. 세상에서 겁나는 것이 없어집니다. '예수님이 나를 위해 기도하신다. 나는 예수님의 것이다'라는 사실을 확실하게 믿고 이 세상을 산다면 어떤 고통 앞에서도 우리는 좌절하지 않을 것입니다.

왜 당신의 모습이 초라해집니까? 왜 고독을 느낍니까? 왜 사소한 일 앞에서도 사시나무 떨듯 합니까? 주님이 하나님 우편에서 나 같은 것을 위해 어떻게 기도하시는지 잘 모르기 때문입니다. 아니면 설혹 안다고 해도 그것을 마음으로 받아들일 만큼 확실하게 믿지 않기 때문입니다.

당신은 어떤 마음가짐을 가지고 이 말씀을 받고 있습니까? 다시 한번 냉정하게 생각해보십시오. 믿음을 가지고 이 말씀을 받으면 당신은 삽니다. 믿음이 없이 그저 적당히 들으면 이 말씀은 당신에게 아무런 은혜도 되지 않고 힘도 되지 않습니다. 세상에서 보잘것없는 우리를 위해 기도하셨던 주님, 세상을 떠나시면서 기도하셨던 그 주님께서 지금도 우리를 위해 계속 기도하십니다. 더욱이 그 기도 대상에는 나같이 별 볼 일 없는 사람도 포함되어 있습니다. 주님의 기도가 늘 나와 함께하는데 세상 그 무엇이 감히 우리에게 맞설 수 있겠습니까?

## 하나 되게 하옵소서

그렇다면 주님께서 지금도 우리를 위해 기도하시는 내용은 무엇일까요? 세상을 떠나시기 직전에 제자들과 우리 모두를 위해서 하신 기도를 보면 대충 짐작할 수 있습니다. 본문에는 주님께서 기도하신 네 가지 중요한 제목이 나옵니다. 첫째는 "하나가 되게 하옵소서"입니다.

> 나는 세상에 더 있지 아니하오나 그들은 세상에 있사옵고 나는 아버지께로 가옵나니 거룩하신 아버지여 내게 주신 아버지의 이름으로 그들을 보전하사 우리와 같이 그들도 하나가 되게 하옵소서(11절).

여기서 '우리'란 성부, 성자, 성령 하나님을 가리킵니다. 삼위 하나님은 완전한 하나요, 한 분이십니다. "완전한 하나가 된 성부 성자 성령 하나님, 우리와 같이 저희들도 이 세상에 있을 동안 하나가 되게 하옵소서." 이 기도가 얼마나 중요한지 21-22절에서 다시 한번 반복하십시오.

우리가 생각하기에는 하나가 되든 둘, 셋이 되든 별 차이가 없는 것 같습니다. 그러나 예수님이 보시기에는 우리가 하나 되는 것이 너무나 중요했습니다. 앞에서도 언급했듯이 이 악한 세상에서 하나님의 교회가 하나 되지 못하면 우리는 복음으로 세상을 이길 수 없을 뿐 아니라 세상에서 하나님의 영광을 드러낼 수도 없습니다. 적 앞에서의 분열은 곧 죽음을 의미합니다. 이런 의미에서 우리는 반드시 하나가 되어야 합니다. 주님께서 두 번이나 반복하여 우리의 하나 됨을 위해 기도하신 것은 바로 이 때문입니다.

주님께서 원하시는 하나 됨은 교회를 어떤 획일적인 조직으로 묶는 것을 의미하지 않습니다. 온 세계 교회를 한 조직 밑에서 움직이는 단체로 만들라는 뜻이 아니라는 말입니다. 주님의 말씀은 교회가 진리와 사랑으로 하나 됨을 의미합니다.

진리로 하나 되는 것에 대해 에베소서 4장 13절은 이렇게 말씀합니다. "우리가 다 하나님의 아들을 믿는 것과 아는 일에 하나가 되어 온전한 사람을 이루어." 진리로 하나가 된다는 것은 하나님의 아들을 믿는 것과 아는 일, 곧 지식과 믿음에서 하나 되는 것입니다. 우리가 교회 안에서 하나 되기 위해서는 똑같은 예수를 믿어야 합니다. 그리고 똑같은 하나님의 말씀을 아는 지식이 필요합니다. 그럴 때 우리 모두는 하나가 되기 위한 공통분모를 가질 수 있습니다. 이것이 바로 진리로 하나 되는 것입니다.

뿐만 아니라 교회는 사랑으로 하나가 되어야 합니다. 사랑은 우리 모두를 묶는 끈입니다. 에베소서 4장 16절은 이렇게 강조합니다. "그에게서 온몸이 각 마디를 통하여 도움을 받음으로 연결되고 결합되어 각 지체의 분량대로 역사하여 그 몸을 자라게 하며 사랑 안에서 스스로 세우느니라." 우리 모두는 한 몸을 이룬 지체들입니다. 몸을 하나로 세우기 위해서는 각 지체가 사랑 안에서 서로를 세워 주어야 합니다. 사랑의 띠로 서로 하나가 되어야 합니다. 그럴 때 주님의 몸 된 교회는 하나가 될 수 있습니다.

그래서 예수님은 오늘도 우리가 하나 되기를 위해 기도하십니다. 진리로 하나 되고, 사랑으로 하나 되기를 위해 기도하십니다. 사랑이 없는 진리는 난폭해지기 쉽습니다. 반면 진리가 없는 사랑은 위선이 되기 쉽습니다. 진리로 자라는 심령은 사랑으로 넓어져야 합니다. 지식만 있으면 교만해지기 쉽고, 사랑만 있으면 어리석어지기 쉽습니다. 그러므로 지식과 사랑이 똑같이 있어야 합니다. 우리는 지식으로 하나가 되는 동시에 사랑으로 하나가 되어야 합니다.

신약성경을 처음부터 마지막까지 다 읽어보십시오. 특별히 신약성경이 지상 교회에 대해 말씀하는 내용을 주목해보십시오. 고립된 한 사람의 교회를 발견할 수 있습니까? 절대 그럴 수 없습니다. 고립된 한 사람의 교회는 존재하지 않습니다. 진리와 사랑으로 하나가 되지 못하면 개인의 신앙은 그 자체로 존재하지 못합니다. 교회 안에서 배타적으로 자기 혼자만의 신앙생활을 하는 사람일수록 건전한 믿음과는 거리가 멉니다. 교회 안에서 나 홀로 신앙생활하는 사람치고 예수님의 마음에 들 만큼 인격이 성숙하고, 삶이 거룩한 사람을 보셨습니까? 불가능한 일입니다. 눈을 씻고 찾아보아도 저는 그런 사람을 보지 못했습니다. 하나가 되지 못하면 신앙이 건강할 수 없습니다. 인격도 성숙할 수 없습니다. 주님을 위해서 쓰임받는 사람이 될 수도 없습니다.

그러므로 저는 교회 안에서 혼자만의 신앙생활을 하는 사람들에게 분명히 경고합니다. 당신 개인은 구원받을지 모르지만 당신은 주님 앞에서 아무 쓸모없는 존재라고 말입니다. 제 이야기를 듣고 마음에 가책을 받아 돌이키는 분들이 있기를 바랍니다.

교회 안을 한번 둘러보십시오. 얼마나 많은 소그룹 모임들이 있습니까? 얼마나 많은 봉사 부서들이 있습니까? 그럼에도 그들과 하나 되는 것이 싫어서 예배만 겨우 참석하고, 일주일 동안 나 홀로 세상을 사는 사람들이 적지 않습니다. 그러나 그러한 삶은 우리가 하나 되기를 위해서 기도하시는 주님의 의도를 완전히 거부하는 것이나 마찬가지입니다.

봉사 모임이나 성경 공부 모임, 서로가 교제하고 기도하기 위해 모이는 모임에 참석할 수 있기를 바랍니다. 이렇게 하나 되기 위해 노력하다 보면 당신의 삶이 되살아납니다. 당신의 얼굴 표정이 달라집니다. 당신의 생각에 혁명이 일어납니다. 당신의 가정에 새로운 평화가 찾아옵니다. 지금까지 어렵고 고되다고 생각하던 많은 문제들을 쉽게 건너뛸 수 있습니다. 왜 당신은 인생을 힘겨워합니까? 왜 당신의 신앙생활에 맥이 없습니까? 하나 되게 하려는 주님의 노력과 그 기도에 동참하지 않기 때문입니다.

하와가 혼자 있다가 뱀의 유혹을 받았다는 사실을 기억하십시오. 당시는 인구라고 해봐야 아담과 하와 두 사람이 전부였습니다. 그러므로 이 두 사람은 헤어지면 안 됩니다. 어디를 가든지 꼭 같이 있어야 합니다. 그런데 그날 무슨 이유인지 하와가 혼자 있다가 뱀의 유혹을 받고 죄를 범했습니다. 신앙생활은 혼자 하면 당합니다. 아무리 기도를 많이 해도 소용없습니다. 혼자서는 위험합니다. 그래서 오늘도 주님은 우리가 하나 되기를 계속 기도하십니다.

**악에 빠지지 않게 하옵소서**

주님의 중요한 기도 제목 중 둘째는 "악에 빠지지 않게 하옵소서"입니다.

> 내가 비옵는 것은 그들을 세상에서 데려가시기를 위함이 아니요 다만 악에 빠지지 않게 보전하시기를 위함이니이다(15절).

예수님은 제자들을 세상에 두고 가셨고 우리도 세상에 두셨습니다. 이제 중요한 것은 이 악한 세상에서 우리가 악에 빠지지 않는 것입니다. 주님도 제자들을 세상에 남겨놓고 떠나시면서 "악에 빠지지 않게 보전해주옵소서"라고 기도하셨습니다.

주님은 오늘날 세상을 사는 우리를 위해서도 이 기도를 하십니다. 우리 모두가 아는 바와 같이 세상은 악한 곳입니다. 세상에는 악한 세력이 여전히 건재해 있으면서 우리를 끊임없이 유혹하고 공격합니다. 우리는 이 악한 세상에 속한 자들이 아닙니다. 그러다 보니 세상은 우리를 표적 삼아 24시간 쉬지 않고 공격합니다. 우리를 유혹해서 죄에 빠지게 하려고 혈안이 되어 있습니다. 건강하게 신앙생활을 하지 못하도록 온갖 함정을 파놓고 우리를 기다립니다. 그러므로 악에 빠지지 않기 위해 정신을 바짝 차려야 합니다. 악의 유혹을 피하고, 악을 대적해서 막아야 합니다.

단순히 죄를 짓도록 유혹받는 것만을 악이라고 생각해서는 안 됩니다. 하나님의 자녀가 세상에 살면서 당하는 모든 환난도 악입니다. 북한의 폭정도 악입니다. 북한의 굶주림도 악입니다. 특히 그 사회에서는 예수 믿는 하나님의 자녀가 가장 천대받고 인권을 유린당하는 소수 그룹입니다. 그들은 굶는 것을 밥 먹듯이 합니다. 수단은 예수 믿는 사람이 25퍼센트나 되는, 기독교가 흥왕했던 나라지만 현재 10년이 넘도록 무시무시한 기근으로 국민의 절반이 죽어가고 있지 않습니까? 하나님의 자녀가 이렇게 굶주림으로 죽어가는 것도 악입니다. 인도네시아에서는 종교 분쟁으로 수많은 그리스도인들이 살해당하고 있습니다. 이것도 악입니다. 우리가 세상에서 하나님의 것으로, 하나님의 자녀로 살려고 하면 환난의 바람이 마구 불어옵니다. 이 모든 것이 전부 악이라는 말입니다.

이와 같은 악 가운데서 우리는 하나님의 보호를 기다릴 수밖에 없습니다. 우리 힘으로는 이 모든 악을 이길 수 없기 때문입니다. 주님께서 "이들을 보전하사 악에서 지켜주옵소서" 하고 기도하시는 이유이기도 합니다. 주님은 지금도 우리를 위해 똑같은 기도를 하고 계십니다. "악에서 건져주옵소서." 오늘날 우리가 이만큼 건재한 것도 다 이 기도 덕분입니다. 만일 예수님의 기도가 없다면 오늘 우리가 어떻게 이 악한 세상에서 살아갈 수 있겠습니까?

또한 예수님은 혼자만 기도하지 않으셨습니다. 우리에게도 같은 기도를 하라고 말씀하셨습니다. "시험에 들게 하지 마옵시고 다만 악에서 구하옵소서"(마 6:13). 하나님의 보호하심 없이는 절대 악한 세상의 가공할 만한 공격을 이기고 살아남을 수 없기 때문입니다.

악한 세상이 두렵습니까? 지금도 나를 위해 기도하시는 주님의 음성에 귀를 기울이십시오. 환난과 핍박 앞에서 마음이 공허하고 염려와 근심에 쌓여 있습니까? 지금도 하나님 우편에서 악에 빠지지 않도록 나를 위해 기도하시는 주님의 그 낭랑한 음성을 듣는 영의 귀가 활짝 열리기를 바랍니다. 때로 주무시고 계시는 것 같아도, 우리가 필요할 순간에 찾아오지 아니하시는 것처럼 보여도, 우리가 살려달라고 소리칠 때 아주 멀리 계시는 것처럼 느껴져도, 주님은 하나님 우편에서 나를 위해 늘 기도하십니다. 주님께서 기도하시는 이상 이 악한 세상에서 우리를 삼킬 자는 아무도 없습니다.

19세기에 메리 안나 베이커라는 신실한 여성이 있었습니다. 그의 집안에 일찍이 알려진 바 없던 병이 들어와서는 아버지와 어머니가 그 병을 앓다가 세상을 떠났습니다. 그리고 얼마 후에는 남동생도 같은 병으로 세상을 떠났습니다. 이제는 자신도 그 병에 감염되었습니다. 아마도 폐결핵 같은 병이었나 봅니다. 그때껏 주님을 위해 헌신하면서 살아왔는데 집안이 이 모양이 되어버렸으니 그의 마음이 오죽 괴로웠겠습니까? 그래서 어느 날은 울분을 참지 못하고 하나님 앞에 떼를 썼다고 합니다. "하나님은 왜 우리 가정을 돌보시지 않습니까? 우리가 주님을 신뢰하고 또 주님을 위해서 헌신했는데 이게 무슨 꼴입니까? 저는 더 이상 참을 수가 없어요. 하나님!" 하고 소리를 지르면서 몸부림을 쳤습니다.

그때 성령께서 그의 마음을 열어 성경을 펴게 만드셨는데, 바로 마태복음 8장이었습니다. 23절 이하에 보면 예수님께서 제자들을 데리고 갈릴리 바다를 건너가실 때 갑자기 폭풍이 불었습니다. 파도가 높게 치더니 나중에는 물이 배 안으로 마구 쏟아져 들어왔습니다. 제자들은 물 퍼내랴, 노 저으랴 정신없이 구슬땀을 흘렸습니다. 그런데 그 와중에 예수님은 고물에서 주무시고 계셨습니다. 너무나 상황이 급박해지자 제자들이 예수님을 흔들어 깨웠습니다. "주여, 주여, 우리가 죽게 되었습니다. 어찌 주무시고만 계십니까? 일어나십시오." 예수님은 일어나시자마자 제자들을 보고 "믿음이 적은 자들아, 어찌하여 무서워하느냐?"라고 책망하신 다음 바다를 향하여 명령하셨습니다. "잠잠하라!" 그러자 바다는 언제 그랬냐는 듯 잔잔해졌습니다.

말씀을 읽고 베이커 여사의 마음에 평안이 찾아들었습니다. '아, 그렇구나! 예수님께서 주무시는 것 같아도 그분은 깨어 계시는구나! 그분이 한번 잠잠하라 하시면 세상 어떤 파도도 그 명령에 복종해서 잔잔해지는구나'라는 깨달음을 얻었습니다. 베이커 여사는 뜨거워진 가슴으로 찬송시를 썼고, 그 찬송을 오늘날까지 우리가 은혜롭게 부르고 있습니다. 찬송가 371장의 2절 가사입니다.

> 구주여 떨리는 내 맘 저 풍랑과 같아서
> 늘 불안에 싸여서 사니 날 붙들어주소서
> 세상의 풍파가 나를 삼키려 합니다
> 지금 죽게 된 날 돌아보사 곧 구원해주소서
> 큰 바람과 물결아 잔잔해 잔잔해
> 사납게 뛰노는 파도나 저 흉악한 마귀나 아무것도
> 주 편안히 잠들어 누신 배 뒤엎어놓 능력이 없도다
> 주 예수 풍파를 꾸짖어 잔잔해 잔잔해
> 주 예수 풍파를 꾸짖어 잔잔하라

지금도 나를 위해 "악에 빠지지 않게 하옵소서"라고 기도하시는 주님의 음성 앞에서 모든 파도가 잔잔해지리라는 사실을 굳게 믿기 바랍니다.

### 진리로 거룩하게 하옵소서

주님의 중요한 기도 제목 중 셋째는 "진리로 거룩하게 하옵소서"입니다.

그들을 진리로 거룩하게 하옵소서 아버지의 말씀은 진리니이다(17절).

예수님은 우리가 거룩하기를 기도하십니다. 하나님의 말씀이라는 진리를 알고 배워 우리가 거룩을 지키게 해달라고 기도하십니다.

우리는 거룩한 존재들입니다. '아니야, 어제도 죄 짓고, 오늘 아침에도 죄를 지었는데 내가 어떻게 거룩한 존재라는 말인가?'라고 생각하는 분이 있을지도 모르겠습니다. 그러나 그렇게 생각하는 것은 중요한 사실 하나를 아직도 믿지 못하기 때문입니다. 우리는 거룩합니다. 왜냐하면 우리는 거룩하신 하나님의 소유요, 예수님의 소유이기 때문입니다. 우리는 세상과 구별된 사람들이요, 세상에 속하지 않은 사람들입니다. 또한 우리 안에는 성령이 계시므로, 우리는 거룩합니다.

우리는 주님께서 주신 거룩을 지켜야 합니다. 우리가 사는 이 세상은 너무도 악합니다. 그렇기 때문에 자칫 잘못하면 거룩을 잃기 쉽습니다. 그러므로 거룩을 지키는 일에 힘써야 합니다. 그렇다면 무엇으로 지키겠습니까? 하나님의 말씀입니다. 주님 말씀을 마음에 담고 항상 그 말씀을 지킬 때 거룩할 수 있습니다. "주의 법이 나의 즐거움이 되지 아니하였더면 내가 내 고난 중에 멸망하였으리이다"(시 119:92). 환난의 바람이 불어오고 고난의 풍랑이 일어날 때 스스로를 말씀으로 지키지 않으면 우리는 거룩한 존재로 살아남을 수 없습니다. 그래서 주님은 에베소서 6장 14-17절에서 단호하게 명령하십니다. "진리로 너희 허리 띠라. 의의 호심경을 붙이라. 구원의 투구를 쓰라. 성령의 검을 손에 쥐고 거룩한 싸움을 싸우라."

다니엘은 세 친구와 함께 십 대 때 바벨론에 볼모로 잡혀갔습니다. 바벨론이 식민지의 인재들을 자기 나라의 꼭두각시로 삼기 위해 만든 특별 교육 프로그램에 끌려간 것입니다. 가서 보니 왕이 제공하는 진수성찬을 매일 먹어야 했습니다. 그런데 그 음식들은 전부 유대인들이 부정하게 여기는 돼지고기나 우상 앞에 놓고 술을 뿌린 것들이었습니다. 다니엘과 그의 친구들은 하나님의 율법을 배운 자로서 신앙 양심상 그 음식을 먹을 수가 없었습니다.

그래서 그들은 결단했습니다. "우리는 못 먹겠습니다." 그렇다고 앉아서 단식을 한 것이 아닙니다. 자기를 맡고 있는 환관장에게 찾아가 사정을 이야기했습니다. "우리는 이것을 못 먹습니다. 대신 우리에게 채소와 물만 주어 먹게 해보십시오. 그래서 우리 얼굴이 다른 청소년들과 비교할 때 상해 있으면 우리가 고기를 먹겠습니다. 그러나 건강해 보인다면 계속 왕의 음식을 먹지 않도록 해주십시오." 결국 그들이 승리했습니다. 그리고 다니엘은 네 명의 황제가 바뀌는 역사의 변천 속에서도 살아남아 바벨론의 모든 중요한 정책을 좌지우지하는 하나님의 종이 되었습니다. 다니엘과 세 친구는 자기의 거룩을 지키는 것이 무엇인지 보여주는 모범입니다.

오늘날 컴퓨터에 익숙한 젊은이들은 인터넷으로 영화도 보고 전화도 받을 수 있습니다. 그런데 영화나 인터넷에는 이전에는 상상도 하지 못할 음란하고 폭력적인 내용들이 넘쳐납니다. 정신을 차리지 않으면 세상으로부터 이렇듯 부정적인 영향을 받지 않을 수 없습니다. 이러한 때일수록 "진리로 거룩하게 하라"(17절)는 말씀을 기억해야 합니다.

하나님의 말씀으로 우리의 거룩을 지킵시다. 하나님 말씀을 보면 어떻게 우리의 거룩을 지켜야 하는지 다 나와 있습니다. 세상의 유혹이 찾아옵니까? 개와 돼지들이 당신의 거룩을 더럽히려고 주변에 우글거리고 있습니까? 내 힘만으로는 절대 나의 거룩을 지킬 수 없습니다. 그럴 때마다 나를 위해 지금도 하나님 우편에서 기도하시는 주님의 음성을 들으십시오. 그 음성을 들으면 정신을 바짝 차릴 수 있습니다.

## 내 영광에 참여하게 하옵소서

주님의 중요한 기도 제목 중 넷째는 주님의 영광에 우리 모두가 참여할 수 있게 해달라는 것입니다.

> 아버지여 내게 주신 자도 나 있는 곳에 나와 함께 있어 아버지께서 창세전부터 나를 사랑하시므로 내게 주신 나의 영광을 그들로 보게 하시기를 원하옵나이다(24절).

예수님께서 지금 누리시는 영광은 우리가 도무지 상상할 수도 없는 차원입니다. 베드로와 요한과 야고보는 예수님을 따라 산으로 올라갔다가 갑자기 예수님의 모습이 바뀐 것을 보았습니다. 그 모습이 얼마나 영광스러웠던지 제자들은 정신을 잃을 정도였습니다. "주여, 제가 나뭇가지로 텐트 몇 개를 칠 테니 내려가지 말고 여기서 삽시다." 세상에 이런 멍청한 이야기가 어디 있습니까? 텐트 세 개만 달랑 가지고 어떻게 살자는 것입니까? 침대가 있습니까? 화장실이 있습니까? 먹을 음식이 있기나 합니까? 얼마나 그 영광이 대단했으면 살 수 없는 곳에서 살자고 했을까요? 그만큼 하나님의 영광이 그들을 황홀하게 만들었던 것입니다.

주님께서 누리시는 그 영광이 우리 앞에 있습니다. 사실 우리에게 가장 좋은 날은 아직 오지 않았습니다. 우리에게 가장 최상의 행복은 아직 도래하지 않았습니다. 모두 우리 앞에 있습니다. 이미 지

나간 것보다도 우리 앞에 있는 것은 우리의 기분을 더욱 들뜨게 만듭니다. 왜냐하면 결국 우리가 그 영광을 누릴 것이기 때문입니다. 예수님은 오늘도 그분이 누리는 영광을 우리도 함께 누리도록 하시려고 우리를 위해 기도하십니다.

**어머니의 기도**

17장을 묵상하면서 '오늘도 주님께서 나를 위해 네 가지 기도를 변함없이 하시는구나' 하는 생각이 들었습니다. 그러다 새벽마다 자식들을 위해 기도하는 어머니들이 떠올랐습니다. 자식을 향한 어머니의 애착이 얼마나 대단합니까? 새벽에 교회에 나오면 담임 목사를 위해서, 교회를 위해서 그리고 국가를 위해서 기도합니다. 그러나 그런 기도는 전부 서론입니다. 한 5분 안에 다 끝내고 이제 본론으로 들어갑니다. 바로 자녀를 위한 기도입니다. "주여, 우리 집 철이를 아시지요? 이 아들 …" 하고 입을 열면 한 시간도 좋고, 두 시간도 좋습니다.

제 어머니도 그런 분입니다. 새벽에 나오시면 두 시간 앉아 기도하시는데, 기도 내용을 뻔히 짐작할 수 있습니다. 전부 자녀를 위한 기도입니다. 60년 이상 그렇게 기도해왔으니 이제 그 병을 어떻게 고치겠습니까? 식탁에서 식구들이 돌아가며 식사 기도를 하다가 가끔 어머니께서 기도할 차례가 옵니다. 그러면 음식을 놓고 감사하다는 기도를 하셔야 할 텐데 식탁에 앉아서 눈을 감고는, 큰아들부터 시작해서 줄줄이 엮어나가십니다. 그러다 보면 차려놓은 음식은 모조리 식어버리고 맙니다. 더군다나 시간이 없을 때에는 초조함이 신경질로 바뀝니다. 그러니 우리 집 막내는 제발 할머니는 식사 기도를 안 하셨으면 좋겠다고 투덜댑니다.

그래서 한번은 어머니께 조용히 말씀드렸습니다.

"어머니, 식탁에서는 식사 기도만 하세요."

"눈만 감으면 그 기도가 나오는데 어떻게 하냐?"

"그래도 조심하셔야지요."

그러나 그다음에 기도할 때에도 여전히 똑같습니다. 이것이 어머니의 마음입니다. 자식에 대한 어머니의 애착이 너무도 강한 나머지 눈만 감으면 자식을 위해 기도합니다. 이런 어머니를 보노라면 하나님 우편에서 우리를 위해 기도하시는 예수님이 생각납니다. '내 것'이라 말씀하셨지 않습니까? 우리를 '내 것'이라고 말씀하셨으니 얼마나 집요하게 우리를 위해 기도하시겠습니까?

힘을 내십시오. 우리 뒤에는 언제나 예수님의 기도가 있습니다. 예수님의 기도가 뒤에서 늘 우리를 보호하십니다. 이 기도가 있는 이상 우리를 당할 자는 세상에 아무도 없습니다. 절대로 낙망하지 마십시오. 세상을 두려워하지 마십시오. 인생을 비겁하게 살지 마십시오. 하늘에 계시는 우리 주님께서 오늘도 변함없이 우리를 위해 기도하십니다.

# 58

## 아버지께서 주신 잔

요한복음 18장 1-27절

1 예수께서 이 말씀을 하시고 제자들과 함께 기드론 시내 건너편으로 나가시니 그곳에 동산이 있는데 제자들과 함께 들어가시니라 2 그곳은 가끔 예수께서 제자들과 모이시는 곳이므로 예수를 파는 유다도 그곳을 알더라 3 유다가 군대와 대제사장들과 바리새인들에게서 얻은 아랫사람들을 데리고 등과 횃불과 무기를 가지고 그리로 오는지라 4 예수께서 그 당할 일을 다 아시고 나아가 이르시되 너희가 누구를 찾느냐 5 대답하되 나사렛 예수라 하거늘 이르시되 내가 그니라 하시니라 그를 파는 유다도 그들과 함께 섰더라 6 예수께서 그들에게 내가 그니라 하실 때에 그들이 물러가서 땅에 엎드러지는지라 7 이에 다시 누구를 찾느냐고 물으신대 그들이 말하되 나사렛 예수라 하거늘 8 예수께서 대답하시되 너희에게 내가 그니라 하였으니 나를 찾거든 이 사람들이 가는 것은 용납하라 하시니 9 이는 아버지께서 내게 주신 자 중에서 하나도 잃지 아니하였사옵나이다 하신 말씀을 응하게 하려 함이러라 10 이에 시몬 베드로가 칼을 가졌는데 그것을 빼어 대제사장의 종을 쳐서 오른편 귀를 베어버리니 그 종의 이름은 말고라 11 예수께서 베드로더러 이르시되 칼을 칼집에 꽂으라 아버지께서 주신 잔을 내가 마시지 아니하겠느냐 하시니라 12 이에 군대와 천부장과 유대인의 아랫사람들이 예수를 잡아 결박하여 13 먼저 안나스에게로 끌고 가니 안나스는 그해의 대제사장인 가야바의 장인이라 14 가야바는 유대인들에게 한 사람이 백성을 위하여 죽는 것이 유익하다고 권고하던 자라 15 시몬 베드로와 또 다른 제자 한 사람이 예수를 따르니 이 제자는 대제사장과 아는 사람이라 예수와 함께 대제사장의 집 뜰에 들어가고 16 베드로는 문밖에 서 있는지라 대제사장을 아는 그 다른 제자가 나가서 문 지키는 여자에게 말하여 베드로를 데리고 들어오니 17 문 지키는 여종이 베드로에게 말하되 너도 이 사람의 제자 중 하나가 아니냐 하니 그가 말하되 나는 아니라 하고 18 그때가 추운 고로 종과 아랫사람들이 불을 피우고 서서 쬐니 베드로도 함께 서서 쬐더라 19 대제사장이 예수에게 그의 제자들과 그의 교훈에 대하여 물으니 20 예수께서 대답하시되 내가 드러내놓고 세상에

말하였노라 모든 유대인들이 모이는 회당과 성전에서 항상 가르쳤고 은밀하게는 아무 것도 말하지 아니하였거늘 21 어찌하여 내게 묻느냐 내가 무슨 말을 하였는지 들은 자들에게 물어보라 그들이 내가 하던 말을 아느니라 22 이 말씀을 하시매 곁에 섰던 아랫사람 하나가 손으로 예수를 쳐 이르되 네가 대제사장에게 이같이 대답하느냐 하니 23 예수께서 대답하시되 내가 말을 잘못하였으면 그 잘못한 것을 증언하라 바른말을 하였으면 네가 어찌하여 나를 치느냐 하시더라 24 안나스가 예수를 결박한 그대로 대제사장 가야바에게 보내니라 25 시몬 베드로가 서서 불을 쬐더니 사람들이 묻되 너도 그 제자 중 하나가 아니냐 베드로가 부인하여 이르되 나는 아니라 하니 26 대제사장의 종 하나는 베드로에게 귀를 잘린 사람의 친척이라 이르되 네가 그 사람과 함께 동산에 있는 것을 내가 보지 아니하였느냐 27 이에 베드로가 또 부인하니 곧 닭이 울더라

예수님은 다락방에서 제자들을 앞에 놓고 마지막 기도를 해주신 후에 그들과 함께 예루살렘성 밖으로 나가셨습니다. 어두운 밤하늘을 환하게 밝히는 달빛을 밟아가며, 예수님과 제자들은 비탈길을 걸어서 성벽을 따라 나 있는 기드론 시내로 내려갔습니다. 기드론 시내는 예루살렘과 감람산 사이를 가로지르는 조그마한 개천입니다. 당시에는 그 모습이 어떠했는지 모르겠지만 지금은 개천이라고 하기도 어려울 만큼 작은 실개천입니다.

예수님은 그곳으로 내려가셔서 서편 비탈에 자리 잡은 겟세마네 동산으로 들어가셨습니다. 요한복음에는 언급이 없지만, 누가복음에는 이곳이 예수님께서 낮에 예루살렘 성전에서 가르치시다가 저녁이면 자주 오셔서 쉬기도 하시고 기도도 하신 곳이라고 기록되어 있습니다(눅 22:39).

예수님께서 기드론 시내를 건너신 행동에는 매우 상징적인 메시지가 담겨 있습니다. 그날은 유월절을 불과 하루 앞둔, 유월절 양 잡는 날이었습니다. 이스라엘뿐 아니라 세계 각지에서 수십만 명도 더 되는 수많은 사람이 유월절을 지키기 위해 예루살렘 성전으로 와서 불과 몇 시간 전에 성전 마당에서 끌고 온 어린양을 바치고 제사를 지냈습니다. 자신의 죄와 나라의 죄를 어린양에게 지우고는 성전 단 위에서 그 양을 잡아 피를 흘려 하나님께 제사를 드렸습니다. 어떤 기록을 보면 한 번에 양 25만 6천여 마리가 희생당했다고 합니다. 그 수치가 어느 정도로 정확한지는 모르겠지만, 상상을 초월할 만큼 엄청난 수의 양을 잡았다는 것만은 분명합니다.

죽은 양이 흘린 피는 하수구를 통해 곧바로 기드론 시내로 흘러들었습니다. 그러니까 예수님께서 기드론 시내를 건널 때쯤에는 아마 검붉은 피가 섞인 물이 달빛을 받으며 흘러 내려가고 있었을 것입니다. 이제 날이 새면 예수님이 십자가에서 못 박히실 것이고, 그분이 흘리신 의로운 피가 짐승의 피를 대신해 기드론 시내로 흘러 내려갈 것입니다. 주님은 십자가에서 영원하고 온전한 제사를 드리심으로 짐승을 제물로 드리던 불완전한 제사를 완전히 끝내실 것입니다. 그와 같은 대역사를 불과 몇 시간 앞두고 주님은 기드론 시내를 건너셨습니다.

예수님은 이미 십자가의 고난의 길에 발을 들여놓으셨습니다. 그 길은 너무나 무섭고 고통스러운 슬픔의 길이었습니다. 그래서 예수님은 자신이 걸어가는 그 길을, 자신이 당할 그 고난을 일컬어 '잔'이라고 말씀하셨습니다. 11절을 보십시오.

> …아버지께서 주신 잔을 내가 마시지 아니하겠느냐….

예수님은 십자가의 길을 가리켜 하나님께서 주신 잔이라고 말씀하십니다. 하나님은 예수님을 세상에 보내실 때 몇 가지를 명령하셨습니다. 먼저, 육신의 몸을 입고, 종의 모습으로 가라고 하셨습니다.

그래서 주님은 우리와 똑같은 몸을 입고 태어나 말구유에 누우셨으며 육신을 입은 인간이 당하는 모든 고통과 슬픔을 맛보셨습니다. 다음으로, 3년 동안 사방을 다니면서 복음을 전하라고 하셨습니다. 그래서 주님은 가난한 자에게 복음을 전하셨습니다. 또한 병든 자를 고치시고, 억눌린 자를 자유롭게 풀어주셨습니다.

그 3년이 거의 끝났습니다. 이제 마지막으로 해야 할 한 가지 명령만 남아 있었습니다. 그것은 십자가의 죽음이었습니다. 이와 같은 십자가의 마지막 죽음을 일컬어 예수님은 '아버지께서 내게 주신 잔'이라고 말씀하십니다.

성경에서 '잔'은 주로 '고난의 잔'이나 '슬픔의 잔', '저주의 잔'을 상징합니다. 예레미야애가 3장 19절에 "내 고초와 재난 곧 쑥과 담즙을 기억하소서"라는 말씀이 있습니다. 쑥물이나 담즙은 두 번 다시 입에 대고 싶지 않을 만큼 쓴 것을 상징합니다. 그래서 사람들은 세상에서 당하는 고난과 슬픔 등을 일컬어서 쑥물이요, 쓸개 물이라고 합니다. 쑥물과 쓸개 물을 담은 잔은 다름 아닌 고통의 잔이요, 저주의 잔이요, 슬픔의 잔입니다. 예수님은 십자가를 하나님께서 주신 잔으로 보셨습니다.

너무나 고통스러운 잔을 눈앞에 둔 주님에게는 마지막으로 꼭 해야 할 일이 하나 남아 있었습니다. 바로 기도였습니다. 그 잔은 기도로 준비하지 않고는 도무지 마실 수 없었습니다. 그래서 주님은 겟세마네 동산에서 기도하신 것입니다.

### 겟세마네의 기도

요한은 이 기도를 기록하지 않았지만 본문의 2절과 3절 사이에는 겟세마네 동산에서 주님이 하신 기도가 있습니다. 마태와 마가, 누가를 통해 예수님이 어떻게 기도하셨는지 알 수 있습니다. 누가복음 22장 42절을 보십시오. 예수님은 세 번이나 엎드려 이렇게 기도하셨습니다. "아버지여 만일 아버지의 뜻이거든 이 잔을 내게서 옮기시옵소서 그러나 내 원대로 마시옵고 아버지의 원대로 되기를 원하나이다."

누가복음 22장 44절도 보십시오. "예수께서 힘쓰고 애써 더욱 간절히 기도하시니 땀이 땅에 떨어지는 핏방울같이 되더라." 얼마나 힘쓰고 애써 간절히 기도하셨으면 땀방울에 피가 섞여 나왔겠습니까? 얼마나 속이 탔으면, 얼마나 진액을 쏟아 하나님 앞에 부르짖었으면 그렇게 되었을까요? 아마 지금껏 그 누구도 이처럼 땀방울이 피가 되도록 힘쓰고 애써 기도하지는 못했을 겁니다. 십자가에서 죽어야 하는 고통의 잔은 육신을 입고 인간으로 이 세상에 오신 예수님으로서는 도무지 감당할 수 없는 쓴잔이었습니다. 그러므로 하나님의 도움을 기다리셨습니다. 그 도움이 임할 때까지 땀이 피가 되도록 하나님 앞에 부르짖으셨습니다.

'겟세마네'라는 말은 원래 '기름틀'이라는 뜻입니다. 아마도 그곳에 감람유를 짜는 기름집이 있었던 모양입니다. 그래서 주님께서 기도하시던 그 동산을 '겟세마네 동산'이라고 불렀던 듯합니다. 예수님께서 기도하는 모습을 한번 살펴보십시오. 마치 기름틀 속에 들어간 올리브 열매가 으깨지는 것 같은 느낌을 받습니다. 예수님께서 우리 죄를 담당하기 위해 고난의 잔이요, 저주의 잔이요, 심판의 잔인 십자가의 잔을 마시려고, 기름틀 위에 올려진 올리브 열매처럼 그 몸이 으깨어지도록 하나님 앞에 부르짖고 계십니다.

**기꺼이 마시셨다**

　　　　　　　　　　예수님께서 처하신 정황을 하나하나 검토하며 읽는 가운데 성령께서 제 마음에 몇 가지 은혜를 주셨습니다. 솔직히 이런 내용은 우리가 이미 다 알아서 무덤덤하게 넘기기 쉬운 이야기입니다. 그런데 감사하게도 성령께서는 제가 예수님이 수난의 잔을 마시는 모습을 좀 더 실감하고 새롭게 느끼고 하나님 앞에 감사하도록 하시려고 제 마음에 세 가지 단어를 주셨습니다. 첫째는 '기꺼이'라는 단어입니다. 예수님은 이 잔을 '기꺼이' 받으셨습니다. 둘째는 '홀로'라는 단어입니다. 예수님은 이 잔을 '홀로' 받으셨습니다. 셋째는 '억울함에도'라는 단어입니다. 예수님은 이 잔을 '억울함에도' 순종하며 받으셨습니다.

　먼저, 예수님은 자신이 마셔야 할 잔을 '기꺼이', 다시 말해 기쁜 마음으로 자원해서 받으셨습니다. 주님은 이미 가룟 유다가 자신을 배신했으며 대제사장과 함께 자신을 잡으려고 흉계를 꾸미고, 이를 행동에 옮기고 있음을 훤히 내다보셨습니다. 하나님이신 예수님은 오래전부터 가룟 유다가 그런 일을 하리라는 것을 아셨습니다. 만약 이 죽음을 피하고자 하셨다면 예수님은 절대 겟세마네 동산으로 가지 않으셨을 것입니다. 무엇 때문에 가룟 유다가 뻔히 아는 그곳으로 가셨겠습니까? 그럼에도 예수님은 겟세마네 동산으로 가셨습니다. 십자가를 질 모든 준비를 하시고 가룟 유다가 찾아오기를 기다리셨던 것입니다.

　드디어 가룟 유다가 군인들을 데리고 나타났습니다. 그는 철면피 같은 얼굴을 한 채 "랍비여, 안녕하시옵나이까?" 하면서 예수님께 입을 맞추었습니다. 그때 주님은 "친구여, 네 할 일을 해라. 네가 입맞춤으로 나를 파느냐?"라고 말씀하시고는 가룟 유다를 뒤에 남겨

둔 채 앞으로 나가셨습니다. 그런 다음 자기를 잡으러 온 군인들을 향해 물으셨습니다. "너희가 누구를 찾느냐?" 아무리 보름달이 환히 비치는 밤이라 할지라도 잎사귀가 무성한 올리브나무 그늘에서는 누가 누구인지 금방 분간하기가 어려웠을 것입니다. 예수님께서 자기 몸을 숨기시려고 했다면 얼마든지 피할 수 있는 상황이었습니다. 그러나 예수님은 앞으로 나서며 "너희가 누구를 찾느냐?" 하고 물으셨습니다. 그들이 "나사렛 예수를 찾는다"고 대답하자 예수님은 한마디로 잘라 말씀하셨습니다. "내가 그니라!"

그러자 이 말을 들은 군병들은 얼떨결에 뒷걸음을 치다가 땅바닥에 그만 주저앉아 엎드러졌습니다. 놀라운 사건이 아닐 수 없습니다. 무엇 때문에 그들이 이 한마디에 쓰러졌을까요? 무엇 때문에 그들이 엎드러져서 일어나지 못했을까요? 예수님께서 이렇게 대범하게 나올 줄을 미처 예상치 못했기에 충격을 받은 것일까요? 물론 그런 면도 없지 않습니다. 그러나 저는 "내가 그니라" 하시는 예수님의 말씀 안에 담긴 하나님의 영광이 그 악한 사람들의 마음에 비쳤기 때문이라고 생각합니다.

사실 "내가 그니라" 하는 말은 여호와 하나님의 이름입니다. 구약성경에 보면 하나님은 자신의 이름을 '여호와'로 말씀하셨습니다(출 3:14-15). '여호와'의 뜻이 무엇입니까? 'I AM' 곧 '스스로 있는 자'입니다. "내가 그니라" 하신 예수님의 말씀도 "I AM He"입니다. 여기서 'I AM'은 하나님의 이름입니다. 그 시간에 이미 예수님은 자신이 하나님이신 것을 자신의 말에 담아 증거 하신 것입니다.

그 말을 듣는 순간 그 악한 자들의 마음에 하나님의 영광의 빛이 환하게 비쳤습니다. 하나님의 영광 앞에 굴복하지 않을 자는 아무도 없습니다. 예수님께서 바다를 잔잔하게 하신 권세, 죽은 자를 살리신 권세, 이 땅의 어두운 권세를 몰아내는 하나님 아들의 권세를 누추한 옷 속에, 사람들에게 별로 매력을 주지 못하는 모습 속에 감추고 계셨지만, 그 영광이나 권세가 조금이라도 드러나면 어떤 인간도 그 앞에 뻣뻣하게 서서 대면할 수 없습니다. 비록 달빛이 희미하게 비치고 윤곽이 분명하지는 않았지만, "내가 그니라" 하시는 그 모습 속에 하나님으로서의 영광이 분명하게 드러났습니다. 그래서 악한 원수들도 주님 앞에 무릎 꿇을 수밖에 없었던 것입니다.

만약 예수님께서 십자가의 죽음을 피하길 원하셨다면, "내가 그니라" 한마디에 쓰러지는 사람들을 처리하지 못하셨겠습니까? 예수님의 말씀대로 하늘의 열두 군단 더 되는 천사들을 불러서 원수들을 쫓아버리지 못하셨겠습니까?(마 26:53) 마음만 먹었다면 죽음을 피하실 수 없었겠습니까? 그래도 주님은 자신의 영광과 권세를 사용하지 않으셨습니다. 불러올 수 있는 천사도 동원하지 않으셨습니다. 하나님께서 자신에게 명령하신 죽음이기 때문에, 우리를 향한 사랑이 너무 뜨거웠기 때문에 우리를 살리고자 주님은 기꺼이 그 잔을 마시기로 결정하셨습니다.

한번 대답해보십시오. 예수님을 체포한 사람이 누구입니까? 예수님을 죽인 사람이 누구입니까? 가룟 유다입니까? 빌라도입니까? 아니면 대제사장입니까? 물론 정황으로 봐서는 그들이지만, 엄밀하게 따지자면 예수님을 체포한 사람은 다름 아닌 예수님 자신이셨습니다. 예수님을 죽인 자도 예수님 자신이셨습니다. 예수님은 하나님 앞에 기꺼이 자기 생명을 내어놓고 우리를 구원하겠노라 작정하셨기 때문에, 스스로 자기 몸을 던져서 그들의 손에 잡히셨고 십자가에서 죽으셨습니다.

성경에서 예수님이 마지막 열흘 동안 취하신 행동을 한번 살펴보십시오. 예수님께서 자신의 죽음을 하나님의 시간에 맞추시려고 자칫하면 생명을 단축시킬 수 있을 정도의 위험한 행동을 과감하게 하고 계십니다. 유월절을 지키기 위해 어린양을 끌고 예루살렘성으로 들어가는 날이 따로 있습니다. 예수님은 그날에 맞추어 나귀 새끼를 타고 예루살렘에 입성하셨고, 많은 사람이 "호산나!" 하며 주님을 환영했습니다. 그런데 이 모든 것들은 자신의 죽음을 부르는 아주 위험한 행동이었습니다.

그런 다음 성전으로 가신 예수님은 유월절을 맞아 큰 대목을 만난 듯 활개치며 장사하는 사람들을 전부 쫓아내셨습니다. 당시 예루살렘 성전은 대제사장의 돈줄이었는데, 그에게 돈줄을 대고 있는 사람들을 모조리 쫓아냈으니 얼마나 위험한 행동입니까? 결국 이때부터 대제사장들이 모여서 예수님을 죽이려고 구체적으로 협의하기 시작했습니다.

또 조금 후에는 죽은 나사로를 무덤에서 불러냈습니다. 이 일로 인해 수많은 사람이 예수님을 믿게 되자 그분을 죽이겠다는 악한 종교 지도자들의 의지가 더욱 굳어졌습니다. 자청하고 죽음의 덫에 걸려든 것입니다.

예수님께서 이렇게 위험한 행동을 하신 이유가 무엇입니까? 우리를 위해 기꺼이 자기 생명을 내어놓기 위함입니다. 요한복음 10장 11절에서 주님은 이렇게 말씀하셨습니다. "나는 선한 목자라 선한 목자는 양들을 위하여 목숨을 버리거니와." 주님은 목숨을 빼앗기신 것이 아니라 스스로 버리셨습니다.

요한복음 10장 18절에서는 이렇게 말씀했습니다. "이를[내 목숨을] 내게서 빼앗는 자가 있는 것이 아니라 내가 스스로 버리노라 나는 버릴 권세도 있고 다시 얻을 권세도 있으니." 주님은 우리를 위해 기꺼이 자기 생명을 내놓으셨습니다. 우리를 살리기 위해 저주와 심판의 잔을 한 방울도 남기지 않고 기꺼이 다 마셨습니다. 오늘도 주님은 저에게 이런 음성을 들려주시는 것 같습니다. "내가 억지로 마시는 것이 아니다. 너를 위해 기꺼이 마신다. 너를 살리기 위해서 한 방울도 남기지 않고 마시기를 원한다."

가만히 귀를 기울여보십시오. 주님의 음성이 들릴 것입니다. 혹시라도 어둠의 권세에 귀를 빼앗겨 이런 말씀을 들어도 남의 말처럼 들립니까? 성령께서 당신의 어두운 귀와 캄캄한 심령을 밝혀주시길 바랍니다. 우리의 저주와 심판을 홀로 당하기 위해서 주님은 기꺼이 자기 생명을 내어놓으셨습니다. "내가 너를 살리기 위해 이 잔을 기꺼이 마시노라" 하시는 주님의 음성을 듣기 바랍니다.

### 홀로 마시셨다

예수님은 '혼자서' 그 잔을 받으셨습니다. 하나님께서 이 세상을 구원하기 위해 구원자로 지명하여 보내신 분은 예수님 한 분밖에 없습니다. 그러므로 예수님 외에는 이 세상의 죄를 씻어내기 위해 피 흘릴 수 있는 자격자가 없습니다. 저와 당신의 죄를 담당할 수 있는 어린양은 오직 예수 그리스도뿐입니다. 그래서 성경은 예수님을 일컬어 하나님의 '독생자'(獨生子)라고 기록했습니다(요 3:16). 독생자, 곧 외아들은 둘이 아니고 하나입니다. 오직 그분만이 우리를 대신하여 저주의 잔이요, 심판의 잔인 십자가의 잔을 마실 수 있습니다. 그 잔은 아무도 나누어 마실 수 없습니다.

그런데 베드로는 그 잔을 자기도 마실 수 있다고 생각했던 것 같습니다. 누가복음 22장 33절을 보면, 예수님께서 자기가 십자가에서 죽으실 것을 말씀하시자 베드로는 대뜸 이렇게 말합니다. "주여 내가 주와 함께 옥에도, 죽는 데에도 가기를 각오하였나이다." 쉽게 말해서 "그래도 제가 제자 중에 대표인데, 어떻게 예수님 혼자 그 잔을 마시도록 내버려두겠습니까? 저도 따라가겠습니다. 주님이 마시는 그 잔을 저도 같이 마시겠습니다"라는 뜻입니다.

겟세마네 동산에서 예수님이 군병들의 손에 붙잡힐 위기를 만나자 베드로는 자기도 모르게 칼을 뽑아들고 함부로 휘둘렀습니다. 그는 칼 쓰는 훈련을 받지 못한 사람이었습니다. 전문적인 칼잡이였다면 상대의 목을 쳤을 테지만 그는 칼을 휘둘러 귀만 자르고 말았습니다. 칼을 잘 쓰지도 못하면서 그가 이렇게 서툰 짓을 한 이유가 무엇일까요? '예수님이 혼자 잡혀가도록 내버려두어서 되겠는가? 내가 여기서 뭔가 한몫을 해야 되지 않겠는가?' 하는 생각에 충동적으로 칼을 휘둘렀던 것입니다.

예수님은 그 모습을 보시고 나무라셨습니다. "칼을 칼집에 꽂으라 아버지께서 주신 잔을 내가 마시지 아니하겠느냐"(11절). 그러고는 순순히 군병들의 손에 잡히셨습니다. 그 모습을 보고 제자들은 전부 도망을 갔습니다. 베드로도 자리를 피했습니다. 그러나 그는 아무래도 양심상 그대로 도망갈 수 없었습니다. '다른 제자라면 모르겠지만 수제자인 나만이라도 주님 곁에 있어야 되는데, 어떻게 도망갈 수 있겠는가?' 하는 생각에 다시금 발길을 돌렸습니다. 그러고는 면직을 당한 대제사장 안나스의 집으로 끌려가시는 예수님의 뒤를 멀찌감치 물러선 채로 따라갔습니다.

어떻게 연줄이 닿았는지는 모르겠지만 그는 마당에까지 들어갔습니다. 바로 옆에서는 예수님께서 신문을 당하시는 모습이 보였고, 그 소리가 들렸습니다. 마당에는 모닥불이 피워져 있었습니다. 그는 애써 태연한 표정을 지으며 모닥불 곁에서 사람들과 함께 불을 쬐고 있었습니다. 그런데 어떤 종 하나가 와서 베드로의 얼굴을 찬찬히 보더니 다그쳐 물었습니다. "아까 겟세마네 동산에서 본 얼굴인데. 당신은 나사렛 예수의 제자가 아닌가?" 순간 너무나 당황한 나머지 그는 아니라고 부인했습니다.

이상하게도 베드로는 세 번이나 똑같은 추궁을 받았습니다. 마지막에는 얼마나 급했던지 맹세하고 저주하면서까지 부인했습니다. "그가 저주하며 맹세하여 이르되 나는 그 사람을 알지 못하노라"(마 26:74). "내 생명을 걸고, 하나님의 이름을 걸고" 하면서 맹세했을 뿐 아니라 "빌어먹을. 내가 예수의 제자라면 더 이상 사람도 아니다"라는 식의 저주까지 한 것입니다.

베드로의 이러한 모습에서 알 수 있는 사실이 있습니다. 예수님의 잔은 아무도 나누어 마실 수 없다는 것입니다. 베드로의 가슴에 주님을 향한 사랑이 없었던 것은 아닙니다. 주님의 잔을 함께 마시겠다는 의지가 없었던 것도 아닙니다. 그는 위험을 무릅쓰고 예수님이 고초를 당하는 옆자리까지 갔습니다. 그러나 그는 그 잔을 마실 수 없었습니다. 그것은 예수님만 마시는 잔이었기 때문입니다. 나중에는 하나님마저도 얼굴을 돌리시고 말았습니다(마 27:46). 그 잔은 하나님 자신도 마시지 않는, 오직 예수님만 마시는 저주의 잔이요, 심판의 잔이었던 것입니다.

오직 예수님만이 우리의 구원자이십니다. 그러므로 그분만 홀로 죽음의 잔을 대신 마실 수 있습니다. 주님은 오늘도 우리에게 이렇게 말씀하시는 것 같습니다. "이 잔은 나 혼자 마셔야 해. 네가 거들려고 해도 안 돼. 네 죄가 용서받을 수 있다면 나는 이 잔을 혼자 마시는 것으로 만족해."

### 억울함에도 마시셨다

예수님은 '억울함에도' 그 잔을 마시셨습니다. 예수님은 한밤중에 안나스라는 전직 대제사장 집으로 끌려가셨습니다. 안나스는 정말 악질적일 뿐만 아니라 매국노나 다름없는 사람입니다. 당시 이스라엘은 로마제국의 속국이었습니다. 그는 자기 민족을 등에 업고 로마제국에 아부를 해서 대제사장 자리를 얻어냈습니다. 9년 동안 대제사장 행세를 하면서 아들 넷과 사위를 전부 대제사장으로 만들었습니다. 그뿐 아니라 사람들에게 예루살렘 성전에서 장사를 하게 해주고는 모든 이윤을 빼돌려 축재했습니다. 그런데 어쩌다가 황제의 눈 밖에 나 면직을 당했습니다. 지금은 그의 사위인 가야바가 대제사장 자리에 앉아 있습니다.

안나스는 면직된 대제사장이었음에도 예수님을 체포해서는 자기 집으로 끌고 오게 했습니다. 그렇게 할 권리도 없는 사람이, 그것도 밤중에 어떤 사람을 체포하고 신문한다는 것은 있을 수 없는 일입니다. 이와 같은 비공식 청문회는 유대의 법에도 어긋났습니다. 그 자체가 불법적인 청문회니 잘될 리가 없습니다. 예수님은 그 청문회의 불법성을 너무나 잘 아시는지라 묵비권을 행사하셨습니다. 한 말씀도 안 하셨습니다. 안나스는 어쩔 수 없이 예수님을 자기 사위인 현직 대제사장 가야바에게로 호송시켰습니다.

예수님이 끌려오시자 아직 새벽녘이었지만 가야바는 산헤드린 공회를 정식으로 소집했습니다. 이는 합법적인 재판입니다. 71명의 대제사장과 서기관과 장로가 모여서 이 재판을 주관합니다.

유대에는 《탈무드》라는 훌륭한 법전이 있었습니다. 당시로서는 세계에서 재판 절차가 가장 잘 잡힌 법이었습니다. 그리고 이 법전에는 인권을 전적으로 존중하는 정신이 밑바닥에 깔려 있습니다. 하나님께서 우리를 불쌍히 여기시는 것처럼 사람을 불쌍히 여긴다는 긍휼의 정신이 흐르고 있습니다. 이 법전에 의하면 재판은 해가 뜨고 나서 열어야 하고, 해가 지면 재판을 속개하거나 연장하는 것을 금지했습니다. 어두운 밤에 하는 재판은 공정하지 않다고 보았기 때문입니다. 그렇기 때문에 예수님을 신문하기 위해 새벽녘에 소집한 이 재판은 불법이었습니다.

더욱이 유대에서는 혐의자를 기소하고 형을 주는 것이 전적으로 증인에게 달려 있었습니다. 증인 두 사람만 정확하게 나오면 혐의자는 빠져나갈 수 없었습니다. 두 사람이 와서 "이 사람이 도둑질하는 것을 우리가 봤습니다. 예, 얼굴도 똑같습니다. 맞습니다. 옷도 검은 옷이요. 신발은 저런 샌들을 신었습니다. 맞습니다. 음성도 똑같아요"라고 정확하게 일치한 증거를 대면 그는 그길로 기소되어 형을 받습니다. 이와 같이 증인이 재판 결과를 좌우했습니다.

하지만 예수님을 재판할 때는 많은 거짓 증인들이 동원되었습니다. 그들 중에 이 사람은 이 말을 하고, 저 사람은 저 말을 하면서 야단법석을 떨었지만 신빙성 있는 증언을 한 사람은 하나도 없었습니다. 마지막으로 두 사람이 증인으로 나와서 제법 그럴듯한 증거를 내놓았습니다. "우리는 이 자가 '예루살렘 성전을 헐어라. 40년 동안 지은 이 성전을 헐어라. 나는 사흘 만에 짓겠다'라고 말하는 것을 들었습니다. 이것이 성전을 모독하는 죄가 아니고 무엇입니까?" 이 두 사람의 증거가 상당히 괜찮은 것 같아 보입니다. 그러나 마가복음에 보면 이 두 사람의 증언조차도 서로 일치하지 않았다고 합니다(막 14:59). 일이 이렇게 되고 보니 분위기 전체가 예수님의 무혐의 쪽으로 기울어가고 있었습니다.

대제사장 가야바의 입장에서는 참으로 낭패가 아닐 수 없었습니다. 만일 이 사건을 바로 처리하지 못하면 자기 입지가 대단히 어려워질지도 모른다는 위기감이 그를 압박해왔습니다. 그래서 그는 정면 돌파를 시도했습니다. 마태복음 26장 63절을 보면, 그는 예수님께 이런 질문을 던졌습니다. "내가 너로 살아 계신 하나님께 맹세하게 하노니 네가 하나님의 아들 그리스도인지 우리에게 말하라."

재판장이 유도신문을 하는 것입니다. "하나님께 맹세하고 네 양심상 대답하라. 네가 하나님의 아들이냐? 그렇다면 똑똑히 네 입으로 대답하라." 어느 재판이든지 혐의를 받는 당사자의 입에서 나오는 말을 가지고는 재판이 성립되지 않습니다. 말만으로는 혐의를 입증하는 증거가 될 수 없습니다. 억지 증거를 만들려고 유도신문을 하는 것은 파렴치하기 짝이 없는 행동입니다. 이것은 마치 살인 혐의를 받는 피고인을 앞에 놓고 심증은 가는데 증거가 없을 때 이렇게 말하는 것과 똑같습니다. "나는 네가 사람을 죽였다고 생각해. 그러나 도무지 증거를 찾을 수가 없어. 그렇다고 석방할 생각은 추호도 없으니 부탁인데, 내 앞에서 네가 죽였다고 양심선언을 할 수 없나? 내 입장을 생각해서 양심선언을 좀 해주게."

세상 천지에 이런 재판이 있을 수 있습니까? 그럼에도 예수님은 이 같은 재판을 받으셨습니다. 주님이 받으신 질문은 진리에 대한 도전이었습니다. 그 질문에 곧이곧대로 대답하면 자기가 어떻게 될지 뻔히 아시면서도 주님은 대답하셨습니다. 마태복음 26장 64절을 보십시오. "네가 말하였느니라 그러나 내가 너희에게 이르노니 이후에 인자가 권능의 우편에 앉아 있는 것과 하늘 구름을 타고 오는 것을 너희가 보리라 하시니."

예수님은 세 가지를 말씀하셨습니다. "나는 하나님의 아들이다. 너희가 나를 죽일 테지만 나는 부활해 하나님 우편에 앉을 것이다.

이제 마지막으로 때가 되면 내가 이 세상을 심판하러 재림할 것이다." 이 말씀을 하시자 대제사장은 더 이상 무슨 증거가 필요하냐고 하면서 옷을 찢고 법석을 떨며 사형을 언도했고, 사람들은 그 자리에서 예수님에게 집단 폭행을 가했습니다.

유대는 웬만하면 사형을 선고하지 않으려고 노력하는 법 정신을 가지고 있었습니다. 그래서 그들의 기록을 보면, "만일 산헤드린 공회가 7년 동안 한 사람이라도 사형선고를 했다면 그곳은 도살장이다"라는 말도 있을 정도였습니다. 그럼에도 예수님께만은 철저하게 예외로 행동했습니다. 하나에서부터 열까지 모든 것이 불법이었습니다. 밤에 재판한 것도 불법이요, 약식으로 처리한 것도 불법이요, 증인도 없으면서 유도신문을 한 것도 불법이요, 집단 폭행을 가한 것도 불법이었습니다. 그러나 주님은 이 모든 억울함을 감내하며 변명 한마디 없이, 항의하는 몸짓 하나 없이 그 잔을 받으셨습니다.

오늘도 주님은 제게 이렇게 말씀하시는 것 같습니다. "억울해도 괜찮아. 네가 하나님 나라에서 복을 누릴 수만 있다면 나는 얼마든지 참을 수 있어." 그렇습니다. 주님은 내가 당할 억울함을 대신 감당하셨습니다. 당신에게도 이 음성을 들려주시길 바랍니다.

주님은 우리 손에 있는 죽음과 진노의 잔을 빼앗아 자신이 마시고, 우리에게는 영생의 잔과 축복의 잔을 들려주셨습니다. 주님은 우리를 죄와 사망에서 구원하시고자 억울함을 무릅쓰고 죽음의 잔을 기꺼이, 홀로 받으셨습니다. 이와 같은 주님의 모습을 보면서 마음에 감격이 있습니까? 이 놀라운 사랑 앞에 가슴이 뜨거워집니까? 두 눈 가득 눈물이 있습니까? 하나님의 아들이 내가 마셔야 할 쓴 잔을 대신 마셔주셨다는 사실 앞에 당신은 얼마나 감격하고 있습니까? 이 시간 마음이 얼음장처럼 굳어 있다면 십자가의 사랑으로 녹는 은혜가 있기를 바랍니다.

당신에게 이런 고민이 있습니까? '나를 구원하고자 하나님의 아들이 쓰고 지독한 잔을 홀로, 기꺼이, 억울함에도 마셔주셨는데, 나는 한 번밖에 없는 생을 어떻게 살아야 할까? 어떻게 하면 이 은혜를 조금이라도 보답할 수 있을까? 어떻게 하면 주님께 기쁨이 되는 삶을 살 수 있을까?' 구원받은 존재인 우리가 어떻게 되는 대로 세상을 살겠습니까? 우리는 늘 고민해야 합니다. '어떻게 하면 주님께 조금이라도 이 은혜를 보답할 수 있을까?'

아직 예수님을 나의 구주로 영접하지 못했습니까? 주님께서 나 대신 고통의 쓴잔을, 저주의 잔을 마셨다는 말씀이 아직도 마음에 잘 들어오지 않습니까? 예수님을 믿으십시오. 예수님을 믿지 않으면 주님께서 마신 그 저주의 잔을 결국 당신이 마셔야 합니다. 당신은 반드시 망합니다. 그러므로 나를 대신해 그 잔을 마신 예수님의 이름을 부르십시오. 가슴을 열고 그분을 받아들이십시오. 그러면 당신은 모든 죄를 용서받고 예수님과 더불어 영원히 사는 영광을 누릴 수 있습니다. 성령께서 당신의 마음에 이와 같은 놀라운 은혜를 베풀어주시길 간절히 바랍니다.

## 59

## 놀라운 사랑의 섭리

요한복음 18장 28절-19장 16절

28 그들이 예수를 가야바에게서 관정으로 끌고 가니 새벽이라 그들은 더럽힘을 받지 아니하고 유월절 잔치를 먹고자 하여 관정에 들어가지 아니하더라 29 그러므로 빌라도가 밖으로 나가서 그들에게 말하되 너희가 무슨 일로 이 사람을 고발하느냐 30 대답하여 이르되 이 사람이 행악자가 아니었더라면 우리가 당신에게 넘기지 아니하였겠나이다 31 빌라도가 이르되 너희가 그를 데려다가 너희 법대로 재판하라 유대인들이 이르되 우리에게는 사람을 죽이는 권한이 없나이다 하니 32 이는 예수께서 자기가 어떠한 죽음으로 죽을 것을 가리켜 하신 말씀을 응하게 하려 함이러라 33 이에 빌라도가 다시 관정에 들어가 예수를 불러 이르되 네가 유대인의 왕이냐 34 예수께서 대답하시되 이는 네가 스스로 하는 말이냐 다른 사람들이 나에 대하여 네게 한 말이냐 35 빌라도가 대답하되 내가 유대인이냐 네 나라 사람과 대제사장들이 너를 내게 넘겼으니 네가 무엇을 하였느냐 36 예수께서 대답하시되 내 나라는 이 세상에 속한 것이 아니니라 만일 내 나라가 이 세상에 속한 것이었더라면 내 종들이 싸워 나로 유대인들에게 넘겨지지 않게 하였으리라 이제 내 나라는 여기에 속한 것이 아니니라 37 빌라도가 이르되 그러면 네가 왕이 아니냐 예수께서 대답하시되 네 말과 같이 내가 왕이니라 내가 이를 위하여 태어났으며 이를 위하여 세상에 왔나니 곧 진리에 대하여 증언하려 함이로라 무릇 진리에 속한 자는 내 음성을 듣느니라 하신대 38 빌라도가 이르되 진리가 무엇이냐 하더라 이 말을 하고 다시 유대인들에게 나가서 이르되 나는 그에게서 아무 죄도 찾지 못하였노라 39 유월절이면 내가 너희에게 한 사람을 놓아주는 전례가 있으니 그러면 너희는 내가 유대인의 왕을 너희에게 놓아주기를 원하느냐 하니 40 그들이 또 소리 질러 이르되 이 사람이 아니라 바라바라 하니 바라바는 강도였더라 1 이에 빌라도가 예수를 데려다가 채찍질하더라 2 군인들이 가시나무로 관을 엮어 그의 머리에 씌우고 자색 옷을 입히고 3 앞에 가서 이르되 유대인의 왕이여 평안할지어다 하며 손으로 때리더라 4 빌라도가 다시 밖에 나가 말하되 보라 이 사람을 데리고 너희에게 나오나니

이는 내가 그에게서 아무 죄도 찾지 못한 것을 너희로 알게 하려 함이로라 하더라 5 이에 예수께서 가시관을 쓰고 자색 옷을 입고 나오시니 빌라도가 그들에게 말하되 보라 이 사람이로다 하매 6 대제사장들과 아랫사람들이 예수를 보고 소리 질러 이르되 십자가에 못 박으소서 십자가에 못 박으소서 하는지라 빌라도가 이르되 너희가 친히 데려다가 십자가에 못 박으라 나는 그에게서 죄를 찾지 못하였노라 7 유대인들이 대답하되 우리에게 법이 있으니 그 법대로 하면 그가 당연히 죽을 것은 그가 자기를 하나님의 아들이라 함이니이다 8 빌라도가 이 말을 듣고 더욱 두려워하여 9 다시 관정에 들어가서 예수께 말하되 너는 어디로부터냐 하되 예수께서 대답하여주지 아니하시는지라 10 빌라도가 이르되 내게 말하지 아니하느냐 내가 너를 놓을 권한도 있고 십자가에 못 박을 권한도 있는 줄 알지 못하느냐 11 예수께서 대답하시되 위에서 주지 아니하셨더라면 나를 해할 권한이 없었으리니 그러므로 나를 네게 넘겨준 자의 죄는 더 크다 하시니라 12 이러하므로 빌라도가 예수를 놓으려고 힘썼으나 유대인들이 소리 질러 이르되 이 사람을 놓으면 가이사의 충신이 아니니이다 무릇 자기를 왕이라 하는 자는 가이사를 반역하는 것이니이다 13 빌라도가 이 말을 듣고 예수를 끌고 나가서 돌을 깐 뜰(히브리 말로 가바다)에 있는 재판석에 앉아 있더라 14 이날은 유월절의 준비일이요 때는 제육시라 빌라도가 유대인들에게 이르되 보라 너희 왕이로다 15 그들이 소리 지르되 없이 하소서 없이 하소서 그를 십자가에 못 박게 하소서 빌라도가 이르되 내가 너희 왕을 십자가에 못 박으랴 대제사장들이 대답하되 가이사 외에는 우리에게 왕이 없나이다 하니 16 이에 예수를 십자가에 못 박도록 그들에게 넘겨주니라

요한복음 3장 16절에서 하나님은 놀라운 말씀을 하셨습니다. "하나님이 세상을 이처럼 사랑하사 독생자를 주셨으니 이는 그를 믿는 자마다 멸망하지 않고 영생을 얻게 하려 하심이라."

하나님께서 독생자를 주셨다는 말이 무슨 뜻일까요? 이 한 구절만 가지고는 이해하기가 어렵습니다. 그러나 요한복음 18장 28절 이하에서 '주셨다'는 말의 의미를 선명하게 알 수 있습니다. 하나님께서 외아들을 십자가에 내주어 죽이기로 작정하셨다는 뜻입니다.

예수님을 십자가에서 죽이는 것은 하나님의 단호한 뜻이었습니다. 베드로가 사도행전 2장 23절에서 말한 것처럼, 예수님은 "하나님께서 정하신 뜻과 미리 아신 대로" 십자가에 달려 죽으셨습니다. 십자가의 죽음은 하나님께서 오래전부터 알고 미리 작정하신 일이요, 하나님의 단호한 의지가 담긴 하나의 사건이었습니다. 세상을 구원하기 위해서는 자기 아들을 십자가에서 죽여야 한다는 분명한 판단 아래 하나님이 내리신 결론입니다.

다른 죽음도 많은데 왜 하필이면 가장 잔혹하다는 십자가 죽음을 택하셨을까요? 갈라디아서 3장 13절만큼 이에 대해 선명한 답을 주는 구절은 없습니다. "그리스도께서 우리를 위하여 저주를 받은 바 되사 율법의 저주에서 우리를 속량하셨으니 기록된 바 나무에 달린 자마다 저주 아래에 있는 자라 하였음이라."

구약시대에는 악한 사람을 사형에 처할 때 여러 가지 방법이 있었는데 특별히 저주스러운 죽음을 당해야 하는 사람은 나무에 매달아 죽이는 것이 당시 법이었습니다. 이런 의미에서 십자가는 한마디로 저주의 상징입니다. 하나님께서 예수님을 십자가에 매달아야만 했던 한 가지 이유는 예수님이 저주스러운 죽음을 당해야 할 입장에 있었기 때문입니다.

인간은 누구나 율법의 저주 아래 갇힌 사람들입니다. 율법이 우리에게 요구하는 것이 무엇입니까? 마음을 다하고, 뜻을 다하고, 목숨을 다하고, 힘을 다하여 누구를 사랑하라고 했습니까? 하나님을 사랑하라고 하지 않았습니까? 이것이 율법의 요구요, 명령입니다. 그러나 우리는 내 마음과 뜻과 목숨을 다해 누구를 사랑했습니까? 나 자신을 사랑했습니다. 율법은 우리에게 이웃을 내 몸같이 사랑하라고 했지만 우리는 이웃을 사랑하기보다 언제나 나 자신만을 사랑했습니다. 그러므로 세상에 태어나서 온통 죄만 짓다가 한생을 끝내야 하는 것이 우리의 처지였습니다. 결국 율법이 명령하는 하나님의 뜻에 철저하게 불복종했기 때문에 이제 우리에게 남은 것은 하나님께서 죗값으로 물으시는 저주밖에 없었습니다. 율법의 저주 아래 놓인 존재가 바로 우리 인간입니다.

이와 같이 율법의 저주 아래 놓인 우리가 구원을 받으려면 그 저주를 다른 누군가가 대신 받아야 했습니다. 그것도 적당하게 받아서는 안 되고, 저주받은 자 대신 죽어야 했습니다. 십자가 죽음이 바로 그것입니다. 예수님은 자신이 십자가 위에서 죽어야 한다는 사실을 잘 아셨습니다. 주님은 요한복음 12장 32절에서 "내가 땅에서 들리면 모든 사람을 내게로 이끌겠노라"고 하셨습니다. 들리기 위해서는 매달려야 하지 않습니까? 매달리는 죽음이 무엇입니까? 십자가의 죽음입니다. 예수님은 세상 모든 사람을 구원하시려고 자신이 십자가에서 저주의 죽음을 당할 것을 아셨습니다.

### 십자가에 나타난 섭리

그렇다면 하나님은 왜 예수님이 십자가에서 죽음을 당하도록 하셨을까요? 우리를 너무도 사랑하시기 때문입니다. 이것이 대답입니다. 세상을 창조하신 하나님은 결코 방관자가 아니십니다. 그분은 언제나 모든 것을 통치하십니다. 자신이 뜻하신 바를 끝까지 수행하시고 완성하시는 분입니다. 하나님께서 세상을 사랑하셔서 구원하기로 작정하셨다면 그 일을 완성하시기까지 결코 쉬지 않으십니다. 이와 같이 하나님께서 그분의 일을 성사시키는 과정을 일컬어 '섭리'라고 말합니다. 성경에는 안 나오는 말이지만 반드시 알아두어야 할 신학 용어입니다. 목적을 두시고, 그것을 이루기 위한 과정을 미리 다 정하시고, 그 뜻을 따라서 이끌어가시는 것이 바로 섭리입니다.

본문에 나오는 빌라도의 재판 과정이나 대제사장과 그 무리가 예수님을 빌라도에게 끌고 갈 때 한 행동들을 보면, 하나님의 섭리가 십자가를 통해 어떻게 나타났는지 발견할 수 있습니다. 먼저 대제사장 가야바와 그를 따르는 무리를 한번 봅시다. 그들은 새벽에 예수님을 불법으로 재판했습니다. 그리고 예수님을 당시 로마제국의 총독으로서 유대 지방의 치안을 담당하던 빌라도에게 넘겼습니다. 그들이 왜 그렇게 했을까요? 물론 예수님을 죽이기 위해서였습니다.

그러나 이것만으로는 만족할 만한 대답이 못 됩니다. 왜 하필이면 빌라도에게 예수님을 끌고 갔을까요? 십자가형으로 잔인하게 죽이기 위해서였습니다.

당시 유대는 로마의 속국, 곧 식민지였습니다. 그러므로 함부로 사형을 선고하여 사람을 죽일 수 없었습니다. 그럴 때면 반드시 로마 정부의 허락을 받아야 했습니다. 그러나 종교 문제로 인해 사람을 죽이는 경우라면 로마 당국도 이를 묵인해주었습니다. 정치 문제가 아니라 종교 문제이기 때문에 눈감아준 것입니다.

스데반의 죽음이 좋은 예입니다. 스데반은 그리스도를 증거 하다가 유대 사람들의 감정을 건드렸습니다. 그래서 그는 예수님이 재판을 받았던 산헤드린 공회에 끌려갔습니다. 재판을 받던 중에 그는 부활하신 예수님께서 하나님 우편에 서 계시는 것을 보았습니다. 그 영광스러운 모습을 보고 그는 이렇게 소리 질렀습니다. "보라 하늘이 열리고 인자가 하나님 우편에 서신 것을 보노라"(행 7:56). 그러자 사람들은 귀를 틀어막으며 그를 밖으로 끌어다가 돌로 쳐서 죽였습니다. 이것은 로마 정부의 허가를 받고 사형을 집행한 것이 아닙니다. 유대인들은 즉흥적으로 스데반을 죽였습니다. 이렇게 스데반의 경우를 통해 당시 로마 정부가 종교 문제로 사람을 죽이는 일은 눈감아주었다는 사실을 분명히 알 수 있습니다.

사실 예수님도 그들이 돌로 쳐 죽이려고 했다면 얼마든지 그럴 수 있었습니다. 예수님께서 자기를 가리켜 "나는 하나님의 아들이다. 나와 하나님은 하나다. 나를 본 자는 하나님을 보았다"라고 말씀하셨지 않습니까? 유대인들이 보기에 이것은 자기가 하나님이라고 주장하는 것과 다름없는 일이었습니다. 이 사실을 받아들일 수 없었던 당시 종교 지도자들의 눈에 예수님은 철저하게 신성모독죄를 범하는 사람이었습니다. 따라서 자기들의 법대로 하자면, 당장 끌어다가 돌로 쳐 죽이면 그만입니다. 그럼에도 그들이 그렇게 하지 않고 예수님을 빌라도에게 끌고 간 이유가 무엇일까요? 그들은 예수님을 돌로 쳐 죽이는 것으로는 성에 차지 않았습니다. 그래서 로마법에 의지해 예수님을 당시에 가장 잔인하다는 십자가형에 처하기로 결정했던 것입니다.

성경을 가만히 보면, 예수님을 십자가에 매달아 죽이도록 한 것은 빌라도가 아니었습니다. 로마법이 그렇게 선고한 것도 아닙니다. 유대인들이 예수님을 십자가에 못 박아달라고 요구했습니다. 군중이 빌라도를 은근히 협박하면서까지 자청한 일이었습니다. 빌라도는 압력에 이기지 못해 할 수 없이 예수님을 십자가에 못 박도록 내주었습니다. 예수님을 향해 이글이글 타오르는 대제사장들과 무리의 증오심이 예수님을 십자가에서 죽게 한 것입니다.

헨리 나우웬이 이러한 상황을 매우 잘 표현했습니다. "예수님은 누구도 비판하지 않으셨는데 사람들은 그를 비판하는 사람으로 생각했습니다. 누구도 규탄하신 일이 없는데 사람들은 죄책감과 부끄러움을 느꼈습니다. 누구도 심판하신 일이 없는데도 그를 본 사람들은 심판을 받은 것으로 느꼈습니다." 이것이 당시 유대 지도자들을 안절부절못하게 만들었던 이유입니다. 그들이 보기에 예수는 용서할 수 없고 처형해야 할 사람이었습니다. 그래서 예수를 살려두는 것은 곧 자신들의 죄를 인정하는 것이라고 여겼습니다.

더 나아가 그들은 예수님을 죽도록 미워했습니다. 증오가 지나치자 일종의 광기에 사로잡혔습니다. 어떤 사람을 죽도록 미워하면 결국 그 증오는 정상적인 판단 기능을 마비시켜버립니다. 상식에서 벗어나게 만들고, 앞뒤를 가리지 못하는 행동을 하도록 사람을 예측

불허의 상황으로 몰아갑니다. 대제사장들과 그 추종자들은 바로 이런 증오의 제물이 되어 있었습니다. 그래서 그들은 '죽이는 것으로만 안 된다. 잔인하게 죽이자. 가장 무서운 십자가형으로 그를 죽도록 만들자. 그가 그렇게 죽는 것을 보아야만 우리의 분이 풀리겠다' 하고 작정했던 것입니다.

앞서 언급한 것처럼 예수님이 십자가에서 죽으시는 것은 하나님의 정하신 뜻이요 섭리였습니다. 그러나 대제사장들과 그 추종자들은 자신이 하나님의 섭리를 안다고 생각하지 않았습니다. 사실 그들은 하나님의 섭리 같은 것은 안중에도 없었습니다. 하나님께서 예수님의 죽음을 정하셨기 때문에 자기들이 봉사한다고 생각한 것이 절대 아니었습니다. 그들은 십자가가 하나님의 섭리라는 것을 전혀 알지 못했습니다. 그들이 빌라도를 찾은 것은 오직 예수님을 가장 잔인하게 죽여 없애자는 생각 때문이었습니다.

처음에 그들은 예수님을 '행악자'라고 고소했습니다.

> … 이 사람이 행악자가 아니었더라면 우리가 당신에게 넘기지 아니하였겠나이다(요 18:30).

그러나 그것이 잘 먹혀들지 않자 나중에는 세금을 바치지 말라고 선동했다면서 예수님을 고소합니다. 그것도 먹히지 않자 그들은 예수님이 스스로 왕이라 하며 로마 황제 가이사를 반역했다고 몰아붙였습니다(눅 23:2).

하나님께서 미리 정해놓으신 뜻이 대제사장들과 그 추종자들의 악한 의도와 증오에 찬 행동을 통해 하나하나 이루어지고 있습니다. 참 신비스러운 이야기가 아닐 수 없습니다. 하나님께서 예수님을 십자가에 못 박게 하려고 강압적으로 그들을 충동질하신 것도 아닙니다. 하나님은 그들의 자유의지를 인정하셨습니다. 그들이 자발적으로 행동하도록 내버려두셨습니다. 대제사장 가야바와 그의 추종자들 스스로 원해서 예수님을 십자가에 못 박자고 했을 뿐 하나님께서 정하신 뜻이 무엇인지 그들에게는 아무 상관이 없었습니다.

그러나 그들의 증오와 잔인성은 결국 하나님의 뜻을 성취시키는 하나님의 손이 되었습니다. 어거스틴이 이런 말을 했습니다. "하나님께서는 악한 인간의 의지를 통하여 자신의 의로우신 의지를 성취시킨다." 대제사장의 증오와 잔혹함이 도리어 세상을 구원하고자 하시는 하나님의 뜻을 이루는 수단이 되었다니 이 얼마나 신비스러운 일입니까?

### 비겁한 정신과 하나님의 섭리

빌라도 역시 마찬가지입니다. 사실 그는 예수님에 대한 소송건을 다루고 싶지 않았습니다. 자기 아내가 지난밤에 꿈을 꾸고는 사람을 보내어 "저 옳은 사람에게 아무 상관도 하지 마옵소서"(마 27:19) 하고 간곡하게 요청하는 말을 전해들었기 때문에 예수님에 관한 문제는 관여하고 싶지 않았습니다. 그래서 처음에는 신문도 안 하려고 했습니다. 그러나 자신의 뜻대로 되지 않아 마지못해 신문을 했습니다.

요한복음 18장 33절 이하에 빌라도가 예수님을 앞에 놓고 신문하는 내용이 나옵니다. 빌라도가 물었습니다.

… 네가 유대인의 왕이냐(요 18:33).

그러자 예수님께서 대답하셨습니다.

> 예수께서 대답하시되 내 나라는 이 세상에 속한 것이 아니니라 만일 내 나라가 이 세상에 속한 것이었더라면 내 종들이 싸워 나로 유대인들에게 넘겨지지 않게 하였으리라 이제 내 나라는 여기에 속한 것이 아니니라 빌라도가 이르되 그러면 네가 왕이 아니냐 예수께서 대답하시되 네 말과 같이 내가 왕이니라 내가 이를 위하여 태어났으며 이를 위하여 세상에 왔나니 곧 진리에 대하여 증언하려 함이로라 무릇 진리에 속한 자는 내 음성을 듣느니라 하신대(요 18:36-37).

빌라도가 또 물었습니다.

> … 진리가 무엇이냐…(요 18:38).

그가 정말 진리에 관심이 있어서 한 질문이 아닙니다. 그는 예수님의 날카로운 눈초리를 피하기 위해 슬쩍 질문을 던지고는 얼굴을 돌렸습니다.

하나님 나라는 만유를 창조하신 하나님께서 살아 계신다는 진리가 선포되는 곳에 이루어집니다. 하나님 나라는 모든 인생이 하나님께 범죄하여 영원한 멸망을 앞둔 채로 살아가는, 저주받은 존재들이라는 것을 가르쳐주는 진리 위에 세워집니다. 하나님 나라는 모든 인생은 구원받아야 하고, 모두에게 구원자가 필요하다는 것을 절실하게 깨닫도록 해주는 진리 위에 세워집니다. 하나님 나라는 예수님만이 우리의 구원자요, 예수님을 통해서만 우리가 율법의 저주에서 벗어나 하나님 나라에 속한 의의 백성이 될 수 있다는 진리를 듣는 사람들이 찾아와서 이루는 나라입니다. 그 나라의 왕은 예수 그리스도십니다. 그 나라의 백성이 된 것을 감사합시다. 예수님은 하나님 나라의 왕이십니다.

그러므로 주님은 말씀하셨습니다. "내 나라가 이 세상에 속한 나라 같으면 내가 이렇게 묶여 와서 이 자리에 서 있겠느냐?" 하나님 나라에 속한 왕이시기에 예수님은 지금 그 자리에 서 계신 것입니다. 빌라도가 예수님의 말씀을 이해할 리 없습니다. 가만히 듣고 있던 빌라도는 로마법을 가지고 그를 사형시킨다는 것이 어불성설이라고 판단했습니다. 그래서 예수님에게 죄가 없다고 세 번 이상 대제사장과 유대인들에게 설득조로 말했습니다.

> … 나는 그에게서 아무 죄도 찾지 못하였노라(요 18:38).

그럼에도 유대의 대제사장들과 군중은 그 말을 듣지 않았습니다. 그들은 막무가내로 예수님을 십자가에 못 박으라고 소리 질렀습니다. 그러나 빌라도는 그렇게 하고 싶지 않았습니다. '어떻게 하면 예수를 석방시킬 수 있을까?' 곰곰이 생각하던 중 한 가지 묘안이 떠올랐습니다. 유월절 특사를 생각해낸 것입니다. 유월절이 되면 죄수 하나를 놓아주는 전례가 있었습니다. 그래서 빌라도는 그들에게 제안했습니다.

> 유월절이면 내가 너희에게 한 사람을 놓아주는 전례가 있으니 그러면 너희는 내가 유대인의 왕을 너희에게 놓아주기를 원하느냐 하니(요 18:39).

그 말에 유대인들은 다시금 소리를 질렀습니다.

> 그들이 또 소리 질러 이르되 이 사람이 아니라 바라바라 하니 바라바는 강도였더라(요 18:40).

이렇게 하여 예수님을 특사로 풀어주려던 그의 계획은 어긋나고 바라바만 풀어주는 꼴이 되었습니다. 빌라도는 또 생각에 잠겼습니다. 그때 그는 잔인한 방법 하나를 떠올렸습니다. '예수를 죽을 정도로 때려서 사람들에게 동정을 받도록 하자.' 그래서 그는 군사들에게 명령했습니다.

> 이에 빌라도가 예수를 데려다가 채찍질하더라 군인들이 가시나무로 관을 엮어 그의 머리에 씌우고 자색 옷을 입히고 앞에 가서 이르되 유대인의 왕이여 평안할지어다 하며 손으로 때리더라(요 19:1-3).

로마 군인들의 채찍질이 얼마나 무서운지 기록에 보면 열 사람 중에 한두 사람은 매를 이기지 못해 죽어 나간다고 합니다. 군인들은 예수님을 사정없이 때렸습니다. 예수님의 온몸은 피투성이가 되었고 살점이 찢겨나갔습니다.

그들은 예수님의 머리에다 가시관을 씌웠습니다. 가시는 죄와 저주의 상징입니다. 아담과 하와가 범죄하자마자 땅이 저주를 받아 가시가 났습니다. 그러므로 세상 죄를 지고 가는 예수님의 머리에 가시관을 씌우는 것은 어떤 면에서 굉장한 의미가 있다고 생각합니다. 그러나 당시 로마 군인들이 그런 것을 생각했겠습니까? 그저 예수님을 괴롭히기 위해 가시관을 엮어 씌운 것뿐입니다.

빌라도는 눈뜨고 볼 수 없을 만큼 비참한 모습을 한 예수님을 군중들 앞에 끌어냈습니다. 그러고는 이렇게 외쳤습니다. "자, 이 사람이 너희의 왕이다. 보라. 얼마나 불쌍하냐? 이 정도로 하고 놓아주자. 나는 그를 죽일 만한 죄를 찾지 못했노라. 더 이상 어떻게 하겠느냐? 그의 모습을 보고 동정심을 가져라."

그러나 빌라도의 계산은 완전히 빗나갔습니다. 예수님의 처참한 모습을 보자마자 피를 즐기는 무리의 가슴에는 더욱 무서운 증오의 기름이 쏟아졌습니다. 그들은 미친 듯이 날뛰었습니다.

> 대제사장들과 아랫사람들이 예수를 보고 소리 질러 이르되 십자가에 못 박으소서 십자가에 못 박으소서 하는지라…(요 19:6).

또한 군중은 빌라도를 협박하기까지 했습니다.

> … 빌라도가 예수를 놓으려고 힘썼으나 유대인들이 소리 질러 이르되 이 사람을 놓으면 가이사의 충신이 아니니이다 무릇 자기를 왕이라 하는 자는 가이사를 반역하는 것이니이다(요 19:12).

식민지 사람들이 자기들을 괴롭히는 나라의 황제를 왕으로 인정하면서까지 예수를 죽음에 붙이려고 발악하다니! 가뜩이나 황제로부터 점수를 따지 못해 고민하던 빌라도의 입장에서는 굉장한 위기를 만난 셈입니다. 이들이 들고일어나서 황제에게 고발이라도 하는 날이면 그의 입장이 매우 난처해질 것은 불을 보듯 뻔한 일이었습니다. 그는 엄습해오는 두려움을 어찌지 못해서 유대인의 비위를 맞춰야겠다고 생각했습니다. 하늘이 무너져도 공의를 무너뜨려서는 안 된다는 로마법의 정신은 물 건너가고, 빌라도는 자신이 죄가 없다고 몇 번이나 말한 예수를 결국 십자가에서 처형하라고 내놓았습니다. 한마디로 전형적인 불의한 재판관이 되어버린 것입니다.

여기서 우리가 발견할 수 있는 사실이 있습니다. 만일 빌라도가 자기 소신대로 "예수는 죄가 없어. 어쨌든 나는 석방하겠다"라고 하면서 예수님을 풀어주었다면 예수님이 십자가에서 못 박혀 죽으실 수 있었을까요? 다시 말해 주님께서 하나님이 정하신 죽음을 당할 수 있었을까요? 불가능한 일입니다. 빌라도가 로마 황제의 권위를 가지고 군대를 동원해서 군중을 쫓아버리고 예수님을 석방했다면, 그러니까 그저 매나 때려서 내보냈다면 이 세상을 구원하시려는 하나님의 뜻이 이루어졌을까요? 불가능합니다. 그런데 이상하게도 예수님을 살려주려던 빌라도의 비겁한 정신, 타협적인 성격이 오히려 하나님의 뜻을 이루는 하나의 과정이 되었다는 사실입니다. 그러니 얼마나 신비합니까?

우리는 두 가지 경우를 모두 살펴보았습니다. 대제사장과 그 무리가 예수님을 증오하여 할 수 있는 대로 잔인하게 죽이려고 했던 사악함이 오히려 세상을 사랑하여 구원하고자 하시는 하나님의 뜻을 이루는 데 사용되었다는 사실과, 빌라도처럼 자기 보신에만 급급한 사람의 비겁한 성격이 오히려 세상을 멸망에서 구원하고자 하시는 하나님의 섭리를 이루는 도구가 되었다는 사실입니다. 참 놀라운 이야기가 아닐 수 없습니다.

**아무도 막을 수 없는 사랑**

이와 같은 사실을 놓고 깨닫는 은혜가 몇 가지 있습니다. 첫째, 하나님의 무한하신 사랑은 아무도 막을 수 없는 은혜입니다. 하나님께서는 세상을 사랑하시고 우리를 지극히 사랑하셔서 외아들 예수님을 십자가에 못 박아 죽이기로 작정하셨습니다. 독생자 예수가 십자가에서 저주를 받게 하심으로 우리를 저주에서 해방시키시려고 작정하신 것입니다. 이것은 하나님의 엄청난 사랑입니다. 이 사랑을 대제사장들이 막을 수 있었습니까? 그들의 증오가 그 사랑을 거부할 수 있었습니까? 빌라도의 권위와 비겁한 성격이 하나님의 사랑을 막을 수 있었습니까? 어떤 것도 그 사랑을 막을 수 없었습니다.

예수님을 잔인하게 죽이려고 했던 대제사장들의 행동은 거꾸로 세상에 하나님 사랑의 홍수를 가져다주었습니다. 그들이 악하게 행동하면 할수록 하나님의 사랑은 세상에 더욱더 넘쳐났습니다.

"십자가에 못 박게 하소서"라고 소리치면 칠수록 하나님의 사랑은 더 풍성해졌습니다. 사람들은 예수를 지독히도 미워한 나머지 십자가에 못 박기 원했고, 또 그렇게 했지만, 하나님은 사람들을 너무나 사랑한 나머지 예수를 십자가에 못 박기 원하셨고, 또 그렇게 하셨습니다. 하나님의 사랑이 증오를 이겼습니다. 예수를 미워하던 세상이 십자가의 피로 구원받은 것을 보면 하나님의 사랑이 이긴 것입니다.

로마서 5장 8절에 유명한 말씀이 있습니다. "우리가 아직 죄인 되었을 때에 그리스도께서 우리를 위하여 죽으심으로 하나님께서 우리에 대한 자기의 사랑을 확증하셨느니라." 하나님이 우리를 얼마나 사랑하시는지 십자가의 죽음으로 역력히 증명하셨다는 말씀입니다. 그러므로 십자가의 죽음은 하나님의 사랑을 볼 수 있는 유일한 원천입니다. 예수님과 십자가를 볼 때마다 하나님께서 나를 얼마나 사랑하셨는지 깨닫습니다.

아이러니하게도 이 큰 사랑을 우리가 풍성하게 체험할 수 있도록
해준 장본인들은, 예수님을 잔인하게 죽이려고 했던 대제사장과 예
수님을 살리려고 하다가 뜻대로 되지 않자 비겁하게 십자가형을 허
락한 불의한 재판관 빌라도였다는 사실입니다. 하나님의 놀라운 섭
리가 아닐 수 없습니다.

### 역전의 법칙

둘째는 악을 선으로 바꾸시는 하나님의 은
혜입니다. 전지전능하신 하나님은 악을 선용하십니다. 하나님은 악
인들이 가장 악한 짓을 하도록 하심으로 자신의 선한 뜻을 이루실
때가 많습니다. 하나님은 악을 다스리십니다. 사탄도, 악인도 모두
하나님의 손안에 있습니다. 하나님께서 악인을 세상에 남겨놓으신
것은 그들도 쓸모가 있고 목적이 있기 때문입니다.

잠언 16장 4절을 보십시오. "여호와께서 온갖 것을 그 쓰임에 적
당하게 지으셨나니 악인도 악한 날에 적당하게 하셨느니라." 세상
모든 만물은 저마다 존재 이유가 있다는 말입니다. 악인 역시 쓸 데
가 있어서 하나님께서 세상에 남겨놓고 필요하면 사용하신다는 말
입니다. 우리는 예수님을 십자가에 못 박으려고 그렇게 발악하던 사
람들을 통해서 이 말씀이 진리임을 분명히 알 수 있습니다.

악이 선으로 바뀌는 사례는 인류 역사에서 참 많이 나타납니다.
유명한 역사가 토인비는 이런 사실을 가리켜 '역사의 역설'이라고
표현했습니다. 분명히 악한 의도였는데, 나중에 보면 선을 가져오는
하나의 통로가 되는 일이 역사에서 비일비재하게 일어납니다. 어떤
신학자는 이를 가리켜 '역전의 법칙'(law of the reverse)이라고 표현하
기도 했습니다. 하나님의 아들을 없애기 위한 십자가 처형이 오히려

세상을 구하는 능력이 된 것이야말로 가장 좋은 예입니다.

또 다른 좋은 예가 있습니다. 로마 황제들은 지중해 연안에 있는 자기 나라 사방에다가 고속도로를 닦았습니다. 모든 도로가 로마로 향한다는 말이 있을 만큼 고속도로를 잘 닦아놓았습니다. 그들이 도로를 닦은 목적은 사실 지중해에서 판을 치는 해적을 빨리 섬멸하여 로마에 안정을 가져오고, 또 영토를 확장하기 위해서였습니다. 그러나 황제들은 의도했던 목적을 별로 이루지 못했고, 그 도로는 오히려 엉뚱한 사건을 불러일으켰습니다. 로마 황제가 보기에는 떠돌이 거지에 지나지 않은 유대인 사도 바울이 그 도로를 이용해 지중해 연안을 돌아다니면서 하나님 나라를 전파하고 복음을 전하여 하나님의 뜻을 이 땅에 폈으니 말입니다. 이것을 일컬어 토인비는 '역사의 역설'의 한 예라고 했습니다.

이와 마찬가지로 하나님은 악을 선으로 바꾸십니다. 이것은 비단 우리를 구원하시는 일에만 적용되는 것이 아닙니다. 우리 개인의 생활에도 그대로 적용할 수 있습니다. 지금 당신이 악처럼 보이는 고통을 당하고 있습니까? 건강 관리를 열심히 했는데 병이 생겼습니까? 최선을 다해 성실하게 일한 직장에서 쫓겨났습니까? 의롭게 살려고 애쓰는데 악하게 사는 사람보다 더 고통스러운 나날을 보냅니까? 이 모두가 악입니다. 우리 주변에는 우리가 이해할 수 없는 악이 너무나 많습니다.

이런 악에 짓눌려 날마다 숨을 쉴 수 없을 만큼 긴장하면서 살아야 하는 분들이 있을 것입니다. 그러나 이 한 가지는 분명히 알아두십시오. 우리의 한생을 미리 작정하시고 섭리하시는 하나님은 모든 결과를 다 알고 계십니다. 우리를 위해 모든 것을 미리 작정하고 계십니다. 그러므로 하나님의 뜻은 반드시 이루어집니다. 하나님께서 자신의 선하고 사랑이 넘치는 뜻을 이루기 위해 가끔 악하게 보이는 것들을 허용하실 때가 있습니다. 그 이유가 무엇입니까? 악을 선으로 바꾸기 위해서입니다. 악한 것에서 좋은 것을 낳기 위해서입니다. 모든 것이 합력하여 선을 이루도록 하기 위해서입니다.

성경에서 역전의 법칙을 가장 웅변적으로 보여주는 말씀을 들라면 창세기 50장 20절일 것입니다. 요셉은 형들의 증오심에 희생당하여 십 대 어린 나이에 그야말로 피눈물을 흘리면서 노예로 팔려 갔습니다. 그러니 평생 원수를 갚아도 분에 차지 않을 정도로 원한이 사무쳤을 것입니다. 그러나 그는 훗날 형들을 만났을 때 이런 말을 했습니다. "당신들은 나를 해하려 하였으나 하나님은 그것을 선으로 바꾸사 오늘과 같이 많은 백성의 생명을 구원하게 하시려 하셨나니"(창 50:20). 기가 막히지 않습니까? 30년 전에 형들이 행한 무서운 악행이 30년 후에 요셉과 그의 친족들과 주변 민족들에게 선으로 돌아오리라고 누가 상상이나 했겠습니까?

선하신 하나님은 우리가 당하는 악을 이렇게 선으로 바꾸어 선용하시는 때가 참 많습니다. 그러므로 믿음을 가지십시오. 내 앞에 있는 악을 볼 때마다 믿음을 가지십시오. 지금은 비록 뾰족한 가시더라도 하나님께서 나중에는 그것을 향기로운 장미로 바꿔주시는 날이 올 것임을 분명히 믿기 바랍니다.

### 예수님만이 유일한 구원자시다

셋째는 예수님만이 우리를 율법의 저주에서 구원하실 구원자이심을 확신하게 되는 은혜입니다. 예수님께 죄가 없음은 재판석상에서 명백하게 드러났습니다. 죄가 없는 분이라야만 우리를 구원하실 수 있습니다. 실오라기만 한 죄가 있어도 우리를 구원하실 수 없습니다. 그런데 예수님께 죄가 없다는 사실을 증명한 사람이 누구입니까? 예수님의 수제자 베드로가 증명했습니까? 아니면 그분을 사랑하던 여인들이 증명했습니까? 둘 다 아닙니다. 그렇다면 도대체 누가 그 사실을 증명했습니까? 놀랍게도 예수님의 원수들이 자기 입으로 명백히 증명했습니다.

먼저 가룟 유다가 예수님이 죄 없는 분이심을 증명했습니다. 예수님을 배반하고 팔아넘겼지만 그는 양심의 가책을 이기지 못해 이렇게 울부짖었습니다. "내가 무죄한 피를 팔고 죄를 범하였도다"(마 27:4). 그러고는 스스로 나무에 목을 매달았습니다. 예수님을 배반한 가룟 유다가 예수님의 무죄를 선언한 것입니다.

다음으로 빌라도의 아내가 이 사실을 말했습니다. 무슨 꿈을 꾸었는지는 모르지만, 그는 꿈을 통해 예수님은 아무런 죄가 없는 분이라는 사실을 알았습니다. 그래서 남편에게 예수님의 소송 문제를 손대지 말라고 전갈했습니다.

빌라도 자신도 예수님의 무죄를 증명했습니다. 재판을 하면서 그는 세 번이나 유대인들 앞에 나와서 "나는 그에게서 아무 죄도 찾지 못하였노라"(요 18:38) 선언했습니다.

헤롯왕 역시 마찬가지였습니다. 그 역시도 예수님의 죄를 밝혀내지 못했기에 자기에게 끌려온 예수를 다시 빌라도에게 보냈습니다.

오른편 강도도 예수님의 무죄를 증명했습니다. 그는 예수님을 한 번도 만나본 일이 없는 사람이었지만 죽어가면서 이렇게 말했습니다. "이 사람이 행한 것은 옳지 않은 것이 없느니라"(눅 23:41). 예수님은 죄가 없는 분이시라는 말입니다.

마지막으로 예수님을 십자가에 못 박을 때 총지휘를 했던 백부장도 이를 증명했습니다. 예수님의 죽음을 조용히 바라보면서 그는 이렇게 고백했습니다. "이는 진실로 하나님의 아들이었도다"(마 27:54). 하나님의 아들은 죄가 없는 분이십니다.

십자가 사건이라는 하나님의 놀라운 사랑의 섭리에서 일어나는 모든 과정을 바라보면서 한 가지 분명한 확신이 듭니다. 죄 없는 예수님만이 우리의 구원자가 되신다는 사실입니다. 하나님께서 지정하신 죽음, 곧 십자가에서 죽으신 분은 예수님밖에 없습니다. 그러므로 예수님은 우리의 구원자이십니다. 그분이 십자가에서 저주를 당하지 않았다면 우리는 저주에서 벗어날 수 없었을 것입니다. 오직 예수님만이 하나님께서 원하시는 제사를 드렸습니다. 그분이 영원하고 온전한 제사를 드리셨기에 예수님께서 당하신 저주의 죽음은 이제 더 이상 필요하지 않습니다. 짐승의 제사도 더 이상 필요하지 않습니다. 오직 하나님을 찬송하는 일만 남았을 뿐입니다. 영원한 제사를 드리신 예수님이야말로 우리의 구원자가 되십니다.

십자가의 주님을 생각할 때마다 감격의 눈물을 흘려야 합니다. 고난주간에만 그럴 것이 아니라 한평생 나같이 저주받은 죄인을 구원해주신 십자가의 주님을 자랑해야 합니다. 주님의 십자가를 기뻐해야 합니다. 십자가 앞에 우리 마음을 쏟아놓아야 합니다.

갈라디아서 6장 14절 말씀을 봅시다. "그러나 내게는 우리 주 예수 그리스도의 십자가 외에 결코 자랑할 것이 없으니." 바울은 평생 십자가만을 자랑했습니다. 그 십자가 때문에 자신이 저주 대신 하나님의 복을 받았으니 어찌 자랑하지 않을 수 있었겠습니까?

교회가 탄생하고 나서 처음 300년 동안 기독교는 호되게 핍박을 받았습니다. 얼마나 많은 순교자들이 피를 흘렸는지요. 얼마나 많은 가족들이 뿔뿔이 헤어졌는지요. 얼마나 많은 어린아이들이 고아가 되어서 세상을 방황하며 돌아다녔는지요. 얼마나 많은 과부들이 먹지 못해서 굶어죽었는지요. 그러나 기독교는 그 300년 동안 무섭고 혹독한 핍박을 견디며 점점 퍼져나갔습니다. 그리하여 결국에는 로마 황제가 기독교 앞에 굴복하는 날이 왔습니다. 초대교회 성도들이 그 혹독한 시기를 어떻게 견뎌냈는지 아십니까? 십자가였습니다. 그들은 하나같이 십자가를 자랑했습니다.

당시의 유명한 교부 터툴리안이 쓴 글입니다. "우리는 여행을 떠나 다른 곳에 가든지, 집에 있든지, 외출하려고 신을 신든지, 목욕을 하든지, 식사를 하든지, 불을 켜든지, 잠자리에 들든지, 앉아 있든지, 그 무엇을 하든지 간에 이마에 십자가를 그었습니다. 소리 높여 십자가를 찬양할 수 없는 숨 막히는 환경이었기에 우리는 손으로 이마에 십자가를 그으면서 십자가를 자랑했습니다. 십자가 앞에서 눈물도 많이 흘렸습니다. 주님께서 원하실 때는 십자가 앞에 자기 목숨도 아낌없이 내어주었습니다. 그래서 불 속에도 뛰어들었고, 짐승 앞으로도 달려갔고, 가족을 빼앗기는 고통도 감수하면서 십자가를 자랑했습니다."

이 놀라운 은혜가 오늘 당신에게 있기를 바랍니다. 당신의 가슴에 십자가로 인한 뜨거운 감격과 찬양이 있기를 바랍니다.

# 60

## 다 이루었다 하시고

요한복음 19장 16-30절

16 이에 예수를 십자가에 못 박도록 그들에게 넘겨주니라 17 그들이 예수를 맡으매 예수께서 자기의 십자가를 지시고 해골(히브리 말로 골고다)이라 하는 곳에 나가시니 18 그들이 거기서 예수를 십자가에 못 박을새 다른 두 사람도 그와 함께 좌우편에 못 박으니 예수는 가운데 있더라 19 빌라도가 패를 써서 십자가 위에 붙이니 나사렛 예수 유대인의 왕이라 기록되었더라 20 예수께서 못 박히신 곳이 성에서 가까운 고로 많은 유대인이 이 패를 읽는데 히브리와 로마와 헬라 말로 기록되었더라 21 유대인의 대제사장들이 빌라도에게 이르되 유대인의 왕이라 쓰지 말고 자칭 유대인의 왕이라 쓰라 하니 22 빌라도가 대답하되 내가 쓸 것을 썼다 하니라 23 군인들이 예수를 십자가에 못 박고 그의 옷을 취하여 네 깃에 나눠 각각 한 깃씩 얻고 속옷도 취하니 이 속옷은 호지 아니하고 위에서부터 통으로 짠 것이라 24 군인들이 서로 말하되 이것을 찢지 말고 누가 얻나 제비 뽑자 하니 이는 성경에 그들이 내 옷을 나누고 내 옷을 제비 뽑나이다 한 것을 응하게 하려 함이러라 군인들은 이런 일을 하고 25 예수의 십자가 곁에는 그 어머니와 이모와 글로바의 아내 마리아와 막달라 마리아가 섰는지라 26 예수께서 자기의 어머니와 사랑하시는 제자가 곁에 서 있는 것을 보시고 자기 어머니께 말씀하시되 여자여 보소서 아들이니이다 하시고 27 또 그 제자에게 이르시되 보라 네 어머니라 하신대 그때부터 그 제자가 자기 집에 모시니라 28 그 후에 예수께서 모든 일이 이미 이루어진 줄 아시고 성경을 응하게 하려 하사 이르시되 내가 목마르다 하시니 29 거기 신 포도주가 가득히 담긴 그릇이 있는지라 사람들이 신 포도주를 적신 해면을 우슬초에 매어 예수의 입에 대니 30 예수께서 신 포도주를 받으신 후에 이르시되 다 이루었다 하시고 머리를 숙이니 영혼이 떠나가시니라

제가 미국 로스앤젤레스에 있을 때 신학 박사인 목사님 한 분이 꼭 보여줄 것이 있다면서 저를 어딘가로 데리고 가셨습니다. 그곳에는 중세 스페인에서 가톨릭교회가 예수 그리스도를 올바로 믿어보겠다고 하는 개신교 신자들을 끌어다가 고문할 때 사용한 도구들이 진열되어 있었습니다. 중세라면 지금부터 수백 년 전이기 때문에 저는 그곳에 도착할 때까지만 해도 당시에 쓰던 고문 도구들을 모방해서 만든 모조품을 전시해놓았을 것이라고 생각했습니다. 그런데 막상 전시된 고문 도구들을 보니 모조품이 아니라 진품이었습니다. 실제로 고문을 하는 데 사용했던 도구들 열 몇 가지를 전시해두고 각각 설명문까지 붙여놓았습니다.

침침한 불빛이 비치는 전시실 안에 들어가 고문 도구를 하나하나 들여다보고 사용법을 기록한 설명문을 읽으면서 얼마나 충격을 받았는지 모릅니다. '세상에 인간이 이렇게까지 잔인해질 수 있을까? 더욱이 그들은 교회라는 이름을 내걸었던 사람들이 아닌가? 이건 사람도 아니다. 악마다, 악마!' 사람을 거꾸로 매달아놓고 사타구니 사이를 켜서 죽이는 데 쓰인 톱이 두세 개 걸려 있었고, 사람을 끌어다가 넣으면 국수 가락처럼 되어서 나오도록 만든 소름 끼치는 기구도 있었으며, 사람을 집어넣고 자물통을 채우면 꼼짝달싹도 못한 채 고스란히 말라죽어 뼈만 남게 만드는 기구도 있었습니다. 실제로 성도들을 고문하는 데 사용했던 도구들이라고 생각하니 왠지 그곳에 피비린내가 진동하는 것 같았습니다. 성도들이 죽어가면서 지르던 비명 소리가 들리는 것만 같았습니다. 정말 등골이 서늘해질 정도로 소름이 끼쳤습니다.

그러나 아무리 이런 고문 도구들이 잔인하고 흉측하다 한들 멀쩡한 사람을 십자가 틀에다가 눕혀놓고 손과 발에 철못을 박는 것만큼 잔인할 수 있을까요? 톱으로 켜는 형벌을 당하면 5분이나 10분 정도 고통을 받다가 까무러쳐서 그대로 죽을지도 모릅니다. 그러나 십자가형은 그와 같이 순식간에 끝나지 않습니다. 십자가에 못 박히면 엄청난 고통을 받으면서 서서히 죽어갑니다. 세상에 십자가형만큼 무서운 고문이 어디 있겠습니까? 십자가의 죽음만큼 잔혹한 죽음이 또 어디 있겠습니까? 그래서 로마의 정치가 시세로는 십자가를 '가장 잔인하고 무서운 죽음'이라고 말했을 뿐만 아니라 십자가라는 단어 자체를 "로마 시민에게서, 그의 생각이나 눈, 귀에서조차" 제거해야 한다고 했습니다.

십자가에 못 박힌 사람의 신체에 어떤 증세가 나타나며, 또 그가 당하는 고통이 어떻게 서서히 발전하여 결국 죽음에 이르도록 하는지를 의학적으로 분석해놓은 책을 읽었습니다. 그 내용이 너무 끔찍해서 굳이 자세하게 언급할 필요는 없다고 여겨집니다. 그러나 이것만은 분명히 알아야 합니다. 십자가의 고통은 우리의 상상을 훨씬 초월합니다.

### 왜 하필이면 십자가를

하나님의 아들 예수님은 세상에서 가장 잔인하고 저주스러우며 소름 끼칠 정도로 고통스러운 죽음을 당하셨습니다.

> 그들이 거기서 예수를 십자가에 못 박을새…(18절).

십자가에 못 박았다는 간결한 표현 속에 말할 수 없는 잔혹함과 고통, 처참함이 고스란히 담겨 있습니다.

왜 주님은 그렇게 저주스럽고 잔혹한 죽음을 당하셔야 했을까요? 아무리 우리 죄가 크다 해도 이런 끔찍한 죽음을 당하도록 하나님이 허락하신 이유는 무엇일까요? 우리의 상식과 논리로는 도저히 이해할 수 없습니다. 하나님이 너무 잔인하시다는 생각밖에 들지 않습니다. 그러나 성경은 우리에게 그 이유를 분명하게 들려줍니다. 갈라디아서 3장 13절을 보십시오.

> 그리스도께서 우리를 위하여 저주를 받은 바 되사 율법의 저주에서 우리를 속량하셨으니 기록된 바 나무에 달린 자마다 저주 아래에 있는 자라 하였음이라.

여기서 '저주를 받았다'는 말에 주목하기 바랍니다. 왜 예수님이 저주를 받으셔야 했습니까? 율법의 저주에서 우리를 속량하기 위해서입니다. 율법을 범하여 율법의 저주 아래 놓인 우리를 구해내기 위해 예수님이 우리 대신 저주를 받게 하셨습니다.

구약성경을 보면 저주받은 자의 죽음에 대한 한 가지 원칙이 나옵니다. 바로 나무에 다는 것입니다(신 21:23). 예수님은 우리가 율법을 어김으로써 받은 율법의 모든 저주를 한 몸에 다 짊어지시고 저주받은 자가 되셨습니다. 그렇게 저주받은 자로서 나무에 달려 죽으셨습니다. 예수님이 십자가에서 죽음을 당하실 수밖에 없었던 이유가 바로 여기에 있습니다.

성경에서 예수님이 십자가에 달리시는 장면을 읽을 때면 늘 대제사장들과 빌라도를 특별히 눈여겨봅니다. 당시에 대제사장들이나 빌라도가 약간의 양심이라도 있었더라면, 조금이라도 합리적인 사고를 할 수 있었더라면, 최소한의 공정함을 고려하는 여유가 있었더라면 예수님을 그와 같이 혹독하고 소름 끼치는 십자가형에 처하지는 않았을 것입니다. 재판의 생명은 공정성과 합법성에 있습니다. 더욱이 한 사람의 생사를 결정하는 재판이라면 다른 어떤 재판보다 공정하고 합법적이어야 마땅합니다. 다시 말해 사형을 선고한다면 분명한 죄목이 있어야 하고 그 죄를 확실하게 입증할 수 있어야 합니다. 그러나 예수님이 받았던 재판에는 이와 같은 상식적인 요건들이 하나도 갖추어지지 않았습니다.

먼저 대제사장들을 보십시오. 그들은 분명한 죄목이 있고 분명한 증거가 있어 예수님을 재판대에 세운 것이 아닙니다. 오히려 그들은 예수님을 일단 잡아놓고는 그를 죽일 구실을 찾느라 밤새도록 법석을 떨어야 했습니다. 죽을죄를 저질렀기 때문에 잡아와서 재판하는 것이 정상입니다. 그런데 생사람을 끌어다 놓고 그에게 무슨 죄목을 씌워 죽일지 궁리하느라 야단을 부리는 재판이 세상 천지에 어디 있습니까? 또 그들이 들고 나온 죄목도 그렇습니다. 그들이 만들어낸 예수님의 죄목은 '행악자'라는 것이었습니다(요 18:30). '행악자'(行惡者)란 말 그대로 '악을 행하는 자'라는 뜻입니다. 그것도 어쩌다가 한두 번 실수로 죄를 짓는 것이 아니라 고질적으로 악을 행하는 흉악범을 가리킵니다. 그러나 이 말만큼 예수님에게 어울리지 않는 말이 또 어디 있습니까? 대제사장들이 한 푼의 양심이라도 있었다면, 한 치의 상식이라도 가진 인간들이었다면 예수님께 이런 얼토당토않은 죄목을 걸어 처형하는 일은 없었을 것입니다.

빌라도는 또 어떻습니까? 그가 법정을 네 번이나 들락거리면서 여러 번 반복한 말이 있습니다. "나는 예수에게서 아무 죄도 찾지 못하였노라." 그는 아무리 신문을 해봐도 예수에게서 죄를 찾지 못했노라고 자기 입으로 분명히 시인했습니다. 그렇다면 예수님을 즉시 석방했어야 마땅하지 않습니까? 그러나 그는 입으로는 아무 죄도 찾지 못했다고 떠들면서 군병들에게 예수님을 채찍질하라 명령했습니다. 또 예수님께 가시관을 씌우고 홍포를 입혀 희롱당하게 했습니다. 급기야는 아무 죄도 찾지 못했노라고 말하던 바로 그 입으로 예수님에게 십자가형이라는 극형을 선고했습니다. 법을 집행한다고 하는 인간 가운데 이보다 더 비열하고 비양심적인 자가 어디 있겠습니까? 빌라도가 조금이라도 양심 있는 사람이었다면, 조금이라도 용기 있는 사람이었다면 예수님을 십자가에 못 박도록 선고하지는 않았을 것입니다.

대제사장들과 빌라도에게는 선한 것이라고는 단 한 구석도 남아 있지 않습니다. 양심도 없습니다. 상식도 안 통합니다. 그래서 예수님은 아무런 죄도 없었지만 그들의 손에 넘겨졌고 십자가에 못 박혀 죽으셔야 했습니다. 우리는 그들에게서 예수님을 몰랐던 당시의 우리 모습을 봅니다. 우리는 교양이 있는 것처럼 꾸미고 사람들에게 양심적인 것처럼 행동하며 진실한 사람인 양 말할 때가 많습니다. 그러나 우리의 깊은 내면을 들여다보면 우리 역시 악의 화신으로 변할 수 있는 가능성을 얼마든지 가지고 있는 죄인들입니다. 대제사장들과 빌라도를 보면서 우리 내면에 뿌리 깊게 자리 잡은 추악한 모습을 돌아봅니다.

그러기에 우리는 늘 나와 같은 죄인을 위해 예수 그리스도가 세상에서 가장 잔인한 죽음을 당하지 않으면 안 되었다는 사실을 깊이 인식해야 합니다. 만일 우리에게 조금이라도 선한 구석이 남아 있었다면 주님이 그렇게 십자가에서 죽으실 이유가 없었을 것입니다. 십자가를 볼 때마다 이 사실을 분명히 기억해야 합니다.

### 저주스러운 무관심

십자가형이 확정되자 로마 군인 네 명이 한 조를 이루어 예수님을 인계받았습니다. 이들은 예수님을 골고다까지 호송하고 거기서 십자가 형틀에 못 박아 사형을 집행할 책임을 진 사람들입니다. 그렇게 함으로써 그들이 기대할 수 있는 부수입이 있다면, 못 박힌 예수 그리스도의 옷을 얻는 것입니다. 당시에는 대량생산이 불가능해서 전적으로 수공업에 의존해 옷을 만들었습니다. 따라서 처형되는 사람의 옷을 벗겨 나누어 가지는 행위는 으레 있는 일이었습니다. 옷 한 벌을 가지고 평생을 사는 사람도 있었기에 이런 기회가 그만큼 소중했습니다. 고대사의 전쟁 기록을 보십시오. 싸움이 끝난 뒤에 이긴 쪽이 제일 먼저 하는 일이 무엇인지 아십니까? 바로 전사한 사람의 옷을 전부 벗기는 일입니다. 피가 묻었든지 창에 찔려 구멍이 났든지 상관이 없습니다. 옷이란 옷은 모조리 벗겨서 전리품으로 들고 갔습니다.

당시 유대인 남성들의 정장은 보통 다섯 가지 정도로 이루어져 있었습니다. 머리에 쓰는 터번과 신발, 속옷 한 벌, 외투 한 벌, 허리

띠입니다. 네 사람의 군인은 예수님을 십자가에 못 박고 나서 그분의 옷을 서로 나누었습니다. 외투같이 좀 더 중요한 옷은 계급이 제일 높은 사람이 차지했을 것입니다. 그리고 신발은 아마 계급이 제일 낮은 사람에게 돌아갔을 것입니다. 이렇게 넷이 한 가지씩 나누고 보니 하나가 남았습니다. 속옷입니다. 물론 속옷이라고 해서 요즈음 속내의를 생각하면 안 됩니다. 당시 속옷은 무릎까지 혹은 발꿈치까지 오는 옷입니다. 통으로 짠 옷이기 때문에 네 조각으로 나누면 걸레로도 쓸 수 없습니다. 그래서 그들 가운데 한 사람이 제의합니다. "이것은 나누지 말고 제비를 뽑아 누군가 한 사람이 갖기로 하자." 모두가 그 제의에 찬성하여 누가 그 옷을 차지할 것인가를 두고 제비뽑기를 했습니다.

상상을 해보십시오. 예수님이 십자가에 못 박히신 지 아직 10여 분도 채 안 된 때입니다. 그러니 그 고통이 얼마나 심했겠습니까? 그런데 찢어진 손발에서 핏방울이 툭툭 떨어지고 십자가 기둥으로 핏물이 흘러내리는 바로 그 발치에서, 로마 군인 넷이 예수님의 옷을 놓고 '이것은 내 것이고 저것은 네 것이다' 하면서 나누고 심지어 마지막으로 남은 속옷까지도 누가 차지할 것인가를 정하기 위해 제비뽑기를 하고 있습니다. 물론 다윗이 시편 22편 18절에서 이미 하나님의 아들이 십자가에 못 박혀 처형될 때 십자가 아래서 이런 어처구니없는 일이 일어날 것이라 예언한 바 있긴 하지만 이 얼마나 기가 막힌 이야기입니까?

저들이 지은 모든 죄를 짊어지고 그 처참한 죽음을 당하는 현장에서, 옷가지 하나라도 더 차지하려고 눈에 불을 켜고 신경을 곤두세우는 네 명의 로마 군인들을 측은한 눈빛으로 내려다보시며 하나님의 아들이신 예수님은 이렇게 기도하셨습니다. "이에 예수께서 이르시되 아버지 저들을 사하여 주옵소서 자기들이 하는 것을 알지 못함이니이다 하시더라"(눅 23:34).

로마 군인들의 마음은 칠흑 같은 무지의 어두움으로 뒤덮여 있었습니다. 그들은 자기들이 십자가에 못 박은 분이 누구인지 또 그분이 왜 죽으셔야 하는지 알지 못합니다. 아니, 그런 것에는 관심조차 없습니다. 자기들과는 아무런 상관이 없는 일로 생각했습니다. 저주스러운 무관심이 그들의 마음을 온통 사로잡고 있었습니다. 오직 남아 있는 것은 물욕이요, 다른 사람보다 하나라도 더 얻는 것이요, 다른 사람보다 한 발이라도 더 앞서는 것이었습니다. 내가 더 잘사는 것, 이것 말고는 관심이 없었습니다.

로마 군인들에게서 예수님을 몰랐던 때의 내 모습이 보이지 않습니까? 예수님을 몰랐을 때, 하나님이 계시는 것도 인정하지 않으려고 했을 때, 내가 죄인이라는 것을 추호도 인정하고 싶은 생각이 없었던 그때, 우리의 관심사는 무엇이었습니까? 남보다 하나라도 더 소유하는 것이 아니었습니까? 남보다 조금이라도 앞서는 것이 아니었습니까? 십자가가 도대체 우리와 무슨 상관이 있었습니까? 로마 군인들의 모습에서 우리 자신의 모습을 봅니다. 우리가 이렇게 소망이 없을 만큼 악했기에 예수님은 십자가에서 고결한 피를 흘리며 죽으셔야 했습니다.

### 내가 목마르다

예수님은 십자가에서 고통스러워하시다가 끝내 한마디 외쳤습니다. 아니, 외쳤다기보다는 들릴까 말까 한 소리로 신음처럼 내뱉으셨을 겁니다.

…내가 목마르다…(28절).

시편 69편 21절은 예수님이 십자가에서 겪으실 고통을 이 한마디로 요약하여 예언했습니다. "그들이 쓸개를 나의 음식물로 주며 목마를 때에는 초를 마시게 하였사오니." 예수님은 손바닥이 아프다거나 쥐가 난다거나 숨이 가쁘다거나 열이 난다는 말씀은 하지 않으셨습니다. 다만 그 모든 고통을 "내가 목마르다"라는 한마디에 집약해서 말씀하셨습니다.

흔히들 목이 탈 때의 고통을 일컬어 죽음의 고통이라고 말합니다. 저는 한 번도 그런 고통을 당해보지 않아서 목이 타는 고통이 어떤 것인지 잘 모릅니다. 그러나 다윗은 예수님이 당하셨던 고통을 이렇게 표현했습니다. "내 힘이 말라 질그릇 조각 같고 내 혀가 입천장에 붙었나이다"(시 22:15). 물이 귀한 광야에서 생활하는 사람들은 갈증의 고통이 얼마나 무서운가를 자주 체험합니다. 이스라엘 백성이 광야에서 한 번씩 이런 일을 당하면서 어떤 위기에 빠지는지 성경에서 자주 봅니다.

이스라엘 백성은 애굽에서 나올 때 하나님의 영광을 보았습니다. 홍해를 가르는 하나님의 이적을 보았습니다. 불기둥이 밤낮없이 그들의 눈앞에 있습니다. 하나님의 법궤가 그들 중에 있습니다. 막대기를 가지고 어떤 이적 기사라도 행할 수 있는 위대한 지도자 모세가 그들의 눈앞에 있습니다. 그러나 물이 없어 목이 타들어 가고 혀가 입천장에 들러붙는 지경에 이르자 하나님의 기적도 소용없고 하나님의 불기둥도 소용없고 과거에 하나님이 그들을 위해서 행하신 모든 이적 기사도 소용이 없었습니다. 그들을 진정시킬 만한 어떤 것도 없었습니다. 나중에는 나라의 기초를 뒤흔들고 모세의 리더십을 완전히 뒤집어엎을 만큼 그들은 다른 사람들이 되어버렸습니다. 목마름이 주는 고통은 그만큼 무서운 것입니다. 예수님은 십자가에서 바로 이러한 고통을 당하셨습니다.

주님이 일평생 당하신 고통과 십자가에서 한꺼번에 당하신 모든 고통은 바로 우리의 고통을 친히 체험하시는 과정이었습니다. 주님은 세상을 살면서 온갖 고통을 당하는 우리와 같이 되시려고 친히 그 고통을 맛보셨습니다. 주님은 우리가 지옥에서 영원토록 당해야 할 고통을 십자가에서 대신 당하신 것입니다. 그러기에 주님은 오늘 우리가 이 땅에 살며 당하는 고통을 이해하십니다.

우리는 마음의 고통이 얼마나 무서운가를 잘 압니다. 마음의 고통이 우리의 속내를 갈기갈기 찢어놓을 때면, 마치 날카로운 칼끝으로 생살을 건드리는 듯 무서운 통증이 있다는 것을 너무나 잘 압니다. 우리의 육체에도 감당할 수 없는 통증이 온다는 것을 잘 압니다. 그러나 그럴 때마다 우리가 예수 그리스도께 찾아가 어린아이처럼 "주여, 나의 고통을 아시지요? 주님이 친히 맛보셨으니 제 고통을 아시지요? 도와주세요" 하고 기도하면 놀라운 일들이 일어납니다. 주님께서 몸소 우리가 당하는 모든 고통을 당해보셨기 때문에 피 묻은 손으로 우리를 치유해주십니다.

'작은 형제회'를 세운 프란시스가 고향에 있을 때 일입니다. 하루는 하인이 우물에서 물을 길어오는 모습을 지켜보고 있었습니다. 하인은 밭을 지나서 모퉁이에 있는 우물에 가서 물을 길어왔습니다. 그런데 그는 물을 길을 때마다 한 가지 이상한 행동을 했습니다. 그렇게 깊지 않은 우물에다 큰 물통을 내려 물을 가득히 담은 후 끌어올릴 때 항상 조그마한 나무토막 하나를 그 물통 안에 던져 넣었습니다. 이상하다 싶어 프란시스는 하인에게 그 이유를 물어보았습니다. "왜 물을 길어 올릴 때마다 물통 속에 나무토막을 집어넣어 끌어 올리느냐?" 하인은 이렇게 대답했습니다. "물을 퍼 올릴 때 나무토막을 물통 안에 넣으면 물이 요동치지 않아서 물이 밖으로 흘러넘치는 것을 최대한 막을 수 있어요. 그래서 가능한 한 물을 많이 길을 수 있습니다. 나무토막을 안 넣으면 물이 제 마음대로 출렁거려서 나중에 보면 반 통밖에 안 될 때가 많거든요."

하인의 설명을 들은 프란시스는 크게 깨달은 바가 있어서 자기 친구에게 이런 내용의 편지를 썼다고 합니다. "우리는 얼마나 자주 흔들리는 마음의 물통을 가지고 있는가? 두려움으로 흔들리는 마음, 고통으로 심하게 요동하는 마음, 절망으로 부서지는 마음, 이것은 마치 심하게 흔들리고 출렁거리는 물통과 같지. 그러나 거기에 십자가라는 막대기를 던져보게."

마음이 공포로 짓눌리고 요동할 때는 십자가를 붙들라는 말입니다. 예수 그리스도의 십자가에 기대라는 말입니다. 십자가의 주님을 바라보라는 말입니다. 십자가의 주님은 목마름의 고통을 맛본 분이시기에, 우리가 그분을 바라볼 때마다 우리를 도우시고 우리의 고통을 함께 짊어지시기 때문입니다.

### 다 이루었다

십자가에 달리신 지 약 6시간이 지나갈 무렵 예수님은 또 한 번 짧은 한마디를 외치셨습니다.

··· 다 이루었다 ···(30절).

그러고는 마지막 숨을 거두셨습니다. 마태나 마가는 크게 소리

지르시고 운명하셨다고만 기록했지 소리 지른 내용이 무엇인지는 말하지 않았습니다. 그러나 요한은 크게 소리 지른 내용이 바로 "다 이루었다"라는 것을 분명히 기록했습니다.

어떻게 요한이 그렇게 생생하게 기록할 수 있었을까요? 본문을 보면 그 이유를 어느 정도 알 수 있습니다. 다른 제자들은 다 겁이 나서 멀찍이 군중 속에 숨은 채로 숨죽이고 눈물을 흘리며 예수님이 십자가에 처형당하시는 모습을 바라보고 있었는지도 모릅니다. 그러나 요한은 대담하게도 십자가에 못 박히시는 주님 바로 곁에 있었습니다. 예수님의 어머니 마리아와 막달라 마리아와 요안나와 함께, 핏방울이 툭툭 떨어지고 신음하시는 주님의 음성이 들릴 만큼 가까운 거리에 있었습니다. 그렇기 때문에 주님이 마지막 호흡을 가다듬어 "다 이루었다"라고 말씀하시는 음성을 들을 수 있었습니다. 예닐곱 시간을 진액이 빠지도록 고통과 싸우고 이제 마지막 호흡을 몰아쉬기 직전에 처한 사람이 소리를 지르면 얼마나 크게 지르겠습니까? 주변 사람들이 놀랄 만큼 소리를 크게 지를 수는 없었을 것입니다. 그러나 예수님 가까이 있던 요한은 그 소리를 분명히 알아들었습니다.

마지막으로 힘을 다하여 말씀하신 한마디에는 굉장한 힘이 있었습니다. 세상에서도 한마디의 말이 모든 진리를 대변할 때가 많습니다. 간결한 문장 하나가 복잡하고 심오한 사상을 전부 함축할 때가 자주 있습니다. 이런 말들은 사람을 움직이고, 역사를 흔들어놓을 정도로 굉장한 힘이 있습니다. 루터가 "의인은 믿음으로 말미암아 살리라"는 말씀 한마디를 가지고 기치를 높이 들자 중세의 암흑이 물러가기 시작한 것을 우리가 잘 알고 있지 않습니까? 링컨이 민주주의 정의를 "국민에 의한, 국민을 위한, 국민의 정치"라는 한마디에 담아 외쳤을 때 북아메리카의 여러 혼란이 하나하나 수습되었던 것을 잘 알지 않습니까? 그것이 바로 한마디에 실린 힘입니다.

제가 시무하는 교회에서도 자주 듣는 말이 있습니다. "평신도를 깨운다"입니다. 이 말을 대수롭지 않게 생각할지 모르지만 실은 엄청난 말입니다. 이 한마디 안에는 옥한흠 목사라는 사람의 목회 철학이 고스란히 들어 있습니다. 사랑의교회가 어디로 가며, 무엇을 지향하는지가 그 한마디 안에 다 들어 있습니다. 이 교회의 성격과 특징이 그 한마디 말에 다 들어 있습니다. 한마디 말이 가진 위력은 그만큼 무섭습니다.

"다 이루었다"라는 말씀 역시 마찬가지입니다. 우리말 성경에는 '다 이루었다'로 번역되어 두 마디지만 헬라어 본문에서는 '테텔레스타이'(tetelestai)라는 한마디로 되어 있습니다. 이 짧은 한마디에 엄청난 하나님의 진리가 들어 있습니다. 그 높이와 깊이를 우리는 도무지 파악할 수 없습니다. 창세기부터 요한계시록까지 성경의 모든 내용이 그 속에 다 들어 있는지도 모릅니다.

십자가 주변에 있던 사람들에게 이 한마디는 죽어가는 사람이 마지막으로 지르는 외마디 비명처럼 들렸을지 모릅니다. 한 맺힌 절규처럼 들렸을지 모릅니다. 그러나 예수님에게는 승리의 외침이었습니다. "나는 이겼노라. 나는 해냈노라. 드디어 나는 완주했노라!"

## "다 이루었다"는 말에 담긴 의미

십자가의 길은, 알고는 감히 발을 들여놓을 수 없는 길입니다. 마태복음 26장 39절을 보십시오. "내 아버지여 만일 할 만하시거든 이 잔을 내게서 지나가게 하옵소서 그러나 나의 원대로 마시옵고 아버지의 원대로 하옵소서." 십자가의 길은 예수님 조차도 피땀을 쏟으며 고민하셨을 정도로 발을 들여놓기 힘든 길이었습니다. 그러나 주님은 십자가의 길을 가는 것만이 하나님의 뜻임을 분명히 아셨기에 그 길을 향해서 묵묵히 발을 옮겨놓으셨습니다.

주님은 십자가에 달려 고통스러워하시다가 이제 하나님께 갈 시간이 다 되었음을 본능적으로 느끼셨습니다. 그때 주님의 마음에는 놀라운 기쁨이 솟구쳐올랐을 것입니다. "다 해냈구나. 드디어 해냈구나!" '테텔레스타이'라는 외침에는 이런 기쁨이 들어 있습니다. 이 말이 이상하게 들릴지 모르지만 예수님께는 분명 그런 기쁨이 있었으리라 생각합니다. 예수님의 큰 기쁨은 하나님의 뜻을 행하는 것이었기 때문입니다.

예수님은 십자가를 지기 몇 시간 전에도 자기 마음에 기쁨이 있다고 제자들에게 고백했습니다. "내가 이것을 너희에게 이름은 내 기쁨이 너희 안에 있어 너희 기쁨을 충만하게 하려 함이라"(요 15:11). 십자가 처형이 눈앞에 닥친 사람에게 무슨 기쁨이 있겠습니까? 그러나 예수님께는 기쁨이 있었습니다. 그것은 하나님의 뜻을 행하는 자만이 아는 기쁨이었습니다. 십자가를 지기 전에도 마음속에 이 기쁨이 있었지만, 이제 십자가의 고통이 거의 막바지에 이른 순간에도 자기가 그렇게 피 흘려 죽음으로써 전 인류가 구원받을 수 있는 길이 드디어 활짝 열린다는 생각에 그분의 마음속에는 기쁨이 샘솟았던 것입니다.

"다 이루었다"라는 말에는 세 가지 중요한 의미가 담겨 있습니다. 첫째, 구약에 예언한 모든 말씀이 예수님 안에서 성취되었다는 뜻입니다(눅 24:25 이하). 타락한 세상을 구원하려고 하신 하나님의 영원하고 장대한 계획이 완성되었다는 뜻입니다. 다시 말해 하나님 나라로 들어갈 수 있는 길이 활짝 열린 것입니다.

둘째로는 주님이 "다 이루었다"라고 외치는 순간 아무도 접근할 수 없게 막아두었던 지성소의 휘장이 둘로 갈라졌습니다. 그 결과 우리가 예수의 피를 힘입어 성소에 들어갈 담력을 얻었습니다.

셋째로는 예수님께서 십자가에서 죽으심으로 하나님의 사랑을 알리는 데 성공하셨다는 뜻입니다. 로마서 5장 8절을 보십시오. "우리가 아직 죄인 되었을 때에 그리스도께서 우리를 위하여 죽으심으로 하나님께서 우리에 대한 자기의 사랑을 확증하셨느니라." "다 이루었다"라는 말은 주님이 십자가에 죽으심으로 하나님의 희생적이고 무조건적이고 영원한 사랑이 어떤 것인지 분명히 보여주게 되었다는 뜻입니다.

예수님의 십자가를 생각할 때마다 참 이해하기 어려운 것이 있습니다. '어떻게 예수님은 예닐곱 시간 동안 필설로 다 할 수 없는 고통을 감수하면서도 비명 한마디 안 지르셨을까? 도대체 무엇이 그분이 비명을 지르지 못하도록 꽉 붙들고 있었을까? 어떻게 그처럼 죽음에 죽음을 거듭하는 고통을 당하면서도 정신을 놓지 않을 수 있었을까? 어떻게 그렇게 장시간 동안 몸이 부서져 내리는 통증을 느끼면서도 까무러치지 않고 견딜 수 있었을까?'

정말 이해하기 힘든 일이 아닙니까? 필리핀에 사는 어떤 사람은 예수님의 십자가 고난을 직접 체험해보겠다면서 자기 손에 못을 박았다고 합니다. 발에는 박지 않고 양손에만 박았는데 그는 못을 다 박기도 전에 그만 까무러쳤다고 합니다. 그런데 예수님은 마지막까지 정신이 흐려지지 않았을 뿐 아니라 비명 한마디 지르지 않으셨습니다. 고통을 안으로 흡수하면서 홀로 견디셨습니다.

예수님은 어떻게 그 모든 고통을 감내하셨을까요? 비결은 바로 사랑이었습니다. 사랑은 강합니다. 사랑이 없는 사람은 고통당할 때 비명을 지를 수 있지만, 사랑 때문에 고통당하는 사람은 비명을 지르지 않습니다. 사랑 없이 고통당하는 사람은 까무러칠 수 있지만, 사랑 때문에 고통당하는 사람은 까무러치지 않습니다. 그래서 어떤 학자는 이렇게 표현했습니다. "예수 그리스도를 십자가에 매달려 있게 한 것은 철못이 아니라 사랑이었다."

그렇습니다. 예수님은 십자가를 통해 하나님의 놀라운 사랑을 우리에게 알려주시는 데 성공하셨습니다. 그래서 "다 이루었다"라고 외치신 것입니다. 숨이 끊어지는 마당에도 '아, 이 죄인들이 하나님의 사랑을 알게 되었구나. 이들이 드디어 하나님의 사랑을 받을 수 있게 되었구나. 이 사랑 때문에 이들이 하나님 앞에 의인으로 인정받겠구나' 하는 생각으로 마음속에 기쁨이 샘솟은 것입니다.

우리 모두는 "다 이루었다"라고 하시는 승리의 외침 때문에 엄청난 은혜를 입은 자들입니다. 누가 당신을 정죄하겠습니까? 누가 당신을 대적하겠습니까? 누가 당신을 그리스도의 사랑에서 갈라놓을 수 있겠습니까? 누가 당신에게서 장차 주님과 함께 누릴 영광을 빼앗아갈 수 있겠습니까? 누가 당신의 입에서 그리스도의 찬송을 앗아갈 수 있겠습니까? 아무도 없습니다. 왜 그렇습니까? "다 이루었다"라는 이 외침으로 하늘에 있는 모든 복과 특권을 우리가 다 누릴 수 있기 때문입니다.

십자가를 바라봅시다. 십자가 앞으로 더 가까이 나아갑시다. 우리가 십자가로 가까이 나아가면 나아갈수록 "다 이루었다"라고 외치시는 주님의 음성이 더 분명하고 또렷하게 들릴 것입니다. 주님의 힘찬 외침에 우리의 소망이 있습니다. 그 외침에 우리의 환상이 있습니다. 그 외침에 넘어지는 자 같으나 일어서는 힘이 있습니다. 그 외침에 아무것도 가진 것이 없는 자 같으나 모든 것을 가진 자의 긍지와 만족이 있습니다.

날마다 "다 이루었다"라고 하신 주의 음성을 들으며 하루를 시작하고 하루를 마치십시오. 그 음성에 우리의 능력과 소망과 꿈이 있습니다.

# 61

## 예수님의 죽음과 장례

요한복음 19장 31-42절

31 이날은 준비일이라 유대인들은 그 안식일이 큰 날이므로 그 안식일에 시체들을 십자가에 두지 아니하려 하여 빌라도에게 그들의 다리를 꺾어 시체를 치워달라 하니 32 군인들이 가서 예수와 함께 못 박힌 첫째 사람과 또 그 다른 사람의 다리를 꺾고 33 예수께 이르러서는 이미 죽으신 것을 보고 다리를 꺾지 아니하고 34 그중 한 군인이 창으로 옆구리를 찌르니 곧 피와 물이 나오더라 35 이를 본 자가 증언하였으니 그 증언이 참이라 그가 자기의 말하는 것이 참인 줄 알고 너희로 믿게 하려 함이니라 36 이 일이 일어난 것은 그 뼈가 하나도 꺾이지 아니하리라 한 성경을 응하게 하려 함이라 37 또 다른 성경에 그들이 그 찌른 자를 보리라 하였느니라 38 아리마대 사람 요셉은 예수의 제자이나 유대인이 두려워 그것을 숨기더니 이 일 후에 빌라도에게 예수의 시체를 가져가기를 구하매 빌라도가 허락하는지라 이에 가서 예수의 시체를 가져가니라 39 일찍이 예수께 밤에 찾아왔던 니고데모도 몰약과 침향 섞은 것을 백 리트라쯤 가지고 온지라 40 이에 예수의 시체를 가져다가 유대인의 장례법대로 그 향품과 함께 세마포로 쌌더라 41 예수께서 십자가에 못 박히신 곳에 동산이 있고 동산 안에 아직 사람을 장사한 일이 없는 새 무덤이 있는지라 42 이날은 유대인의 준비일이요 또 무덤이 가까운 고로 예수를 거기 두니라

영국의 유명 신학자 마이클 그린이 쓴 글을 흥미롭게 읽은 적이 있습니다. 예수님의 죽음을 소크라테스의 죽음과 비교한 내용입니다. 고대 그리스의 철학자 소크라테스는 예수님보다 400여 년 전에 부당한 판결을 받아 사약을 마시고 죽었습니다.

예수님과 소크라테스는 몇 가지 유사한 점이 있습니다. 둘 다 사람들에게서 선한 사람이라 인정받았고, 둘 다 억울하게 죽었다는 점입니다. 또 둘 다 용기 있는 사람들이어서 자기 자신의 안위나 평안한 삶보다는 원칙을 중요하게 여기고 그것 때문에 죽었습니다. 두 사람 모두 진리가 무엇인지 밝히고 전할 사명을 하나님으로부터 받았다고 믿었고, 사후에 영생이 있음을 믿었습니다. 그리고 두 사람 다 소수의 제자들을 가르쳤습니다.

그러나 예수님의 죽음과 소크라테스의 죽음에는 엄청난 차이가 있다고 마이클 그린 박사는 지적했습니다. 소크라테스는 70세에 죽었지만 예수님은 33세 젊은 나이로 세상을 떠나셨습니다. 소크라테스는 평소 자기는 진리를 알지 못한다는 말을 자주 했습니다. 그러나 예수님은 자신이 진리라고 분명히 가르치셨습니다. 소크라테스가 자기를 신의 사자라고 주장한 것에 반해 예수님은 자기를 하나님의 아들이라고 주장하셨습니다. 소크라테스는 죽을 때 독약을 마셨기 때문에 몸이 서서히 마비되어 죽어갔지만 예수님은 십자가에 못 박혀 극심한 고통 중에 죽어갔습니다. 소크라테스는 죽음을 육체라는 감옥에서 해방시키는 친구로 해석했으나 예수님은 죽음이란 반드시 정복해야 할 원수로 보셨고, 그로부터 인류를 구원해야 한다고 분명히 말씀하셨습니다. 소크라테스는 자신이 세운 원칙을 지키기 위해 죽었지만, 예수님은 죄인들을 위해 죽으셨습니다. 소크라테스는 죄를 가진 인간이었습니다. 그러나 예수님은 죄가 없는 하나님의 아들로서 죽으셨습니다. 소크라테스는 이 세상 모든 사람이 죽으면 영생한다고 가르쳤지만, 예수님은 구원받지 못한 사람은 반드시 멸망한다고 가르치셨습니다. 소크라테스의 죽음은 자기를 구원하지 못했고 이 세상 어느 누구를 구원하는 데도 공헌하지 못했지만, 예수님의 십자가는 이 세상 죄인을 구원해 하나님 나라로 인도하는 능력이 되었습니다.

그러므로 비록 세계 역사는 소크라테스의 죽음을 예수님의 죽음에 버금가는 사건으로 평가할지 모르지만, 하나님의 말씀을 놓고 보면 두 사람의 죽음은 본질적으로 다릅니다. 소크라테스의 죽음은 어디까지나 한 개인의 죽음으로서 선한 죽음이요, 감동을 주는 죽음에 지나지 않지만 예수 그리스도의 죽음은 세상을 구원하기 위한, 죄 없는 하나님 아들의 죽음이기 때문입니다. 예수님의 죽음은 인간의 어떠한 이론으로도 설명할 수 없고, 증명할 수 없는 깊은 진리를 담은 유일한 죽음, 오직 하나밖에 없는 하나님 아들의 죽음임을 우리는 분명히 믿습니다.

## 마비된 양심, 거짓된 위선

예수님이 운명하시던 날은 금요일이었습니다. 금요일은 유대 사람들이 안식일을 예비하는 날입니다. 그들은 토요일 안식일을 잘 지키기 위해서 금요일부터 부지런히 준비했습니다. 특별히 유월절이 낀 금요일은 대단히 중요한 의미가 있는 거룩한 날로 여겼습니다. 그런데 예수님이 금요일에 세상을 떠나셨기 때문에 대제사장들은 예수님을 나무에 달아놓은 채 안식일을 지킬 수 없다고 판단했습니다. 안식일을 거룩하게 지키려면 나무에 달린 시체를 끌어내려 장사를 해야 했습니다.

그러나 예수님과 두 강도가 십자가에 못 박혀 있던 시간은 사람의 목숨이 완전히 끊어지기에는 너무나 짧았습니다. 보통 십자가에 못 박히면 길게는 일주일까지 숨이 붙어 있다고 합니다. 어떤 기록에 따르면 보름 동안이나 생명을 유지한 사람도 있었다고 합니다. 십자가에 못 박히면 피가 한꺼번에 쏟아지는 것이 아니고, 서서히 한 방울씩 떨어지기 때문에 인간으로서는 상상을 초월한 고통을 당하며 여러 날 동안 지옥의 저주를 맛보아야 한다고 합니다. 예수님과 두 강도는 십자가에 못 박힌 지 불과 대여섯 시간밖에 지나지 않았기 때문에 죽을 때까지 기다리려면 안식일에 사람을 나무에 매달아놓는 일이 벌어질 상황이었습니다. 이것을 피하려고 대제사장과 그 추종자들은 빌라도에게 찾아가서는 군사들을 보내 다리를 꺾어 빨리 죽여달라고 요청했습니다.

왜 다리를 꺾어달라고 요청했을까요? 십자가에 못 박힌 죄수는 다리에 힘을 주고 몸을 일으키면서 가슴을 펴고 호흡을 합니다. 그러면 못 박힌 발의 통증 때문에 이내 다시 온몸이 밑으로 축 처집니다. 다시 말해 순전히 다리 힘으로 호흡하면서 생명을 연장하는 것입니다. 그러므로 다리를 부러뜨리면 죄수는 더 이상 호흡을 할 수 없어 곧 죽고 맙니다.

신명기 21장 23절에 이런 말씀이 있습니다. "그 시체를 나무 위에 밤새도록 두지 말고 그날에 장사하여 네 하나님 여호와께서 네게 기업으로 주시는 땅을 더럽히지 말라 나무에 달린 자는 하나님께 저주를 받았음이니라." 그래서 유대 지도자들은 다리를 꺾어서라도 빨리 죽여 장사하기를 원했던 것입니다. 로마식대로 한다면 십자가에 못 박아 죽인 사람은 장사하지 않습니다. 십자가 위에 그대로 내버려두어 부패하게 하든지, 십자가에서 끌어내린 뒤 땅바닥에 던져 새나 짐승이 뜯어 먹게 합니다. 절대 장사하는 법이 없습니다. 그래서 대제사장들에게는 더욱 빨리 장사해야 한다는 조급함이 생겼고, 급기야 빌라도에게 달려가 그러한 요청을 한 것입니다.

그들은 "죽은 양심에는 종교적인 망설임이 살아 있을 수 있다"라는 스펄전의 말을 입증해주었습니다. 양심이 마비되어서 하나님의 아들을 눈 하나 깜짝하지 않고 십자가에 못 박은 그들이었지만, 형식적인 종교 행위, 전통적인 의식 따위는 유독 철저하게 지키려는 위선자들이었습니다.

종교 지도자들의 이러한 위선은 오늘날도 크게 다르지 않습니다. 목사를 비롯해 교회 지도자들, 예수 믿는 사람들 중에는 거짓말 잘하고, 남을 미워하며 못살게 구는 일에 양심의 가책을 느끼지 못하면서도, '고난주간을 잘 지켜야 한다. 고난주간 금요일 저녁에는 반드시 철야를 해야 한다. 예수님의 죽음을 기념하기 위해 금식을 해야 한다'는 등의 형식적인 일에는 유달리 법석을 떨며 강조하는 사람들이 있습니다. 참으로 가슴 아프고 답답한 이야기가 아닐 수 없습니다. 안식일은 지키지 못해도 의로우신 예수 그리스도를 십자가에 못 박지 않는 것이 훨씬 더 하나님을 기쁘게 하는 일이었습니다. 그러나 그들은 거꾸로 행동했습니다.

## 신비한 구약 예언의 성취

유대인들의 요청을 받고 빌라도는 군인들을 보내 죄수들의 다리를 꺾게 했습니다. 그들이 와서 보니 예수님의 좌우편에 있는 강도들은 아직 죽지 않고 살아 있었습니다. 그래서 다리를 꺾었습니다. 예수님은 움직임이 전혀 없었습니다. 그런데 그 순간, 군인들은 아무 생각 없이 아주 엉뚱한 두 가지 행동을 했습니다. 예수님이 이미 죽었다고 해도 다리를 꺾으라는 명령을 받은 이상 예수님의 다리를 꺾었어야 마땅합니다. 하지만 그들은 그렇게 하지 않았습니다. 그리고 그들 중 하나가 창으로 예수님의 옆구리를 찔렀습니다. 이런 일련의 행동들은 누가 시킨 것이 아니라 군인들이 즉흥적으로 한 것입니다. 그런데 이렇게 생각 없이 한 행동이 예수님의 죽음에 대한 구약 선지자들의 예언이 성취되게 하는 기막힌 결과를 가져왔습니다.

시편 34편 20절을 보면 예수님이 죽으실 때 그 모든 뼈를 하나님이 보호해주신다고 나와 있습니다. 하나님의 아들 예수 그리스도가 세상 죄를 짊어지고 십자가에서 죽으실 것을 예언한 구약성경은 그가 비록 죽을지라도 뼈는 하나도 꺾이지 않고 고스란히 보호받을 것이라 예언했고, 실제로 그렇게 되었습니다. 민수기 9장 12절을 보면 유대 사람들은 유월절 명절 때 어린양을 잡아 자기 대신 피를 흘리게 하고 그 고기를 먹었습니다. 그런데 그때 절대로 뼈를 꺾어서는 안 된다고 말합니다. 뼈가 있는 그대로 놓고 살만 뜯어 먹어야 합니다. 즉, 유월절 어린양은 뼈를 꺾으면 안 됩니다. 하나님의 명령이기 때문입니다.

예수 그리스도는 유월절 어린양이었습니다. 세상 죄를 짊어지고 가는 어린양이었습니다. 그러므로 십자가에 못 박혔으나 그의 뼈는 꺾이지 않아야만 성경에서 예언한 그대로 죽으시는 것입니다. 그런데 성경을 전혀 모르는 군인들에 의해 성경의 예언이 이루어졌다는 것은 놀라운 일이 아닐 수 없습니다.

게다가 옆구리를 찌른 것도 스가랴 12장 10절에 있는 말씀을 성취시킨 놀라운 행동이었습니다. 스가랴 선지자는 메시아를 찌른 자들이 그를 볼 것이라고 예언했습니다. 그 말은 예수님이 부활하신 다음에 예수님을 찌른 죄인들이 예수님을 볼 것이라는 뜻입니다. 이 예언대로 로마 군인은 예수님의 옆구리를 찔렀습니다. 구약에 있는 예수 그리스도의 죽음에 관한 모든 예언들이 이렇게 성경을 아무것도 모르는 군인들의 생각 없는 행동으로 하나하나 성취되는 것을 보면 신비감마저 듭니다.

### 확실히 죽으셨다

군인들이 예수님의 허리를 창으로 찌르자 거기에서 피와 물이 쏟아져내렸습니다. 물과 피가 따로따로 쏟아졌던 것입니다. 이것은 무엇을 의미합니까? 피는 속죄를 가리키는 것으로, 우리를 의롭다 하시는 하나님이 우리 죄를 속죄하시는 수단이 됩니다. 한편 물은 더러운 것을 씻는 성결의 수단입니다. 그러므로 예수님께서 흘리신 물과 피는 우리를 용서하시는 피와 우리를 씻는 물을 상징합니다. 이것이 예수님의 죽음이 갖는 의미입니다.

스가랴 13장 1절을 보십시오. "그날에 죄와 더러움을 씻는 샘이 다윗의 족속과 예루살렘 주민을 위하여 열리리라." 여기서 말하는 죄와 더러움을 씻는 샘이 어디서 열렸습니까? 예수님이 골고다 십자가에서 죽으신 그날 열렸습니다. 그 샘에서 나오는 피와 물이 모든 인류의 죄를 씻고, 더러움을 씻어 하나님 앞에 거룩한 백성이 되게 하셨습니다.

요한은 예수님이 피와 물을 쏟으셨음을 증언합니다. 그 배후에는 더 중요한 이유가 있습니다. 예수님이 확실히 죽으셨음을 증거 하기 위해서입니다. 예수님이 확실히 죽으셨다는 사실은 큰 의미가 있습니다. 예수님이 죽었으면 죽었지 굳이 확실히 죽었다고 증명해야 할 필요가 있느냐고 따질지 모르지만, 요한이 복음서를 기록할 당시 상황을 살펴보면 이해할 수 있습니다.

당시에는 영지주의와 같은 이단의 무리가 예수 믿는 사람들을 미혹했습니다. 그들은 예수님이 실제 몸을 가지신 분이 아니라 가상의 육체를 가지고 세상에 오셨기 때문에 십자가에서 죽으신 것도 죽은 것처럼 보이는 가상현상에 지나지 않는다고 가르쳤습니다. 그들은 예수님이 하나님이라면 하나님이 어떻게 죽을 수 있느냐고 했습니다. 그런 유혹에 넘어가는 사람들이 교회 안에 더러 있었기 때문에 사도 요한은 요한복음을 기록하면서 특별히 예수님은 우리와 똑같은 몸을 가지셨으며, 우리와 똑같이 피와 물을 쏟으면서 확실히 죽으셨음을 증명하는 것입니다.

> 이를 본 자가 증언하였으니 그 증언이 참이라 그가 자기의 말하는 것이 참인 줄 알고 너희로 믿게 하려 함이니라(35절).

바꾸어 말하면 예수님이 십자가에서 육신의 몸을 입고 죽으셨고, 그분의 몸에서 피는 피대로 흐르고 물은 물대로 흐르는 모습을 실제로 보았던 자기가 그것을 증언한다는 뜻입니다. 요한은 '증언한다'는 말을 요한복음에서 마흔일곱 번이나 사용합니다. "내가 눈으로 확실히 보고 이야기한다. 여기에는 조금도 보탤 것도 없고 뺄 것도 없다. 사실 그대로 내가 너희에게 전하노라. 그러므로 내가 전하는 예수님의 죽음을 너희들이 그대로 믿으면 구원을 얻을 것이고, 믿지 않으면 멸망할 것이다."

예수님은 육신을 입고 세상에 오셨으며, 우리와 똑같은 몸을 가지고 십자가에 못 박히셨습니다. 그리고 분명히 죽으셨습니다. 죽지 않은 몸에서는 물은 물대로, 피는 피대로 나뉘어 흘러내리는 법이 없다고 합니다. 죽은 지 얼마 지나지 않으면 몸 안에서 이러한 분리 현상이 일어납니다. 그러므로 물은 물대로, 피는 피대로 쏟으신 예수님은 분명히 죽으셨습니다.

예수님은 우리 죄를 짊어지시고 우리를 대신해서 하나님 앞에 거룩한 제물로 자기 자신을 드렸습니다. 예수님의 십자가를 이해해보려고, 그 십자가의 은혜를 느껴보려고 아무리 몸부림쳐도 성령께서 우리의 마음과 영혼을 이끌어 십자가 앞으로 가까이 나아가게 하기 전까지는 불가능한 일입니다.

그런데 오늘 한국교회는 불행하게도 이 십자가의 감격이 메말라 있는 것 같습니다. 우리는 슬프거나 우울한 이야기를 별로 좋아하지 않습니다. 어떻게 생각하면 굉장히 잔인하고 소름끼치기까지 한 십자가 이야기를 사람들이 가급적 피하려는 것은 당연한 일인지도 모릅니다. 그래서 사람들은 무거운 이야기인 십자가보다는 언제 들어도 기쁘고 영광스러운 부활 쪽으로 더 마음을 많이 쓰려고 애를 씁니다. 그러나 그렇게 해서는 깊이 있는 신앙을 가질 수 없습니다. 한쪽으로만 치우친 복음에는 깊이가 없습니다. 복음의 깊이는 십자가에서부터 출발해야 하는데, 십자가는 적당히 덮어두고 자꾸 부활 등의 좋은 이야기만 하려고 하니 오늘날 교회가 복음의 깊이를 점점 더 잃어버리는 것입니다.

나 같은 죄인을 위해 하나님의 아들이 십자가에서 가장 비참하게 죽으시면서도 원망 한마디 하지 않으셨습니다. 금방이라도 십자가에서 뛰어내릴 수 있는 능력과 권세를 가지고 계셨음에도 우리의 죄 짐을 다 담당하기 위해 끝까지 참으셨으며, 결국에는 자기 생명까지 송두리째 제물로 드리신 주님의 그 놀라우신 사랑과 은혜를 성령께서 우리 마음속에 가득 담아주시길 소원합니다. 그래야 우리 믿음에 깊이가 생깁니다. 신앙생활의 높은 차원을 바라보고 전진할 수 있는 기초를 마련할 수 있습니다. 그러나 십자가의 은혜를 잘 모르는 사람은 기초가 약하기 때문에 신앙이 쉽게 병들고 때로는 탈선하기까지 할 수 있습니다. 예수 그리스도의 십자가 죽음, 나를 대신한 죽음을 조용히 묵상하면서 당신의 마음에 하나님의 은혜가 임하기를 바랍니다.

### 요셉과 니고데모를 통한
### 하나님의 섭리

본문 38절 이하에 예수님의 장례 내용이 기록되어 있습니다. 예수님이 십자가에서 운명하신 후에 치러야 할 장례를 위해 하나님이 예비해놓으신 두 사람이 있었습니다. 한 사람은 아리마대 출신 요셉이고, 다른 한 사람은 니고데모였습니다. 두 사람 다 유대 사회에서는 대단히 지위가 높은 지도자급에 속한 사람들이었습니다.

요셉에게는 복음서마다 예수님의 제자라는 이름을 붙이고 있습니다. 이것은 그가 예수님에게서 상당히 많은 영향을 받았던 유대 고위층 가운데 하나였음을 암시합니다. 그러나 평소에는 자기 신분을 드러내지 않고 숨어 있는 제자였습니다. 소위 '몰래 신자'입니다. 마태복음에서는 요셉을 부자라고 했고, 마가복음에서는 존귀한 공회원, 즉 예수님을 재판했던 산헤드린 공회원 가운데 한 사람이라고 말했습니다. 산헤드린 공회원이라면 유대에서 71명밖에 되지 않는 최고위급 귀족 그룹에 속합니다. 또한 하나님의 나라를 기다리는 사람들이기도 합니다.

누가복음에 등장하는 요셉은 선하고 의로운 사람입니다. 성경은 그를 예수님을 재판해서 십자가에 못 박아 죽이려고 모의하던 자기 동료들과는 뜻을 같이하지 않은 의로운 사람이라고 소개합니다. 이런 복음서의 증언들을 종합해보면 아리마대 요셉은 부자요, 공회원이요, 유대에서 상당한 영향력을 행사하는 관리였지만 하나님을 두려워하는 사람이었고, 예수님을 통해 은혜를 받은 사람이었으며, 또한 선과 악이 무엇인가를 분명히 분별할 줄 아는 양심을 가진 사람이었음을 알 수 있습니다. 또한 예수님을 십자가형에 처하려는 유대 지도자들이 잘못되었음을 알고 거기에 가담하지 않은 독특한 사람이었습니다.

마가복음에 의하면 요셉은 예수님이 십자가에서 운명하시는 것을 보자마자 당돌하게도 빌라도에게 가서 시체를 달라고 요청했습니다. 당시에 이와 같이 행동하기란 절대 쉽지 않았을 것입니다. 더욱이 산헤드린 공회원 가운데 한 사람으로서 예수의 시체를 달라고 하고, 장사 지낼 허가서까지 요청하는 일은 어떤 면에서 자살 행위나 다름없을 정도로 위험한 태도였습니다. 그러나 요셉은 자기 운명이 앞으로 어떻게 될지를 생각할 겨를도 없이 예수님을 장사하기 위해 허가를 받아냈고, 언제 준비했는지 모르지만 새 무덤을 마련했다가 예수님을 거기에 장례했습니다.

니고데모는 우리가 잘 아는 대로 어느 날 저녁에 예수님을 찾아와서 중생에 관한 이야기를 듣고 간 사람입니다. 우리는 그가 예수님을 만나고 나서는 별 볼 일 없이 사라진 줄 알았는데 나중에 가끔씩 이름이 등장하면서 예수님 편을 듭니다. 그날 밤 그는 예수님에게서 무엇인가 깊은 감동을 받고 돌아간 것이 틀림없습니다. 금방 드러나지는 않았지만 서서히 그의 영혼이 중생받은 자리로 나아가고 있었음을 짐작할 수 있습니다.

예수님이 십자가에 돌아가시던 그날도 그는 향료를 백 근이나 가지고 왔다고 합니다. 유대 사람들이 장례를 치를 때는 특별히 몸 전체를 싸기 위해 향료를 많이 사용했습니다. 여기서 백 근이라 함은 정확히 이야기해서 100리트라입니다. '리트라'는 향료를 다는 단위로, 1리트라는 오늘날의 단위로 말하면 대략 320그램 정도입니다. 따라서 100리트라는 약 32킬로그램입니다. 그러므로 니고데모는 예수님의 장례를 치르기 위해서 어른 몸무게의 절반에 가까운 엄청난 양의 향료를 가지고 온 것입니다.

니고데모가 그 많은 양의 향료를 짧은 시간 안에 준비했던 것도 기적이고, 요셉이 한 번도 사람을 묻지 않은 새 무덤을 십자가가 있던 골고다 주변에 갖고 있었던 것도 기적이라고 생각합니다.

아마도 요셉과 니고데모가 서로 협의해 비밀리에 준비하고 있었던 듯 보입니다. 그들은 예수님이 십자가에서 운명하실 시간이 점점 가까워오자 서둘러서 모든 것을 준비했습니다. 이는 하나님의 섭리가 배후에서 역사했음을 증명해줍니다. 요셉 덕분에 예수님은 부자가 들어갈 무덤에 장사되셨습니다. 이는 또한 이사야 53장 9절의 예언이 성취되는 것을 의미합니다. "그의 무덤이 악인들과 함께 있었으며 그가 죽은 후에 부자와 함께 있었도다." 이 말은 예수님이 누우실 무덤은 한 부자가 자기를 위해서 파놓았다는 뜻입니다. 이사야는 그 부자의 무덤에 예수님이 장례될 것이라고 600여 년 전에 이미 예언했는데, 그 예언대로 부자 요셉이 새 무덤을 파두었다가 예수님을 거기에 장사 지냈습니다. 비록 본인이 눕기 위해 파놓았는지, 아니면 가족 중에 누구를 묻으려고 했는지, 혹은 자기 가족 전체를 위해서 파놓은 무덤인지는 모르지만 말입니다.

그러나 니고데모와 요셉 두 사람에게 좋은 인상만 가질 수 없는 것 또한 사실입니다. 요한복음 12장 42절을 보십시오.

> 그러나 관리 중에도 그를 믿는 자가 많되 바리새인들 때문에 드러나게 말하지 못하니 이는 출교를 당할까 두려워함이라.

본문에 나오는 '관리'는 요셉이나 니고데모와 같이 유대에서 아주 높은 신분을 가진 사람들을 말합니다. 관리 중에도 예수를 믿는 자가 많이 있었지만 바리새인들 때문에 드러나게 믿는다고 말하지 못했던 이유는 출교당할까 두려워서라고 했습니다. 출교는 유대 사회에서 완전히 축출되는 것으로, 일종의 사형선고나 마찬가지입니다. 이것이 두려워 예수님의 제자라고 말하지 못한 것입니다. 이와 같이 약간 비겁하게 보이는 사람들 가운데 니고데모와 아리마대 요셉이 속해 있습니다. 요한복음 12장 43절은 그들의 태도를 두고 무엇이라고 해석했습니까?

> 그들은 사람의 영광을 하나님의 영광보다 더 사랑하였더라.

현재 차지한 지위를 잃지 않기 위해, 누리고 있던 부를 빼앗기지 않기 위해, 고난을 당하지 않기 위해 믿는다는 사실을 숨겼습니다. 속으로만 믿고 겉으로는 안 믿는 체하며 살았으니 자기 영광을 하나님의 영광보다 더 앞세웠다는 이야기입니다. 그러므로 이런 사람들에게 좋은 인상을 가질 수 없는 것은 당연합니다. 심하게 말하면 그들은 거짓 신자일 수 있습니다.

우리는 니고데모나 아리마대 요셉도 바로 그런 사람들이라는 인상을 갖고 있었습니다. 그런데 보십시오. 예수님의 제자들마저 다 도망가고 몸을 사리고 있던 아주 위험한 때에, 십자가에 처형당하는 예수 편에 섰다가는 그야말로 신세 망치기 딱 좋은 때에, 아리마대 요셉과 니고데모는 자기 신분을 노출시켰습니다. 정말 용기 있는 믿음이 아닐 수 없습니다.

그들은 믿음으로 행동하는 모습을 보여주었습니다. '나는 망해도 좋다. 더 이상 자신을 숨기고 지낼 수 없다. 내 믿음을 더 이상 감출 수 없다. 나는 십자가에서 처형당하신 예수님을 믿는다. 나는 그의 제자다.' 그러므로 예수님을 위해 향료를 가지고 왔고, 무덤을 준비했고, 모든 사람이 보는 앞에서 예수님을 장사 지냈습니다. 이 정도면 순교를 각오한 행동이 아니겠습니까?

추측하건대 니고데모나 아리마대 요셉이 자신들의 정체를 노출시킨 그날 이후 그들의 운명은 많이 바뀌었을 것입니다. 동료 공회원들이 가만히 두었겠습니까? 공회원의 신분으로 빌라도의 권한을 빌어 공회에서 재판을 통해 처형한 유대의 원수를 장사 지내고 그의 제자처럼 행동했으니, 두 사람의 앞날이 평탄했을 리가 없습니다. 그러므로 그들은 틀림없이 십자가를 지고 예수님의 뒤를 따라가는 사람들이 되었으리라 생각합니다.

### 차라리 둘째 아들과 같은 믿음을

예수님의 비유 가운데 두 아들 비유가 있습니다(마 21:28 이하). 큰아들에게 포도원에 들어가라고 말했더니 "예" 하고 대답하고는 가기 싫어서 안 갔습니다. 그런데 둘째 아들은 포도원에 들어가라는 말을 듣고 처음에는 못 가겠다고 하더니 나중에는 포도원에 들어갔습니다. 예수님께서 어느 쪽이 더 선하다고 하셨습니까? 둘째 아들입니다. 니고데모나 아리마대 요셉이 둘째 아들과 비슷하다고 생각합니다. 처음에는 미지근하고 믿음도 없고 기회주의자이며, 어떤 면에서는 구원도 못 받은 사람처럼 보였지만, 나중에는 "가겠습니다" 하고 행동에 옮기는 사람이 되었습니다.

우리 믿음이 차라리 이런 사람들처럼 되면 좋겠습니다. 평안하고 좋을 때는 잘 믿는 것처럼 보이다가 위급할 때는 안 믿는 것처럼 숨는 사람보다는, 평안할 때 믿음이 있는지 없는지 구분이 잘 안 가다가도 정말로 예수님을 따라가야 할 때 앞장설 수 있는 사람, 이런 사람이 십자가를 아는 사람이 아니겠습니까? 이런 사람이 십자가의 은혜를 체험한 진짜 하나님의 자녀입니다.

예수님은 결국 장사되었습니다. 그분의 죽음을 우리는 이렇게 말할 수 있습니다. "예수님은 성경의 예언대로 죽으셨습니다. 예수님은 하나님의 뜻에 순종하여 죽으셨습니다. 예수님은 모든 죄인을 대신하여 죽으셨습니다. 예수님은 세상에 내리시는 하나님의 심판을 자신이 대신 받으면서 죽으셨습니다. 예수님은 하나님이 원하시는 진정한 희생제물로 자기를 바치면서 죽으셨습니다. 예수님은 세상의 죗값을 다 치르면서 죽으셨습니다."

그러므로 이제 우리에게는 주님을 찬양하고 감사하는 일만 남았습니다. 그리고 십자가를 자랑해야 합니다. 주님이 지라고 하시면 어떤 십자가라도 지고 주님을 따르며 헌신해야 합니다. 다시 한번 십자가를 바라보며 주님 앞에서 결심합시다. "오, 주님이시여, 제가 주의 십자가로 인하여 하나님의 거룩한 자녀가 되었습니다. 주님의 그 죽으심으로 모든 죄를 용서받은 거룩한 주의 자녀가 되었습니다. 그러니 이제부터 이 십자가를 자랑하게 하옵소서. 이 십자가를 날마다 마음에 묵상하면서 감사하게 하옵소서. 이 십자가를 바라보면서 저도 십자가를 지고 주님을 따라가게 하옵소서."

이와 같은 결심과 다짐이 우리에게 있기를 바랍니다. 매번 그래왔던 것처럼 또 한 번 예수님의 고난을 생각하는 것이 아니라, 이 고난을 묵상함으로 우리 삶의 지표를 바로 정하고, 십자가의 은혜를 아는 사람답게, 그 은혜에 감격한 사람답게, 십자가를 통해서 쏟아지는 하나님의 사랑에 흠뻑 젖은 사람답게 살아야 합니다. 당신에게 이 같은 은혜가 있기를 바랍니다.

# 62

## 당신도 보고 믿을 수 있는 예수의 부활

요한복음 20장 1-18절

1 안식 후 첫날 일찍이 아직 어두울 때에 막달라 마리아가 무덤에 와서 돌이 무덤에서 옮겨진 것을 보고 2 시몬 베드로와 예수께서 사랑하시던 그 다른 제자에게 달려가서 말하되 사람들이 주님을 무덤에서 가져다가 어디 두었는지 우리가 알지 못하겠다 하니 3 베드로와 그 다른 제자가 나가서 무덤으로 갈새 4 둘이 같이 달음질하더니 그 다른 제자가 베드로보다 더 빨리 달려가서 먼저 무덤에 이르러 5 구부려 세마포 놓인 것을 보았으나 들어가지는 아니하였더니 6 시몬 베드로는 따라와서 무덤에 들어가보니 세마포가 놓였고 7 또 머리를 쌌던 수건은 세마포와 함께 놓이지 않고 딴 곳에 쌌던 대로 놓여 있더라 8 그때에야 무덤에 먼저 갔던 그 다른 제자도 들어가보고 믿더라 9 (그들은 성경에 그가 죽은 자 가운데서 다시 살아나야 하리라 하신 말씀을 아직 알지 못하더라) 10 이에 두 제자가 자기들의 집으로 돌아가니라 11 마리아는 무덤 밖에 서서 울고 있더니 울면서 구부려 무덤 안을 들여다보니 12 흰옷 입은 두 천사가 예수의 시체 뉘었던 곳에 하나는 머리 편에, 하나는 발 편에 앉았더라 13 천사들이 이르되 여자여 어찌하여 우느냐 이르되 사람들이 내 주님을 옮겨다가 어디 두었는지 내가 알지 못함이니이다 14 이 말을 하고 뒤로 돌이켜 예수께서 서 계신 것을 보았으나 예수이신 줄은 알지 못하더라 15 예수께서 이르시되 여자여 어찌하여 울며 누구를 찾느냐 하시니 마리아는 그가 동산지기인 줄 알고 이르되 주여 당신이 옮겼거든 어디 두었는지 내게 이르소서 그리하면 내가 가져가리이다 16 예수께서 마리아야 하시거늘 마리아가 돌이켜 히브리 말로 랍오니 하니 (이는 선생님이라는 말이라) 17 예수께서 이르시되 나를 붙들지 말라 내가 아직 아버지께로 올라가지 아니하였노라 너는 내 형제들에게 가서 이르되 내가 내 아버지 곧 너희 아버지, 내 하나님 곧 너희 하나님께로 올라간다 하라 하시니 18 막달라 마리아가 가서 제자들에게 내가 주를 보았다 하고 또 주께서 자기에게 이렇게 말씀하셨다 이르니라

약 150년 전부터 수많은 석학들과 신학자들이 예수 그리스도의 부활을 부정하면서 그 사실을 뒤집어보려고 집요하게 노력해왔습니다. 이들의 도전이 너무나 거센 데다 그들의 연구가 과학적이고 학문적인 틀 안에서 진행되었기 때문에 많은 교회들이 그들의 꼬임에 넘어가 예수님의 부활을 부정해버렸습니다. 결국 많은 신학교가 부활을 단지 실존적으로만 해석하는 자유주의에 빠져버렸습니다. 그래서 한동안 기독교가 굉장한 위기를 겪었습니다.

감사하게도 하나님께서는 무서운 사탄의 권세를 능력으로 짓밟으셨습니다. 오늘날 지구상에는 예수 부활을 선포하고 믿으며 감사하는 거룩한 성도들이 구름 떼처럼 많이 일어나고 있습니다.

예수님의 부활을 부정하고 조작극이라 고집하는 사람들의 이야기를 들으면 참으로 답답합니다. 머리 좋기로 유명하고 소위 철저하게 과학적이라는 사람들이 어떻게 그런 얼토당토않은 이야기를 하면서 조금도 부끄러운 줄을 모르는지 답답하기만 합니다. 예를 하나 들어보겠습니다. 그들은 어떻게 예수님의 부활 소식이 퍼졌는지를 두고 다음과 같이 설명합니다.

"약간 히스테릭하면서 다혈질적인 성격의 막달라 마리아는 예수가 처형당하는 것을 보고 절망에 빠져 있다가 안식일 다음 날에 시체라도 보고 싶어서 무덤으로 달려갔다. 그런데 예수가 묻힌 무덤을 아무리 찾아도 발견할 수가 없었다. 날은 아직도 어두운데 며칠째 잠을 자지 못한 이 여자는 정신이 오락가락하면서 한참 헤매고 다니다가 어떤 남자를 만났다. 마리아는 그에게 예수를 묻은 무덤이 어디 있느냐고 물었고 그가 가르쳐주는 곳으로 가서 찾아보았지만 시체는 보이지 않고 빈 무덤만 덩그러니 남아 있는 것을 발견했다. 결국 시체를 찾지 못한 마리아는 절망하고 집에 내려와서 혼자 곰곰이 생각하다가 예수가 부활한 것이 틀림없다는 확신에 사로잡힌다. 이처럼 가벼운 정신착란 증세를 보인 마리아는 그만 자기도 모르게 예수가 부활했다는 말을 퍼뜨리기 시작한다. 그렇게 해서 예수가 부활했다는 기독교 신앙이 생겨났다."

또 어떤 사람은 이렇게 설명하기도 합니다. "이스라엘의 꿈이요 소망이라고 믿었던 예수가 십자가에서 맥없이 처형당해 처참하게 죽는 모습을 본 제자들은 집으로 돌아와 밤낮으로 울며 탄식했다. 그들은 스승이 무척이나 보고 싶었는데 이제 더 이상 그럴 수 없게 되어 온 세상이 무너져 내리는 것 같은 절망에 잠겼다. 어느 정도 진정이 되자 예수를 그리워하던 그들의 간절함은 예수가 영원히 사라졌다는 사실을 받아들이기를 거부했다. 그러다가 그들은 예수가 비록 십자가에서 처형당했지만 정신적으로는 아직도 그들 곁에 살아 있다고 생각하기에 이르렀으며, 나중에는 그것을 말로 옮겨서 예수가 실제로는 부활하지 않았지만 부활한 것처럼 믿도록 하는 기독교 신앙이 생겨났다."

그런데 예수 부활을 별로 달갑게 여기지 않던 유대인 학자 요셉

클라우스너가 이런 말을 했습니다. "그러한 논리로 예수 부활을 부정하는 일은 불가능하다. 어떻게 미친 여자가 정신착란으로 만들어낸 말 한마디에 넘어가서, 어떻게 스승을 그리워하던 제자들이 착각을 일으켜 예수가 살아난 것처럼 조작한 이야기에 속아서 1,900년이 넘는 세월 동안 수백만 수천만 수억의 사람들이 예수가 부활했음을 믿을 수 있었겠는가? 어떻게 정신 나간 사람들의 소문에 뿌리를 두고 기독교가 종교로 인정받을 수 있었겠는가? 그러므로 예수의 부활을 부정하면서 만들어낸 이야기는 예수가 부활했다는 이야기보다 더 믿을 수 없다."

아마 이 글을 읽는 당신도 같은 생각이리라 믿습니다. 더욱이 예수님의 열두 제자는 주후 70년경에 사도 요한을 빼놓고는 다 세상을 떠났습니다. 그들은 비참하게 순교했습니다. 어떤 사람은 십자가에 못 박혀 죽고 어떤 사람은 짐승에게 찢겨 죽고 어떤 사람은 화형을 당해 죽었습니다. 그들이 죽은 이유는 한결같이 예수님이 십자가에 못 박혔다가 사흘 만에 부활하셨다는 사실을 전했기 때문입니다. 그러면 정신이 혼미할 때 예수님이 부활했다고 착각한 것 때문에 그들이 목숨을 걸었다고 말할 수 있을까요? 누가 그런 거짓말, 그런 착각 때문에 자기 생명을 걸겠습니까?

예수님의 부활은 기독교의 핵심이 되는 진리입니다. 부활이 거짓이면 기독교도 거짓입니다. 부활이 진실이면 기독교의 진리도 진실입니다. 부활이 사실이기에 우리의 믿음이 약속 있는 것이며 복된 것이지, 만약 부활이 거짓이라면 우리의 믿음도 헛것이고 세상에서 예수 믿는 사람만큼 불쌍한 사람도 없을 것입니다. 그러므로 신앙생활을 똑바로 하려면 예수님이 부활하셨다는 사실만큼은 굳게 믿어야 합니다. 또 이 부활을 믿음으로 하나님이 주시는 놀라운 복을 이 땅에서 누리고 사는 사람이 되어야 합니다.

부활을 흔들림 없이 믿으려면 세 가지 요건이 필요합니다. 첫째, 빈 무덤을 보아야 합니다. 무덤이 비어 있다는 것을 확인해야만 예수님의 부활을 말할 수 있습니다. 둘째, 살아나신 예수님을 보아야 합니다. 예수님이 살아났다면 분명히 볼 수 있어야 합니다. 셋째, 죽은 자가 살아났기 때문에 슬픔이 기쁨으로 변하는 체험을 해야 합니다. 그래야만 예수님을 모르는 자들에게 그분이 부활하셨다고 담대하게 외치면서 그들을 부활의 주님 앞으로 인도할 수 있습니다. 이 세 가지 요건을 갖추었는지 한번 살펴보기 바랍니다.

## 빈 무덤을 보아야

먼저 빈 무덤을 보아야 합니다. 예수님을 장사하던 그날은 유대인의 안식일 바로 전날이었습니다. 안식일을 더럽히지 않으려면 시체를 나무 위에 그대로 달아놓을 수 없었습니다. 해가 지면 안식일이 시작되기 때문에 빨리 시체를 내려 장례를 치러야 했습니다. 예수님이 운명하신 시간이 오후 3시였는데 아리마대 요셉이 빌라도에게 가서 예수님을 장례할 수 있도록 허락을 받아오기까지 또 한참의 시간이 지났습니다. 따라서 지금 굉장히 시간이 촉박한 상태입니다. 제대로 격식을 갖추어 장례를 치를 수조차 없었을 것입니다. 더욱이 예수님의 시체가 얼마나 참혹했을지는 충분히 짐작하고도 남습니다.

머리에는 가시관이 씌워져 있었고 손과 발은 못이 박혀서 찢겨 있습니다. 옆구리는 창에 찔려서 내장이 다 나와 있었는지도 모릅니다. 등은 매를 맞아서 살점이 제대로 붙어 있지 않았을 것입니다. 모든 면에서 일반적인 시체와는 달랐을 것입니다. 피투성이 온몸을 닦

아내고, 유대 사람들이 장례하듯이 니고데모가 가지고 온 백 근 정도의 향료를 수의 사이사이에 넣어 시체를 다 감으려면 상당한 시간이 필요했습니다. 그런데 지금 해가 지고 있었기 때문에 서둘러 대충 수의를 감아 무덤에 넣었을 것입니다.

예수님의 시신을 그렇게 대충 싸서 무덤에 넣는 것을 본 여인들 중에 마음이 너무나 아파서 잠을 잘 수 없는 사람들이 많았습니다. 비록 시신이지만 정성껏 모시고 싶은 마음이 간절했는데, 피도 제대로 닦지 못하고 수의도 제대로 입히지 못한 채 급하게 무덤에 넣는 모습을 보면서 그들은 아마도 이렇게 생각한 것 같습니다. '안식일이 지나면 향을 가지고 와서 다시 수습해야겠다.' 그러나 안식 후 첫날 이른 새벽에 그들을 기다리고 있었던 것은, 정성껏 모시고 싶었던 예수님의 시신이 사라져버린 빈 무덤뿐이었습니다.

### 다시 사신 예수님을 보아야

안식일 바로 다음 날 향을 준비해서 무덤을 찾은 여인을 향해 누군가가 "마리아야!" 하고 불렀습니다. 그는 음성을 듣고서야 예수님이 다시 살아나셔서 옆에 서 계신 것을 알았습니다. 그때 마리아가 어떻게 반응했을 것 같습니까? "예수님, 안녕하세요"라고 했을까요? 천만에요. 한번 상상해보십시오. 아무리 성격이 냉정하고 이성적인 여자라고 할지라도 그 순간만큼은 틀림없이 용수철이 튀어오르듯 "주여!" 하고 매달렸을 것입니다. 얼마나 반가웠겠습니까? 죽은 자가 살아났으니 말입니다. 그래서 예수님은 "나를 붙들지 말라"고 말씀하신 것으로 보입니다. 붙들지 말라는 말은 매달리지 말라는 말입니다. 주님께서 "나를 붙들지 말라 내가 아직 아버지께로 올라가지 아니하였노라" 하고 말씀하시자 마리아는 달려들려고 하다가 멈칫했습니다. 그러나 기쁘고 반가워서 눈물이 가득한 얼굴로 울다가 웃다가 하며 어찌할 줄 몰랐을 것입니다.

예수님이 살아나셨고 마리아는 지금 다시 사신 예수님을 보고 있습니다. 예수님이 붙들지 말라고 하신 말씀은 굉장히 해석하기 어렵습니다. 조금 지나면 다른 여자들이 예수님의 발을 붙잡고 경배를 하기 때문입니다(마 28:9). 어떤 사람은 붙잡도록 내버려두고, 어떤 사람에게는 붙들지 말라고 하시니 이해하기 어렵습니다. 예수님이 하나님 앞에 아직 가지 않았다고 하시는 말씀도 이해하기 어렵기는 마찬가지입니다.

> 예수께서 이르시되 나를 붙들지 말라 내가 아직 아버지께로 올라가지 아니하였노라…(17절).

이 말씀들은 이해할 수 없어 덮어두어야 할 진리로 남아 있습니다. 만약에 기를 쓰고 여기에 대한 해답을 꼭 얻으려 한다면 자칫 이단이 될 수도 있습니다. 하나님이 해석해주지 않으시고 알려주지 않으시면 그대로 덮어두는 것이 믿음입니다.

마리아는 예수님을 보았습니다. 다른 여자들도 예수님을 보았습니다. 베드로를 비롯한 열한 제자들도 보았습니다. 오백여 명의 거룩한 성도들이 예수님을 보았습니다. 끝까지 믿지 않던 친동생 야고보도 부활하신 예수님을 보았습니다. 주먹을 휘두르면서 반대하고 핍박하던 사울도 다메섹 도상에서 부활하신 예수님을 만났습니다. 어떤 제자는 예수님의 손을 만져보았고 옆구리에 손을 넣어보았습니다. 어떤 제자들은 바닷가에서 예수님과 함께 식사도 나누었습니다. 많은 제자들이 부활하신 예수님과 앉아서 40여 일 동안이나 하나님 나라에 관한 대화를 나누었습니다. 이들은 모두 예수님을 보았습니다. 지금도 예수님의 부활하심을 철저히 믿기 원하면 부활하신 예수님을 보아야 합니다.

### 본다는 것은 믿는다는 것

'본다'는 말을 제대로 이해해야 합니다. '본다'고 하면 대개 '두 눈'의 시력을 이용해 보는 것으로만 생각하는데, 이것은 지극히 낮은 수준의 이야기입니다. 성경에서 '본다'는 차원이 아주 높은 표현입니다. 예수님이 십자가에 못 박혀 돌아가시기 전에는 사람의 몸을 입고 계셨으니 누구나 다 볼 수 있었습니다. 옆집 김 씨도 볼 수 있었고 앞집 철이 엄마도 볼 수 있었고 심지어 길을 가는 강아지도 볼 수 있었습니다. 이처럼 시력을 가진 사람은 누구든지 예수님을 볼 수 있었습니다. 그러나 부활하신 예수님의 몸은 아무나 볼 수 있는 게 아니었습니다. 예수님이 자신을 나타내실 때만 볼 수 있었습니다. 예수님이 허락하시는 사람만 볼 수 있었습니다. 오백 명, 열한 명, 베드로, 야고보, 사울 등 예수님께서 눈을 열어주는 자만이 볼 수 있는 신령한 몸이었습니다. 그 몸을 볼 수 있는 시대에 우리가 살았다면 우리도 볼 수 있었을지 모릅니다.

예수님은 부활하신 후 승천하셨습니다. 승천이 무엇입니까? 이제는 제자들에게 40일 동안 나타나시던 모습으로도 다시는 나타나지 않으시리라 선언하는 것입니다. 주님은 하나님 나라에 오르시어 하나님 우편에 앉으셨기에 이제는 누구도 직접 눈으로 그분의 모습을 볼 수 없습니다. 언제까지 그렇습니까? 예수님이 재림하시는 그 날까지입니다.

그러므로 예수님이 승천하신 후에 예수님을 '본다'는 것은 다른 차원의 이야기임을 알아야 합니다. 예수님을 보았다는 소리를 하는 사람들이 있습니다. 어디서 보았느냐고 물으면 꿈에서 보았다고 합니다. 참으로 위험한 이야기입니다. 예수님의 형상을 꿈이나 환상으로 볼 수 있다고 착각하면 큰일 납니다.

그렇다면 오늘날 부활하신 예수님을 본다는 말은 무엇을 의미합니까? 믿음입니다. 믿는 것이 보는 것입니다. 더 분명하게는 "믿는 것은 보는 것보다 더 정확하다"라고 말할 수 있습니다. 우리는 부활하신 예수님이 성령을 통해서 날마다 우리와 함께 동행하신다고 믿습니다. 그래서 아침에 일어나면 예수님과 함께 대화를 나누고, 예수님 앞에 모든 계획을 아뢰며, 또 예수님의 말씀을 펴놓고 그분의 음성을 듣습니다. 이것이 바로 부활하신 예수님을 만나고 보는 것입니다. 영적으로 성령이 우리를 그렇게 만들고 계십니다. 그런 관계를 갖도록 성령이 지금도 우리와 함께 계시면서 역사합니다. 그러므로 누가 예수님의 부활을 흔들리지 않고 믿을 수 있습니까? 날마다 믿음의 눈을 가지고 살아 계신 예수님을 보는 사람들입니다. 이와 같은 은혜가 있기를 바랍니다.

### 눈물이 기쁨으로

셋째로, 부활의 신앙을 믿는 자는 눈물이 기쁨으로 바뀌는 체험을 합니다. 무덤을 찾아간 마리아는 눈물범벅이 되었지만 부활하신 예수님을 만나는 순간 그 눈물이 기쁨이 되고 춤이 되지 않습니까? 베드로와 요한은 두려움이 변하여 용기가 되는 경험을, 도마는 의심이 변하여 믿음이 되는 경험을 했습니다. 누구든지 예수 그리스도를 믿으면 이런 변화를 체험합니다. '내가 기쁠 것이다' 하고 기대하며 믿지 않습니다. 진짜 기쁩니다. '내게 두려움이 없을 것이다' 하고 기대하며 믿지 않습니다. 정말로 두려움이 사라집니다. 예수님의 부활을 믿는 자에게는 이와 같은 체험이 따라옵니다. 베드로전서 1장 8절을 보십시오. "예수를 너희가 보지 못하였으나 사랑하는도다 이제도 보지 못하나 믿고 말할 수 없는 영광스러운 즐거움으로 기뻐하니." 예수 그리스도가 부활하셨음을 믿음으로 고백하고, 부활하신 주님을 날마다 믿음의 눈으로 보면서 사는 사람들은 마음에서 기쁨이 늘 솟구칩니다. 생명의 환희가 넘칩니다.

예수님은 다시 살아나심으로 우리의 구원자가 되셨습니다. 예수님은 죄와 사망을 이기고 부활하심으로 하늘과 땅의 권세를 가지신 만물의 왕, 만유의 주가 되셨습니다. 이 예수 그리스도께서 오늘 살아 계십니다. 그러므로 세상을 볼 때도 예수님이 부활하셨다는 믿음을 기반으로 바라보기 바랍니다. 죽음을 이긴 예수 그리스도를 믿으면서 세상을 보면, 이해할 수 없는 일들이 많이 일어나는 세상에서도 절대 좌절하지 않습니다. 부활하신 예수 그리스도가 세상 모든 악과 모순과 더러운 것을 심판하실 날이 온다는 것을 분명히 알기 때문입니다. 예수님이 부활하셨다는 믿음을 가지고 자신의 문제를 항상 살피기를 바랍니다.

영육 간에 괴로움이 있습니까? 염려하지 마십시오. 부활하신 주님이 재림하셔서 나도 예수님처럼 새 몸을 입고 부활하는 날, 나를 괴롭히던 모든 문제는 내게서 떠납니다. 사랑하는 자가 죽어가는 것을 보고 있습니까? 슬픔을 가눌 길이 없겠지만 절망하지 마십시오. 예수님이 부활하셨다는 믿음을 가지고 그 죽음을 보십시오. 조금 후면 죽은 사람이 새 몸을 입고 살아나 우리와 함께 하나님 나라에서 영원토록 춤을 추며 사는 날이 올 것입니다.

세상에서 억울한 일을 많이 당했습니까? 세상을 살기가 너무 힘이 듭니까? 어깨에 짊어진 짐이 너무 무겁습니까? 죽음을 이기고 부활하신 예수님을 보십시오. 예수님을 통해서 나의 무거운 짐을 보면 그것들이 다 물러가고 그리스도 안에서 영원히 예수님과 함께 기뻐할 수 있는 날, 영광의 그날이 온다는 것을 알게 됩니다.

그러므로 모든 문제를 예수님의 부활을 통해서 보고, 예수님의 부활을 가지고 해석하고, 예수님의 부활을 가지고 해답을 얻길 바랍니다. 이것이 신앙생활입니다. 이와 같은 복이 당신에게 함께하길 바랍니다.

# 63

## 부활의 주님을 만나라

요한복음 20장 19-31절

19 이날 곧 안식 후 첫날 저녁때에 제자들이 유대인들을 두려워하여 모인 곳의 문들을 닫았더니 예수께서 오사 가운데 서서 이르시되 너희에게 평강이 있을지어다 20 이 말씀을 하시고 손과 옆구리를 보이시니 제자들이 주를 보고 기뻐하더라 21 예수께서 또 이르시되 너희에게 평강이 있을지어다 아버지께서 나를 보내신 것같이 나도 너희를 보내노라 22 이 말씀을 하시고 그들을 향하사 숨을 내쉬며 이르시되 성령을 받으라 23 너희가 누구의 죄든지 사하면 사하여질 것이요 누구의 죄든지 그대로 두면 그대로 있으리라 하시니라 24 열두 제자 중의 하나로서 디두모라 불리는 도마는 예수께서 오셨을 때에 함께 있지 아니한지라 25 다른 제자들이 그에게 이르되 우리가 주를 보았노라 하니 도마가 이르되 내가 그의 손의 못 자국을 보며 내 손가락을 그 못 자국에 넣으며 내 손을 그 옆구리에 넣어보지 않고는 믿지 아니하겠노라 하니라 26 여드레를 지나서 제자들이 다시 집 안에 있을 때에 도마도 함께 있고 문들이 닫혔는데 예수께서 오사 가운데 서서 이르시되 너희에게 평강이 있을지어다 하시고 27 도마에게 이르시되 네 손가락을 이리 내밀어 내 손을 보고 네 손을 내밀어 내 옆구리에 넣어보라 그리하여 믿음 없는 자가 되지 말고 믿는 자가 되라 28 도마가 대답하여 이르되 나의 주님이시요 나의 하나님이시니이다 29 예수께서 이르시되 너는 나를 본 고로 믿느냐 보지 못하고 믿는 자들은 복되도다 하시니라 30 예수께서 제자들 앞에서 이 책에 기록되지 아니한 다른 표적도 많이 행하셨으나 31 오직 이것을 기록함은 너희로 예수께서 하나님의 아들 그리스도이심을 믿게 하려 함이요 또 너희로 믿고 그 이름을 힘입어 생명을 얻게 하려 함이니라

우리는 부활주일을 매우 기뻐하며 보냅니다. 예수님이 살아나셨다고 고백하며 사람들에게 복음을 증거 하기도 하고, 또 삶은 달걀을 서로 선물하면서 예수님의 부활을 함께 축하하기도 합니다. 그러나 저는 부활주일을 맞을 때마다 한편으로는 기쁘면서도 다른 한편으로는 마음이 썩 편치 않습니다. 부활주일이 연례행사처럼 되어갈까 봐 우려되기 때문입니다.

기독교 역사를 돌아볼 때 쉽게 알 수 있는 것이 하나 있습니다. 부활주일이 연례행사처럼 된 시대치고 교회가 제대로 선 때는 단 한 번도 없었다는 사실입니다. 부활주일을 연례행사처럼 지키면서 그 기간 동안은 예수님이 죄와 사망을 이기고 부활하셨다고 찬양하지만, 한 해의 나머지 기간에는 예수님의 부활과 전혀 관계가 없는 삶을 살던 시대를 보십시오. 예수님이 죽었다가 다시 살아나셨다는 메시지가 부활주일의 인사말 정도로 전락해버린 시대를 보십시오. 그런 시대에는 교회의 등불이 가물가물하게 꺼져갔으며, 많은 성도가 세상 유혹에 빠져 하나님 자녀로서의 생명력을 잃었기에 온 세상이 어두워지고 말았습니다.

반면 '예수 부활'을 외칠 뿐만 아니라 '부활하신 주님'을 날마다 고백하고 자랑하며 주님이 주시는 은혜로 살아가는 성도들이 많이 일어났던 시대에는, 교회의 등불이 이 세상을 환하게 비추어 어둠을 몰아내는 대부흥의 역사가 일어났습니다. 그러므로 우리는 살아 계신 주님을 날마다 믿음으로 만나고 느끼고 감격하는 체험적인 부활 신앙을 가져야 합니다. 절대 부활주일을 연례행사처럼 치르고 잊어버리면 안 됩니다.

그런 의미에서 우리 모두가 믿음을 다시 한번 점검할 필요가 있다고 생각합니다. '예수 부활'을 고백하는 나의 믿음이 '부활의 주님'을 고백하는 나의 믿음과 일치하는가 따져봐야 합니다. 예수 부활은 역사적 사건입니다. 부활의 주님은 현실적인 사건입니다. 예수 부활은 지적인 내용인 반면에 부활의 주님은 체험적인 실존입니다. 예수 부활을 이야기하는 자는 '예수님이 살아나셨다'는 사실에 강조점을 두지만, 부활의 주님을 이야기하는 자는 '예수님이 살아 계신다'는 사실에 강조점을 둡니다. 예수 부활은 주님이 묻힌 무덤을 주목하게 만들지만 부활의 주님은 지금도 살아 계신 주님을 주목하게 만듭니다. 그러나 우리는 이 둘이 절대 분리되지 않는다는 사실을 분명히 알아야 합니다. 동전의 양면처럼 '예수 부활'과 '부활의 주님'은 우리 믿음의 양면입니다.

### 부활의 주님을 만나라

자칫하면 '예수 부활'만 믿고 '예수 부활'만 이야기하는 것으로 끝날 수 있습니다. 이런 분들을 보면 대부분이 주지주의자가 됩니다. 그들은 성경을 너무나 잘 압니다. 내용을 훤히 꿰뚫고 있습니다. 성경에서 예수 부활이 기록된 곳을 찾아보라고 하면 불을 켜지 않고도 쉽게 찾아낼 정도입니다. 그러나 문제는 그들에게 예수 부활이 어디까지나 하나의 역사적 사건에 불과하다는 것입니다. 그 이상도 그 이하도 아닙니다. 그러다 보니 자칫 입술만 가지고 예수님의 부활을 이야기하는 형식적인 신자가 되기 쉽습니다. 이는 대단히 불행한 일입니다. 입으로는 예수 부활을 말하지만 실제로는 예수님이 아직도 무덤에 누워 있다 생각하고 살아가니 말입니다. 예수님을 자기와 교제할 수 없을 뿐 아니라 자기 삶을 다스리거나 자기에게 어떠한 헌신도 요구할 수 없는, 무덤에 누워 있는 시체처럼 취급하는 것입니다. 그러나 이것은 진정한 기독교 신앙이 결코 아닙니다.

예수 부활을 믿습니까? 그렇다면 부활하셔서 살아 계신 주님을 믿는 믿음이 따라와야 합니다. 그분을 날마다 만나는 체험을 해야 합니다. 영적으로 예수 그리스도를 믿음으로 고백할 뿐만 아니라 열린 눈으로 그분의 영광을 볼 줄 알아야 합니다. 귀를 활짝 열고 그분의 음성에 항상 귀를 기울여야 합니다. 살아 계신 주님의 영광을 느끼는 영적인 감각이 깨어 있어야 합니다. 나를 위해 십자가에서 죽으실 때 못 박히신 그 손을 영의 눈으로 바라보아야 합니다. 영의 손으로 만져야 합니다. 부활하신 주님의 음성을 듣고 그분과 사랑을 속삭여야 합니다. 그럴 때 우리 삶에 놀라운 변화가 일어납니다. 성경을 보십시오. 살아 계신 예수님을 만나고 변화되지 않은 사람이 누가 있습니까? 기독교 역사를 보십시오. 아니, 보다 가깝게 우리 교회를 보십시오. 살아 계신 예수님을 만난 뒤 변화되지 않은 사람이 누가 있습니까?

영화 〈벤허〉의 원작 소설을 쓴 월리스의 이야기입니다. 소설을 쓰기 시작할 무렵의 그는 예수 그리스도에 관해 아무것도 모르는 무식자였습니다. 그가 아는 것이라고는 친구가 들려준 비관적인 한 마디 예언뿐이었습니다. "얼마 안 가 기독교는 이 세상에서 존재를 감추고 우리의 기억 속에만 남을 것이다."

소설을 쓰려면 배경이 되는 시대를 알아야 했기에 그는 성경을 읽었습니다. 그런데 성경을 읽는 중에 그에게 놀라운 일이 일어났습니다. 살아 계신 주님을 만난 것입니다. 그는 자기에게 일어났던 변화를 '벤허'라는 주인공 인물에 고스란히 투영시켰습니다. 벤허는 원래 칼과 창으로 유대 민족을 해방시키려 했던 사람입니다. 그러나 죽으시고 사흘 만에 부활하신 예수 그리스도가 그의 손에서 칼을 빼앗아갔습니다. 예수님을 만나고 나서 벤허는 완전히 딴사람이 되었습니다. 이 세상에서 부활하신 주님을 만난 사람치고 변하지 않은 사람은 단 한 사람도 없습니다.

요한복음 20장에도 부활하신 예수님을 만난 뒤에 완전히 변화된 세 그룹의 사람들이 등장합니다. 먼저는 막달라 마리아라는 부인과 이름이 밝혀지지 않은 몇몇 여인들입니다. 두 번째로는 열 명의 제자들입니다. 또한 열 명의 제자들 외에도 무명의 제자들 여럿이 그 자리에 있었습니다. 그리고 마지막으로는 도마라는 제자입니다. 이들은 한결같이 부활하신 예수님을 극적으로 만났습니다. 그런 후에 그들은 완전히 다른 사람이 되었습니다. 이 사실을 확인해보면서 '나는 어떠한가? 입으로는 예수 부활을 외치지만 부활의 주님을 만난 사람답게 살고 있는가? 예수님을 날마다 만나 교제하면서 사는 증거가 있는가?' 하고 깊이 되새겨보기를 바랍니다. 성령께서 당신을 도와주실 것입니다.

## 부활의 주님을 만나면
## 슬픔이 사라진다

먼저 막달라 마리아를 봅시다. 그는 슬픔에 빠져 있었습니다. 누가복음 23장 27절에 보면, 예수님이 십자가를 지고 골고다로 향하실 때 뒤를 따라간 사람들 가운데는 "가슴을 치며 슬피 우는 여자의 큰 무리"가 섞여 있었다고 했습니다. 그 무리에 막달라 마리아가 있었습니다. 그는 예수님이 처참하게 죽는 모습을 보면서 누구보다도 슬퍼했을 것입니다. 왜냐하면 예수님을 누구보다도 사랑했기 때문입니다. 사랑이 크면 클수록 슬픔이 그만큼 더하기 마련입니다.

또한 여인은 예수님을 장례하는 자리에서도 적지 않은 상처를 입었을 것입니다. 해가 기울면 안식일이기 때문에 예수님의 시체를 십자가에서 내려 장사할 수 있는 시간이 불과 한두 시간밖에 없었습니다. 아리마대 요셉과 니고데모와 몇몇 여인들이 아무리 손을 모은다 해도 예수님의 시신을 씻기고, 향료로 덮고, 베옷으로 감싸는 절차를 제대로 끝내기에는 시간이 너무나 촉박했습니다. 그래서 대강대강 할 수밖에 없었을 것입니다. 제대로 하려고 하면 이틀이나 사흘 걸리는 예식을 한두 시간 안에 끝내고 무덤에 안치하려면 어쩔 수 없었습니다. 그러나 예수님을 지극히 사랑했던 마리아로서는 이 일이 몹시 마음에 걸렸습니다.

이후 마리아는 이틀 밤을 거의 뜬눈으로 새우다시피 했습니다. 그리고 사흘째 되는 날 이른 아침, 무엇인가 대단한 결심을 한 듯 손에 향유를 들고 무덤으로 달려갔습니다. 사흘 전에 예수님을 장사 지낼 때 미비하다고 생각했던 부분을 자기 혼자라도 가서 어떻게 해보려고 한 것입니다. 그러나 마리아는 하늘이 무너질 것 같은 상황에 맞닥뜨립니다. 예수님의 시체가 온데간데없이 사라진 것입니다. 그래서 마리아는 간장이 녹아내리는 듯한 슬픔에 휩싸여 눈물을 흘리며 울고 있었습니다(요 20:11).

그때 예수님이 마리아에게 찾아오셨습니다. 부활하신 예수님은 그에게 이렇게 물으셨습니다.

> … 여자여 어찌하여 울며 누구를 찾느냐…(요 20:15).

그러자 마리아는 그가 동산지기인 줄 알고 이렇게 대답했습니다.

> … 주여 당신이 옮겼거든 어디 두었는지 내게 이르소서 그리하면 내가 가져가리이다(요 20:15).

그러자 예수님이 "마리아야!" 하고 부르십니다. 평소 자주 들던, 낯익은 주님의 음성이었습니다. 주님의 부드러운 음성을 듣고 마리아의 표정이 어떻게 변했을까요? 그가 어떤 식으로 반응을 했을까요? 아마도 슬픔에 잠겨 있던 얼굴이 기쁨으로 활짝 피었을 것입니다. 눈물이 흐르던 눈은 기쁨이 충만해 광채가 났을 것입니다. "선생님!" 하고 외치는 여인의 모습을 한번 그려보십시오. 부활하신 주님을 만나 그 음성을 듣자마자 마리아의 슬픔은 씻은 듯이 사라졌습니다. 시편 30편 11절 말씀대로 그의 슬픔이 변하여 춤이 되었습니다. 마리아는 베옷을 벗기고 기쁨으로 띠 띠우시는 복을 체험했습니다. 이사야 61장 3절에 예언한 대로 시온에서 슬퍼하는 자에게 화관을 주시는 복과, 희락의 기름으로 슬픔을 대신하게 하는 큰 은혜를 체험했습니다.

살아 계신 주님을 만난 사람은 누구나 슬픔이 변하여 기쁨이 되는 은혜를 체험할 수 있습니다. 이 세상 사람 중에는 슬픔을 완전히 씻어버리고 사는 이가 아무도 없습니다. 인생은 그 자체가 눈물이요 슬픔이기 때문입니다. 제 가슴에도 슬픔이 있습니다. 당신의 가슴에도 슬픔이 있습니다. 겉으로는 웃지만 뒤로 돌아서면 눈물을 흘립니다. 어떤 면에서 슬픔은 우리 인생의 대명사라고 할 수 있습니다. 솔로몬이 표현했듯이 낮에도 슬픔과 근심과 수고에 둘러싸여 살아야 하고, 밤에도 쉬지 못하고 괴로워하며 몸부림치는 것이 우리 인생입니다(전 2:23).

마리아가 그랬던 것처럼, 우리가 부활하셔서 살아 계시고 나를 찾으시는 예수님을 날마다, 아니 순간마다 만나서 그분의 음성을 들어야 할 이유가 바로 여기에 있습니다. 그렇게 해야만 이 슬픔 많은 세상을 이기며 얼굴에 웃음을 띠고 살 수 있습니다. 믿음으로 살아 계신 주님을 만나는 사람은 감당할 수 없는 슬픔도 딛고 일어나 기뻐하며 살 수 있습니다.

## 부활의 소망은
## 슬픔을 딛게 한다

제가 시무하는 교회에서 예수님의 죽음을 기념하며 가진 금요 철야 기도회 때 이화숙 집사님이 간증을 했습니다. 그는 대학교수로, 예수님을 오래전부터 믿어왔기에 성경에 대해서나 예수님에 대해 알 만큼 아는 분입니다. 나름대로 구원의 확신도 가지고 있었습니다. 그러나 성경 내용을 비판하고 따지기를 능사로 여기던, 약간 교만한 그리스도인이었습니다. 제가 하는 말이 아니라 그 집사님이 그렇게 고백했습니다. 이화숙 집사님은 "예수님이 십자가에서 죽으시고 사흘 만에 부활하셨다고 하는, 소위 십자가 사건을 알고 있었지만 그것을 단지 과거형으로만 알고 있었다"라고 고백했습니다. 참으로 교수다운 표현입니다. '과거형으로만 알고 있었다'는 말이 무슨 뜻입니까? '십자가 죽음을 이천 년 전에 있었던 하나의 사건으로 의심하지 않고 믿는다. 나는 그 내용을 다 알고 있다'는 것입니다. 그러나 그것으로 끝났을 뿐 그다음에 이어지는 하나님의 은혜와는 별로 관계가 없었다는 말입니다.

그러던 어느 날 집사님의 남편이 갑자기 뇌출혈로 쓰러졌습니다. 일 년 가까이 지나 간증을 하던 그때까지 남편은 의식을 회복하지 못했습니다. 그 끔찍한 고난과 아픔을 겪으면서 집사님은 자신이 어떻게 변했는지 이렇게 고백했습니다. "저는 고난을 겪으면서 십자가의 사랑을 깨달았습니다. '고난이 유익'이라고 외치는 이상한 사람이 되었습니다. 하나님의 사랑에 감격해서 날마다 우는 복의 사람이 되었습니다."

이 말이 곧이곧대로 들립니까? 남편은 아직 의식조차 회복하지 못했는데 말입니다. 간증하는 집사님을 물끄러미 쳐다보면서 '목사인 나보다 낫다'고 생각했습니다. 눈물 마를 날이 없을 만큼 슬픔에 잠겨 있어도 흉이 되지 않을 만한 상황인데도, 도대체 무엇이 그를 슬픔을 딛고 일어서 기쁨으로 간증할 수 있는 사람으로 만들었을까요? 대답은 간단합니다. 부활하신 주님이 하셨습니다. 부활하신 주님이 그를 만나서 자주 "마리아야!" 하고 불러주신 것입니다. 그래서 자기도 모르게 변한 것입니다.

부활의 주님을 의지하고 살면 부활의 소망이 생깁니다. 사랑하는 사람을 먼저 떠나보낸 슬픔을 안고 있는 분들이 많은 줄 압니다. 남편이나 아내, 자식, 형제, 부모, 친구가 세상을 떠난 지 5년, 10년이 지나도록 그 아픔이 가시지 않아 지금도 슬픔의 눈물을 흘리는 분들이 있을 것입니다. 그러나 당신이 날마다 살아 계신 예수님을 만나고 체험하는 가운데 영의 귀를 열어놓고 "마리아야!" 부르시는 주님의 음성을 들으며 신앙생활을 한다면, 슬픔과 눈물을 딛고 항상 기뻐하는 사람이 될 수 있음을 믿기 바랍니다.

이 세상은 슬픔의 골짜기요, 우리는 이 슬픔을 피할 수 없습니다. 그러나 죽음을 이기고 부활하신 주님을 날마다 만나면 슬픔 가운데서도 기쁨을 찾을 수 있습니다. 왜 그렇습니까? 예수님 안에서 먼저 보낸 형제자매나 사랑하는 남편, 아내가 다 부활해서 함께 영원히 사는 복이 약속되어 있기 때문입니다.

우리 가운데는 자신이 누가복음 16장의 거지 나사로와 같은 신세가 되었다고 생각하는 사람들이 있을지 모릅니다. 나사로가 거지가 되기까지의 배경을 성경에 기록하지 않아 알 수 없지만 처음부터 거지로 태어나지는 않았을 것입니다. 세상에 태어날 때부터 거지인 사람은 거의 없습니다. 그 역시 보통 사람들처럼 남과 경쟁해서 이길 수 있다는 확신을 가지고 인생을 출발했을 것입니다. 또 어떤 일에서는 남보다 더 많은 노력을 기울였을지도 모릅니다. 그리고 한때는 성공했다는 소리도 들었을지 모릅니다. 그러나 어느 날 그는 자기 인생이 처절하게 내려앉는 기가 막힌 일을 당하고 말았습니다. 어떤 면에서 거지 나사로는 인생의 실패자인지도 모릅니다. 그러나 그와 같이 인생을 실패한 것 같은 사람도 하나님을 기쁘시게 하겠다는 믿음을 가지고 살자 결국 아브라함의 품에서 얼마나 엄청난 영광을 누리게 되었습니까?

경쟁 대열에서 밀려나 이제는 '고개 숙인 아버지'로, '고개 숙인 남편'으로 살 수밖에 없는 분들이 있을지 모릅니다. 아버지는 아버지대로 자신의 처지를 생각할 때마다 슬픔에 잠겨 괴로워하고, 가족은 가족대로 그토록 밝고 자신만만하던 아버지가 기죽어 지내는 모습을 보며 말 못할 비탄에 젖을 수도 있습니다.

그러나 하나님 앞에 가면 이 세상에서 실패했느냐 성공했느냐를 두고 따지지 않습니다. 얼마만큼 하나님을 기쁘게 하며 그분의 뜻을 따라 살려고 했느냐가 중요합니다. 그러므로 비록 우리 인생이 원하는 대로 되지 않는다 할지라도 부활하여 지금도 살아 계신 주님을 날마다 만나야 합니다. 그러면 슬픔을 이기고 매일매일 기쁨으로 사는 독특한 사람으로 변화됩니다. 이 사실을 굳게 믿기 바랍니다. 성경을 읽는 중에나 설교를 듣는 중에, 찬양을 하거나 기도를 하는 중에, 예배를 드리는 중에 "마리아야!" 하고 부르시는 주님의 음성을 듣길 바랍니다. 그러면 모든 눈물을 씻겨주시는 주님의 손길을 체험할 수 있습니다.

### 부활의 주님을 만나면 공포가 사라진다

다음으로 살펴볼 것은, 열 명의 제자들입니다. 가룟 유다는 이미 저세상 사람이 되었고, 도마는 외출했다가 아직 안 돌아왔습니다. 그곳에 다른 무명의 제자들이 있기는 했지만 열 명의 제자들이 이 그룹의 중심입니다. 그들은 모두 공포에 짓눌려 있었습니다. 열 명 넘는 장정들이 문을 꼭꼭 걸어 잠그고 있었다는 것만 봐도 그들이 얼마나 두려움에 떨고 있었는지 충분히 알 수 있습니다.

예수님이 한창 인기를 끌고 사람들의 환호를 받을 때는 제자들의 기세가 등등했을 것입니다. 겁날 것이 없었습니다. 그러나 그렇게 믿고 의지했던 선생이 처참하게 죽는 모습을 보고는 자신감과 용기를 몽땅 잃어버렸습니다. 군중은 간사합니다. 한때는 "호산나"를 연호하며 열광했지만 예수님이 맥없이 십자가에서 처형당하는 모습을 보자 한순간에 돌변해버렸습니다.

험악한 분위기가 제자들 주변을 점점 조여들었습니다. '선생님도 저토록 비참하게 죽이는데 제자인 우리인들 가만히 두겠느냐' 하는 생각이 들자 말할 수 없는 공포감이 밀려왔습니다. 그래서 그들은 낮에는 물론이고 밤중에조차 방문을 굳게 걸어 잠근 채 두문불출했습니다.

바로 그때 부활하신 예수님이 그들을 찾아오셨습니다. "샬롬, 너희에게 평강이 있을지어다." 비참한 죽음을 당하고 이미 장사 지낸 예수님이 "샬롬" 하시며 눈앞에 나타나셨을 때 제자들의 반응이 어땠을지 상상해보십시오. 축 처져 있던 어깨에는 다시 힘을 들어갔을 것입니다. 가슴을 짓누르던 공포는 온데간데없이 사라지고 평안이 찾아왔을 것입니다. 세상 그 누구도 두렵지 않은 용기가 샘솟았을 것입니다. 이것은 굉장한 변화가 아닐 수 없습니다. 예수님은 제자들에게 자기가 살아나셨다는 사실을 확인시켜주셨습니다. "나는 유령이 아니다. 내 손을 보라. 내 옆구리를 보라." 제자들이 그래도 의심하는 것 같자 나중에는 "너희에게 무슨 먹을 것이 있느냐? 가지고 와보라" 하시고는 제자들 앞에서 잡수시기까지 했습니다(눅 24:41-43). 자신의 몸이 부활했음을 분명히 확인시켜주신 것입니다. 그러고는 그들에게 소명을 주셨습니다.

> … 아버지께서 나를 〔세상에〕 보내신 것같이 나도 너희를 〔세상으로〕 보내노라(21절).

그다음에는 그들을 영적으로 무장시키셨습니다.

> … 성령을 받으라 너희가 누구의 죄든지 사하면 사하여질 것이요 누구의 죄든지 그대로 두면 그대로 있으리라 하시니라(22-23절).

제자들의 마음을 무겁게 짓누르던 공포가 완전히 사라졌습니다. 마음에 평안이 찾아왔습니다. 그들은 담대해졌습니다.

어떻게 보면 인생은 사는 일 자체가 두려움입니다. 세상은 무시무시한 곳입니다. 너나없이 마음속에 은근한 두려움을 가지고 있습니다. 한때 근대 세계사에 관한 책을 읽으면서 공포를 느낀 적이 있었습니다. 스탈린이 일 년에 칠만 명을 총살시키는 현장을 한번 생각해보십시오. 얼마나 소름끼치는 일입니까? 또한 세상이 얼마나 무서운 지옥 같은지는 세계 도처에서 벌어지는 비극들을 보면서 이미 실감하고 있습니다. 그러므로 우리 마음에는 본능적인 두려움이 있고, 이는 지극히 정상적인 반응입니다.

욥이라는 위대한 믿음의 선배도 이렇게 고백했습니다. "내가 두려워하는 그것이 내게 임하고 내가 무서워하는 그것이 내 몸에 미쳤구나"(욥 3:25). 욥은 부자입니다. 성공한 사람입니다. 열 자녀를 거느리고 누가 보아도 부러워할 만한 위치에 있는 동양의 최대 갑부요, 인격자요, 지도자였습니다. 그러나 그와 같이 형통한 삶을 살 때에도 그의 마음속에는 두려워하는 무엇이 있었다고 했습니다. 그런데 어느 날 갑자기 그가 무서워하고 두려워하던 그것이 현실로 나타났습니다. 그렇게 위대한 믿음의 사람인 욥조차 두려워하는 무엇이 있었다면 보통 사람들이야 말할 것도 없지 않겠습니까? 사람은 누구나 두려워하는 무엇이 있습니다.

한때 미국 주요 신문의 칼럼니스트이자 상담가로 명성을 떨쳤던 어떤 사람은 독자에게서 한 달에 만 통 이상의 상담 편지를 받았다고 합니다. 한번은 기자가 그를 찾아와 사람들이 공통적으로 갖고 있는 문제가 무엇이냐고 물었습니다. 그는 한마디로 대답했습니다. "'공포'입니다."

대학생들과 대학을 졸업한 20대 후반 젊은이들을 위해 사역하는 훌륭한 목사님이 있습니다. 그는 20대 젊은이들을 많이 만나고 상담도 많이 하기 때문에 젊은이들에 관한 한 전문가입니다. 그런데 그는 20대 젊은이들이 가진 문제 가운데 가장 심각한 다섯 가지를 꼽으면서 공포를 일 순위로 꼽았습니다. 겁 없이 인생을 살 것 같은 젊은이들에게 제일 큰 문제, 곧 가장 많은 젊은이들이 고심하는 문제가 두려움이라는 것은 참으로 놀라운 일이 아닐 수 없습니다.

그 목사님의 말에 따르면 젊은이들은 장래 문제를 놓고 마음속에 은근한 두려움이 있다고 합니다. '취직을 해야 하는데 대체 어떤 직장에 지원해야 하는 거지?' 하고 걱정하다 보면 불안이 쌓이고, 그 마음은 이내 공포로 변한다고 합니다. '이 젊은 나이에 갑자기 암에 걸리면 어떻게 하나?' '죽으면 어떻게 하나?' '이렇게 같이 공부하고 같이 졸업하지만 2, 30년 후에 성공하지 못하고 밀려나면 어떻게 하나?' 이런 가지각각의 생각을 하다 보니 자기도 모르게 마음에 불안이 오고, 결국 공포에 시달리며 힘들어합니다.

어찌 보면 이것은 이상한 일이 아닙니다. 우리나라는 세계 건강식품 업계와 보따리 장사꾼들의 노다지라는 말이 있습니다. 몸에 좋다면 개똥을 들고 나와 팔아도 갑부가 될 수 있습니다. 1996년 통계를 보니 한 해 동안 우리나라가 건강식품을 수입하는 데 쓴 돈이 1조 원을 넘는다고 했습니다. 불로장생한다고 소문이 난 DHEA 같은 것은 미국에서 파는 소매가보다 15배나 올려서 파는데도 많은 사람이 사 먹는다고 합니다.

이런 현상은 무엇을 의미합니까? 사람들의 마음에 공포가 있다는 뜻입니다. '병에 걸리면 어떻게 하나? 쓰러지면 어떻게 하나? 몸이 약해서 내가 하던 일을 못하게 되면 어떻게 하나?' 하는 불안과 공포가 있다는 증거입니다.

나라 경제가 회복되지 않아 많은 사람이 위기감을 느낍니다. 이럴 때 우리의 마음에는 두려움이 싹틉니다. 그러나 부활하셔서 오늘도 살아 계시고 나와 함께 걸어가시는 주님을 날마다 만나면 모든 공포를 쫓아낼 수 있습니다. 마음에 평안을 유지할 수 있습니다. 불안이나 공포를 극복하고 현실과 담대하게 직면하는 용기 있는 사람이 될 수 있습니다. 요한복음 11장 25절을 보십시오. "나는 부활이요 생명이니 나를 믿는 자는 죽어도 살겠고 무릇 살아서 나를 믿는 자는 영원히 죽지 아니하리니." 부활의 주님은 질병의 공포에서 자유롭게 해주십니다. 죽음의 공포에서 완전히 해방시켜주십니다. '어떻게 살까? 앞날이 어떻게 될까?' 하는 불안으로 잠 못 이루는 사람들에게 주님은 평안과 용기를 주십니다.

요한복음 16장 33절을 보십시오. "세상에서는 너희가 환난을 당하나." 주님은 우리가 세상에서 고통당할 수 있고, 실패할 수 있고, 핍박당할 수 있고, 어떤 때는 슬픔을 이기지 못하며 공포에 짓눌려 고생할 때도 있을 것이라는, 그 모든 상황을 인정하십니다. 그러나 그다음에 무엇이라고 말씀하십니까? "담대하라 내가 세상을 이기었노라." 우리가 모든 상황에도 담대할 수 있는 한 가지 이유는 예수님이 세상을 이기셨기 때문입니다. 세상을 이기고, 죽음을 이기고, 죄를 이기고, 인간의 슬픔을 완전히 발로 밟고 부활하신 예수 그리스도가 우리의 보호자가 되시고 우리와 함께 동행하시며 날마다 우리와 만나주시는 이상, 우리는 두려움의 노예가 되어 좌절하지 않아도 됩니다.

말씀을 통해 "샬롬! 평안이 있을지어다" 하시는 주의 음성을 날마다 듣는다면, 무릎 꿇고 기도하는 가운데 이 음성을 듣는다면, 살아 계신 그분의 손을 만지고 가시관을 쓰신 그분의 머리를 우러러볼 수만 있다면, 마음속의 공포는 말끔히 사라집니다. 우리 주님이 그 공포를 흩어주시기 때문입니다.

그러므로 설교를 듣는 것으로 끝나서는 안 됩니다. 마음으로, 또 삶의 현장에서 날마다 체험해야 합니다. 이와 같은 은혜가 당신에게 있기를 바랍니다.

## 부활의 주님을 만나면
## 의심이 사라진다

마지막으로 살펴볼 대상은 도마라는 제자입니다. 그는 열 명의 제자들이 예수님을 만났을 때 무슨 일 때문인지는 모르겠지만 밖에 나가고 없었습니다. 그래서 부활하신 주님을 못 만났습니다. 그가 집 안에 들어서자마자 제자들이 이구동성으로 "우리가 주를 보았노라" 하며 말을 전했습니다. 열 사람이 한 마디씩만 해도 열 마디 아닙니까? 도마는 동료들이 흥분해서 하는 말을 듣고 내심 기분이 상했습니다. '왜 예수님은 하필 내가 없을 때 찾아오셨지? 왜 나만 빼놓고 만나셨느냐고!' 부활하신 예수님을 보는 황홀한 순간에 자기만 빠져 있었다는 사실 때문에 약간의 거부반응이 생겼을 것입니다. 사실 대부분의 사람들이 마음으로는 동의하지만 자기가 좀 피해를 보았다 싶으면 내심 거부반응을 나타내니까요. 도마 역시 이 같은 마음이었던 듯싶습니다.

더 나아가 그는 자기가 만든 나름의 잣대에 딱 맞아떨어지지 않으면 예수님의 부활을 믿지 못하겠노라고 고집을 부렸습니다. 그 잣대가 무엇입니까?

> … 도마가 이르되 내가 그의 손의 못 자국을 보며 내 손가락을 그 못 자국에 넣으며 내 손을 그 옆구리에 넣어 보지 않고는 믿지 아니하겠노라 하니라(25절).

보는 것으로도 만족할 수 없으니 반드시 못 자국에 손을 넣어봐야 믿겠다고 말합니다. 마지막까지 의심하겠다는 태도입니다. 이는 회의주의자의 전형적인 모습이 아닐 수 없습니다. 합리적인 사고를 하는 사람일수록 회의주의자가 되기 쉽습니다.

그러나 세상에서 일어나는 일들 가운데 앞뒤가 딱 맞아떨어지는 것이 얼마나 됩니까? 딱 떨어지는 공식으로 설명할 수 있는 것이 과연 몇이나 됩니까? 예수님이 부활하신 사건은 더더욱 그렇습니다. 예수님은 부활하신 자신의 몸을 오백여 명의 사람들에게만 보이시고 그다음에는 아무에게도 보이지 않으셨습니다. 대신 자기를 본 사람들에게 가서 전하라고 명하셨습니다. 그렇게 그들의 말을 듣고 사람들이 자기를 믿게 하려 하셨습니다.

> 오직 이것을 기록함은 너희로 예수께서 하나님의 아들 그리스도이심을 믿게 하려 함이요 또 너희로 믿고 그 이름을 힘입어 생명을 얻게 하려 함이니라(31절).

사도 요한이 왜 요한복음을 기록해놓고 일일이 설명을 합니까? 왜 자기가 본 그대로 기록했을까요? 우리가 예수님의 부활을 본 사람들의 증거를 듣고, 믿어, 영생을 얻게 하려는 의도에서입니다. 예수님께서 일일이 찾아다니시며 부활하신 몸을 보여주시지 않은 이유가 바로 여기에 있습니다. 주님의 부활을 목격한 사람들의 말을 듣고 믿으라는 것입니다. 그럼에도 자기 나름의 합리적인 잣대를 고집하며 믿기를 거부하면 그는 구원받기 어렵습니다.

몇 년 전, 〈뉴스위크〉에 하나님의 존재를 끝까지 부인한 어느 과학자의 죽음을 다룬 기사가 실렸습니다. 그는 미국의 저명한 천문학자 칼 세이건 박사로, 골수암으로 투병하다 62세에 세상을 떠났습니다. 그는 평소 하나님의 존재와, 예수 그리스도와 부활 그리고 그분이 주시는 영생에 관심이 많았습니다. 그것을 좀 더 알고 싶어서 여러 기독교 지도자들과 대화도 많이 나누었습니다. 또한 여러 교회에서 투병 중인 그를 위해 기도했습니다. 그러나 그의 기본 입장은 이것이었습니다. "증거가 없는 한 확실히 알 수 없는 일이요, 확실히 알 수 없는 한 믿을 수 없다." 그는 철저한 불가지론의 입장을 고수했습니다.

어느 날 그는 미국의 큰 기독교 단체를 책임지는 목사님과 믿음에 관해 여러 가지 대화를 나누고 있었습니다. 그가 대화 중에 목사님께 너무나 답답하다는 듯 이렇게 말했다고 합니다. "당신같이 똑똑한 사람이 어떻게 하나님을 믿는가?" 그러자 목사님은 이렇게 되물었다고 합니다. "당신같이 똑똑한 사람이 어떻게 하나님을 믿지 못하는가?" 계속 대화가 오가는 중에 이번에는 목사님이 그에게 이런 질문을 했다고 합니다. "당신은 사랑을 믿는가?" 그러자 그는 아내를 몹시 사랑하던 터라 믿는다고 대답했습니다. 그 목사님은 또 질문했습니다. "사랑의 존재를 입증할 수 있는가?" 그는 처음에는 당연히 입증할 수 있다는 듯 자신 있게 대답했습니다. 그러나 그도 양심이 있는지라 결국 사랑에는 입증하지 못할 무엇이 있다는 사실을 솔직히 시인했습니다. 사랑에는 말로 다 설명할 수 없고 입증할 수 없는 무엇이 있습니다. 그렇다고 해서 사랑을 부정한다면 그것이야말로 비합리적인 사고입니다. 그는 대화를 주고받는 가운데 신앙 역시 입증하거나 설명할 수 없는 부분이 있다고 해서 그것을 부인하는 것은 바른 자세가 아니라는 사실을 인정했습니다.

그러나 그는 끝내 믿기를 거부하고 숨을 거두었습니다. 그가 죽은 다음에 그의 부인은 이렇게 말했습니다. "남편은 믿음을 갖고자 한 적이 없었다. 다만 알고자 했을 뿐이다." 알려는 사람과 믿으려는 사람은 천지 차이입니다. 도마처럼 의심하는 사람은 만사를 자기 잣대로 재어보고 믿으려고 합니다. 그러나 이런 사람은 절대 믿을 수 없습니다. 칼 세이건 박사의 사례가 이것을 잘 보여줍니다.

아직도 의심합니까? 아직도 회의적인 생각에 끌려다닙니까? 도마처럼 예수님을 만나길 바랍니다. 예수님을 만난 후에 도마가 무엇이라고 고백했습니까?

··· 나의 주님이시요 나의 하나님이시니이다(28절).

그리고 예수님은 도마에게 말씀하셨습니다.

··· 믿음 없는 자가 되지 말고 믿는 자가 되라(27절).

이 말씀을 들은 도마는 그때부터 믿음의 사람이 되었고 결국 수

십 년 후에 인도에 가서 복음을 외치다가 순교했습니다. 부활의 주님을 만나길 바랍니다. 회의적인 사람일수록 예수님을 만나서, "믿음 없는 자가 되지 말고 믿는 자가 되라"고 하시는 주님의 음성을 날마다 듣길 바랍니다. 그럴 때 우리 자신에게 변화가 일어납니다. 의심이 사라지고 확신이 찾아듭니다. 소망이 없는 자는 새로운 소망이 생깁니다. 방황하던 사람은 분명한 인생길을 찾아 걸어갈 수 있습니다. 세상을 믿음의 눈으로 바라보아야 합니다. 믿음이 없는 자에게는 온 세상이 캄캄하고 소망이 없는 것처럼 보이지만, 죽음을 이기고 부활하신 예수 그리스도를 믿는 사람의 눈에는 소망으로 가득 찬 미래가 보입니다.

우리나라도 마찬가지입니다. 아무리 소망이 없어 보이고, 아무리 여러 가지 면에서 한탄할 일이 많아도, 살아 계신 예수 그리스도가 계심을 믿으면서 그분을 통해 이 나라를 보면 우리는 소망을 가질 수 있습니다. 왜냐하면 우리는 믿음을 가지고 모든 것을 판단하기 때문입니다.

입으로는 예수 부활을 말하면서 살아 계신 주님과 만나지 못하고, 나아가 자신이 변화되는 모습을 확인하지 못한다면 그만큼 불행한 일도 없습니다. 부활하신 주님을 만나십시오. 주님을 만나면 슬픔이 변하여 기쁨이 됩니다. 공포가 사라지고 마음에 평안이 찾아옵니다. 용기가 생깁니다. 때로 의심 때문에 흔들릴 수도 있지만 예수님을 만나면 요동치 않게 붙들어주시는 은혜를 체험할 수 있습니다. 그런 은혜를 체험하면 우리 자신도 모르게 변화합니다. 물론 어떤 때는 별로 달라지지 않은 것처럼 여겨질 수도 있습니다. 그러나 우리 안에 분명 변화가 일어나고 있다는 사실을 믿기 바랍니다.

미국 애리조나주나 유타주에 가면 거대한 협곡들이 많습니다. 빗물이 모여 시내를 이루고, 시내가 강을 이루어 흘러가면서 바위들과 대지를 침식해가다 보면 그랜드캐니언 같은 거대한 협곡이 생깁니다. 그 풍경을 바라보면 한편으로는 신기하기도 하고 또 한편으로는 빗물이 이런 거대한 협곡을 만들었다는 사실이 믿기지 않기도 합니다. 그러나 빗물이 일 년에 1밀리미터씩만 바위를 깎아내린다고 가정해도 만 년이면 1만 밀리미터입니다. 이렇게 생각하면 불가능한 일도 아니라는 생각이 듭니다.

예수님을 만나고 또 은혜를 받으면서 변화되는 우리의 모습 역시 이와 비슷합니다. 우리의 변화가 눈에 띄지 않을 수 있습니다. 1밀리미터 아니 10분의 1밀리미터 정도에 불과할지도 모릅니다. 그러나 종국에 가서 우리는 예수 그리스도를 닮을 것입니다. 하나님께서 우리를 부르신 것은, 부활의 주님과 똑같은 모습으로 변화되도록 하기 위해서입니다. 흠이 없고 티가 없는 완전한 하나님의 자녀가 되도록 우리를 부르신 것입니다. 날마다 살아 계신 주님과 교제하면 저절로 주님을 닮아가게 마련입니다.

그러므로 날마다 부활의 주님을 만납시다. 슬픔이 떠나갑니다. 부활의 주님을 만납시다. 공포를 이길 수 있습니다. 부활의 주님을 만납시다. 의심을 물리치고 확신을 가질 수 있습니다. 이런 복을 날마다 누리면서 살 수 있기를 간절히 바랍니다.

# 64

## 갈릴리 바닷가에 서 계신 부활의 주님

요한복음 21장 1-14절

1 그 후에 예수께서 디베랴 호수에서 또 제자들에게 자기를 나타내셨으니 나타내신 일은 이러하니라 2 시몬 베드로와 디두모라 하는 도마와 갈릴리 가나 사람 나다나엘과 세베대의 아들들과 또 다른 제자 둘이 함께 있더니 3 시몬 베드로가 나는 물고기 잡으러 가노라 하니 그들이 우리도 함께 가겠다 하고 나가서 배에 올랐으나 그날 밤에 아무것도 잡지 못하였더니 4 날이 새어갈 때에 예수께서 바닷가에 서셨으나 제자들이 예수이신 줄 알지 못하는지라 5 예수께서 이르시되 얘들아 너희에게 고기가 있느냐 대답하되 없나이다 6 이르시되 그물을 배 오른편에 던지라 그리하면 잡으리라 하시니 이에 던졌더니 물고기가 많아 그물을 들 수 없더라 7 예수께서 사랑하시는 그 제자가 베드로에게 이르되 주님이시라 하니 시몬 베드로가 벗고 있다가 주님이라 하는 말을 듣고 겉옷을 두른 후에 바다로 뛰어내리더라 8 다른 제자들은 육지에서 거리가 불과 한 오십 칸쯤 되므로 작은 배를 타고 물고기 든 그물을 끌고 와서 9 육지에 올라보니 숯불이 있는데 그 위에 생선이 놓였고 떡도 있더라 10 예수께서 이르시되 지금 잡은 생선을 좀 가져오라 하시니 11 시몬 베드로가 올라가서 그물을 육지에 끌어올리니 가득히 찬 큰 물고기가 백쉰세 마리라 이같이 많으나 그물이 찢어지지 아니하였더라 12 예수께서 이르시되 와서 조반을 먹으라 하시니 제자들이 주님이신 줄 아는 고로 당신이 누구냐 감히 묻는 자가 없더라 13 예수께서 가셔서 떡을 가져다가 그들에게 주시고 생선도 그와 같이 하시니라 14 이것은 예수께서 죽은 자 가운데서 살아나신 후에 세 번째로 제자들에게 나타나신 것이라

예수님을 장사 지낸 지 사흘 후 생전에 예수님을 따랐던 무리 중에서 몇몇 여인들이 예수님의 무덤을 찾았습니다. 사흘 전에 예수님을 장사 지낼 때 시간이 없어서 미흡하게 마무리했던 일들을 다시 제대로 해보려고 무덤을 찾았는지도 모릅니다. 그러나 여인들을 맞이한 것은 돌문으로 굳게 닫힌 무덤이 아니라 하늘의 천사였습니다. 몹시 놀란 여인들을 향해 천사가 이렇게 외쳤습니다. "너희가 십자가에 못 박히신 나사렛 예수를 찾는구나 그가 살아나셨고 여기 계시지 아니하니라"(막 16:6).

얼마나 놀라운 복음입니까? 사도 바울도 고린도전서 15장에서 이렇게 외쳤습니다. "성경대로 그리스도께서 우리 죄를 위하여 죽으시고 장사 지낸 바 되셨다가 성경대로 사흘 만에 다시 살아나사 … 만일 죽은 자가 다시 살아나는 일이 없으면 그리스도도 다시 살아나신 일이 없었을 터이요 그리스도께서 다시 살아나신 일이 없으면 너희의 믿음도 헛되고 너희가 여전히 죄 가운데 있을 것이요 … 아담 안에서 모든 사람이 죽은 것같이 그리스도 안에서 모든 사람이 삶을 얻으리라"(고전 15:3-4, 16-17, 22).

이 얼마나 장엄한 부활의 선언입니까? 우리 모두는 이 영광스러운 복음을 듣고 믿음으로써, 부활하신 주님을 찬양하는 하나님의 아름다운 자녀가 된 것을 하나님께 감사해야 합니다.

## 밤새 그곳에 계셨던 주님

죽음을 이기고 다시 살아나신 예수님은 이후 40여 일 동안 제자들과 자주 만나셨습니다. 요한복음 21장은 예수님께서 제자들을 공적으로 만나신 세 번째 이야기를 기록했습니다. 예수님은 여자들과 베드로를 개인적으로 만나셨으며, 열 제자들과 만나셨고 나중에 도마가 돌아오자 그를 포함한 열한 제자들과 함께 만나셨습니다. 그리고 본문에서는 다시금 일곱 제자를 찾아오셨습니다.

저는 본문을 읽을 때마다 마음이 참 따뜻해집니다. 우리 생각에는 예수님께서 새 몸으로 부활하시어 매우 영광스럽고 거룩하신 존재가 되셨으니, 세상에 사는 우리 같은 사람과 주님 사이에는 상당한 거리감이 있을 것만 같습니다. 그런데 갈릴리 바닷가에 찾아오셔서 고기 잡는 제자들을 만나시는 예수님을 보면 너무나 인간적이라는 느낌을 받습니다. '세상에 사는 우리와 함께 웃을 수 있고 울 수 있는 분이 바로 부활의 주님이시다.' 부활하셨다고 해서 우리와는 상관이 없는 자리에 계신 분이 아니라 우리와 함께 웃을 수 있고 울 수 있는 인간적인 분이시라는 것을 깨닫습니다. 그러다 보면 자연히 진한 감동이 몰려옵니다.

베드로와 여섯 명의 제자들은 예루살렘에서 부활하신 예수님을 만난 후에 고향 갈릴리로 돌아왔습니다. 예수님께서 그들을 보고 갈릴리에서 다시 만나자고 말씀하셨기 때문입니다. 그곳에 와서 그들은 아마 여러 날을 무료하게 보냈던 것 같습니다. 어느 날 어느 시에 오시겠다고 구체적으로 약속하지 않으셨기 때문에 제자들은 예수님께서 나타나실 때까지 그저 기다려야 했습니다.

이렇게 여러 날을 보내다 보니 아마도 지루했던 모양입니다. 그래서 어느 날 베드로가 말했습니다. "나는 오늘 밤 고기를 잡으러 갈 거야." 그러자 다른 여섯 명의 제자들도 이구동성으로 호응했습니다. "우리도 따라갈게." 그렇게 일곱 명의 제자가 고기를 잡겠다고 밤중에 바다로 나갔습니다.

왜 베드로는 갑자기 고기를 잡으러 가려고 했을까요? 이것을 놓고 성경학자들은 여러 가지 해석을 내놓습니다. 어떤 사람은 이렇게 주장합니다. "베드로가 3년 전에 예수님을 따라가느라 뒤도 돌아보지 않고 버려두었던 그물을 다시 손에 들고 배를 타고 갈릴리 바다로 나갔다는 것은, 그가 영적으로 이미 잘못되었다는 증거다. 그는 영적으로 병이 들었거나 타락했는지도 모른다. 베드로는 지금 잘못하고 있다." 참 그럴듯하게 들리지만 저는 이 해석에 동의하지 않습니다. 베드로와 제자들은 이미 부활하신 예수님을 여러 차례 만났으므로 예수님을 의심한다느니, 타락했다느니 하는 말은 그다지 설득력이 없어 보입니다.

오히려 다음과 같은 해석에 보다 공감합니다. "베드로와 그 제자들은 갈릴리에 와서 여러 날을 지내는 동안 생활비를 충당해야 하는 어려움에 직면했을지 모른다." 황소 같은 장정 일곱 명이 아무 일도 하지 않고 매일 빈둥거리기란 결코 쉬운 일이 아닙니다. 조그마한 시골의 정서상 더더욱 어려웠을 것입니다. 고향에 있는 형제, 친지들 앞에서 빈둥거리며 노는 것이 바람직한 행동으로 비치지는 않았을 것이라는 말입니다. 더욱이 주님께서 언제 오실지도 모르는 판국이니 베드로가 충분히 '주님께서 오실 때까지 무슨 일을 해서든 먹고살아야 되지 않느냐? 그러니 나는 고기를 잡아서 팔아야겠다'라고 생각했을 법합니다. 이러한 이유로 저는 이 해석이 보다 합리적이라고 생각합니다.

교회 안을 들여다보면 신앙은 참 좋아 보이는데 자기 생활에 무책임한 사람들이 있습니다. 가족들은 어떻게든 살아보겠다고 고생하는데, 자기는 일하기 싫어서 날마다 기도하고 전도하는 데만 집중하며 교회 주변만 빙빙 도는 사람을 저는 정상이라고 보지 않습니다. 남의 신세를 많이 지고 사는 상황이면 힘든 일, 궂은일 가리지 않고 소매를 걷어붙이고 일해야 할 텐데, 이 일은 힘들다, 저 일은 남 보기에 망신스럽다 하면서 일은 하지 않고 성경 공부 모임만 열심히 쫓아다니는 사람도 어딘가 잘못되었다고 생각합니다.

베드로와 여섯 제자 역시 자신들의 생활을 <u>스스로</u> 책임져야 했습니다. 그래서 고기를 잡으려고 배를 탄 것입니다. 저는 참 잘한 결정이라고 생각합니다. 하지만 3년 만에 다시 하는 일이다 보니 아마 처음에는 서로 손발이 잘 맞지 않았을 것입니다. 아무리 잘하던 일이라도 3년여를 쉬다가 다시 시작하면 제대로 될 리가 없습니다. 그래서 그랬는지 모르지만, 갈릴리에서 고기 잡는 방식대로 밤중에 나갔는데도 그날따라 이상하게 고기가 한 마리도 잡히지 않았습니다. 밤새도록 땀을 흘리며 열심히 그물을 던졌다 당겼다 해보았지만 모두 허사였습니다. 그러니 그들의 심정이 얼마나 착잡했을까요?

아침이면 만선의 깃발을 펄럭이며 항구로 돌아가리라고 기대했던 꿈이 물거품처럼 사라질 새벽녘에 멀리 떨어진 해안에서 누군가 소리를 질렀습니다. "얘들아, 너희에게 고기가 있느냐?" 즉, "고기 좀 잡았느냐?" 하고 묻는 것입니다. 제자들은 맥 빠진 소리로 대답했습니다. "아무것도 못 잡았소." 잠시 후 예수님의 사랑을 특별히 받았던 요한은 물가에서 소리를 지르시는 분이 예수님임을 알아차렸습니다. 그는 옆에 있는 동료들에게 흥분된 어조로 소리를 질렀습니다. "저기 주님이 서 계신다!"

제자들이 밤새도록 빈 그물만 끌어올리는 갈릴리 바닷가에 오셔서 그들 앞에 서 계신 부활의 주님, 상상만 해도 가슴이 뭉클하지 않습니까? 얼마나 감동적입니까? 부활의 주님께서 제자들이 밤새도록 구슬땀을 흘리며 허탕만 치고 있던 곳에 오셔서 잠잠히 지켜보고 계시는 아름다운 장면을 영적인 상상력을 최대한 동원해 한번 그려보십시오. 언제부터 부활의 주님은 그곳에 서 계셨을까요? 초저녁부터일까요? 밤중부터였을까요? 아니면 동이 트는 새벽녘 바로 그 순간에 오셨을까요?

저는 밤새도록 주님께서 그 자리에 계셨다고 믿습니다. 캄캄한 밤인지라 예수님께서 그곳에 계신 것을 제자들이 보지 못했을 것입니다. 또 날이 새어 제자들이 누군가 바닷가에 서 있는 것을 보았다 해도 예수님께서 자신을 그들에게 나타내지 않았다면 그들은 발견하지 못했을 것입니다.

우리는 성경에서 이런 생각을 뒷받침해줄 만한 좋은 예를 찾을 수 있습니다. 예수님께서 부활하신 후에 엠마오로 가던 두 제자와 함께 약 십 리 길을 동행하신 일이 있습니다. 두 제자는 낯선 사람이 옆에 다가오는 것을 보고 자기들과 같이 가길 원하는 사람으로만 생각했습니다. 함께 이런저런 이야기를 하면서 걷다가 그들은 예수님에게서 성경 말씀을 들었고, 말씀을 들을 때 가슴이 뜨거워지는 감동도 받았습니다. 그럼에도 그들은 그분이 예수님이신 줄을 전혀 알아차리지 못했습니다.

부활하신 주님의 모습은 주께서 눈을 열어주시는 자만이 발견할 수 있습니다. 나중에 그분이 바로 예수님이시라는 것을 발견하기는 했지만, 그때는 이미 주님께서 그들 앞에 계시지 않았습니다.

이런 이유로 저는 예수님께서 꼭 그 시간에 오셨다고 말하고 싶지 않습니다. 주님은 제자들이 밤새도록 그물을 수도 없이 던지고 끌어올려보지만 한 마리도 못 잡아 허탈감에 빠져 있는 그곳에 오래전부터 와 계시면서, 그들이 밤새 수고롭게 일하는 것을 지켜보셨다고 생각합니다.

### 빈 그물을 채우는 비결

제자들이 아무것도 잡은 것이 없다고 대답하자 예수님은 이렇게 지시하셨습니다.

… 그물을 배 오른편에 던지라 그리하면 잡으리라…(6절).

제자들이 그 말씀에 순종하여 그대로 했더니 큰 고기가 153마리나 잡혔습니다. 작은 그물에 153마리의 고기가 푸덕거리는 모습을 그려보십시오. 상상만 해도 얼마나 신이 납니까? 그렇게 많은 고기를 잡았음에도 신기하게 그물은 찢어지지 않았습니다.

제자들의 입장에서 볼 때 그들이 밤새도록 빈 그물을 가지고 고생한 것은 나중에 부활의 주님을 만나고 나서 생각하니 헛수고가 아니었습니다. 빈 그물이 있었기에 하나님의 기적을 체험할 수 있었습니다. 홍해가 앞을 가로막는 위기가 있었기에 이스라엘 백성은 바다가 갈라지는 체험을 할 수 있었고, 목이 타는 갈증을 경험했기에 큰 바위가 갈라지면서 생수가 솟는 놀라운 일을 볼 수 있었습니다.

먹을 것 없이 고생했기에 예수님을 따르던 무리가 떡 다섯 덩이와 물고기 두 마리로 오천 명을 먹이시는 하나님의 전능하신 손을 볼 수 있었습니다. 12년을 혈루병으로 고생했기에 주님의 옷자락을 만지자마자 낫는 기적을 체험할 수 있었습니다.

이런 이유에서 부활의 주님을 만나는 사람에게는 빈 그물을 가지고 밤새도록 고생하는 일이 절대로 헛수고가 아니라고 믿습니다. 물론 말로 할 수 없이 고통스러울 것입니다. 한동안은 눈물로 하루하루를 보낼 수도 있습니다. 하지만 부활의 주님을 만나고 나면 그것이 도리어 영광스러운 고통이었음을 깨달을 것입니다.

지금 당신의 그물이 비어 있습니까? 밤새도록 수고했지만 아무것도 얻지 못했습니까? 이럴 때, 우리 인생의 바닷가에 서 계시는 부활의 주님을 만나야 합니다. 주님께서 무엇을 말씀하시든지 그 음성을 들으십시오. 아침에 일찍 일어나서 하나님의 말씀을 펴고 조용히 묵상하면서 읽어보십시오. '아, 이 말씀이 바로 나에게 주시는 주의 음성이구나' 하는 깨달음이 올 것입니다.

그물이 비어 있는 사람이 주님의 음성을 더 빨리 들을 수 있습니다. 다락방에서 말씀을 나누는 중에 다른 형제들의 입을 통해서 주님의 음성을 들려주실 때도 있습니다. '그렇구나! 저 이야기는 나를 위한 이야기야!' 손을 털고 배에서 내리라고 하시든지, 아니면 오른편에 그물을 던지라고 하시든지 간에 우리는 그 음성을 들어야 합니다. 그리고 음성을 들었다면 주저하지 말고 순종해야 합니다. 이것이 우리의 빈 그물을 채우는 비결입니다.

주위를 돌아보면, 고기를 잘 잡는 자기 능력을 과신한 나머지 하나님을 우습게 여기고 자신만만하게 세상을 살다가 어느 날 갑자기 모든 것을 잃어버린 채 빈 그물 인생을 체험하는 사람들이 왕왕 있습니다. '내가 그런 사람인데' 하고 마음에 걸리는 분들은 귀를 기울이기 바랍니다. 또 '나도 그럴 위험이 있다' 하는 분들도 귀를 기울이기 바랍니다. 빈 그물 인생이 되었다 해도 자기 옆에 서 계신 부활의 주님만 만나면 과거에 돈이나 명예로도 살 수 없었던 하늘의 부활을 빈 그물 가득 채우는 인생으로 바뀝니다.

## 당신께서 그물을 채워주소서

조금 극단적인 예일 수도 있지만, 한 사람 이야기를 하려고 합니다. 저는 대학에서 영문학을 전공하며 많은 강의를 들었습니다. 그런데 몇십 년이 지난 지금도 제 마음에 깊은 흔적을 남긴 강의가 있습니다. 대학에서 제일 감동 있게 들은 강의가 뭐냐고 물으면 저는 주저하지 않고 늘 그 강의를 말합니다. 오화섭 교수님의 "희곡"(drama) 강의입니다.

오화섭 교수님은 당시 연세대학교 영문학과 교수였는데, 한 학기 동안 제가 다니던 성균관대학교에 와서 희곡을 가르치셨습니다. 아서 밀러가 쓴 유명한 희곡 〈세일즈맨의 죽음〉을 가지고 한 학기 동안 수업을 했습니다. 저는 어릴 때부터 청교도적인 분위기에서 자랐기 때문에 '연극' 하면 귀를 막는 사람이었습니다. '연극이니, 드라마니, 춤이니 하는 것들은 완전히 타락한 예술이다. 다 마귀가 작당하는 것이다'라고 생각하며 자랐기 때문에 그다지 흥미를 느끼지 못했습니다. 그런데 오 교수님의 강의가 저를 완전히 매료시켰습니다. '이야, 드라마가 이런 것이구나. 음악이 이런 것이구나. 예술이 이렇게 힘이 있구나' 하고 그때서야 비로소 깨달았습니다. 그 한 학기 동안 저는 그 수업에 푹 빠졌습니다.

그런데 오화섭 교수님에게는 총명한 딸이 있었습니다. 연세대를 나와 이화여고에서 교편을 잡기도 했으며, 〈성야〉라는 희곡을 발표해서 데뷔했고, 희곡 작가로, 배우로, 방송인으로, 또 수필 작가로 당시에 아주 활발하게 활동했던 오혜령 씨입니다. 숱한 소녀들이 편지나 엽서에 그가 쓴 글귀를 인용할 정도로 사랑받는 작가였습니다. 그런데 그가 얼마 전에 《당신 없는 인생은 빈 그물이오니》(국민일보)라는 책을 내놓았습니다. 오래전에 그가 30대 젊은 나이에 암으로 고생한다는 소식을 들었기에, '이분이 지금까지 살아 계시는구나!' 하는 생각으로 저는 그 책을 사 보았습니다.

그는 미션스쿨을 다녔던 터라 기독교를 너무나 잘 알았습니다. 그러나 상당수의 똑똑한 지성인들이 잘 빠지는 길이 있지 않습니까? 예수님께서 살아 계심을 안 믿으려 하고, 신앙생활은 인생의 실패자들이나 매달리는 것이라고 판단해 곁길로 가는 사례가 참 많습니다. 한마디로 교만한 것입니다. 그도 '그물을 던지면 얼마든지 많은 고기를 잡을 수 있다'는 자기 과신 때문에 예수 없는 인생을 살았습니다. 그러다가 갑자기 위암과 임파선암 진단을 받고 3개월 시한부 인생이 된 것입니다.

그는 날마다 죽음을 기다리는 처지가 되었습니다. 매일 달력의 숫자에 빨간 색연필로 빗금을 치면서 죽을 날이 다가오는 것을 지켜보았습니다. 예정된 죽음의 날짜가 며칠 지난 어느 날이었습니다. 물만 먹어도 토했고 혈변을 보는 고통은 계속되었습니다. 그때 매주 그에게 꽃을 보내주는 사람이 있었다고 합니다. 그날도 "희망을 버리지 말라"는 메모와 함께 백합 50송이를 보내왔습니다. 그는 반시간 가까이 꽃에 얼굴을 파묻고 가만히 있었다고 합니다. 그런데 어쩐 일인지 갑자기 정신이 몽롱해지더랍니다. 그때 어디선가 그의 목덜미를 강하게 낚아채는 손길을 느꼈습니다. 그 순간 그는 정신없이 방바닥에 나동그라졌습니다. 직감적으로 살아 계신 예수 그리스도가 자기를 찾아오셨음을 느꼈습니다. 그의 그물이 텅 비어 있을 때 주님께서 실패의 현장에 찾아오신 것입니다.

그는 반사적으로 이렇게 외쳤습니다. "당신은 대체 누구십니까? 왜 죽음의 한복판까지 따라오시는 것입니까?" 그 말을 내뱉고 나자 그동안 주님을 나 몰라라 하면서 마음대로 살았던 자기 죄가 두려워지더랍니다. 어디서부터 회개해야 할지 몰라 눈물만 쏟아졌습니다. 며칠 동안 화선지에 붓글씨로 자기 죄를 회개했습니다. 수십 개의 양초가 녹아내릴 때까지 회개하고 또 회개했습니다.

그렇게 회개하기를 반년 가까이 한 어느 날이었습니다. 그날도 기도와 찬양을 하며 혼자 예배를 드리는데 온몸에 오한이 덮쳐왔습니다. '이제 죽는 시간이 다가왔구나.' 그는 죽음을 예감했습니다. 그런데 놀라운 일이 일어났습니다. 너무 추워서 이불깃을 잡아당기는데 겨드랑이에 잡히던 임파선 암 덩어리가 만져지지 않았습니다. 어깨에 나 있던 복숭아씨만 한 명울도 사라졌고, 복수로 차올랐던 배도 완전히 꺼져 있었습니다. 순간 살아 계신 주님께서 두 번째로 자기를 찾으셨음을 알았습니다.

그때부터 그의 그물은 고기로 가득 차기 시작했습니다. 완전히 새로운 인생을 시작한 것입니다. 지금 그는 경기도 어느 조그마한 마을에서 버림받은 노인들을 돌보는 평화의 집을 운영하고 있습니다. 요즈음도 그는 하루에 9시간을 기도하는 데 바친다고 합니다. 그가 쓴 글을 읽다가 감동적인 내용이 있어서 소개합니다. 이 얼마나 영감 넘치고 아름다운 고백입니까?

당신 없는 생의 호수에 그물을 던지고

물고기가 잡히기를 바랐던 지난 나날들은 죽은 시간이었습니다

오 주님,
이제 당신께서 그물을 채워주소서
그러면 저는 비로소 살 것입니다

인생의 가장자리에 서 계신 부활의 주님,
당신 없이 한평생 수고해보아야 우리 인생은 빈 그물이옵니다

비록 저희 인생의 가장자리에 서 계신 당신을
지금 당장 알아차리지 못한다 하더라도
저희의 계획을 과감하게 포기하고
당신께 대한 신뢰 속에서 새로 시작하려는 각오가 설 때
저희 행위에 방향과 성취가 부여됩니다

당신은 가장자리에 계시지만 늘 저희에게
그물을 이렇게 혹은 저렇게 던지라고
분부하고 계시기 때문이옵니다
날마다 호숫가에서 저희를 기다리시는
당신을 바라보게 하옵소서

### 너무나 인간적인 부활의 주님

제자들은 부활의 주님을 발견하자 급히 뭍으로 나왔습니다. 와서 보니 숯불이 이글이글 타올랐고, 그 위에는 떡과 생선이 구수한 냄새를 피우며 익어가고 있었습니다. 예수님은

베드로에게 잡은 고기를 좀 더 가져오게 하시고는 고기를 더 많이 숯불에 얹어서 구우셨습니다. 준비가 다 되자 예수님은 제자들을 향해 부드럽게 말씀하셨습니다.

… 와서 조반을 먹으라…(12절).

예수님은 친히 숯불 위에 있는 떡을 제자들에게 일일이 가져다주셨습니다. 그다음에는 맛있게 익은 생선도 그렇게 하셨습니다.

예수께서 가셔서 떡을 가져다가 그들에게 주시고 생선도 그와 같이 하시니라(13절).

얼마나 아름다운 장면입니까? 어린아이를 앉혀놓고 뭐든 더 먹이고 싶어 하는 어머니의 모습 같지 않습니까? 밤새도록 고기를 잡느라 지치고, 배고프고, 한기를 느끼는 제자들에게 이만큼 반가운 선물이 어디 있겠습니까? 아침 해가 두둥실 떠오르는 바닷가에서 따뜻하게 데운 떡과 생선으로 배를 채우는 제자들의 모습을 그려보십시오. 밤새 고기를 잡지 못해 굳어 있던 얼굴이 서서히 풀리고, 긴장했던 마음에 평안이 찾아오고, 온유하신 부활의 주님을 조용히 지켜보며 그 시간을 보내는 제자들의 모습은 생각만 해도 감동적이지 않습니까?

이 장면을 생각하노라면 부활하신 주님의 인간미에 무척 감동을 받습니다. 부활하기 이전에 우리와 똑같은 몸을 가지신 주님께서 이런 행동을 하셨다면 조금도 이상하게 느껴지지 않을 것입니다. 그러나 부활하여 영광스러운 새 몸을 입으신 주님께서 고기와 떡을 구워서 갖다주시는 모습은 의외의 감동이 아닐 수 없습니다. 우리가 믿고 의지하는 부활의 주님이 바로 이런 분이십니다.

히브리서 4장 15절을 보십시오. "우리에게 있는 대제사장은 우리의 연약함을 동정하지 못하실 이가 아니요." 그렇습니다. 주님은 우리의 연약함을 동정하십니다. 우리의 배고픔을 아십니다. 우리의 고단함도 아십니다. 밤새도록 잠을 못 잔 것도 아십니다. 실패로 마음이 가라앉아 있는 것도 너무나 잘 아십니다. 그래서 주님은 오늘도 우리에게 말씀하십니다. "수고하고 무거운 짐 진 자들아 다 내게로 오라 내가 너희를 쉬게 하리라"(마 11:28). 따끈한 떡과 생선을 가지고 우리를 쉬게 해주시겠다는 말씀입니다. 고린도후서 9장 8절을 보십시오. "하나님이 능히 모든 은혜를 너희에게 넘치게 하시나니." 우리에게 모든 은혜를 넘치게 주시겠다는 말씀입니다.

상황을 바꾸어서 밤새도록 고기를 못 잡아 녹초가 되어 지친 제자들이 물에서 올라오는데 예수님이 근엄한 얼굴로 이렇게 말씀하셨다고 가정해봅시다. "자, 전부 이리 모여. 나하고 기도하자! 너희들이 밤새도록 고생했는데 한 마리도 못 잡은 데는 분명히 이유가 있을 거야. 나하고 그 이유를 분석해보고, 회개할 것은 회개하자. 전부 모여라." 충분히 그럴 수 있지 않습니까? 만일 그랬다면 그 분위기가 얼마나 살벌했을까요? 베드로처럼 얼마 전 가장 중요한 순간에 세 번이나 예수님을 부인했던 과거가 있는 사람을 앞에 놓고 예수님께서 하실 말씀이 오죽 많았겠습니까? 베드로는 요즈음 말로 손 좀 보아야 할 사람이 아닙니까? 그러니 밤새도록 떨었든지, 못 먹었든지 상관하지 않고 "베드로, 이리 좀 와. 너 양심이 있냐, 없냐?" 하고 얼마든지 나무랄 수도 있었습니다.

그러나 예수님은 하고 싶은 모든 말씀을 가슴에 묻어두시고 부지런히 떡을 떼어 제자들을 먹이셨으며, 생선을 구워서 먹이셨습니다. 추위에 떠는 그들에게 조금이라도 따뜻한 분위기를 만들어주시려 애쓰시는 모습이 얼마나 인간적입니까?

사람에게 영은 육보다 중요합니다. 영적인 문제가 육적인 문제를 앞서는 것도 사실입니다. 그러나 영적인 문제를 다루기를 원하는 사람일수록 사람들이 인간적으로 느끼는 요구에 관심을 기울여야 합니다. 배가 고픕니까? 먹을 것을 주어야 합니다. 병으로 고통을 받습니까? 그들의 고통에 조금이나마 동참하는 자세를 가져야 합니다. 거룩한 일을 다루면 다룰수록 좀 더 인간적이어야 합니다. 이것이 영적인 문제를 성공적으로 다룰 수 있는 지혜라고 말할 수 있습니다. 굶주린 자에게 장황한 설교는 그다지 감동을 주지 못합니다. 잠을 자지 못한 자에게 성경 공부 역시 감동적이지 못합니다. 부활의 주님에게서 이와 같은 사실을 배워야 합니다. 저도 젊었을 때는 상당히 사납다는 말을 많이 들었습니다만, 이 같은 예수님의 아름다운 모습을 보면서 좀 더 인간적인 냄새를 풍기려고 무척 노력하고 있습니다. 우리 모두는 인간입니다. 그러기 때문에 주님의 이런 모습을 보면서 '여유가 있다, 정말 훈훈하다, 포근하다, 인간적이다'라는 느낌을 받는 것입니다.

우리는 말씀을 통해서, 밤새 헛수고를 하는 제자들을 바닷가에 서서 지켜보시는 부활의 주님을 보았습니다. "애들아, 너희에게 고기가 있느냐?"라고 물으시는 주님을 보았습니다. "그물을 배 오른편에 던지라. 그리하면 잡으리라" 하시며 빈 그물을 가득 채워주시는 부활의 주님을 보았습니다. 또 "와서 조반을 먹으라" 하시며 지치고 배고픈 제자들을 위해 숯불에 떡을 굽고 고기를 구워 일일이 먹여주시는 부활의 주님을 보았습니다.

부활의 주님은 연약한 우리를 이해하시기 위해 너무나 인간적인 모습으로 우리에게 다가오시는 분입니다. 당신이 빈 그물을 가지고 땀을 흘릴 때든지, 만선의 기쁨을 안고 돌아올 때든지 주님은 항상 당신 곁을 떠나지 않으십니다. 우리는 결코 혼자가 아닙니다. 너무나 좋으신, 너무나 인간적인 주님을 모시고 험한 인생길을 걸어가고 있습니다.

그러므로 우리는 외로워할 필요가 없습니다. 세상에서 실패했습니까? 혼자 고통스러워할 필요가 없습니다. 다치거나 병들어 아픕니까? 혼자 흐느낄 필요가 없습니다. 부활의 주님께서 바로 내 곁에 계십니다. 내가 빈 그물을 던지며 고생하는 그 바닷가에 서 계십니다. 실패하여 빈 그물만 가지고 있습니까? 배가 고픕니까? 잠들지 못하고 고민에 빠져 있습니까? 부활의 주님을 만나길 바랍니다. 그분을 만나 그 음성을 듣길 바랍니다.

〈모래 위의 발자국〉이라는 시가 있습니다. 열 번, 백 번 들어도 은혜로운 시라서 그 전문을 소개합니다.

> 어느 날 밤 꿈을 꾸었네
>
> 주와 함께 바닷가 거니는 꿈을 꾸었네
>
> 하늘을 가로질러 빛이 임한 그 바닷가 모래 위에
>
> 두 쌍의 발자국을 보았네
>
> 한 쌍은 내 것 또 한 쌍은 주님의 것
>
> 거기서 내 인생의 장면들을 보았네
>
> 마지막 내 발자국이 멈춘 그곳에서
>
> 내 인생의 길을 돌이켜보았을 때
>
> 자주 내 인생길에는 오직 한 쌍의 발자국만 보였네

그때는 내 인생이 가장 비참하고 슬펐던 계절이었네
나는 의아해서 주님께 물었네
"주님 제가 당신을 따르기로 했을 때
당신은 저와 항상 함께하신다고 약속하셨잖아요?
그러나 보세요
제가 주님을 가장 필요로 했던 그때
거기에는 한 쌍의 발자국밖에 없었습니다
주님은 저를 떠나 계셨나요?"
주님께서 대답하셨다네
"나의 귀하고 소중한 아이여,
나는 너를 사랑하였고 너를 조금도 떠나지 않았단다
너의 시련의 때 고통의 때에도
네가 본 오직 한 쌍의 발자국 그것은 나의 발자국이었느니라
그때 내가 너를 등에 업고 걸었노라."

 참으로 좋으시고, 인간적이시며, 영원히 살아 계신 부활의 주님께서 당신과 함께 인생길을 걸어가십니다. 당신이 너무 지쳐 걷지 못할 때는 당신을 등에 업고 걸으시는 주님, 그분이 오늘 당신이 믿는 부활의 주님이십니다. 그러므로 소망을 가집시다. 다시 한번 생명을 가슴속에 불태우면서 날마다 승리의 삶을 살길 바랍니다.

## 65

## 네가 나를 더 사랑하느냐?

요한복음 21장 15-25절

15 그들이 조반 먹은 후에 예수께서 시몬 베드로에게 이르시되 요한의 아들 시몬아 네가 이 사람들보다 나를 더 사랑하느냐 하시니 이르되 주님 그러하나이다 내가 주님을 사랑하는 줄 주님께서 아시나이다 이르시되 내 어린양을 먹이라 하시고 16 또 두 번째 이르시되 요한의 아들 시몬아 네가 나를 사랑하느냐 하시니 이르되 주님 그러하나이다 내가 주님을 사랑하는 줄 주님께서 아시나이다 이르시되 내 양을 치라 하시고 17 세 번째 이르시되 요한의 아들 시몬아 네가 나를 사랑하느냐 하시니 주께서 세 번째 네가 나를 사랑하느냐 하시므로 베드로가 근심하여 이르되 주님 모든 것을 아시오매 내가 주님을 사랑하는 줄을 주님께서 아시나이다 예수께서 이르시되 내 양을 먹이라 18 내가 진실로 진실로 네게 이르노니 네가 젊어서는 스스로 띠 띠고 원하는 곳으로 다녔거니와 늙어서는 네 팔을 벌리리니 남이 네게 띠 띠우고 원하지 아니하는 곳으로 데려가리라 19 이 말씀을 하심은 베드로가 어떠한 죽음으로 하나님께 영광을 돌릴 것을 가리키심이러라 이 말씀을 하시고 베드로에게 이르시되 나를 따르라 하시니 20 베드로가 돌이켜 예수께서 사랑하시는 그 제자가 따르는 것을 보니 그는 만찬석에서 예수의 품에 의지하여 주님 주님을 파는 자가 누구오니이까 묻던 자더라 21 이에 베드로가 그를 보고 예수께 여짜오되 주님 이 사람은 어떻게 되겠사옵나이까 22 예수께서 이르시되 내가 올 때까지 그를 머물게 하고자 할지라도 네게 무슨 상관이냐 너는 나를 따르라 하시더라 23 이 말씀이 형제들에게 나가서 그 제자는 죽지 아니하겠다 하였으나 예수의 말씀은 그가 죽지 않겠다 하신 것이 아니라 내가 올 때까지 그를 머물게 하고자 할지라도 네게 무슨 상관이냐 하신 것이러라 24 이 일들을 증언하고 이 일들을 기록한 제자가 이 사람이라 우리는 그의 증언이 참된 줄 아노라 25 예수께서 행하신 일이 이 외에도 많으니 만일 낱낱이 기록된다면 이 세상이라도 이 기록된 책을 두기에 부족할 줄 아노라

어느 수필 작가가 한국인의 '포장 감각'에 관한 글을 썼습니다. 서양 사람들은 '가방 사고'(思考)를 하는 반면 한국 사람은 '보자기 사고'를 한다고 합니다. 가방과 비교할 때 보자기의 가장 큰 장점이라고 한다면 크기나 모양을 막론하고 두루 감싸는 데 보다 용이하다는 것입니다. 따라서 한국인이 '보자기 사고'를 한다는 말은, 자기 본심을 포장하여 다른 사람이 감지할 수 없게 하는 경향이 크다는 뜻입니다. 쉽게 말하면 자기감정을 잘 노출하지 않는다는 말입니다. 한국인은 보자기처럼 이리 싸고 저리 싸서 남이 그 속내를 잘 보지 못하도록 하는 데 익숙하답니다.

부부 사이나 부모 자식 간에 감정 표현이 인색한 것은 바로 이와 같은 문화적이고 민족적인 성향 때문이라고 생각합니다. 그래서 '사랑한다'는 말을 입에 담는 것도 퍽 쑥스러워합니다. 심지어 사랑한다고 함부로 말하면 경솔한 사람으로 치부하는 경우도 적지 않습니다. '진정한 사랑은 입에 담지 않는 것이다'라는 이상한 주장을 펴면서 말입니다. 그래서 한국인의 이런 성향을 일컬어 '포장 감각'이니, '보자기 사고'니 하는 재미있는 표현으로 설명한 듯합니다.

감정을 남에게 잘 드러내지 않는 우리로서는 오늘 읽은 말씀에서 주님이 베드로에게 "네가 나를 사랑하느냐?"라고 세 번이나 물으시는 모습이 자연스럽게 다가오지 않습니다. 베드로 역시 매우 부자연스러운 대답을 해야만 하는 궁색한 처지에 몰린 것처럼 보입니다.

그러나 우리는 사랑을 확인하는 질문과 사랑을 고백하는 대답을 듣는 자리에서 벌어지는 놀라운 기적을 자주 경험합니다. 사랑의 고백 한마디로 병석을 박차고 일어나는 사람이 얼마나 많습니까? '사랑한다'는 말 한마디에 용기를 얻어 새 출발을 하는 사람이 얼마나 많습니까? 매일 밤을 눈물로 지새던 사람이 '사랑한다'는 말 한마디에 웃음이 가득한 얼굴로 문을 열고 나오는 아름다운 모습을 상상해보십시오. 사랑의 위력은 이와 같이 대단합니다.

이는 비단 세상살이에만 해당하지 않습니다. 영적인 문제에서도 마찬가지입니다. 예수님과 우리 사이에 사랑 고백이 오가는 자리에는 엄청난 일들이 일어납니다. 내가 아무리 점잖은 사람이라도, 세상적으로 아무리 대단한 지위를 가진 사람이라도 마음을 열고 주님 앞에 엎드려 "주님, 사랑합니다" 하고 고백하기만 하면, 이 한마디가 말로 다 할 수 없는 놀라운 변화들을 일으킵니다.

### 네가 진정 나를 사랑하느냐?

아침 햇살이 따사롭게 비치는 해변가에서 식사를 마치고 나자 예수님은 베드로를 부드러운 눈길로 바라보시며 이렇게 물으십니다.

> … 시몬 베드로에게 이르시되 요한의 아들 시몬아 네가 이 사람들보다 나를 더 사랑하느냐 하시니…(15절).

이 구절에서 '네가 나를 사랑하느냐'는 헬라어 원어로 '아가파스 메'(agapas me)입니다. 또 '이 사람들보다'는 원문으로 '투톤'(touton)인데, 이 단어는 '이것들보다'로 번역할 수도 있습니다. 어느 쪽으로 번역하든 문제가 없습니다.

만일 '이 사람들보다'로 번역한다면, '이 사람들'은 누구를 가리킬까요? 아마 베드로와 함께 고기잡이를 하다가 예수님을 만나 지금 아침 식사를 마친 여섯 명의 제자들일 것입니다. 한편 '이것들보다'로 번역한다면, '이것들'은 무엇을 가리킬까요? 아마 갈릴리 바닷가에 매어놓은 고깃배, 아침에 잡은 신선한 고기들, 또는 마음을 줄 수 있는 주변의 여러 가지 것들일 것입니다. 그러나 사람들과 물건들, 이 중 어느 것이 주님께서 의도하신 진짜 내용이라고 단정하기는 어렵습니다.

중요한 것은 주님께서 베드로에게 사랑을 확인하신다는 사실입니다. 주님이 질문하시자 베드로는 곧바로 대답했습니다.

> … 이르되 주님 그러하나이다 내가 주님을 사랑하는 줄 주님께서 아시나이다…(15절).

그의 대답을 들은 예수님은 이렇게 말씀하셨습니다.

> … 내 어린양을 먹이라…(15절).

이것으로 끝난 줄 알았는데, 조금 숨을 돌리고 나자 주님은 또 똑같은 질문을 하셨습니다.

… 요한의 아들 시몬아 네가 나를 사랑하느냐…(16절).

베드로 역시 동일한 대답을 했습니다.

　　　… 주님 그러하나이다 내가 주님을 사랑하는 줄 주님께서 아시나이다…(16절).

그러자 예수님은 "내 양을 치라"고 말씀하셨습니다. 베드로가 '이제는 예수님의 질문이 다 끝났겠지' 하며 마음 놓고 있는데, 느닷없이 주님은 또다시 물으셨습니다.

　　　… 요한의 아들 시몬아 네가 나를 사랑하느냐…(17절).

이때는 '아가파스 메'(agapas me)로 묻지 않으시고 '필레이스 메'(phileis me)로 바꾸어 질문하셨습니다. 우리말로는 둘 다 '사랑한다'로 번역하지만 원문에서는 다른 단어를 사용했습니다. 이 질문을 받자 베드로의 마음에 불안이 밀려왔습니다. '왜 이렇게 두 번, 세 번 반복해서 똑같은 질문을 던지실까? 혹시 나를 못 믿으셔서 그러실까? 아니면 내가 지금 건성으로 대답한다고 생각하시는 걸까?' 그는 불안에 떨며 다시 대답했습니다.

　　　… 내가 주님을 사랑하는 줄을 주님께서 아시나이다…(17절).

그러자 주님은 말씀하셨습니다.

…내 양을 먹이라(17절).

　어떤 성경학자들은 예수님께서 "네가 나를 사랑하느냐?"라고 물으실 때 처음 두 번은 '아가파스 메'라고 하시다가 마지막에 '필레이스 메'라고 표현을 바꾸신 이유에 대해 의문을 제기합니다. 그러고는 '아가페'의 사랑과 '필로스'의 사랑이 가진 차이점을 근거로 심오한 해석을 하기도 합니다.

　그러나 저는 그런 해석에 동의하지 않습니다. 왜냐하면 요한복음 전체를 놓고 보면 '사랑한다'는 뜻을 표현하기 위해 '아가파스'와 '필레이스'를 서로 호환해서 사용하기 때문입니다. 이 단어는 반드시 여기에만 써야 하고, 저 단어는 반드시 저기에만 써야 한다는 식으로 나뉘어 있지 않습니다. 뒤섞어 사용합니다. 더욱이 예수님과 제자들이 당시에 사용하던 말은 헬라어가 아니고 아람어였습니다. 따라서 헬라어처럼 아람어에서도 실제로 두 단어를 그런 식으로 구별해서 사용했다고 말하기는 어렵습니다. 예수님은 다만 "네가 진정 나를 사랑하느냐?" 하고 물으신 것뿐입니다.

### 영적 치유

　　　　　　　그렇다면 예수님이 베드로에게 세 번이나 질문하시면서 상황을 어색하게 하신 이유는 무엇일까요? 왜 이렇게 세 번이나 집요하게 물으셨을까요? 그 이유를 세 가지로 생각해 볼 수 있습니다.

　첫째, 베드로를 영적으로 치유하기 위해 세 번이나 질문하셨다고 생각합니다. 얼마 전 예수님이 십자가의 죽음을 앞두고 제자들과 유월절 만찬을 마친 다음에 주님이 새 계명에 대해 말씀하신 적이 있습니다. "새 계명을 너희에게 주노니 서로 사랑하라 내가 너희를 사랑한 것같이 너희도 서로 사랑하라"(요 13:34). 우리는 요한복음 13장을 통해 그때 베드로가 얼마나 우쭐댔는지 어렵지 않게 확인할 수 있습니다. 그는 자신감이 넘쳤습니다. '나는 형제도 사랑하고 이웃도 사랑한다. 그리고 다른 누구보다 예수님을 더 사랑한다'라고 자부하며 그는 이렇게 대답했습니다. "주를 위하여 내 목숨을 버리겠나이다"(요 13:37). 이는 "주님, 나는 내 목숨보다 주님을 더 사랑합니다"라는 말과 같습니다.

그러나 막상 주님을 위해 목숨을 던져야 하는 위기를 만나자 그의 모든 자신감은 모래성처럼 무너졌습니다. 그는 세 번이나 예수님을 모른다고 부인했습니다. 심지어 저주까지 하면서 예수님을 부인했습니다. 자기 혼자 살아남기 위해서 스승은 내버린 채 얼굴을 감싸고 줄행랑을 쳤습니다.

그 후 베드로가 어떤 삶을 살았을까요? 아마도 여러 날을 통곡하며 뜬눈으로 밤을 지새웠을 것입니다. 그는 배신자였습니다. 실패자였습니다. 차마 얼굴을 들고 다닐 수 없을 만큼 부끄러운 존재가 되었습니다. 그래서 지금도 영과 육이 지칠 대로 지쳐 갈릴리 바닷가로 떠밀려와 있었습니다. 그런 베드로 앞에 드디어 예수님이 찾아오셨습니다. 자기가 부인했던 예수님이 다시 부활하셔서 바로 자기 앞에 서 계십니다. 그리고 아직도 못 박힌 자국이 선명한 손을 내밀며 "배고플 테니 와서 먹으라"고 하십니다. 고기를 구워 자신과 다른 제자들을 섬기시며 바로 눈앞에 계십니다.

차라리 자기를 보고 "이 못난 놈 같으니라고!" 하시면서 호통을 치시거나 망신을 주시면 속이라도 후련할 텐데, 예수님께서 과거에 대해서는 한마디 언급도 없으신 채 도리어 "배고픈데 와서 먹어

라. 추운데 불 옆으로 오라"고 하시며 자기를 섬겨주시니 그의 마음이 얼마나 답답하고 민망했겠습니까? 속된 말로 '환장할 노릇'이었을 것입니다. 그가 제대로 먹기나 했겠습니까? 아마 먹는 둥 마는 둥 하며 고개를 떨군 채 조금씩 사그라드는 숯불만 쳐다보고 있었을 것이 뻔합니다. 또한 그 숯불은 자기가 주님을 부인하던 자리에서 활활 타고 있었던 장작불을 상기하기에 충분했습니다. 게다가 세 번이나 "네가 나를 사랑하느냐?"라고 다그쳐 물으시는 예수님의 질문은 자기가 세 번이나 황급하게 "나는 주님을 모른다"라고 부인했던 악몽 같은 순간들을 다시금 떠올리게 만드는 천둥소리와 같았을 것입니다. 주님의 질문을 받고 사랑을 고백하면서 그가 속으로 얼마나 울었을지 충분히 상상해볼 수 있습니다.

그때 베드로는 분명 병자였습니다. 그는 영적으로 병든 사람이었습니다. 믿음에도, 자신감에도, 긍지에도, 용기에도 다 커다란 구멍이 나버렸습니다. 남아 있는 것이라고는 하나도 없는 파선한 사람이었습니다. 그런데 예수님은 이와 같이 처절하게 병들고 지친 베드로를 향해 "요한의 아들 시몬아, 네가 이 사람들보다 나를 더 사랑하느냐?"라고 물으셨습니다.

여기서 주목해볼 것은 예수님이 그를 '베드로'라고 부르시지 않고, '요한의 아들 시몬'이라고 부르신다는 사실입니다. '시몬'은 그가 예수님을 만나기 전에 가지고 있던 옛 이름입니다. 왜 하필 주님은 옛 이름을 부르시며 그에게 자기를 사랑하느냐고 물으셨을까요? 여기에는 주님의 어떤 의도가 담겨 있는 것처럼 보입니다. "베드로야, 너는 나를 모른다고 세 번이나 부인했지 않니? 그러나 나를 모른다고 부인한 것은 베드로가 아니고 너의 옛 자아 시몬이었을 거야. 자신만만하게 사랑한다고 소리치던 너의 옛 자아가 나를 부인한 거야." 바로 이것을 그에게 깨우쳐주시려고 했던 것입니다.

예수님께서 세 번이나 똑같은 질문을 반복하신 것은 베드로의 과거를 추궁하기 위함이 아니었습니다. 오히려 주님이 베드로를 얼마나 사랑하시는지 보여주시기 위함이었습니다. 자신이 먼저 상대방을 사랑하지 않고는 아무도 "네가 나를 사랑하느냐?"라고 물을 수 없습니다. 자기는 사랑하지 않으면서 남보고 자기를 사랑하느냐고 묻는 사람은 철면피입니다. 예수님 역시 마찬가지입니다. 베드로를 너무나 사랑하기 때문에 "베드로야, 너는 날 사랑하니?" 하고 물으시는 것입니다. 그러므로 예수님의 질문에는 "내가 너를 너무나 사랑한단다"라는 뜻이 담겨 있습니다.

이 질문을 세 번 받으면서 베드로의 심령은 예수님의 사랑으로 다시 뜨거워졌습니다. 비록 예수님이 자기를 가장 필요로 하실 때 무참하게 배신해버렸지만, 예수님의 질문을 받는 순간 그는 자기를 향한 예수님의 변함없는 사랑을 가슴 저리게 실감했습니다. 예수님의 이 사랑은 그의 영혼에 남아 있던 예수님을 향한 사랑의 불씨를 다시금 활활 타오르게 만들었습니다. 그래서 그는 자기도 모르게 어색하고 부끄럽지만, "내가 주님을 사랑하는 줄 주께서 아시나이다"라고 대답했던 것입니다.

사랑의 대답을 세 번 반복하면서 베드로는 치유되었습니다. 그가 세 번이나 예수님을 부인하면서 입었던 깊은 상처는 아물었습니다. 그는 이제 쓰러진 자리에서 일어나 걸을 수 있는 새 힘을 얻었습니다. 이처럼 사랑은 사람을 치유하고, 잘못된 관계를 회복시켜주는 놀라운 힘이 있습니다.

나중에 베드로는 남은 인생을 통해 이때 자신이 얼마나 완전하게 치유받았는지 증명해보였습니다. 베드로전후서를 보십시오. 사도행전을 보십시오. 거기에는 베드로가 자기 과거를 가지고 씨름하거나 부끄러워하거나 괴로워했다는 흔적이 전혀 없습니다. 그는 과거의 모든 실패와 상처들을 완전히 씻음받고 자유를 얻은 사람으로 여생을 살았습니다. 예수님의 사랑이 그를 치유하셨습니다. 예수님을 향한 사랑의 마음이 그를 넘어진 자리에서 일으켜 세웠습니다. 이 얼마나 놀라운 일입니까?

### 최고의 기도, 사랑 고백

베드로처럼 예수님을 모른다고 부인하면서 세상을 살다가 만신창이가 된 분들도 있을 것입니다. 탐욕에 눈이 어두워 하나님의 말씀은 뒷전에 두고 죄와 타협하면서 인생을 멋지게 살아보려다가 남는 것 하나 없이 빈털터리가 된 분들도 있을 것입니다. 베드로처럼 남이 모르는 죄를 범하여 마음에 죄책감과 고통을 안고 아픈 가슴을 주체하지 못해 주저앉아 우는 분들도 있을 것입니다.

이런 분들은 찬송을 불러도 마음이 시원해지지 않습니다. 말씀을 보아도 마음에 와닿지 않습니다. 생각은 온통 사방으로 흩어져 자기 마음대로 떠돌아다닙니다. 예배를 마치고 나가면서도 마음은 공허합니다. 우리 가운데는 이렇게 영적으로 병든 사람들이 분명 있습니다. 그리고 이런 사람들에게 가장 필요한 것은 바로 사랑입니다. 지금까지 헛된 사랑을 추구하면서 헛된 것에 미쳐 자신의 젊음을 다 팔아버리고 정신없이 살다가 입은 상처는, 세상의 사랑으로 치유할 수 없습니다. 오직 나를 위해 십자가에서 죽으신 주님의 아낌없는 사랑만이 치유할 수 있습니다.

성령께서 우리 귀를 열어 "요한의 아들 시몬아, 네가 나를 사랑하느냐?" 하고 물으시던 음성을 듣길 바랍니다. 그 음성을 들으면 우리는 깨어날 수 있습니다. 그 질문에 담긴 "내가 너를 얼마나 사랑하는지 아느냐?"라고 하시는 주님의 음성을 듣기만 하면, 어떤 상처나 죄책감으로 고통스럽든지, 어떤 실패로 주저앉아 있든지 간에 활화산과 같이 능력 있고 봄바람처럼 따스한 사랑의 손길에 이끌려 다시금 일어날 수 있습니다. 그러므로 베드로처럼 영혼의 귀를 열고 주님의 음성을 들읍시다. 그리고 이렇게 고백합시다. "주님, 부끄럽지만 제가 주님을 사랑합니다." 이 고백을 할 때마다 상처가 낫고 아무는 은혜를 맛볼 수 있습니다.

제가 존경하는 헨리 나우웬은 이런 말을 했습니다. "'너는 내가 사랑하는 사람이야. 나의 은총이 네게 있어'라고 말하는 작고 세미한 소리가 있습니다. 이 소리야말로 우리가 귀 기울여 들어야 할 음성입니다. 그러나 이 음성을 듣기 위해서는 특별한 노력이 필요합니다. 고독해질 필요가 있습니다. 침묵할 필요가 있습니다. 듣고자 하는 강한 의지가 필요합니다. 이것이 무엇인지 아십니까? 바로 기도입니다. 기도는 우리의 고독입니다. 기도는 우리의 침묵입니다. 기도는 우리가 듣고자 하는 몸부림입니다. 그럴 때 '나는 너를 사랑해'라고 하시는 주의 음성이 들립니다."

저는 여기에 한 가지를 덧붙이고자 합니다. 최고의 기도는 "내가 주를 사랑하는 줄 주께서 아시나이다" 하는 고백입니다. 이 고백을 할 때 사랑의 힘으로 치유를 받습니다.

우리 마음은 언제나 무거운 짐으로 짓눌려 있습니다. 우리 마음은 자주 근심의 검은 매연으로 답답해하며, 남모르는 상처로 고통스러워 울고 있습니다. 우리 인생은 베드로와 결코 다를 것이 없습니다. 그럴 때마다 주님을 바라보고 "주님, 그래도 나는 주님을 사랑해요"라고 말하십시오. "주님, 그래도 나는 주님을 사랑할 수밖에 없어요"라고 고백하십시오. 그러면 우리를 치유하시는 하나님의 놀라운 사랑의 능력을 체험할 것입니다. 그 한마디 고백이 인생의 고뇌로 흘러내린 찌든 땀을 식히는 시원한 사랑의 바람을 몰고 올 것입니다. 주님의 사랑이 메말라 갈라진 우리의 영혼과 삶의 대지에 생명의 봄비를 내리게 할 것입니다.

### 사도직의 회복

둘째는 베드로의 사도직을 회복시키기 위해 세 번이나 질문을 하셨다는 것입니다. 베드로는 사도로 부름을 받았습니다. 사도는 복음을 전하기 위해 주님이 택하신 사람입니다. "온 세상에 다니면서 복음을 전하라. 너는 사람을 낚는 어부가 되리라" 하신 놀라운 명령과 함께 부름받은 이가 바로 사도입니다. 그런데 오늘 이 자리에서 주님은 "내 양을 치라. 내 어린양을 먹이라"고 하시며 사도직의 다른 한 면을 말씀하십니다.

그래서 베드로는 한평생 두 가지 일을 해야 했습니다. 하나는 잃어버린 영혼을 찾아 전도하는 '사람 낚는 어부'의 사역이고, 다른 하나는 주님 앞으로 돌아온 사람들을 목자가 양을 치듯이 돌보고 먹이며 인도하는 '목양'의 사역입니다. 이 영광스러운 사역을 주님이 베드로에게 맡기셨습니다.

사실 세 번이나 예수님을 모른다고 부인하는 순간 베드로는 사도직에서 탈락하는 위기를 만났습니다. 그러나 오늘 갈릴리 바닷가에서 "주님, 내가 주님을 사랑하는 줄 주께서 아십니다" 하고 세 번 고백함으로써 극적으로 치유를 받자마자 이 영광스러운 사도직에 다시 복귀하는 복을 누리게 되었습니다.

주님은 베드로에게 맡기는 교회를 일컬어서 '내 양' 혹은 '내 어린양'이라고 말씀하셨습니다. 어린양이 누구입니까? 예수님의 교회입니다. 양이 누구입니까? 우리 모두입니다. 우리 모두는 주님의 양입니다. 하늘과 땅의 모든 권세를 가지신 주님의 양입니다. 우리 모두는 이 세상을 이기신 예수 그리스도의 양입니다. 만유의 주 되시며 장차 세상을 심판하기 위해서 이 땅에 재림하실 그분의 어린양입니다. 예수님은 이 양을 베드로에게 맡기셨습니다.

**목자의 조건**

양 떼를 치는 일은 결코 쉽지 않습니다. 세상에서 가장 힘든 일 가운데 하나로 이것을 꼽는 사람이 있을 정도로 어렵습니다. 구약성경에 보면 양을 치는 일이 얼마나 어려운지 엿볼 수 있는 구절들이 있습니다. 야곱은 양 떼 돌보는 일을 회상하며 "내가 이와 같이 낮에는 더위와 밤에는 추위를 무릅쓰고 눈 붙일 겨를도 없이 지냈나이다"(창 31:40)라고 말했습니다. 양들과 같이 뒹굴면서 사는 생활이니 얼마나 힘들겠습니까? 다윗은 어릴 때 양을 치면서 경험한 것을 다음과 같이 회고했습니다. "주의 종이 아버지의 양을 지킬 때에 사자나 곰이 와서 양 떼에서 새끼를 물어가면 내가 따라가서 그것을 치고 그 입에서 새끼를 건져내었고 그것이 일어나 나를 해하고자 하면 내가 그 수염을 잡고 그것을 쳐 죽였나이다"(삼상 17:34-35). 이 두 구절만 가지고도 우리는 양 치는 일이 얼마나 고되고 위험한지 잘 알 수 있습니다.

이와 마찬가지로 주님의 양인 교회를 목회하는 것, 다시 말해 목자로서 교회를 돌보며 꼴을 먹이고 교회를 인도하는 것 역시 힘들고 위험한 일입니다. 어쩌면 세상에서 가장 어려운 일 가운데 하나라고 말할 수 있을 것입니다. 목회는 밤낮이 없습니다. 24시간 불침번입니다. 그런데도 요즘 목사가 되겠다는 분들이 많이 나오고 있으니 참으로 기적이라고 생각합니다. 한편으로 하나님께서 특별히 부르시는 은혜가 있어서 그러려니 하지만, 다른 한편으로 목사라는 직분이 무엇인지 잘 몰라서 그런 것이 아닌가 생각되기도 합니다. 목회는 겉으로 보면 굉장히 화려하게 느껴질 수 있지만, 그 속은 대단히 어려운 일입니다.

양을 치다 보면 별의별 놈이 다 있을 것입니다. 이제 갓 태어나서 걷지도 못하는 놈도 있을 것이고, 다리 부러진 놈도 있을 것입니다. 짐승에게 끌려가다가 구사일생으로 살아남았지만 몸은 만신창이가 된 놈도 있을 것이고, 잘 먹지 않으면서 온갖 장난을 일삼는 놈도 있을 것이고, 천방지축 아무 데나 들어가는 못된 버릇을 가진 놈도 있을 것입니다. 목자는 이런 양들을 다 끌어안고 보호하고 먹여야 됩니다. 그러니 목자의 일이 얼마나 힘들겠습니까?

교회 역시 마찬가지입니다. 교회 안에도 별의별 사람이 다 있습니다. 사랑스러운 사람도 있고, 골치 아픈 사람도 있고, 보기만 해도 행복한 사람이 있고, 애를 먹이는 사람도 있고, 예배 시간에는 은혜 받는 것 같은데 예배당을 나서는 순간 완전히 돌변하는 사람도 있습니다. 이런 사례를 일일이 다 말하자면 한도 끝도 없을 것입니다. 그런데 주님은 이 별의별 사람들을 가리켜 '내 양'이라고 하십니다. 주님의 양이라는 말입니다.

교회 안을 들여다보십시오. 우리는 성도들과 함께 모여 예배드릴 때 은혜를 받고 참 좋아합니다. 그 순간 마귀는 자기의 군대를 동원해서 대기하며 우리가 교회 밖에 나서기만을 고대합니다. 어떻게 해서든지 한 사람이라도 끌어내 자기편을 만들어보려고 으르렁거리며, 온갖 유혹을 펼쳐서 거기에 넘어간 사람은 다시 일어설 수 없도록 만신창이를 만들어놓으려고 잔뜩 벼르고 있습니다. 목사도 끌어내리고, 장로도 끌어내리고, 순장도 끌어내리고, 심지어 순진한 어린아이까지도 믿음에서 떠나 세상에서 마귀 짓을 하도록 갖가지 유혹을 펼치고 있습니다. 하나님의 백성을 빠뜨리고자 덫을 쳐놓고, 함정도 파놓은 것입니다.

목회는 그와 같은 마귀의 궤계를 꿰뚫어 보고 양 떼들이 거기에 빠지지 않도록 돌보는 것입니다. 마귀에게 끌려가는 자를 다시 구원하고, 유혹에 빠진 자를 치유하는 것이 목회입니다.

1998년에 미국에서 조사한 자료에 따르면, 목회자 가운데 90퍼센트가 "목사의 일은 매우 보람 있기는 하지만 스트레스를 너무 많이 받는다"라고 고백했습니다. 사실이 그렇습니다. 그래서 목회자들에게는 일 년에 한두 번은 꼭 쉬는 기간을 주어야 합니다. 그만큼 어려운 일이기 때문입니다.

그런데 특히 한국교회의 목회는 이상하게 유별난 것 같습니다. 세상에서 한국 사람처럼 별난 사람이 없고, 한국 목사들만큼 극성맞은 목사가 없습니다. 왜 그런지 모르겠습니다. 한국 사람들은 공산주의를 받아들이면 가장 독종 공산주의자가 되고, 예수를 믿으면 또 가장 독한 그리스도인이 되는 것 같습니다. 목회를 해도 가장 독한 목회를 합니다. 다시 말해 열심이 특히 심하다는 것입니다. 날마다 새벽 3시, 4시부터 일어나 기도한다고 부지런을 떨지 않습니까? 일주일에 철야를 몇 번씩 하지 않습니까? 산에 올라가서 나무뿌리를 잡고 밤새 씨름을 하지 않습니까? 모이면 "주여!" 삼창을 하면서 야단법석을 떨지 않습니까? 하여튼 대단한 극성입니다. 이렇게 열심이 대단하며, 가만히 앉아 있지 못하고 펄펄 뛰는 양들을 끌고 나가 자니 목사가 얼마나 고달프겠습니까?

이 같은 양들을 맡기시는데, 주님께서 어찌 신중하지 않을 수 있겠습니까? 이 양을 아무에게나 맡길 수 있겠습니까? 결코 그럴 수 없습니다. 그러므로 예수님은 아주 중요한 조건 하나를 제시해주셨습니다. 그것은 '네가 나를 사랑하느냐'입니다.

예수님은 자기를 사랑하는 자에게만 자기 양을 맡기십니다. 왜냐하면 그 일이 너무나 힘들기 때문입니다. 주인을 사랑하는 사람은 아무리 고되어도 주인의 양들을 사랑하게 마련입니다. 반면 주인을 사랑하는 마음이 적으면 그 목자는 양을 삯꾼처럼 먹입니다. 그러므로 주님은 자신을 사랑하는 자에게 자기 양을 맡깁니다. 베드로가 "주님을 사랑합니다"라고 고백했을 때 비로소 주님은 자기 양을 먹이라고 하셨다는 사실을 명심하십시오.

우리가 분명히 기억해야 할 것이 또 한 가지 있습니다. 교역자만 양을 돌보는 책임을 지고 있는 것이 아니라는 사실입니다. 교회 안에는 작은 목자들이 많습니다. 어린 생명들을 돌보는 주일학교 교사들부터 시작해서 이웃의 형제자매들을 말씀과 기도로 섬기는 순장들과 아직도 예수님을 믿지 않고 버티는 사람들에게 복음을 들고 찾아가는 전도자들, 어려운 인생의 문제를 안고 밤잠을 설치며 씨름하는 자들을 하나님의 말씀으로 치유하고자 애쓰는 상담자들, 그리스도의 사랑에 메말라 있는 자들에게 다가가 이런저런 모습으로 그들의 상한 심령에 주님의 사랑을 담아주려고 하는 봉사자들, 이 모두가 작은 목자들입니다. 이들이 하는 일들은 아무리 작아 보인다고 하더라도 너무나 중요합니다. 주님이 자기 양을 맡기셨기에 그들이 중요하며, 그들이 하는 일 역시 너무나 소중합니다.

주변을 세심하게 살펴보십시오. 우리가 조금만 관심을 기울여도 행복해질 수 있는 사람들이 너무나 많습니다. 조금만 손을 내밀어도 인생의 새로운 단맛을 볼 수 있는 사람들이 많습니다. 그들 모두가 목자를 기다리는 어린양입니다. 주님은 우리 모두가 이런 양들을 돌보는 아름다운 목자가 되기를 바라십시오. 주님을 사랑하십시오. 주님을 사랑한다고 고백하십시오. 그러면 주님은 우리에게 이 아름답고도 영광스러운 직분을 맡겨주실 것입니다.

## 영광스러운 죽음의 준비

셋째, 예수님은 베드로가 영광스러운 죽음을 준비할 수 있도록 세 번이나 질문을 하셨습니다. 사랑은 진정한 헌신을 가능하게 합니다. "내가 주를 사랑하는 줄 주님이 아십니다"라고 세 번 고백했을 때 주님은 베드로의 장래에 대해 대단히 엄숙하고 진지한 예언을 하셨습니다.

> 내가 진실로 진실로 네게 이르노니 네가 젊어서는 스스로 띠 띠고 원하는 곳으로 다녔거니와 늙어서는 네 팔을 벌리리니 남이 네게 띠 띠우고 원하지 아니하는 곳으로 데려가리라(18절).

이어지는 19절에서 요한은 이 말씀이 베드로의 죽음을 예언하는 것이라고 분명히 밝히고 있습니다.

> 이 말씀을 하심은 베드로가 어떠한 죽음으로 하나님께 영광을 돌릴 것을 가리키심이러라 이 말씀을 하시고 베드로에게 이르시되 나를 따르라 하시니.

베드로는 젊었을 때 주님을 위해서 자기를 던진 사람입니다. 그리고 예수님의 사랑으로 치유받은 이후부터 그는 주의 복음과 주의 양들을 위해, 주의 교회를 위해 있는 힘을 다해 남은 몇십 년의 여생을 온전히 헌신했습니다.

젊은 사람에게 하나님이 주신 은사는 자신감과 비전이요, 청지기적 정신입니다. '하늘에 닿을 수 있는 탑이라도 쌓겠다'는 위대한 꿈을 가지고 뛰는 때가 젊은 시절입니다. 그러므로 젊은이들은 꿈과 긍지와 자신감을 가지고 뛰어야 합니다. 비록 그 꿈이 다 이루어지지 않는다 할지라도 문제 되지 않습니다. 젊었을 때는 뛰어야 합니다. 베드로도 그렇게 뛰었습니다. 하지만 누구에게나 늙는 날이 옵니다. 인생의 겨울이 옵니다. 인생의 겨울이 오면 질병에 시달리거나, 힘의 한계에 부딪힙니다. 또 기회는 점점 멀어지며 원치 않는 무거운 짐들을 져야 하는 고통을 당하게 됩니다.

이것은 베드로 역시 마찬가지였습니다. 주님은 그의 장래를 이렇게 말씀하셨습니다. "베드로야, 네가 나이가 들면 사람들이 와서 네 팔을 벌릴 것이다. 그리고 네가 원하지 않는 곳으로 끌고 갈 거야." 이는 베드로가 십자가에서 순교할 것을 예언하는 말씀입니다. 우리가 잘 아는 바와 같이 베드로는 십자가에 달려 죽었습니다. 전해오는 이야기에 의하면 십자가형으로 순교하게 되자 그는 이렇게 말했다고 합니다. "나는 예수 그리스도를 세 번이나 부인한 죄인입니다. 그런데 내가 어떻게 예수님처럼 못 박혀 죽겠습니까? 나를 거꾸로 매달아주십시오." 그래서 그는 백발을 휘날리며 십자가에 거꾸로 매달려 죽었습니다.

그러나 그 죽음은 그가 원하는 죽음은 아니었습니다. 아무리 주님을 사랑한다고 할지라도, 아무리 주님을 위해서 죽기를 원한다 할지라도 잔인하고 끔찍한 십자가를 그가 원한 것은 아닙니다. 이 같은 마음은 인간의 본성입니다. 그러므로 주님께서 '네가 원하지 않는 곳으로 끌고 갈 것'이라고 말씀하셨던 것입니다.

예수님도 십자가를 지셨습니다. 그러나 주님 역시 십자가 지기를 원치 않으십니다. 하나님께 할 수만 있으면 십자가를 지지 않도록 해달라며 울부짖고 기도했던 겟세마네 동산을 우리가 기억합니다. 이것이 인간입니다.

이와 같은 인간의 약함이 있음에도 주님은 "베드로야, 너는 네가 원치 아니하는 곳으로 끌려가서 네 팔을 벌릴 것이다. 그래서 하나님이 영광을 받으시는 죽음을 맞이할 것이다"라고 말씀하셨습니다. 베드로는 이 말씀대로 말년에 십자가를 지고 죽었으며, 하나님께 영광을 돌렸습니다. 어떻게 그가 십자가를 질 수 있었을까요? 오직 주님을 사랑하는 마음 때문이었습니다. 가고 싶지 않은 길이었지만 주님이 영광을 받으시는 길이므로, 십자가를 마다하지 않고 짊어진 채로 걸어갔던 것입니다.

베드로처럼 주님 사랑의 힘으로, 주님을 사랑하는 힘으로 젊음을 보내고 늙었을 때 잘 마무리하는 아름다운 은혜가 당신에게도 있어야 하겠습니다. 젊었을 때는 주님의 양들을 돌보는 일에 쓰임받고, 늙었을 때는 죽음으로 하나님께 영광을 돌리는 삶을 살 수 있다면 얼마나 멋지겠습니까? 이런 신명 나는 인생을 살길 원한다면 예수님을 사랑하십시오.

"오 성령이시여, 이 땅에는 상처 입은 하나님의 자녀가 많습니다. 그들이 베드로처럼 주님을 향하여 '내가 주를 사랑합니다'라고 고백할 수 있는 은혜를 주옵소서. 한 번 고백해서 안 되면 두 번 고백하게 하시고, 두 번 고백해서 안 되면 세 번 고백하게 하옵소서. 상처가 아물 때까지, 쓰러진 자리에서 다시 일어설 때까지 우리가 주님 앞에서 사랑을 고백하게 하옵소서. 성령이시여! 우리 가운데 임하여서 우리 젊음이 주님의 교회와 양 떼들을 돌보는 데 쓰임받는 멋지고 영광스러운 것이 되게 해주옵소서. 성령이시여! 우리의 늙음도, 우리의 죽음도 주의 영광을 높이는 데 드려지게 하옵소서. 그러기 위해 우리 입술에서 '주님, 사랑합니다' 하는 고백이 떠나지 않게 하소서."

이와 같은 기도가 우리 마음에서 우러나와야 합니다.

### 그리스도의 무한하신 은혜

이제 요한복음 강해를 마무리하겠습니다. 요한은 자신의 복음서를 마무리하고 마지막 붓을 놓으면서 아주 재미있는 말을 했습니다.

> 예수께서 행하신 일이 이외에도 많으니 만일 낱낱이 기록된다면 이 세상이라도 이 기록된 책을 두기에 부족할 줄 아노라(25절).

요한의 고백이 사실이라고 믿어집니까? 지나치게 허풍을 떠는 것 같지 않습니까? 그러나 요한의 고백 안에는 매우 심오한 진리와 은혜가 담겨 있습니다.

제가 무슨 설명을 하기보다는 존경받는 성경학자 윌리엄 바클레이가 이에 대해 아름답게 서술한 글을 인용하는 편이 훨씬 나을 것 같습니다.

"사도 요한은 붓을 놓으려 합니다. 그러면서 그는 다시 한번 예수 그리스도의 찬란한 영광을 마지막으로 생각해보려 합니다. 우리가 그리스도에 대해 아는 것이 무엇이든지 간에 그 지식은 단지 그분에 대한 단편에 지나지 않습니다. 우리가 체험하는 경이로운 일들이 아무리 놀라운 것이라 할지라도 우리가 앞으로 체험할 것들에 비하면 아무것도 아닙니다. 인간의 카테고리들은 그리스도를 표현하기에는 너무나 무력합니다. 인간의 책들은 그리스도를 담기에는 부족합니다. 그래서 요한은 헤아릴 수 없는 승리, 다함이 없는 능력 그리고 제한 없는 그리스도의 은혜를 가지고 자기의 복음서를 끝맺음하는 것입니다."

이 얼마나 환상적인 표현입니까? '예수 안'에는 끝이 없습니다. 그분은 무한하십니다. 그분의 은혜가 얼마나 풍성한지요! 그분의 승리가 얼마나 영광스럽고 영원한지요! 요한은 바로 이와 같은 사실을 말하는 것입니다.

주님을 사랑합시다. 사랑하면서 승리합시다. 주님께서 이와 같은 은혜를 당신에게도 주시길 간절히 바랍니다.

# Index of Scripture Passages

# 성경구절 색인

# Index of Scripture Passages / 성경구절 색인

○창세기
- 31:40    418
- 50:20    310

○출애굽기
- 3:14-15    280

○민수기
- 9:12    341

○신명기
- 21:23    320, 340
- 22:5    153
- 28:2-6    209

○사무엘상
- 17:34-35    418

○욥기
- 3:25    378

○시편
- 22:15    325
- 22:18    323
- 30:11    372
- 34:20    341
- 42:1    154
- 69:21    325
- 119:67    51
- 119:71    51
- 119:92    266
- 126:1-2    65-66

○잠언
- 16:4    308

- 28:26    45

○전도서
- 2:23    373

○이사야
- 53:9    347-348
- 61:3    372

○예레미야애가
- 3:19    277

○스가랴
- 12:10    342
- 13:1    342

○마태복음
- 6:13    263
- 6:34    156
- 8:23    264
- 11:28    401
- 12:24    184
- 21:28    350
- 22:37    188
- 26:33    43
- 26:38    58
- 26:39    329-330
- 26:53    281
- 27:4    311
- 27:19    301
- 27:46    285
- 27:54    312
- 28:9    360
- 28:18    83
- 28:19    37
- 26:63    288
- 26:64    288
- 26:74    285

○마가복음
- 14:59    287
- 16:6    389
- 16:15    83

○누가복음
- 12:4    195
- 22:33    283
- 22:39    275
- 22:42    278
- 22:44    278
- 23:2    300
- 23:27    371
- 23:34    324
- 23:41    311
- 24:25    330
- 24:41-43    377

○요한복음
- 3:16-17    234
- 3:16    283, 295
- 5:25    237
- 7:7    212
- 6:68    83
- 8:23    67
- 10:11    282
- 10:18    282
- 11:25    380
- 12:23    239
- 12:42    348
- 12:43    348
- 13-16    183
- 13:1    6
- 13:27    16

| | | | | | |
|---|---|---|---|---|---|
| 13:31-35 | 11 | 15:4 | 171, 172, 193 | 17:4 | 16-17, 233-234 |
| 13:31 | 16 | 15:5 | 163, 174 | 17:6-26 | 249 |
| 13:33 | 36 | 15:7, 16 | 97, 110 | 17:6-19 | 231, 253 |
| 13:34-35 | 18 | 15:7 | 174 | 17:6 | 254 |
| 13:34 | 30, 412 | 15:8 | 163, 164, 180 | 17:9 | 255 |
| 13:35 | 21, 183 | | | 17:11 | 258 |
| 13:36-38 | 33 | 15:9-17 | 181 | 17:12 | 255 |
| 13:36 | 36, 42, 145 | 15:9 | 193 | 17:13 | 239 |
| 13:37 | 42-43, 412 | 15:11 | 196, 239, 330 | 17:15 | 262 |
| 13:38 | 43 | | | 17:17 | 266, 267 |
| 14-17 | 99, 100 | 15:12 | 188 | 17:18 | 240 |
| 14:1-11 | 55 | 15:13-15 | 195 | 17:20-26 | 231, 253, 258 |
| 14:1 | 57, 99 | 15:16 | 106 | | |
| 14:2-3 | 58 | 15:17 | 184 | 17:24 | 66, 268 |
| 14:2 | 64 | 15:18-16:4 | 205 | 18:1-27 | 271 |
| 14:3 | 59, 60 | 15:18 | 184, 211 | 18:2-3 | 277 |
| 14:6 | 38, 39, 68, 69 | 15:19 | 214 | 18:11 | 276, 284 |
| 14:8 | 68, 145 | 15:20 | 212 | 18:28-19:16 | 291 |
| 14:12 | 75, 81, 85 | 15:21 | 216 | 18:28 | 295 |
| 14:13-14 | 97, 103, 106, 110 | 15:26 | 142 | 18:30 | 300, 320 |
| | | 16 | 103 | 18:33 | 301, 301 |
| 14:15 | 187 | 16:6 | 101 | 18:36-37 | 302 |
| 14:16-20 | 117, 120 | 16:7-15 | 137 | 18:38 | 302, 303, 311 |
| 14:16 | 120-121, 123 | 16:8 | 143 | | |
| | | 16:9 | 143 | 18:39 | 303 |
| 14:17 | 123 | 16:10 | 143 | 18:40 | 304 |
| 14:18 | 124, 126-127 | 16:11 | 144 | 19:1-3 | 304 |
| | | 16:13 | 140 | 19:6 | 305 |
| 14:19-20 | 125 | 16:14 | 141 | 19:12 | 305 |
| 14:20 | 125 | 16:20-23 | 101 | 19:16-30 | 315 |
| 14:21-24 | 181 | 16:20-22 | 75 | 19:18 | 319 |
| 14:21 | 157, 187 | 16:20-21 | 84 | 19:28 | 325 |
| 14:23 | 187 | 16:22 | 85, 196 | 19:30 | 327 |
| 14:26 | 137, 142 | 16:23-24 | 97, 107, 110 | 19:31-42 | 335 |
| 14:27 | 101 | 16:24 | 112 | 19:35 | 343 |
| 15 | 103 | 16:25-33 | 205 | 19:38 | 345 |
| 15:1-10 | 172 | 16:33 | 220, 380 | 20:1-18 | 353 |
| 15:1-8 | 159 | 17:1-5 | 227, 231 | 20:11 | 372 |
| 15:2-27 | 137 | 17:1 | 232, 239 | 20:15 | 372 |
| 15:2-3 | 168 | 17:2 | 234 | 20:17 | 360 |
| 15:2 | 162, 166 | 17:3 | 235 | 20:19-31 | 365 |

| | | | | | |
|---|---|---|---|---|---|
| 20:21 | 377 | 10:31 | 241 | ○베드로전서 | |
| 20:22-23 | 378 | 13 | 192 | 1:8 | 363 |
| 20:25 | 382 | 13:4 | 191 | 2:2 | 154 |
| 20:27 | 384 | 13:5-7 | 191 | | |
| 20:28 | 384 | 15:3-4, 16-17, 22 | | ○요한일서 | |
| 20:31 | 382 | | 389 | 2:1 | 121 |
| 21:1-14 | 387 | | | 2:15 | 216 |
| 21:6 | 394 | ○고린도후서 | | 2:16 | 210 |
| 21:12 | 400 | 4:8-9 | 94 | 4:20 | 22, 187 |
| 21:13 | 400 | 9:8 | 401 | 5:4 | 223 |
| 21:15-25 | 405 | 12:9 | 243 | 5:11-12 | 236 |
| 21:15 | 408, 409 | | | | |
| 21:16 | 410 | ○갈라디아서 | | ○요한계시록 | |
| 21:17 | 410, 411 | 2:20 | 44 | 3:19 | 169 |
| 21:18 | 422 | 3:13 | 295-296, | 3:20 | 173 |
| 21:19 | 47, 422 | | 319 | 12:11 | 223 |
| 21:25 | 425 | 5:22-23 | 164 | 21:4 | 62 |
| | | 6:14 | 312 | | |
| ○사도행전 | | | | | |
| 2:14 | 146 | ○에베소서 | | | |
| 2:23 | 295 | 4:13 | 259 | | |
| 2:37 | 145 | 4:16 | 259-260 | | |
| 2:47 | 209 | 6:14-17 | 266 | | |
| 3:15 | 147 | | | | |
| 4:12 | 108 | ○빌립보서 | | | |
| 7:56 | 298 | 2:9-11 | 17 | | |
| 20:32 | 157 | 4:6-7 | 105 | | |
| | | 4:12-13 | 132-133 | | |
| ○로마서 | | 4:13 | 179 | | |
| 5:8 | 307, 331 | | | | |
| 8:9-11 | 125 | ○디모데전서 | | | |
| 8:18 | 65 | 2:5 | 107-108 | | |
| 8:26 | 122 | | | | |
| 8:34 | 122, 253 | ○디모데후서 | | | |
| 8:35, 37 | 132 | 3:16 | 148 | | |
| 10:4 | 153 | | | | |
| 12:2 | 216 | ○히브리서 | | | |
| 14:7-8 | 87 | 4:14 | 253 | | |
| | | 4:15 | 401 | | |
| ○고린도전서 | | 12:11 | 51 | | |
| 2:12 | 149 | 13:15 | 164 | | |
| 10:12 | 45 | | | | |

성경구절 색인

국제제자훈련원은 건강한 교회를 꿈꾸는 목회의 동반자로서 제자 삼는 사역을 중심으로 성경적 목회 모델을 제시함으로 세계 교회를 섬기는 전문 사역 기관입니다.

**옥한흠 전집 강해 06**

## 요한복음 3 요한이 전한 복음

**초판 1쇄 발행** 2000년 12월 6일
**개정2판 1쇄(13쇄) 발행** 2020년 6월 12일

**지은이** 옥한흠

**펴낸이** 오정현
**펴낸곳** 국제제자훈련원
**등록번호** 제2013-000170호(2013년 9월 25일)
**주소** 서울시 서초구 효령로68길 98(서초동)
**전화** 02)3489-4300  **팩스** 02)3489-4329
**이메일** dmipress@sarang.org

저작권자 (C) 옥한흠, 2000, Printed in Korea.
이 책은 저작권법에 의해 보호를 받는 저작물이므로 저자와 출판사의 허락 없이
내용의 일부를 인용하거나 발췌하는 것을 금합니다.

ISBN 978-89-5731-809-6 04230
ISBN 978-89-5731-785-3 04230(세트)

※ 책값은 뒤표지에 있습니다. 잘못된 책은 구입하신 곳에서 교환해드립니다.